“十二五”普通高等教育本科国家级规划教材
北京高等教育精品教材

工业产品设计与表达习题集

Gongye Chanpin Sheji yu Biaoda Xitiji

（第4版）

北京科技大学　华南理工大学　西安交通大学等院校　编
王枫红　杨光辉　主编

中国教育出版传媒集团
高等教育出版社·北京

内容简介

本习题集是在第3版的基础上，为适应当前图学教育改革、方便学生学习工程制图课程和计算机绘图课程修订而成的，与窦忠强等主编的《工业产品设计与表达》（第4版）配套使用。本套教材是"十二五"普通高等教育本科国家级规划教材和北京高等教育精品教材。

本习题集主要内容包括机械零件的构型分析、技术制图国家标准的基础知识、工业产品的二维制图基础、轴测图和徒手绘图、工业产品设计的二维表达方法、标准件和常用件表达、零件图表达、装配图表达、三维实体模型的草图设计、零件的三维设计、三维实体装配设计、部件分解表达、工程图设计、课程设计等，书后附录中还附有大学生工程设计表达竞赛样题。

本习题集可作为高等学校机械类、近机械类各专业的制图教材，也可供函授大学、电视大学、网络学院、成人高校等相关专业选用，习题集中给出了大量的三维建模实例，可作为三维建模软件培训类课程的辅助教材。

图书在版编目（CIP）数据

工业产品设计与表达习题集 / 北京科技大学等编；王枫红，杨光辉主编. --4版. --北京：高等教育出版社，2023.2（2024.11重印）

ISBN 978-7-04-059444-7

Ⅰ. ①工… Ⅱ. ①北… ②王… ③杨… Ⅲ. ①工业产品-产品设计-高等学校-习题集 Ⅳ. ① TB472-44

中国版本图书馆CIP数据核字（2022）第174217号

策划编辑 杜惠萍　责任编辑 杜惠萍　封面设计 张 志　版式设计 李彩丽
责任绘图 邓 超　责任校对 陈 杨　责任印制 刘弘远

出版发行 高等教育出版社
社　址 北京市西城区德外大街4号
邮政编码 100120
印　刷 涿州汇美亿浓印刷有限公司
开　本 787mm×1092mm 1/8
印　张 19.5
字　数 300千字
购书热线 010-58581118
咨询电话 400-810-0598
网　址 http://www.hep.edu.cn
http://www.hep.com.cn
网上订购 http://www.hepmall.com.cn
http://www.hepmall.com
http://www.hepmall.cn
版　次 2006年7月第1版
2023年2月第4版
印　次 2024年11月第2次印刷
定　价 40.60元

物 料 号 59444-00

工业产品设计与表达习题集

（第4版）

王枫红　杨光辉

1 计算机访问http://abook.hep.com.cn/1247717，或手机扫描二维码、下载并安装Abook应用。

2 注册并登录，进入“我的课程”。

3 输入封底数字课程账号（20位密码，刮开涂层可见），或通过Abook应用扫描封底数字课程账号二维码，完成课程绑定。

4 单击“进入课程”按钮，开始本数字课程的学习。

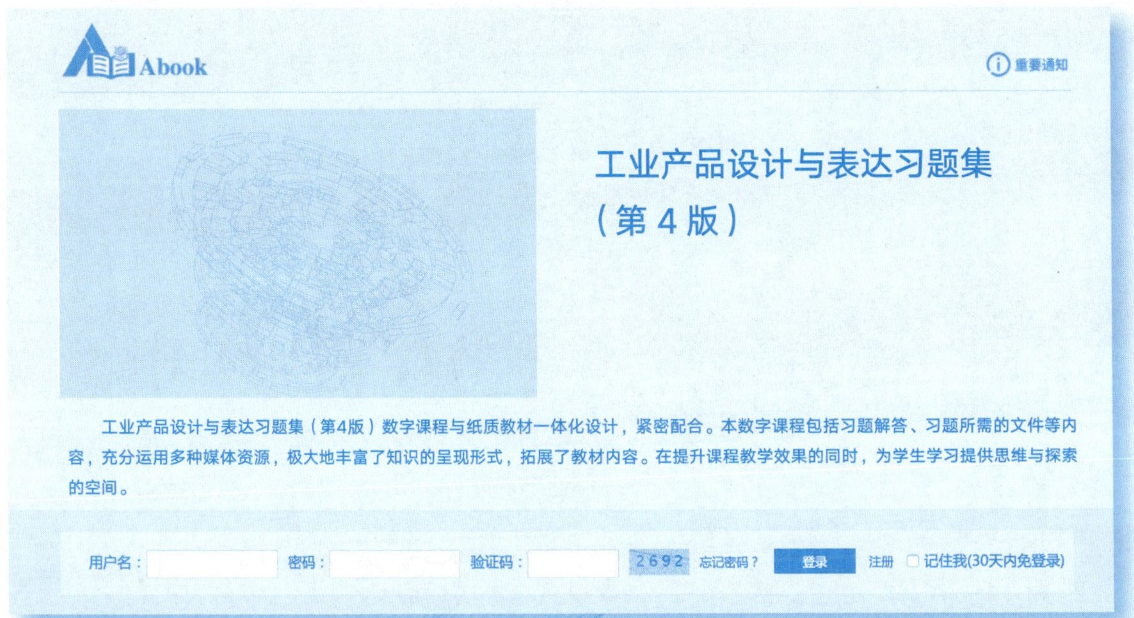

课程绑定后一年为数字课程使用有效期。受硬件限制，部分内容无法在手机端显示，请按提示通过计算机访问学习。

如有使用问题，请发邮件至abook@hep.com.cn。

http://abook.hep.com.cn/1247717

第4版前言

本习题集主要为辅助建立新的工程制图教学体系、方便学生学习工程制图课程和计算机绘图课程而编写。本习题集体现以三维设计表达为主线、以二维投影制图为重点的教学指导思想。

本习题集与窦忠强等主编的《工业产品设计与表达》(第4版)配套使用,本套教材为"十二五"普通高等教育本科国家级规划教材。

本套教材自出版(2006年第1版、2009年第2版、2016年第3版)以来,历经3次修订,体系和内容不断成熟和完善,得到了广大读者的肯定与厚爱。在收集、整理读者意见的基础上,本习题集和配套教材同步更新。

在保留第3版特点的基础上,本习题集主要做了以下改进:

1. 为适应二维教学和三维教学结合的需要,使教材的适应面更广,本习题集加强了画法几何相关的练习题,精简了三维设计章节的习题。

2. 增加了几套北京市大学生工程设计表达三维竞赛样题,可作为学生参加各类CAD比赛的参考资料。

3. 本习题集全部采用了最新的国家标准。

本习题集由王枫红、杨光辉主编。参加本习题集修订工作的有西安交通大学续丹(第2章),华南理工大学王枫红(第6、9章,第8章部分),北京科技大学杨光辉(第3、4、5章,附录)、许倩(第8章部分,17章)、樊百林(第8章部分,9章)、陈华(第7、16章)、窦忠强(第10~15章)。

中国农业大学张彦娥教授审阅了本习题集,并提出了许多中肯、宝贵的意见,在此表示感谢。

本习题集部分习题的解答以二维码形式附加在相应的页面上,三维设计章节的例题文件等可在配套的数字课程资源网上下载。

习题集中的不妥和疏漏之处,恳请读者给予批评指正。

编者

2022年2月

目　录

4-4 已知点 A 的两面投影，求其第三面投影

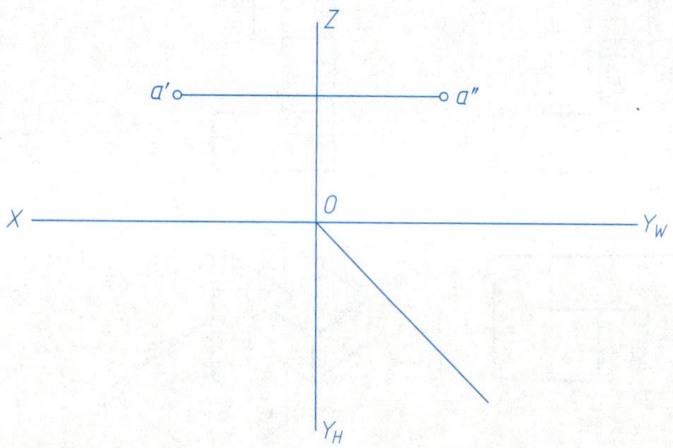

4-5 在三视图上标出 A、B、C、D 四点的投影

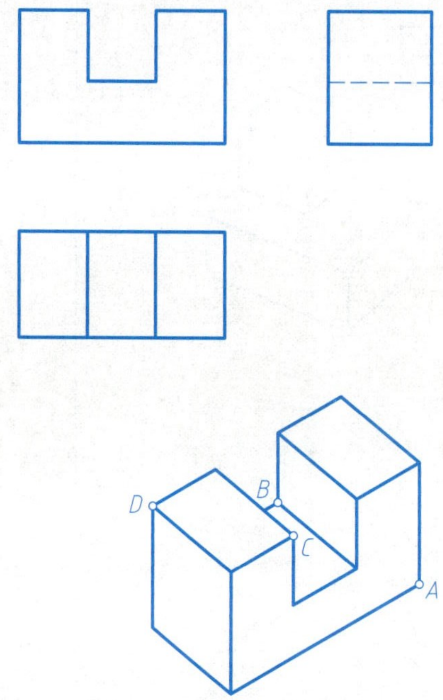

4-6 在三视图上标出 A、B、C 三点的投影

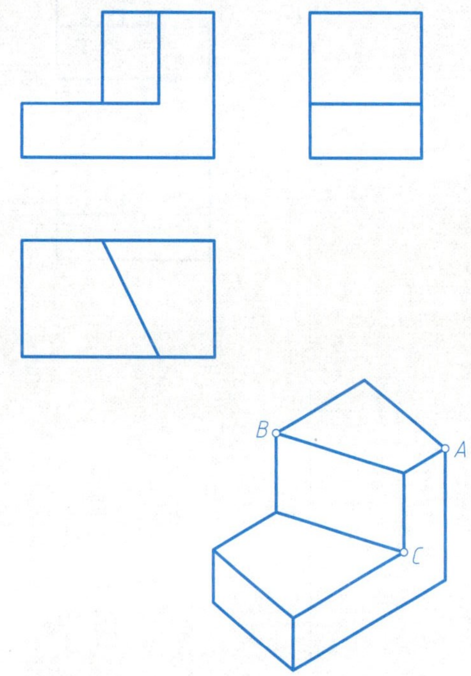

4-7 已知三视图中点 A、B、C 的两面投影，求其第三面投影

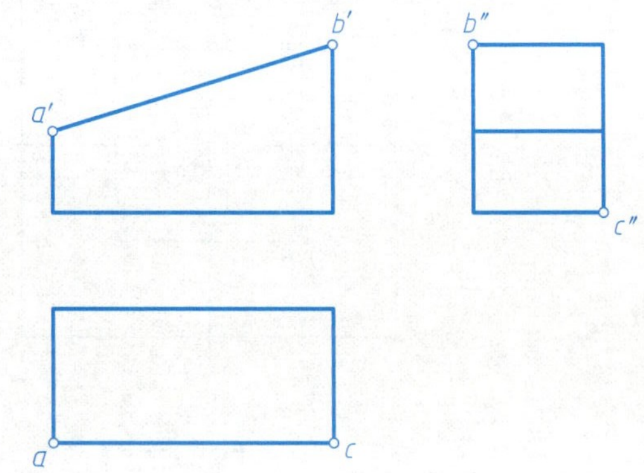

4-8 已知立体投影图中点 A、B、C、D 的两面投影，求其第三面投影

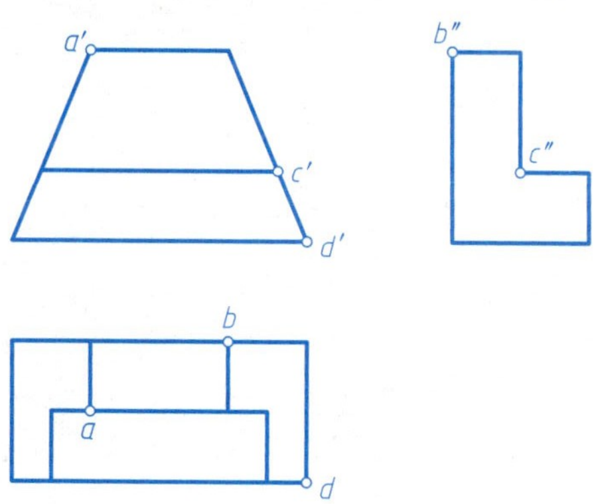

4-9 判别点 A、B 的相对位置

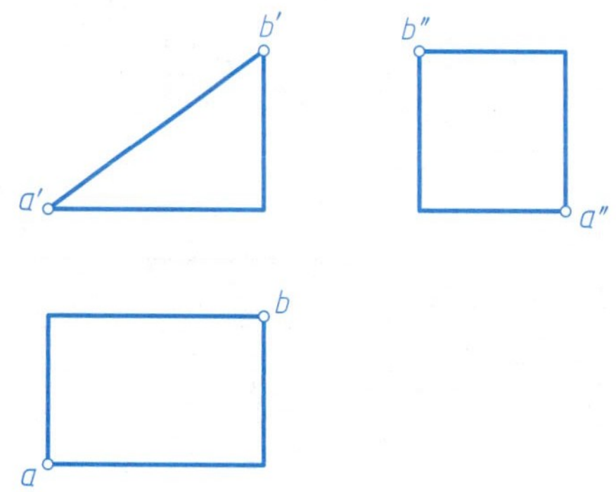

点 A 在点 B

（上、下）______

（左、右）______

（前、后）______

4-10 已知两点 A(10, 20, 15)、B(15, 0, 20)，求其二面投影，并判断这两点的相对位置

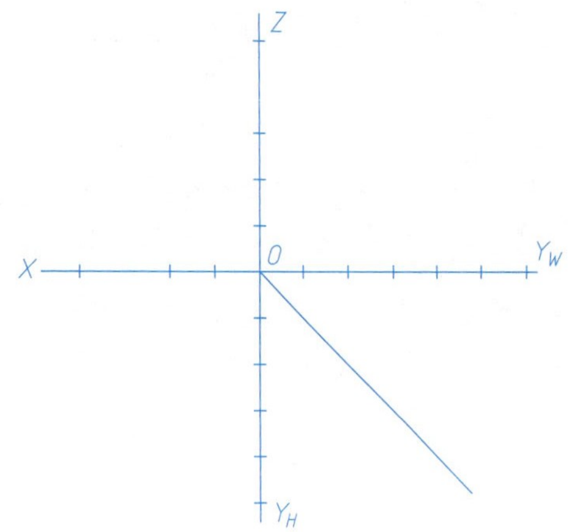

点 A 在点 B

（上、下）______

（左、右）______

（前、后）______

4-11 已知点 B 在点 A 左 10 mm、前 5 mm、下 10 mm，求点 B 的三面投影

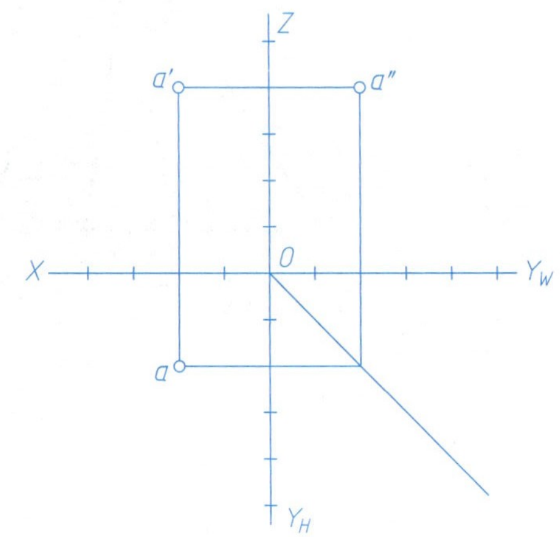

4-12 判别下列各点投影的可见性，将不可见投影加上括号

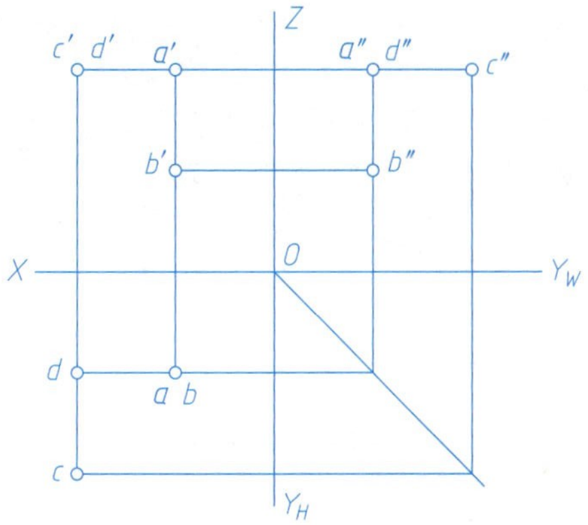

____和____点在 V 投影面上重影，____点可见

____和____点在 H 投影面上重影，____点可见

____和____点在 W 投影面上重影，____点可见

4-13 试给出重影点 A、B、C、D 和 E、F 的三面投影（考虑其可见性）

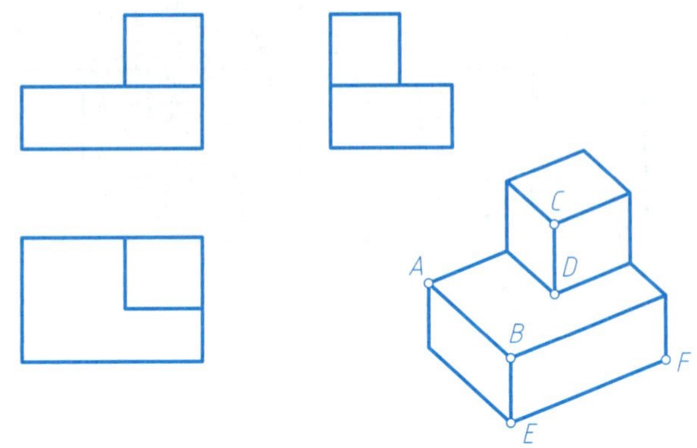

4-14 判断下列各点的可见性，并将不可见点的投影加上括号

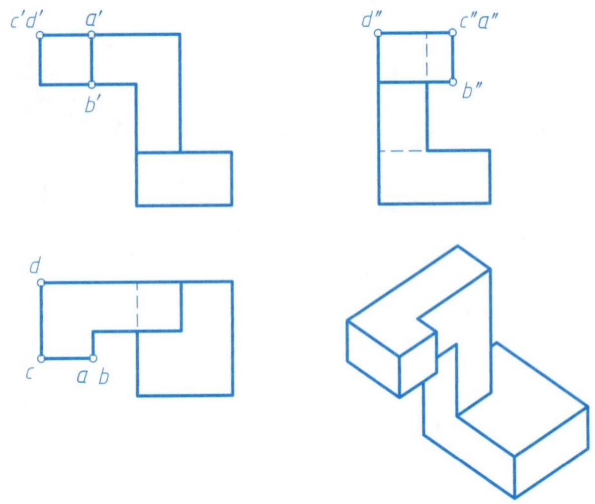

____和____点在 V 投影面上重影，____点可见

____和____点在 H 投影面上重影，____点可见

____和____点在 W 投影面上重影，____点可见

4-15 利用点的投影规律，补画三棱锥的左视图

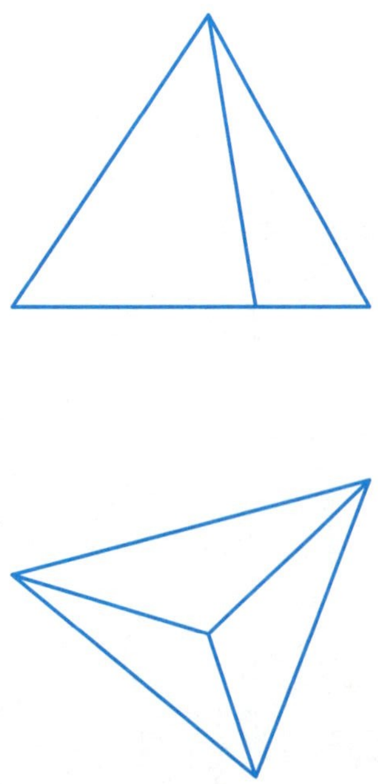

4-16 利用点的投影规律，补画截头四棱柱的左视图

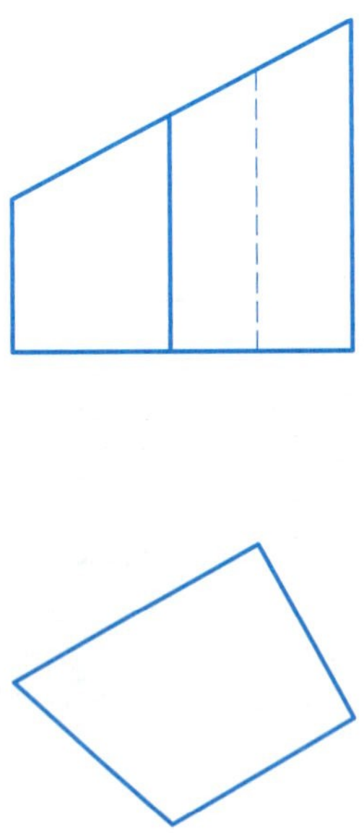

4-17 已知三棱锥的两面投影，求其侧面投影，并判别各棱线是什么位置直线

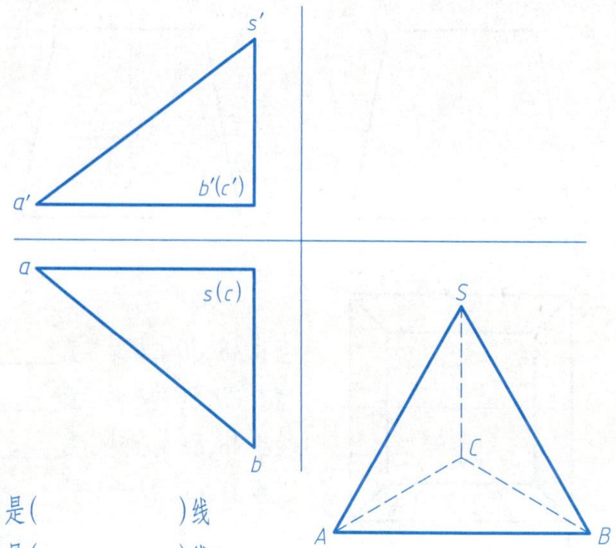

AB是(　　　　　)线

AC是(　　　　　)线

BC是(　　　　　)线

SA是(　　　　　)线

SB是(　　　　　)线

SC是(　　　　　)线

4-18 根据立体图，在物体的投影图上标出直线AB、BC、CD、DE的三面投影，并判别它们各是什么位置直线

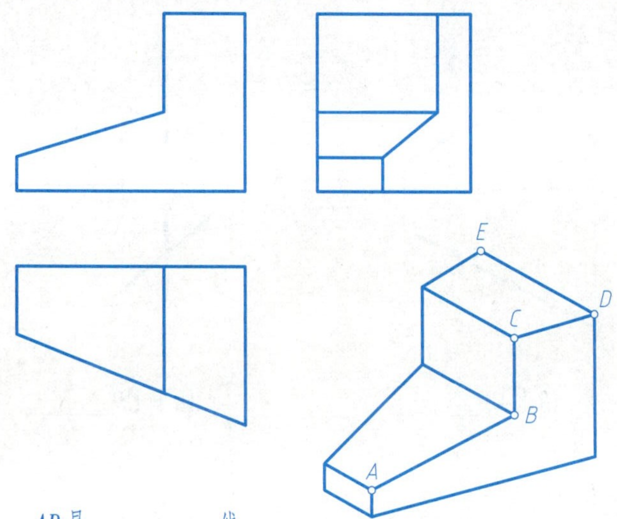

AB是__________线

BC是__________线

CD是__________线

DE是__________线

4-19 已知线段两端点A(25, 10, 5)、B(5, 20, 25)，画出其三面投影，并求线段AB的实长及倾角α

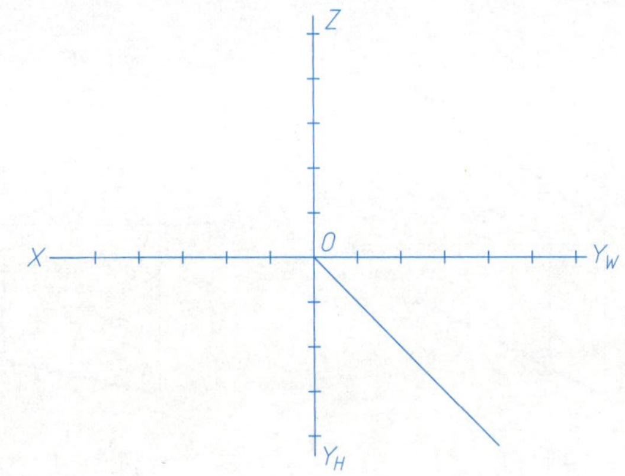

4-20 在线段AB上取一点K，使AK=10 mm，求点K的两面投影

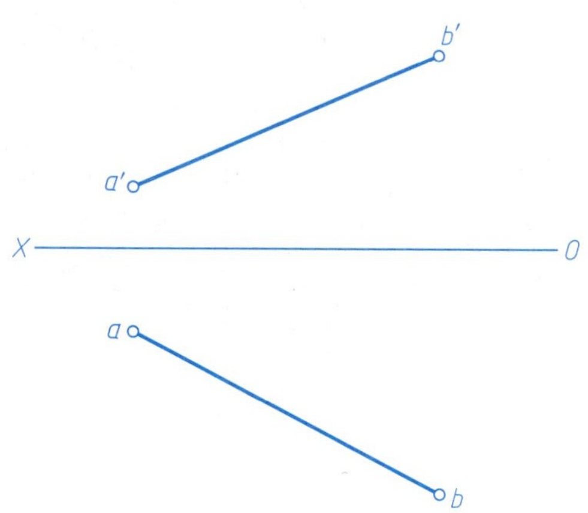

4-21 已知线段AB的投影ab及a′和对V面的倾角β=30°，且点B在点A的下方，作出线段AB的另外两投影

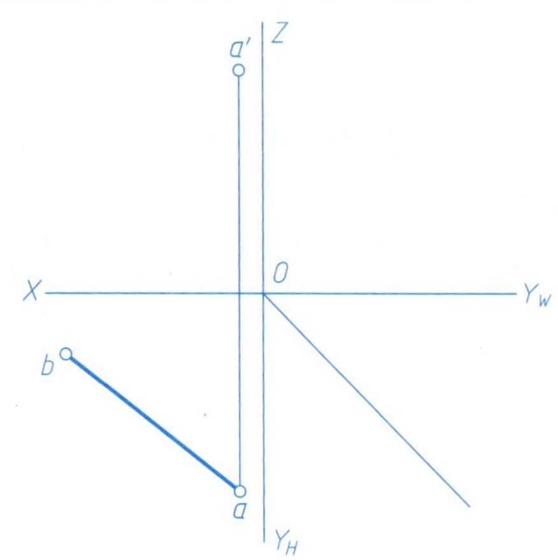

4-22 已知侧平线AB及点C的投影，作图判断点C是否在直线AB上

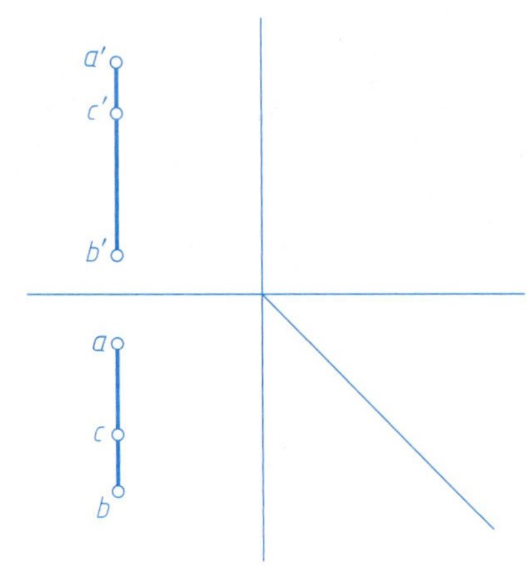

答 ______

4-23 判别 AB 与 CD 两直线的相对位置

1)

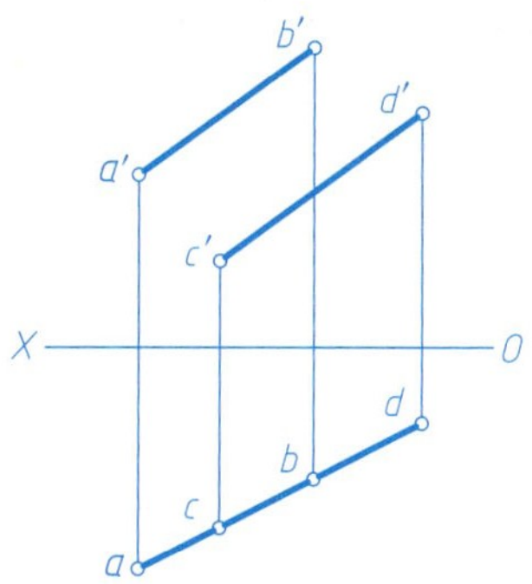

AB 和 CD_______

2)

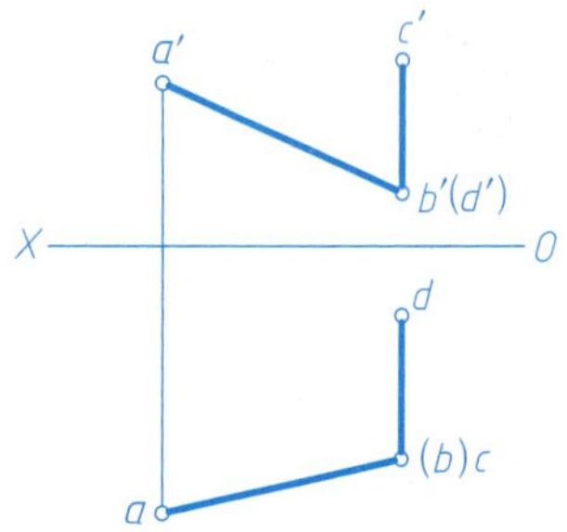

AB 和 CD_______

3)

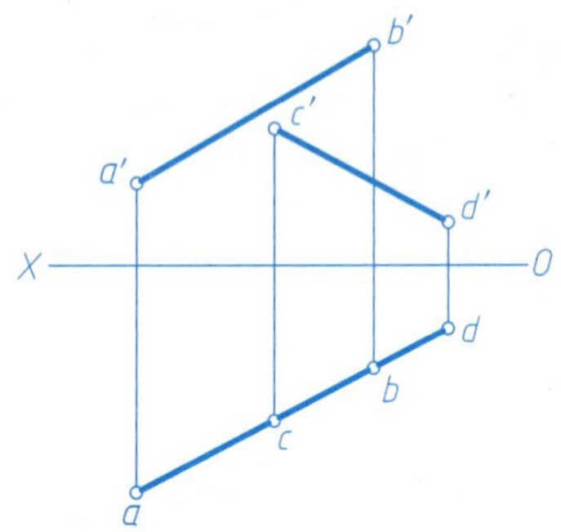

AB 和 CD_______

4)

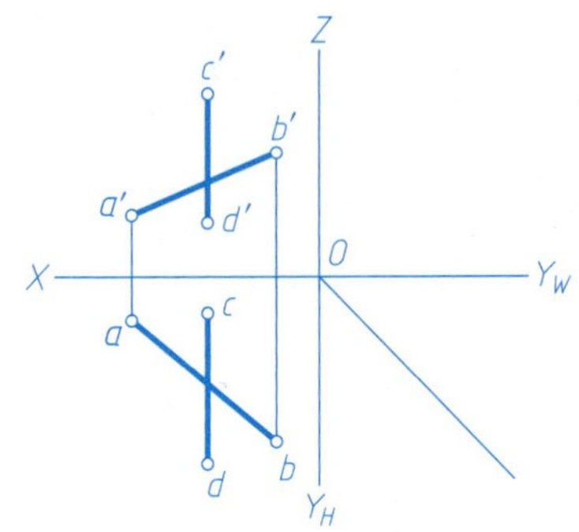

AB 和 CD_______

4-24 判断立体上两直线的相对位置

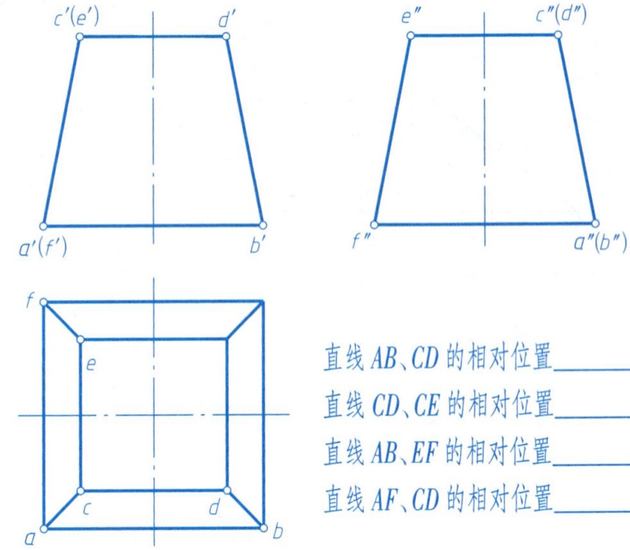

直线 AB、CD 的相对位置_______

直线 CD、CE 的相对位置_______

直线 AB、EF 的相对位置_______

直线 AF、CD 的相对位置_______

4-25 水平线 EF 距 H 面 15 mm，且与 AB、CD 相交，作出其投影

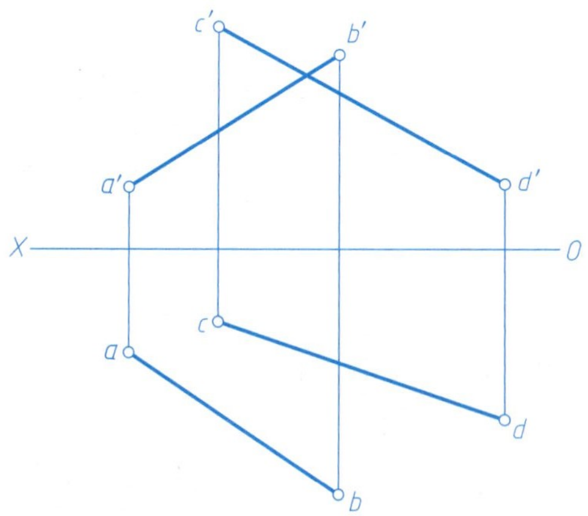

4-26 长方形 ABCD 的顶点 A 在直线 FG 上，作出长方形的投影

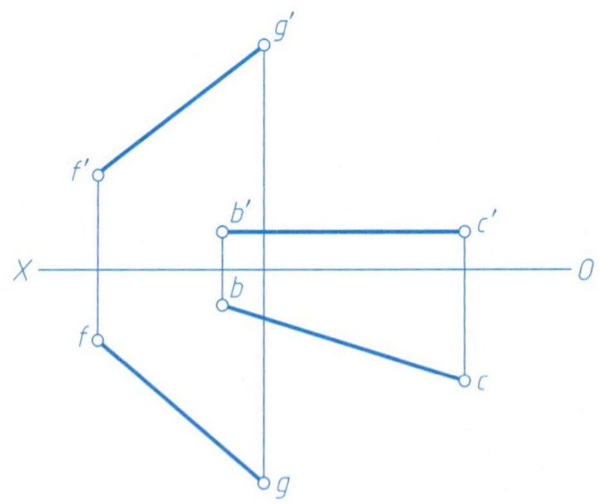

4-27 作交叉两直线 AB 和 CD 的公垂线 KL

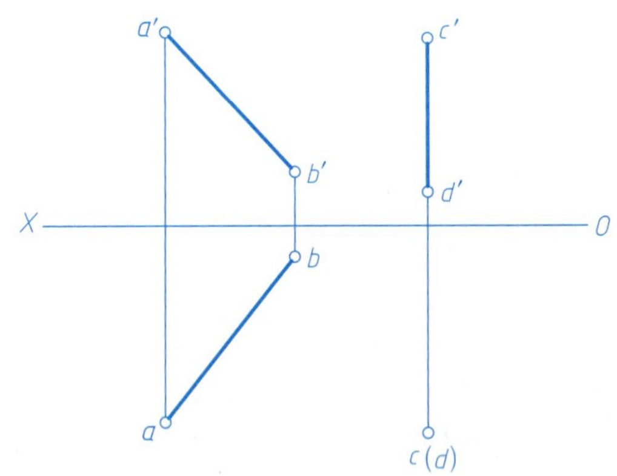

4-28 作直线 KL，使其与 AB 和 CD 相交，并与 EF 平行

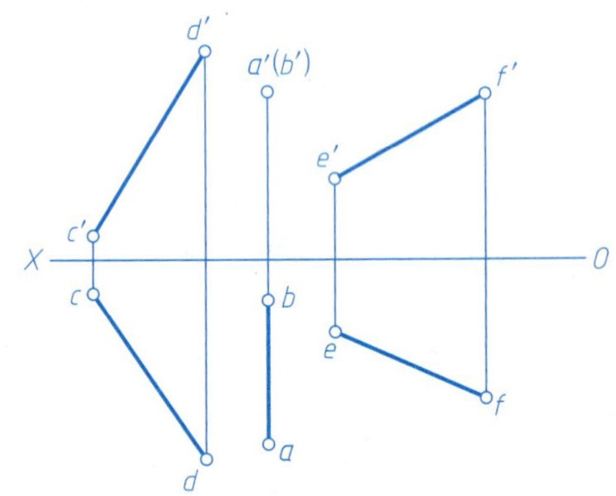

班级		姓名		日期	

4-29 用换面法求立体上线段 *AB* 的实长

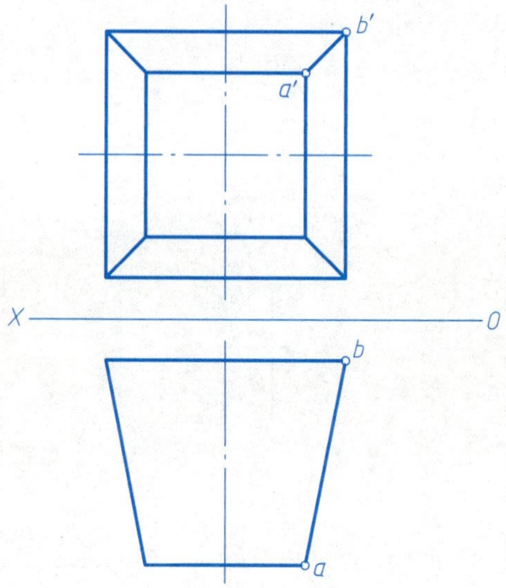

4-30 用换面法求水平线 *AB* 外一点 *M* 到 *AB* 的距离

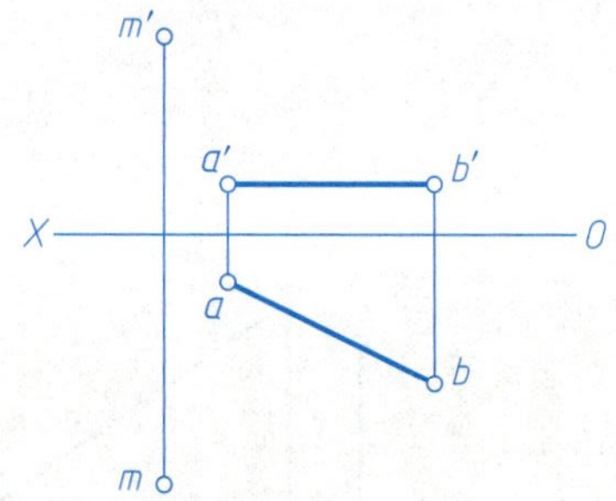

4-31 已知点 *M* 到直线 *AB* 的距离为 15 mm,用换面法求 *m*′

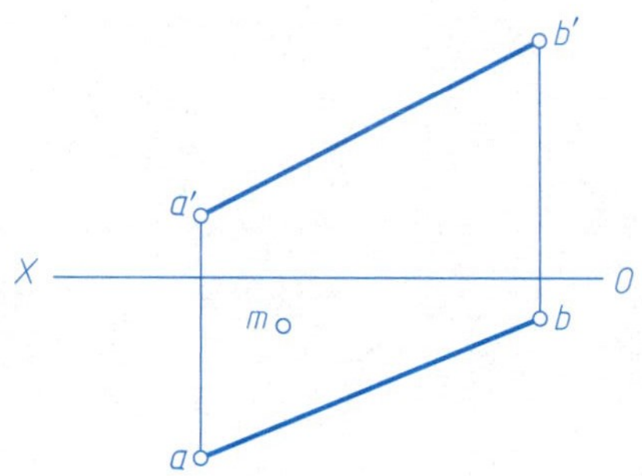

本题有____个解

4-32 用换面法求两直线 *AB*、*CD* 间的距离及其投影

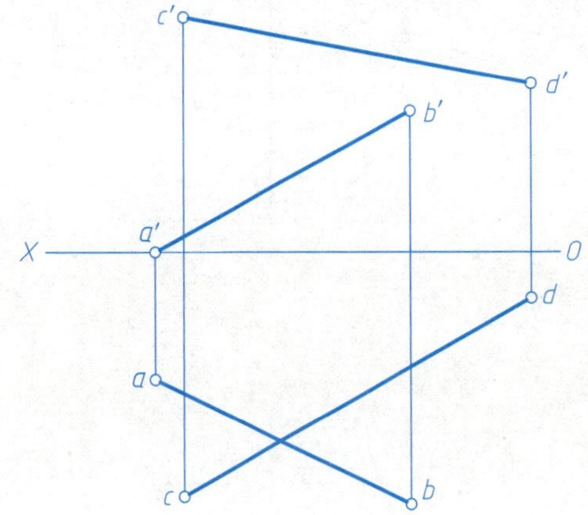

4-33 已知 *AB* // *CD*,两直线间距离为 15 mm,用换面法求 *ab*

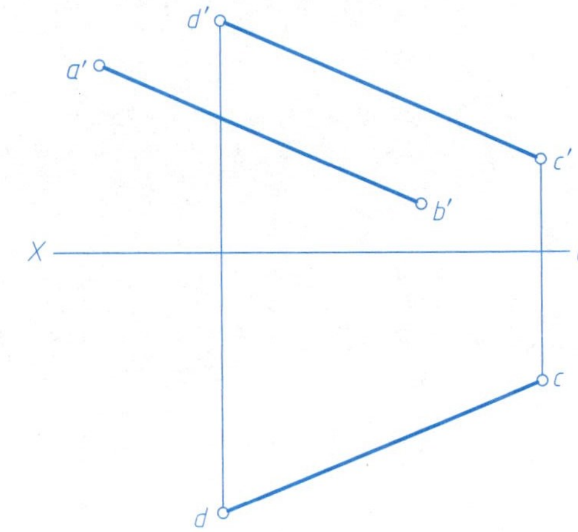

本题有____个解

4-34 电流在导线中由 A 流向 B，试给出在点 C 处的磁场强度方向的投影

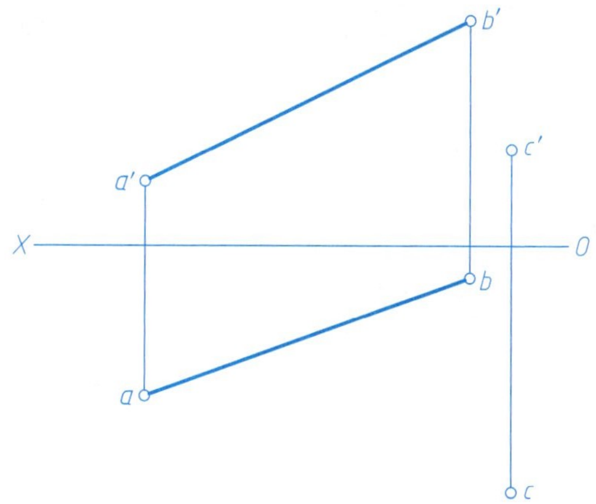

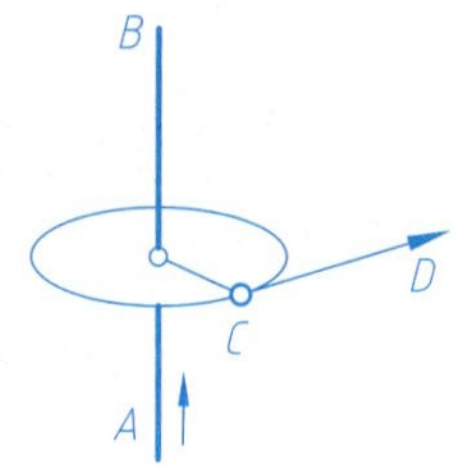

4-35 已知单摆 MN，点 N 绕点 M 在垂直于平面 $P(\triangle ABC)$ 的平面内摆动，求点 N 与 $\triangle ABC$ 的触点 S 及摆动角度 θ

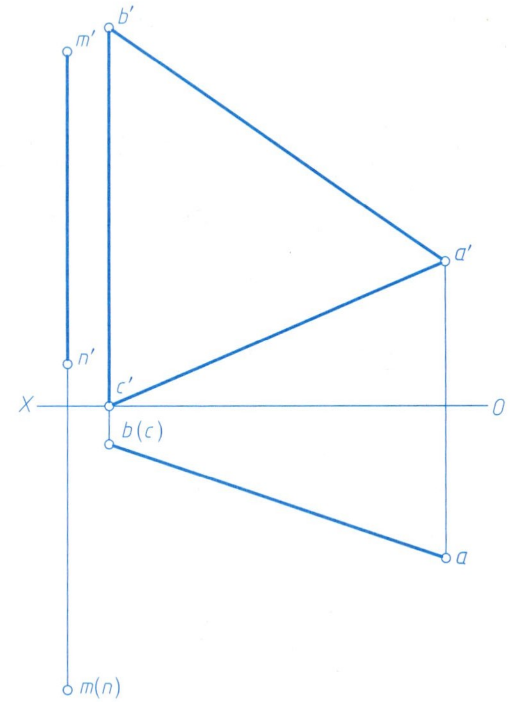

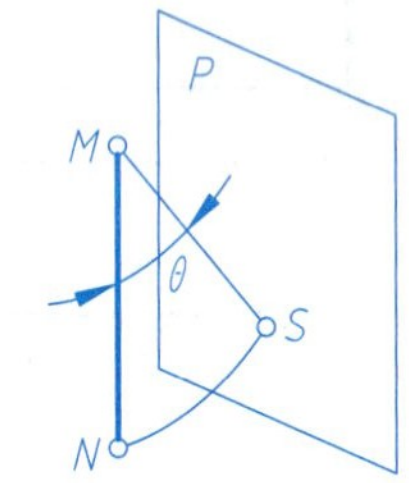

4-36 已知平面的两面投影，求其第三面投影并指出为何种位置平面

1）

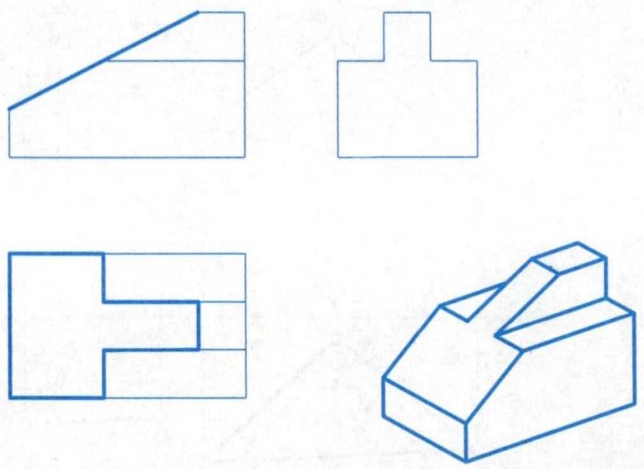

平面是________

2）

平面是________

4-37 标出物体上指定平面的三面投影，并指出各为何种位置平面

1）

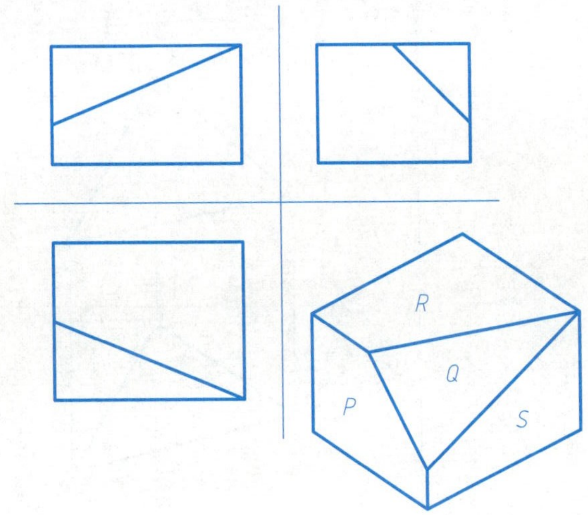

P 是________ Q 是________

R 是________ S 是________

2）

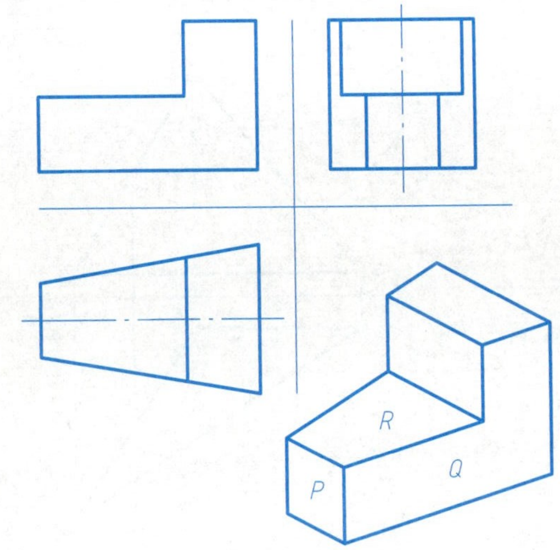

P 是________ Q 是________

R 是________

4-38 由形体的两面投影求侧面投影，并判别各面是什么位置平面

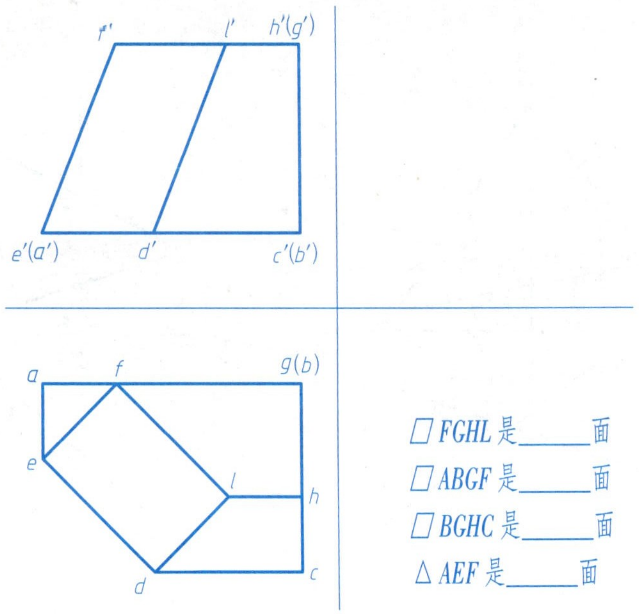

□FGHL 是______面 □CDLH 是______面

□ABGF 是______面 □DEFL 是______面

□BGHC 是______面 □ABCDE 是______面

△AEF 是______面

4-39 补全平面图形的水平投影

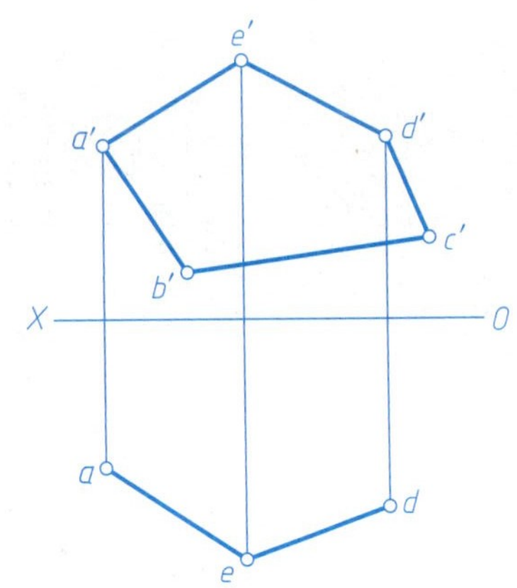

4-40 在△ABC 内作点 K，使其距 H 面 15 mm，距 V 面 15 mm

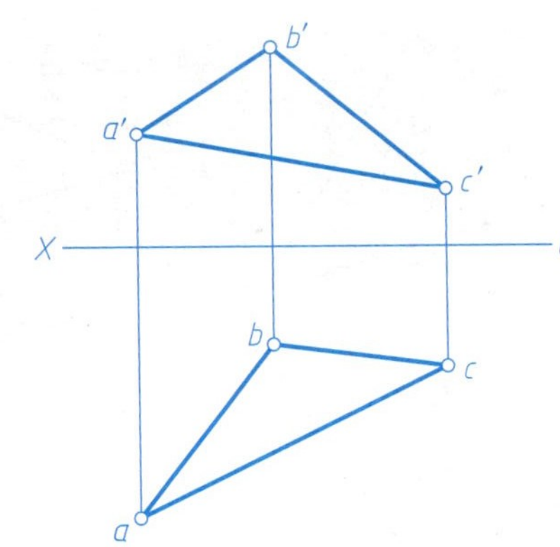

4-41 试过平面上点 D,分别作对 V 面和 H 面的最大斜度线 DE 和 DF

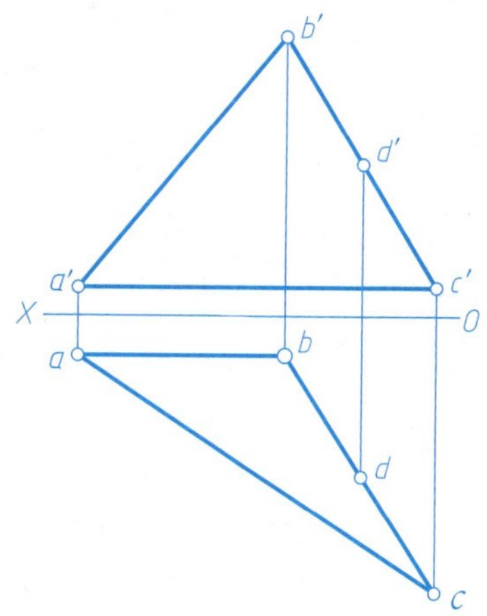

4-42 已知直线 DE 平行于△ABC,求 DE 的正面投影

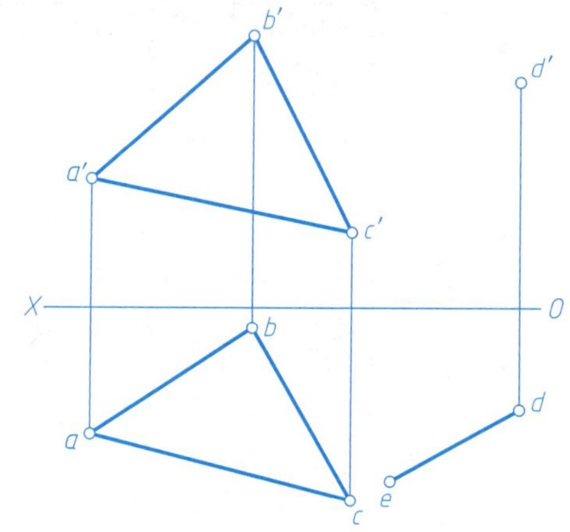

4-43 设 s 为△ABC 上对 H 面的最大斜度线的水平投影,完成△ABC 的正面投影

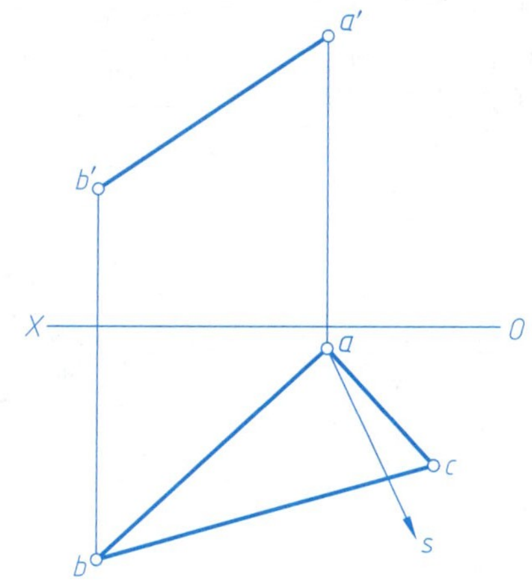

4-44 判断直线 DE 与△ABC 是否平行

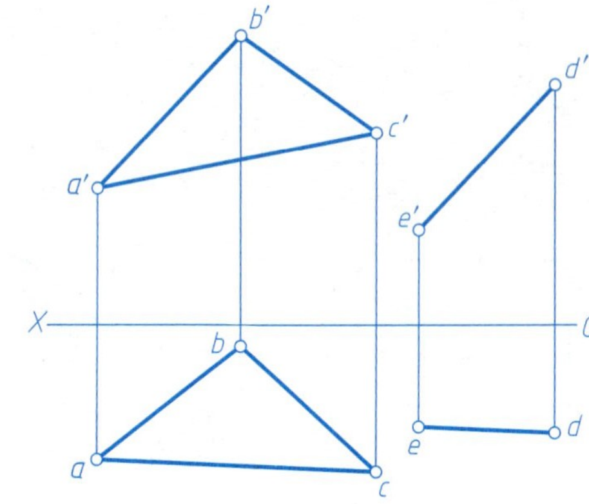

直线与平面______

4-45 已知△ABC 与△DEF 平行,求△DEF 的水平投影

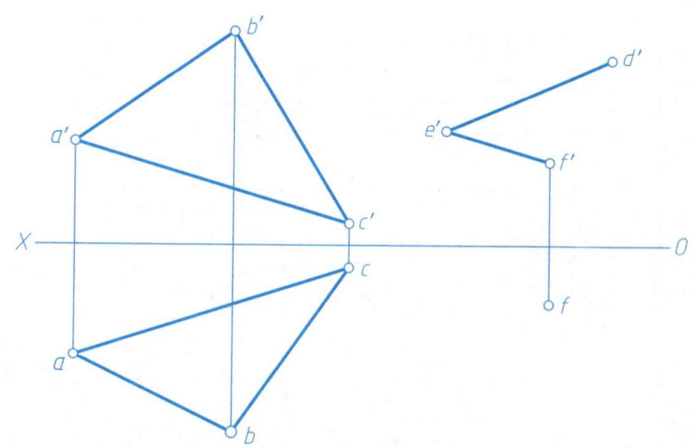

4-46 判断平面 $ABCD$ 与平面 $EFGH$ 是否平行

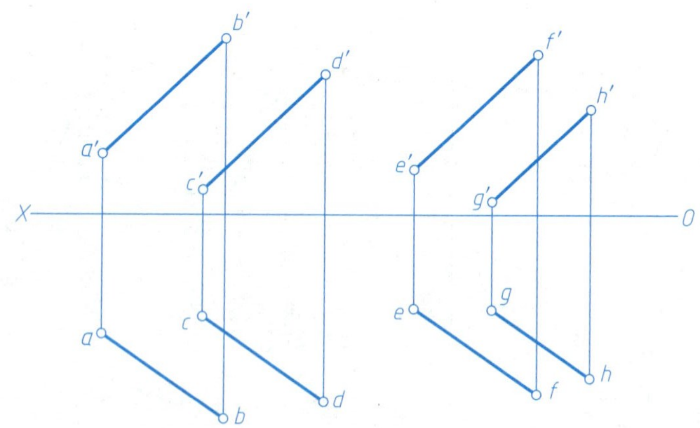

两平面______

4-47 求直线 DE 与△ABC 的交点 K,并判断可见性

1)

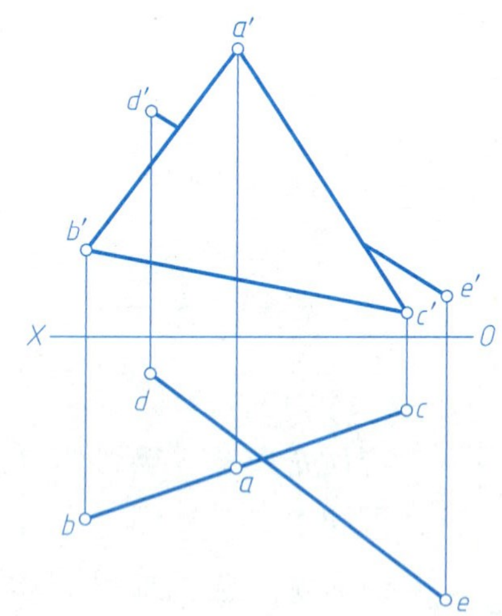

2)

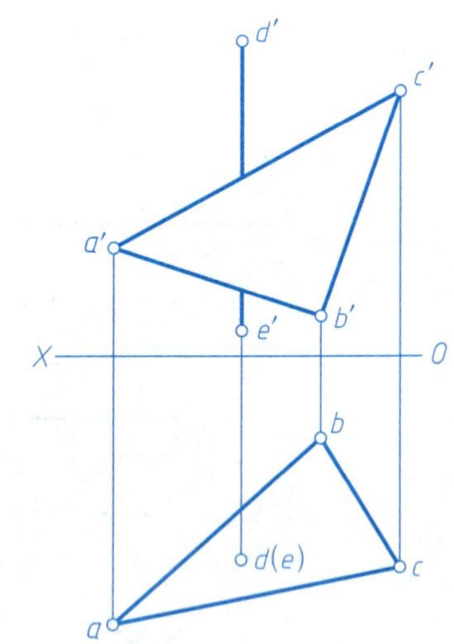

班级 姓名 日期

4-4 已知点A的两面投影，求其第三面投影

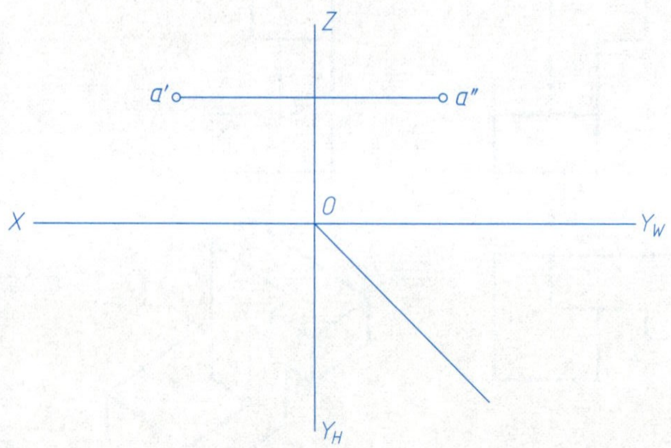

4-5 在三视图上标出A、B、C、D四点的投影

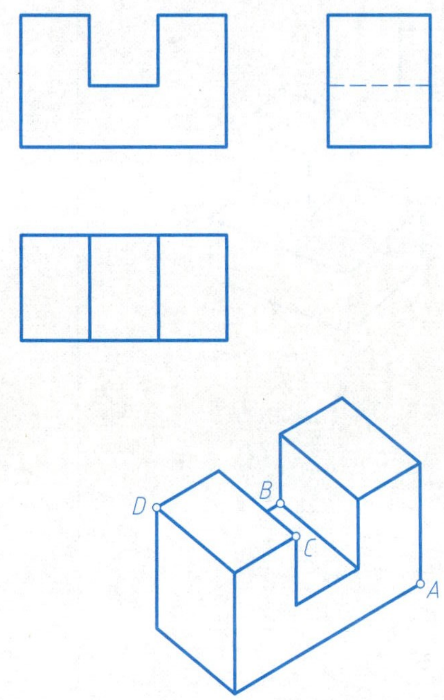

4-6 在三视图上标出A、B、C三点的投影

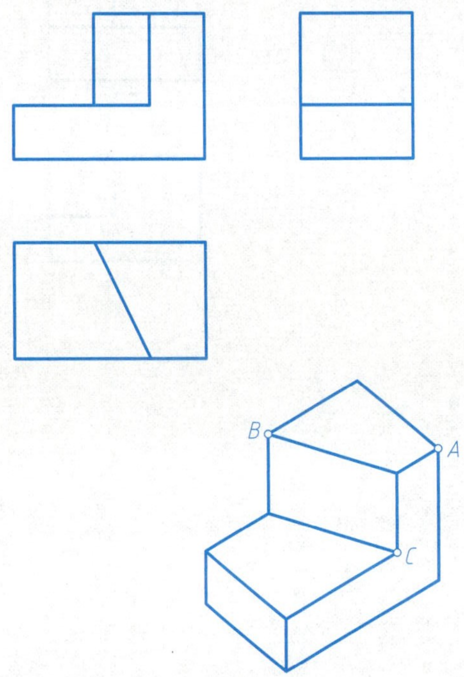

4-7 已知三视图中点A、B、C的两面投影，求其第三面投影

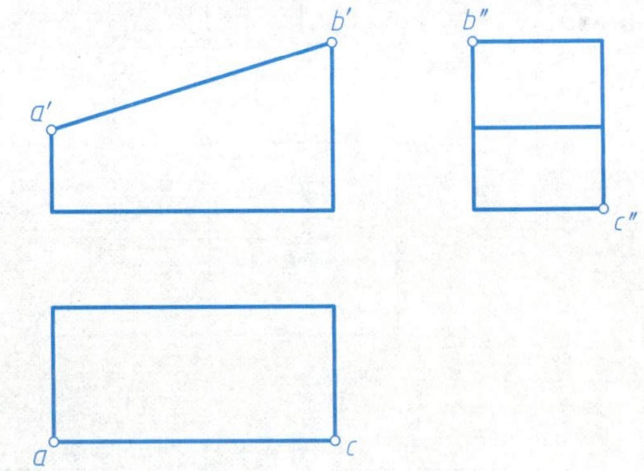

4-8 已知立体投影图中点A、B、C、D的两面投影，求其第三面投影

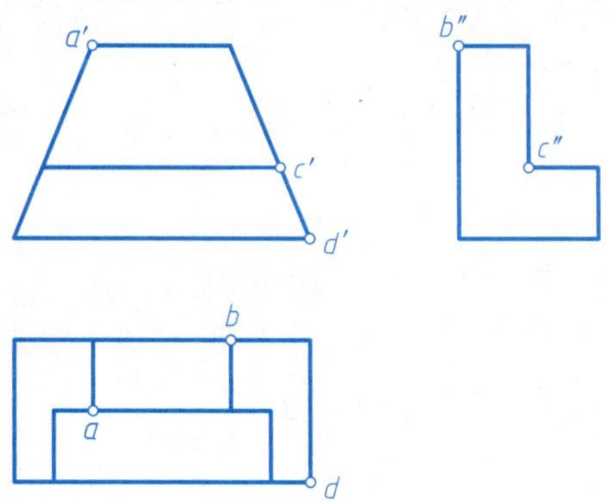

4-9 判别点A、B的相对位置

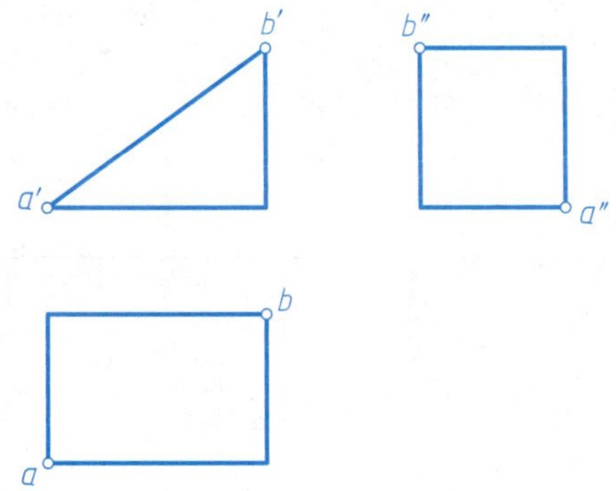

点A在点B

（上、下）______

（左、右）______

（前、后）______

4-10 已知两点A(10,20,15)、B(15,0,20)，求其三面投影，并判断这两点的相对位置

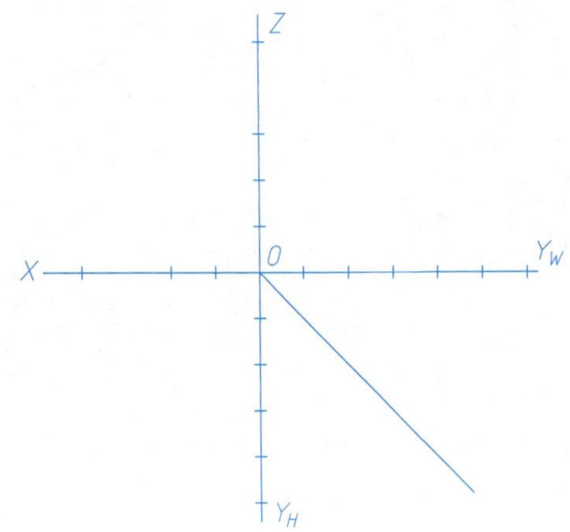

点A在点B

（上、下）______

（左、右）______

（前、后）______

4-11 已知点B在点A左10 mm、前5 mm、下10 mm，求点B的三面投影

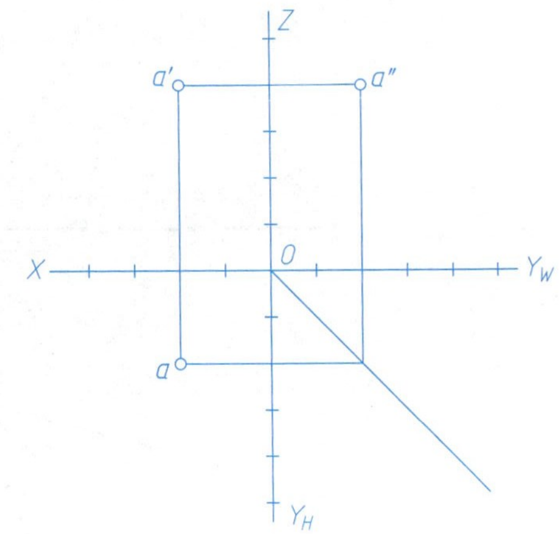

4-12 判别下列各点投影的可见性，将不可见投影加上括号

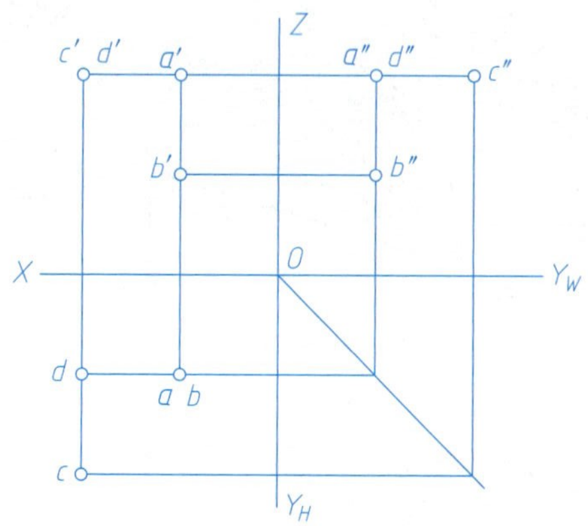

____和____点在 V 投影面上重影，____点可见

____和____点在 H 投影面上重影，____点可见

____和____点在 W 投影面上重影，____点可见

4-13 试给出重影点 A、B、C、D 和 E、F 的三面投影（考虑其可见性）

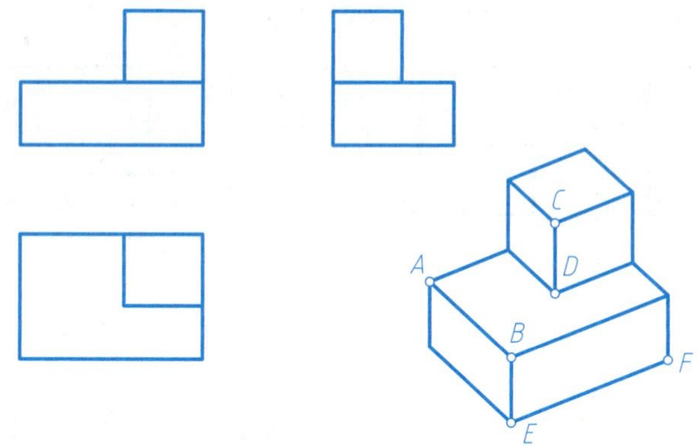

4-14 判断下列各点的可见性，并将不可见点的投影加上括号

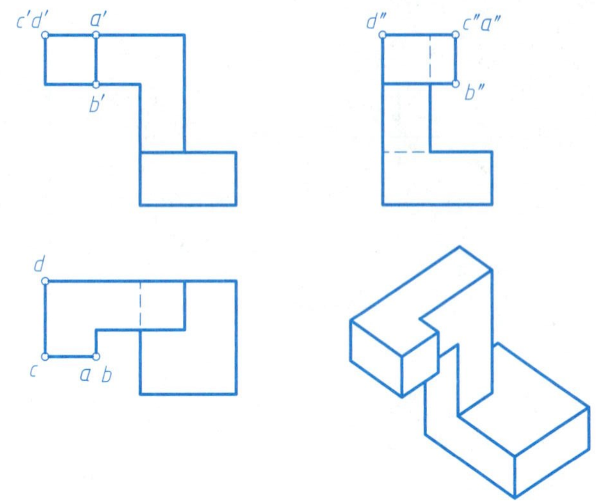

____和____点在 V 投影面上重影，____点可见

____和____点在 H 投影面上重影，____点可见

____和____点在 W 投影面上重影，____点可见

4-15 利用点的投影规律，补画三棱锥的左视图

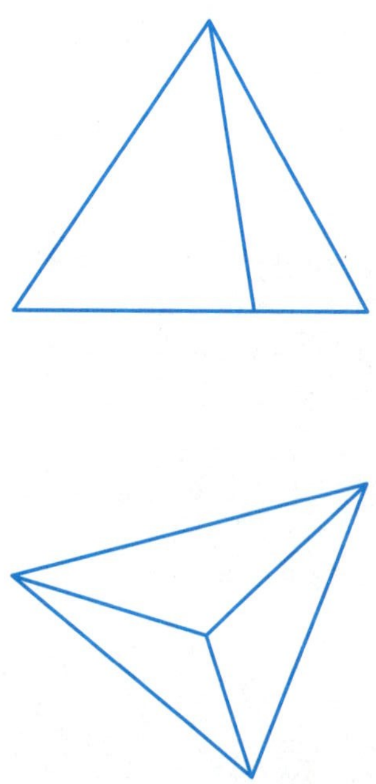

4-16 利用点的投影规律，补画截头四棱柱的左视图

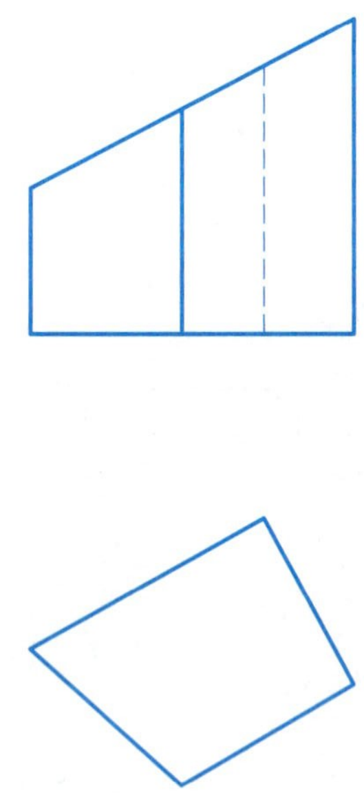

班级		姓名		日期	

4-17 已知三棱锥的两面投影，求其侧面投影，并判别各棱线是什么位置直线

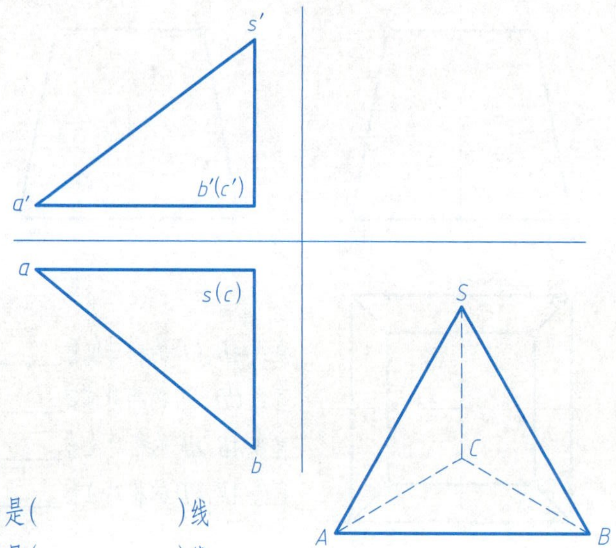

AB 是(　　　　　　)线

AC 是(　　　　　　)线

BC 是(　　　　　　)线

SA 是(　　　　　　)线

SB 是(　　　　　　)线

SC 是(　　　　　　)线

4-18 根据立体图，在物体的投影图上标出直线 AB、BC、CD、DE 的三面投影，并判别它们各是什么位置直线

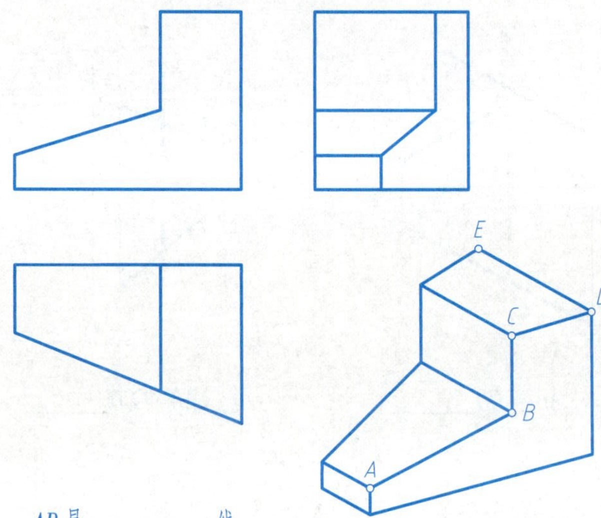

AB 是__________线

BC 是__________线

CD 是__________线

DE 是__________线

4-19 已知线段两端点 A (25, 10, 5)、B (5, 20, 25)，画出其三面投影，并求线段 AB 的实长及倾角 α

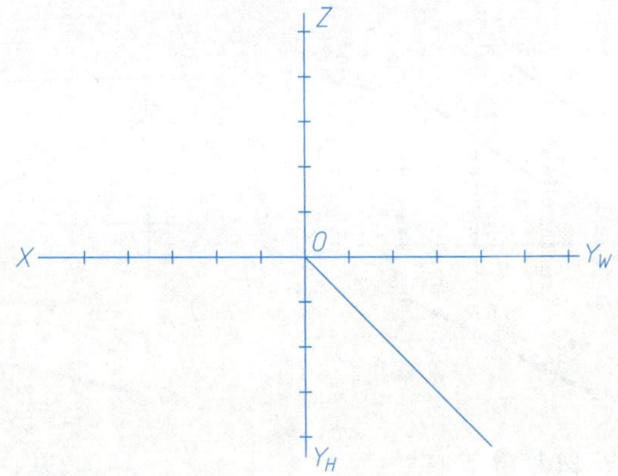

4-20 在线段 AB 上取一点 K，使 AK=10 mm，求点 K 的两面投影

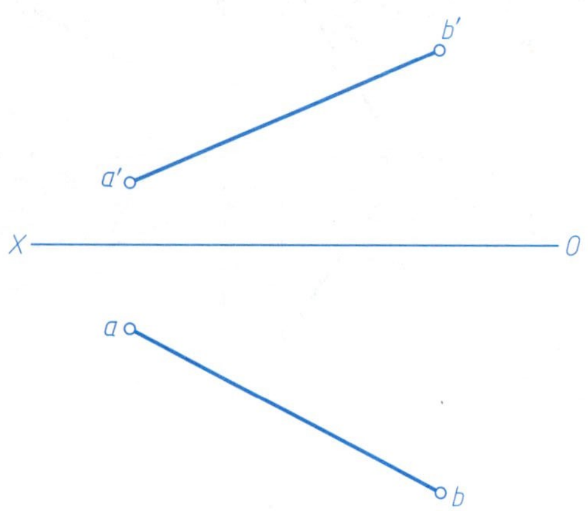

4-21 已知线段 AB 的投影 ab 及 a′ 和对 V 面的倾角 β=30°，且点 B 在点 A 的下方，作出线段 AB 的另外两投影

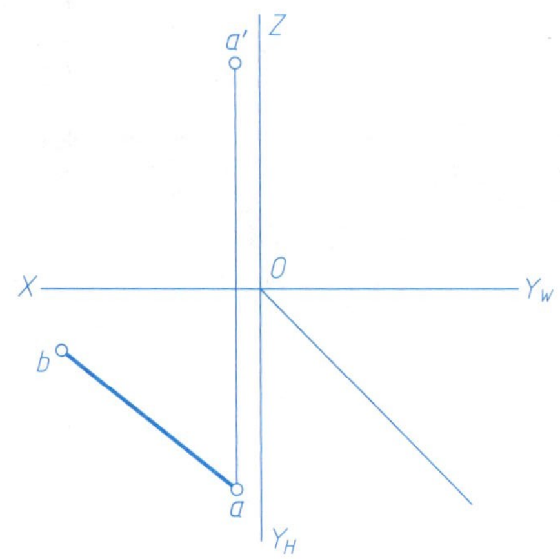

4-22 已知侧平线 AB 及点 C 的投影，作图判断点 C 是否在直线 AB 上

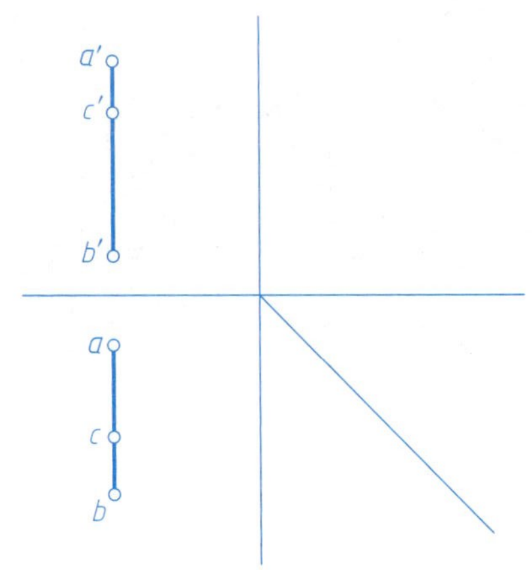

答 ______

4-23 判别 *AB* 与 *CD* 两直线的相对位置

1）

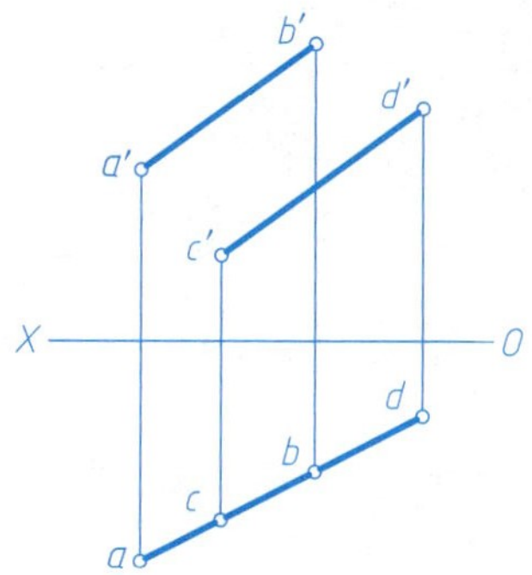

AB和 CD______

2）

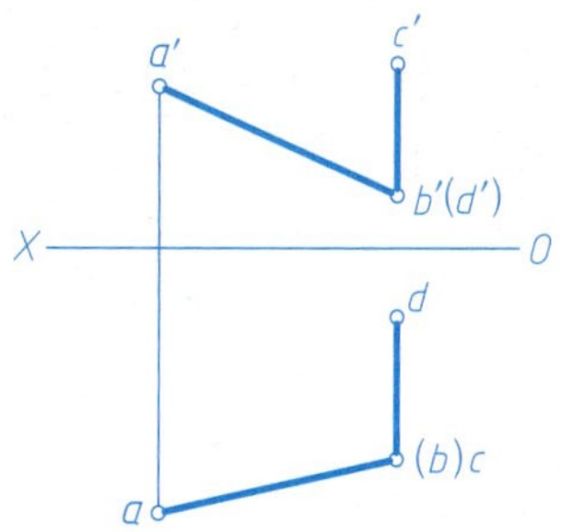

AB和 CD______

3）

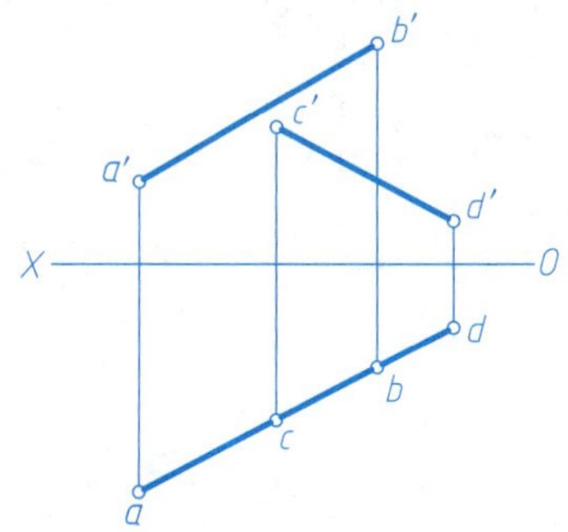

AB和 CD______

4）

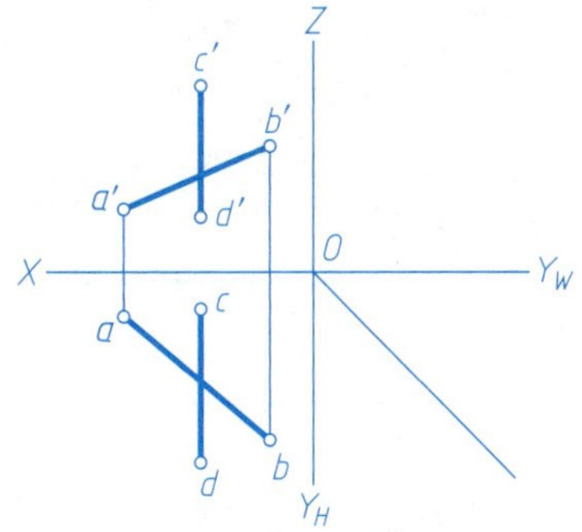

AB和 CD______

4-24 判断立体上两直线的相对位置

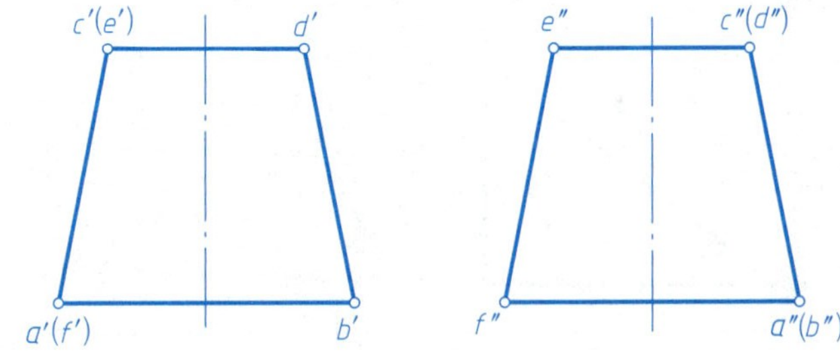

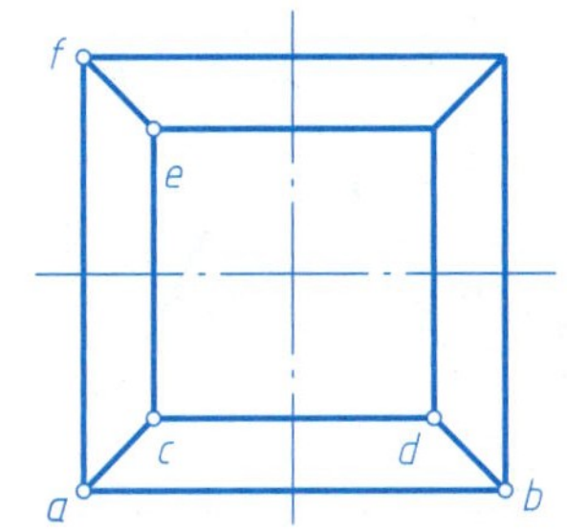

直线 *AB*、*CD* 的相对位置______

直线 *CD*、*CE* 的相对位置______

直线 *AB*、*EF* 的相对位置______

直线 *AF*、*CD* 的相对位置______

4-25 水平线 *EF* 距 *H* 面 15 mm，且与 *AB*、*CD* 相交，作出其投影

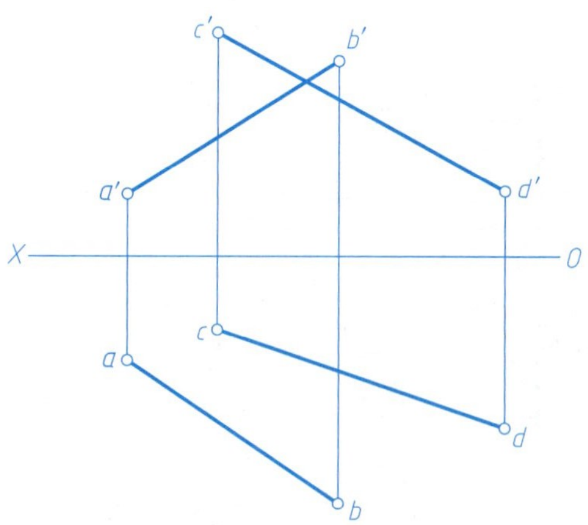

4-26 长方形 *ABCD* 的顶点 *A* 在直线 *FG* 上，作出长方形的投影

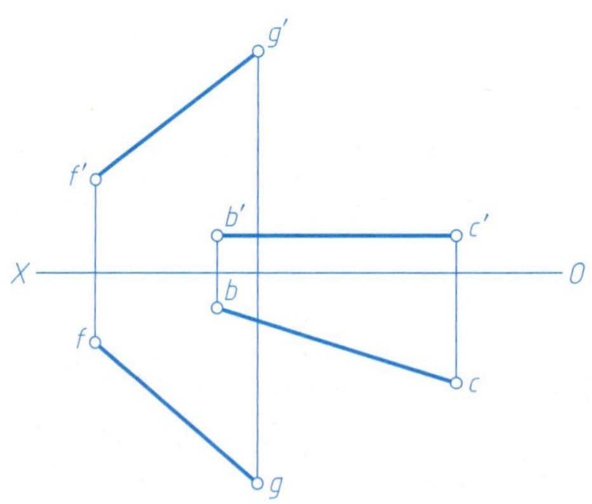

4-27 作交叉两直线 *AB* 和 *CD* 的公垂线 *KL*

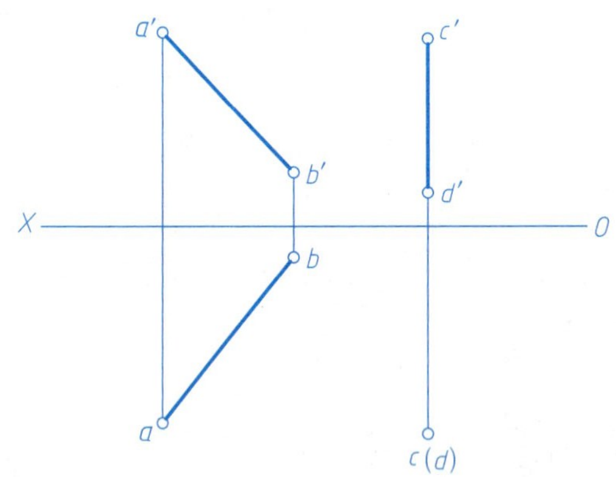

4-28 作直线 *KL*，使其与 *AB* 和 *CD* 相交，并与 *EF* 平行

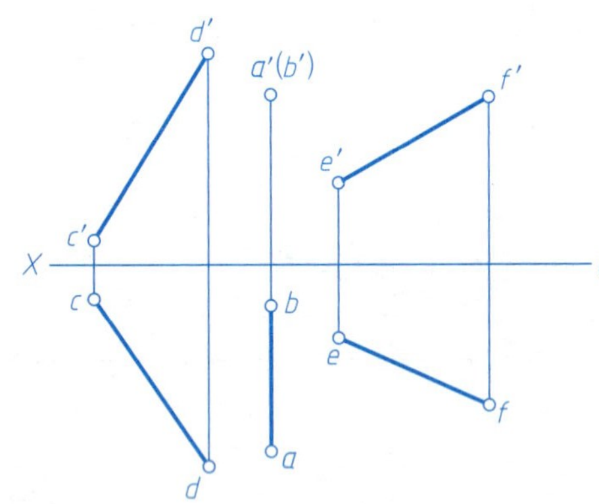

 班级 ____ 姓名 ____ 日期 ____

4-29 用换面法求立体上线段 *AB* 的实长

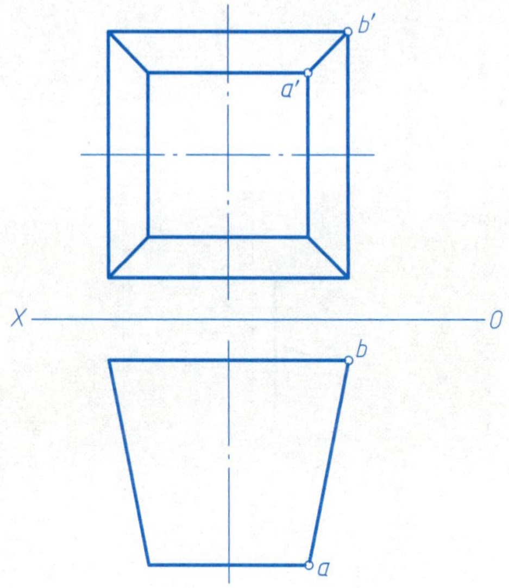

4-30 用换面法求水平线 *AB* 外一点 *M* 到 *AB* 的距离

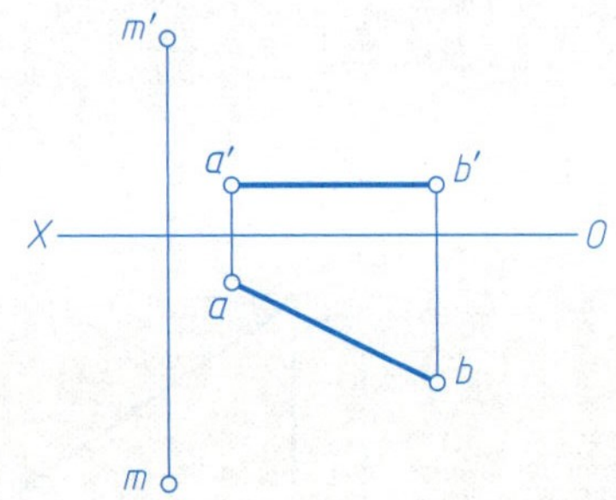

4-31 已知点 *M* 到直线 *AB* 的距离为 15 mm，用换面法求 *m*′

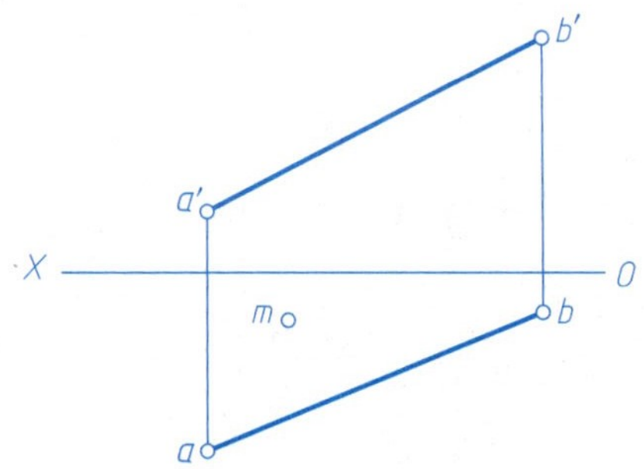

本题有____个解

4-32 用换面法求两直线 *AB*、*CD* 间的距离及其投影

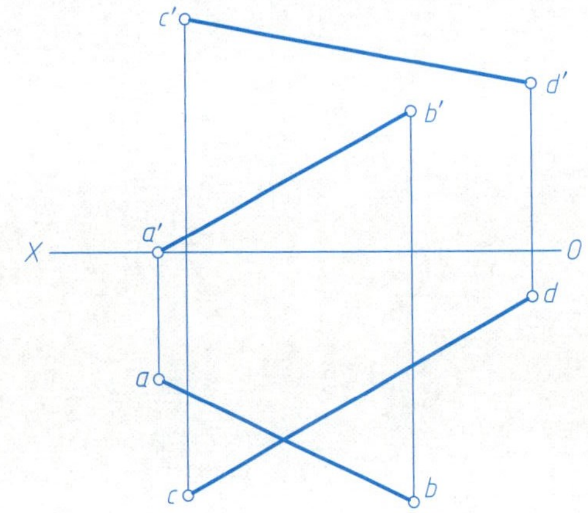

4-33 已知 *AB* // *CD*，两直线间距离为 15 mm，用换面法求 *ab*

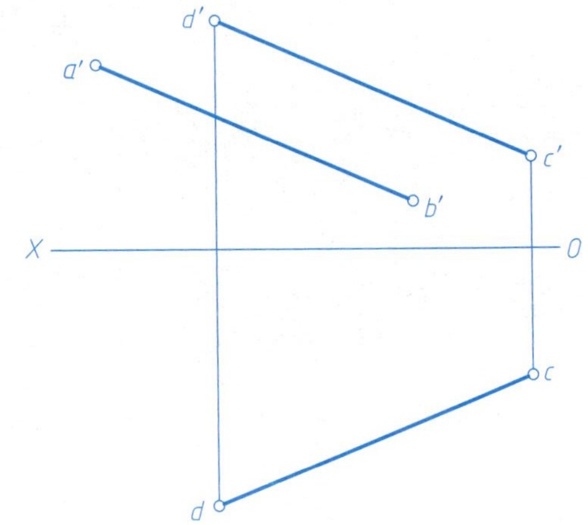

本题有____个解

4-34 电流在导线中由 A 流向 B，试给出在点 C 处的磁场强度方向的投影

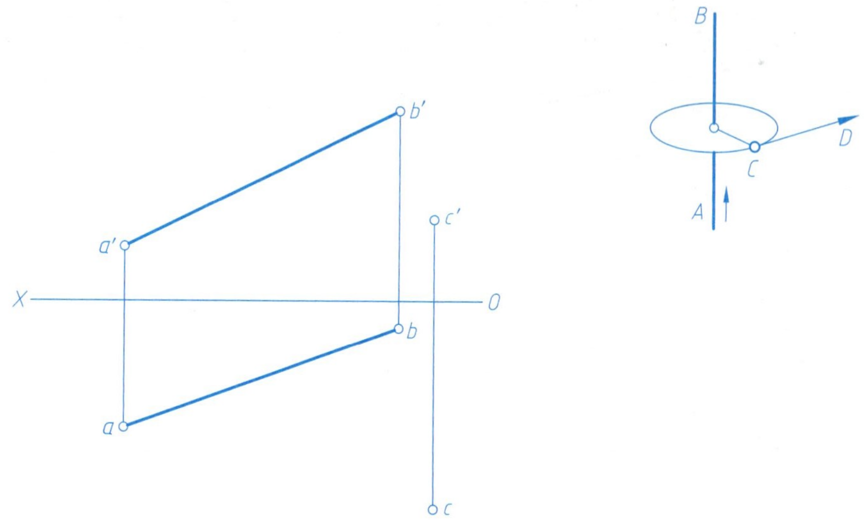

4-35 已知单摆 MN，点 N 绕点 M 在垂直于平面 $P(\triangle ABC)$ 的平面内摆动，求点 N 与 $\triangle ABC$ 的触点 S 及摆动角度 θ

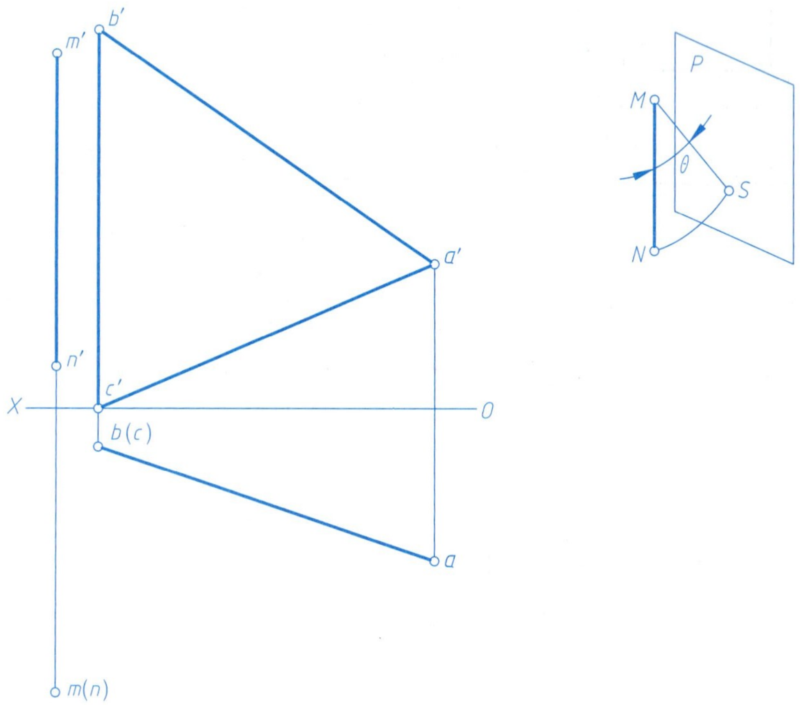

班级 姓名 日期

4-36 已知平面的两面投影，求其第三面投影并指出为何种位置平面

1）

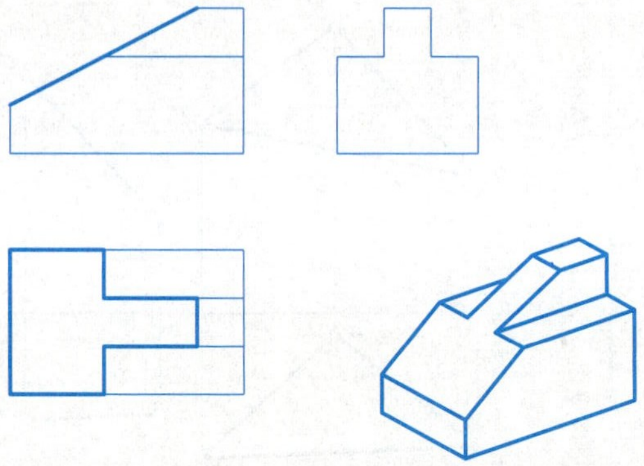

平面是________

2）

平面是________

4-37 标出物体上指定平面的三面投影，并指出各为何种位置平面

1）

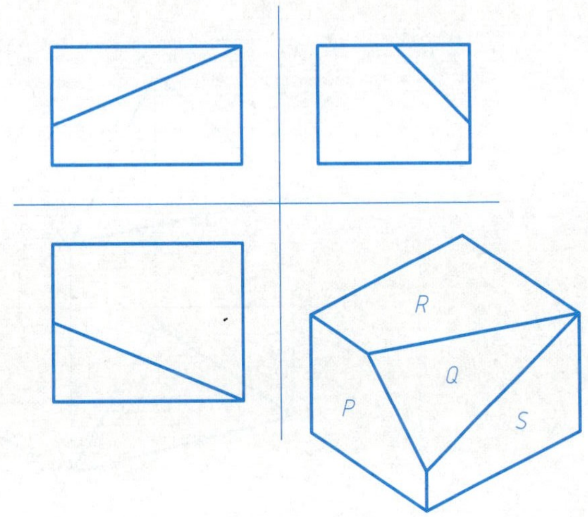

P 是________*Q* 是________

R 是________*S* 是________

2）

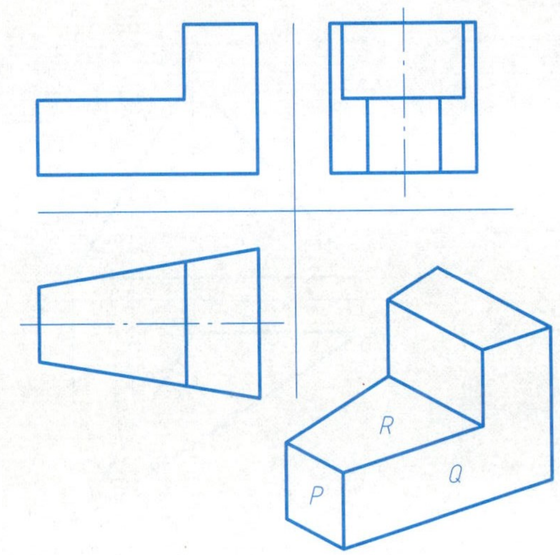

P 是________*Q* 是________

R 是________

4-38 由形体的两面投影求侧面投影，并判别各面是什么位置平面

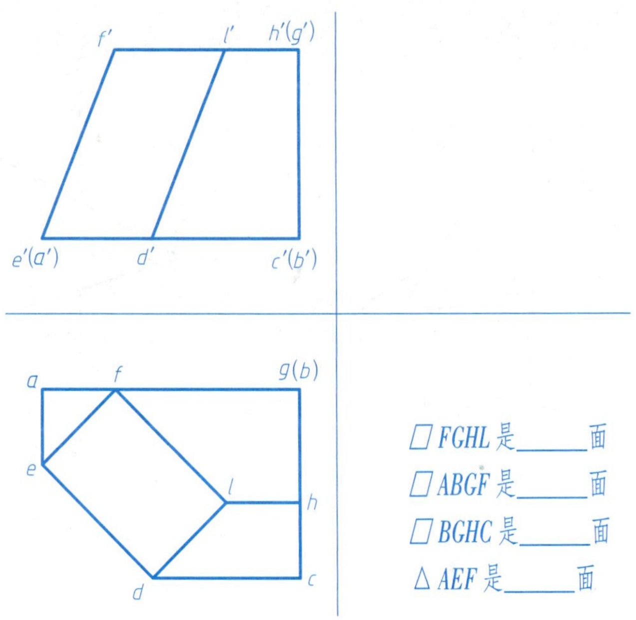

□*FGHL* 是______面　□*CDLH* 是______面

□*ABGF* 是______面　□*DEFL* 是______面

□*BGHC* 是______面　□*ABCDE* 是______面

△*AEF* 是______面

4-39 补全平面图形的水平投影

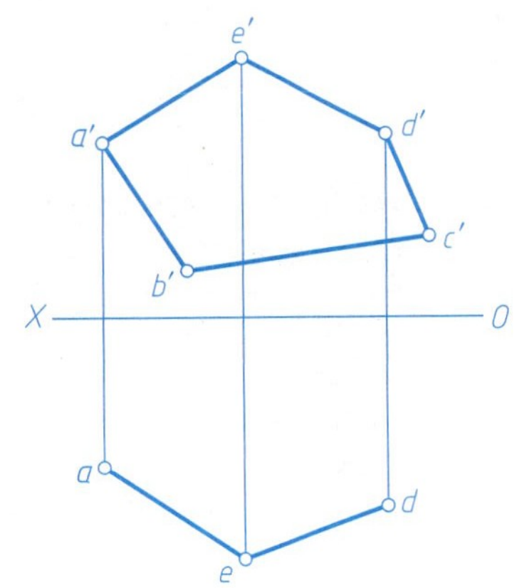

4-40 在△*ABC* 内作点 *K*，使其距 *H* 面 15 mm，距 *V* 面 15 mm

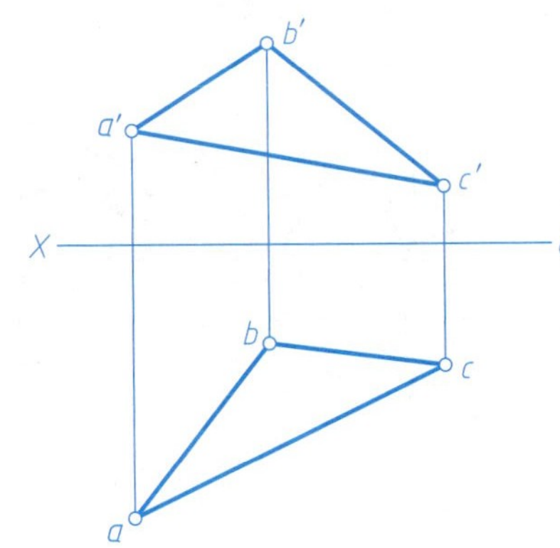

4-41 试过平面上点 *D*,分别作对 *V* 面和 *H* 面的最大斜度线 *DE* 和 *DF*

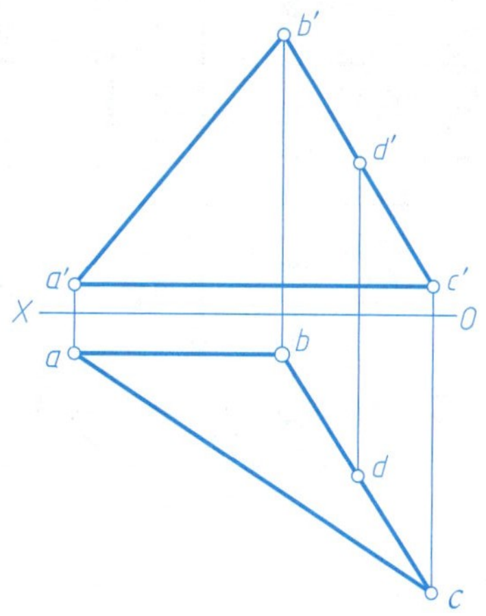

4-42 已知直线 *DE* 平行于△*ABC*,求 *DE* 的正面投影

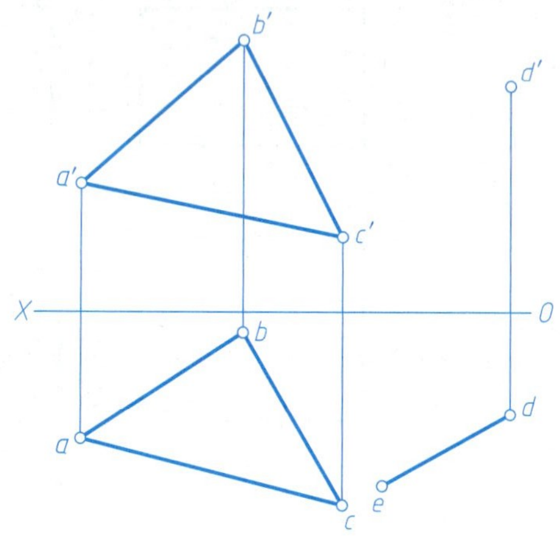

4-43 设 *s* 为△*ABC* 上对 *H* 面的最大斜度线的水平投影,完成△*ABC* 的正面投影

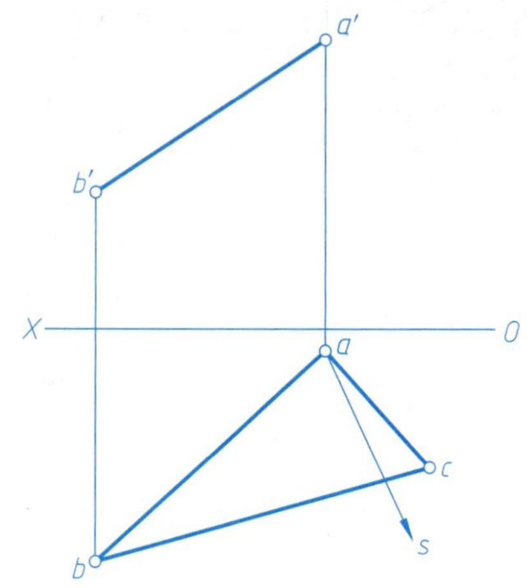

4-44 判断直线 *DE* 与△*ABC* 是否平行

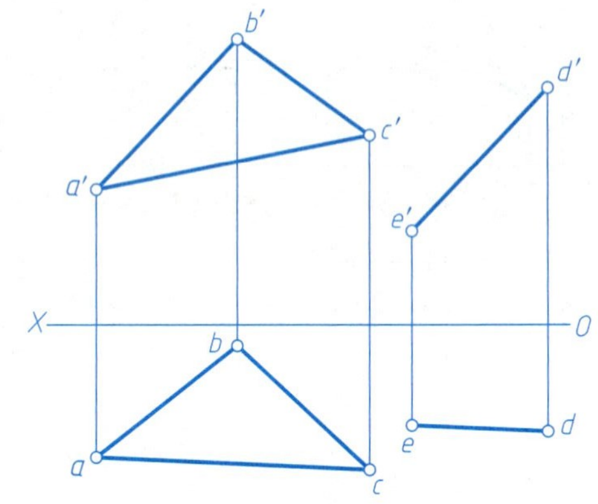

直线与平面______

4-45 已知△*ABC* 与△*DEF* 平行,求△*DEF* 的水平投影

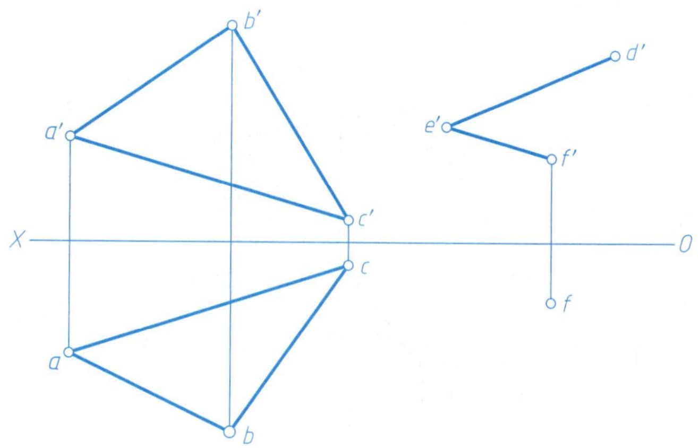

4-46 判断平面 *ABCD* 与平面 *EFGH* 是否平行

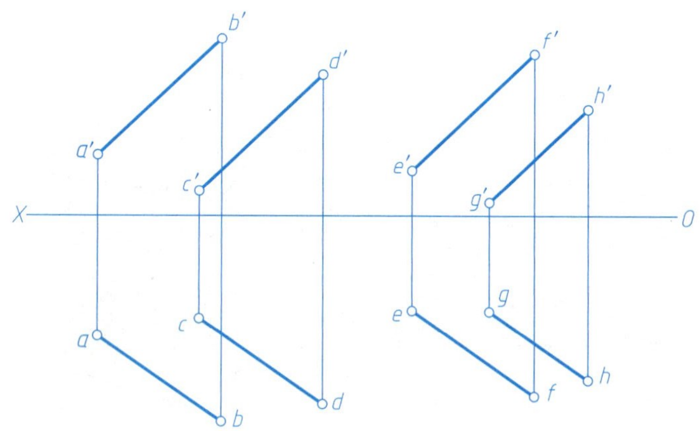

两平面______

4-47 求直线 *DE* 与△*ABC* 的交点 *K*,并判断可见性

1)

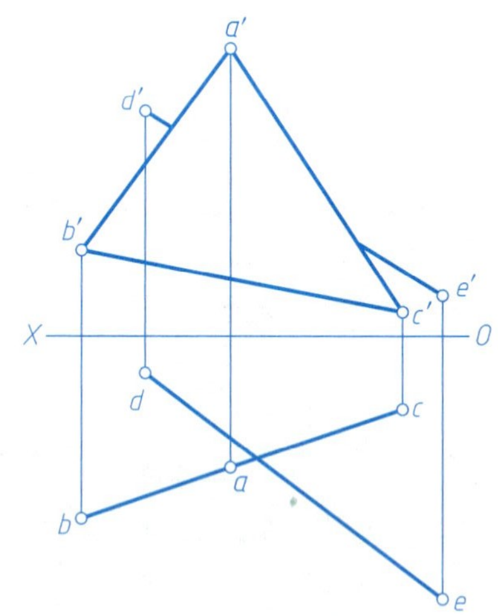

2)

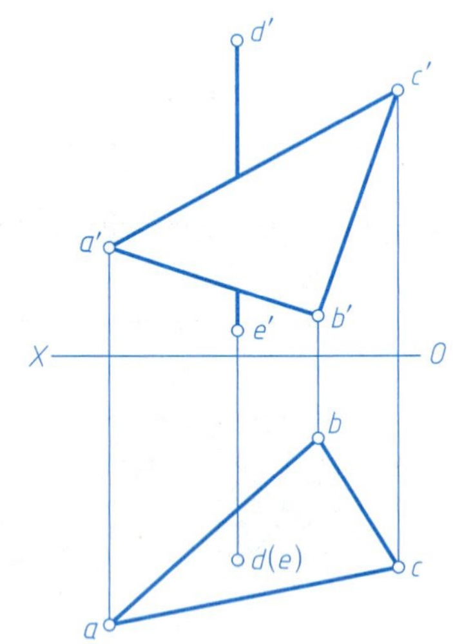

 班级 姓名 日期

4-48 求两平面的交线,并判断可见性

1)

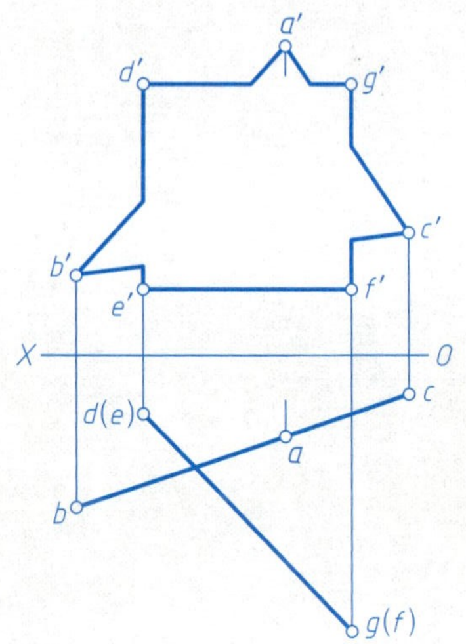

2)

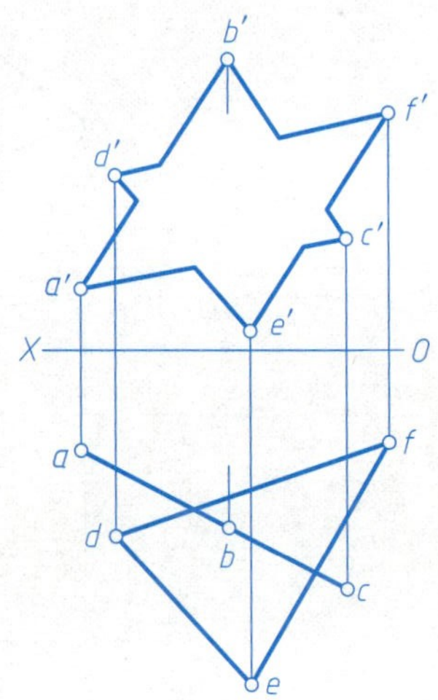

4-49 过点 *A* 作直线垂直于△*ABC*,求出垂足 *K*

1)

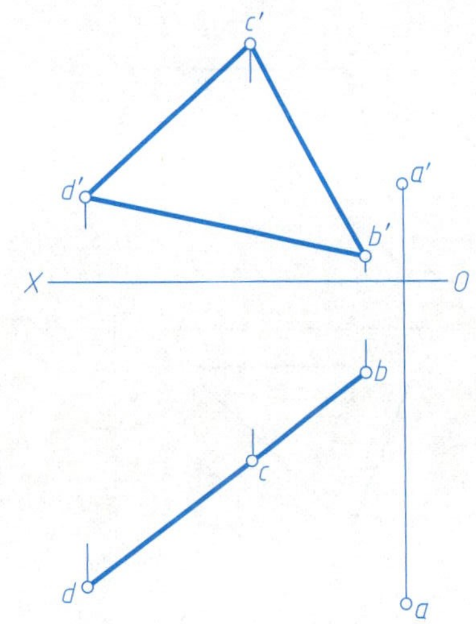

2)

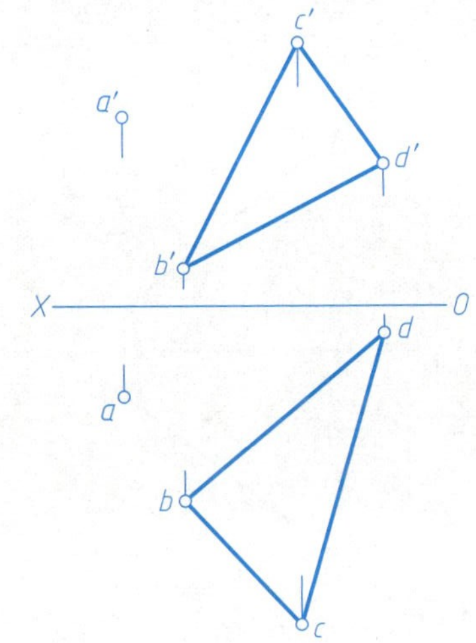

4-50 求直线 *AB* 与平面 *CDE* 的交点 *K*,并判断可见性

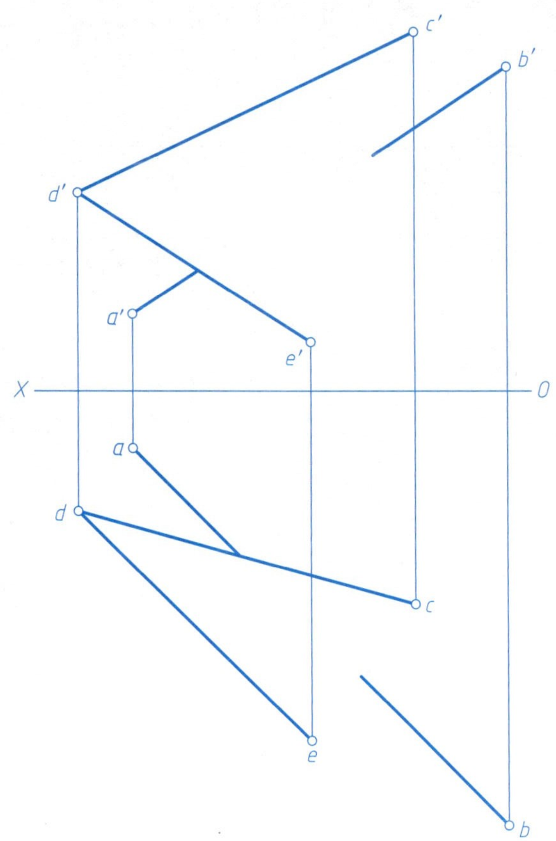

4-51 求△*ABC* 和△*DEF* 两平面的交线,并判断可见性

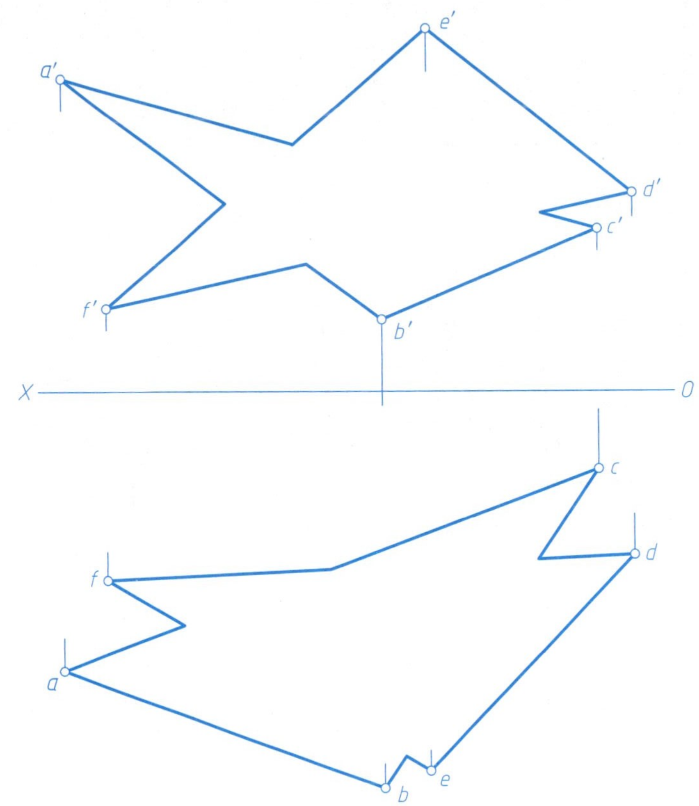

4-52 过点 A 作平面垂直于已知直线 EF

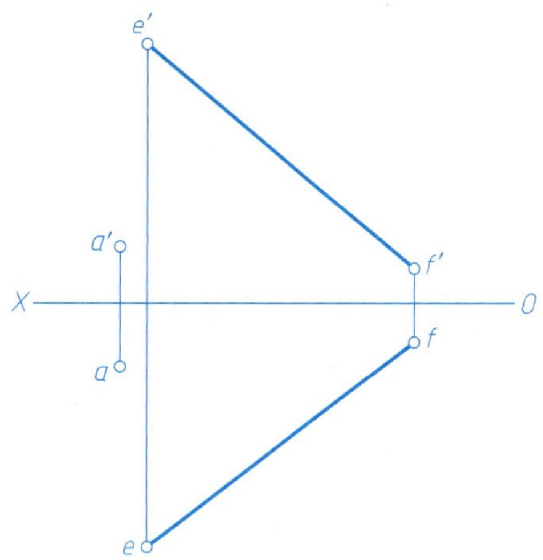

4-53 过点 K 作平面垂直于△ABC，并平行于直线 DE

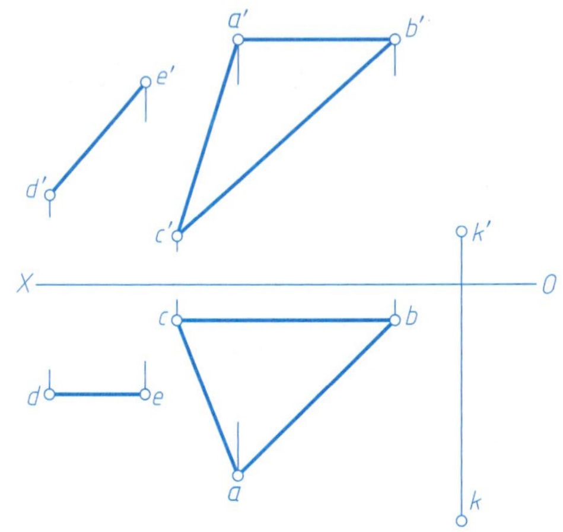

4-54 完成正方形 ABCD 的两面投影，c' 位于 b' e' 上

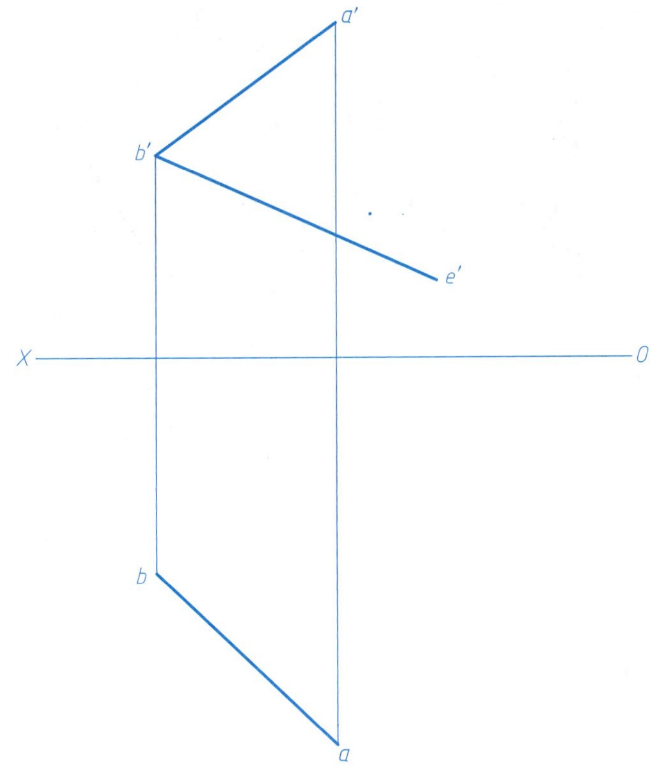

4-55 用换面法求立体上平面 P 的实形

1）

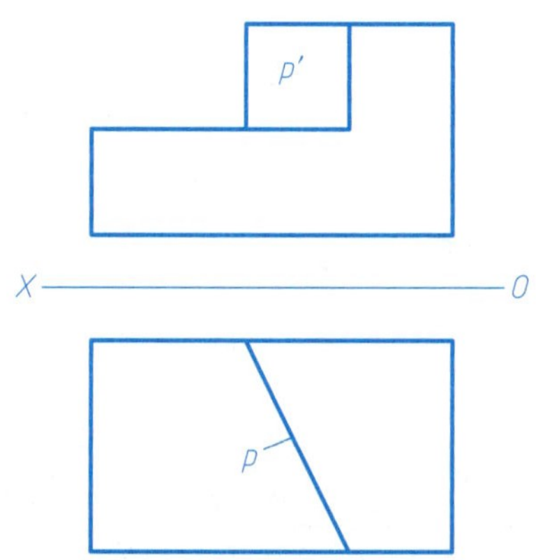

2）

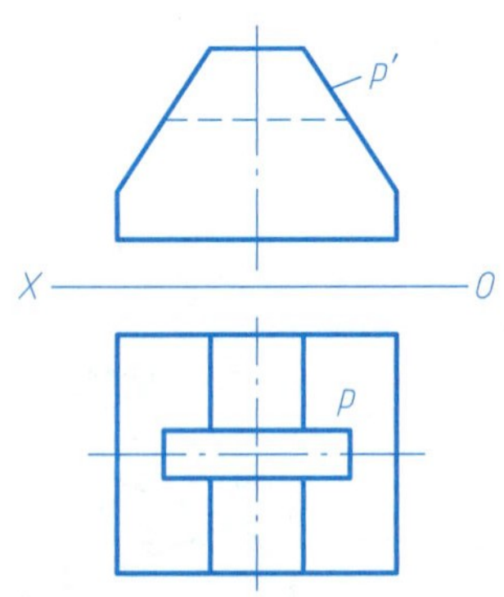

4-56 用换面法求直线 AB 与平面 P 的夹角

1）

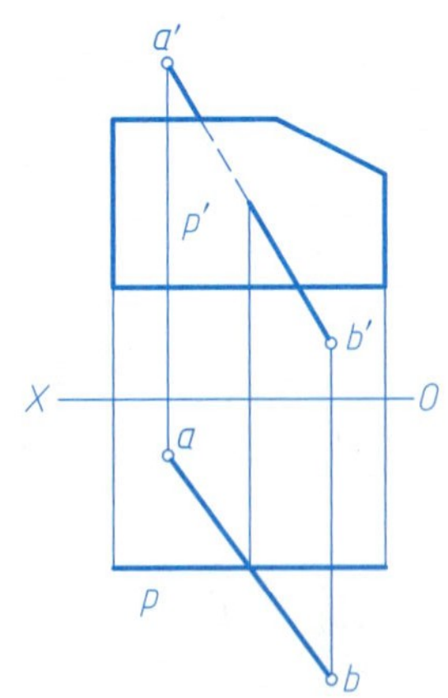

2）

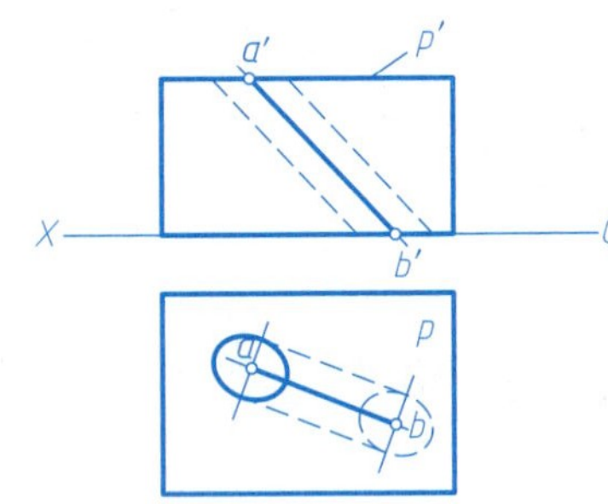

4-57 用换面法求以 AB 为底边的等腰△ABC 的水平投影

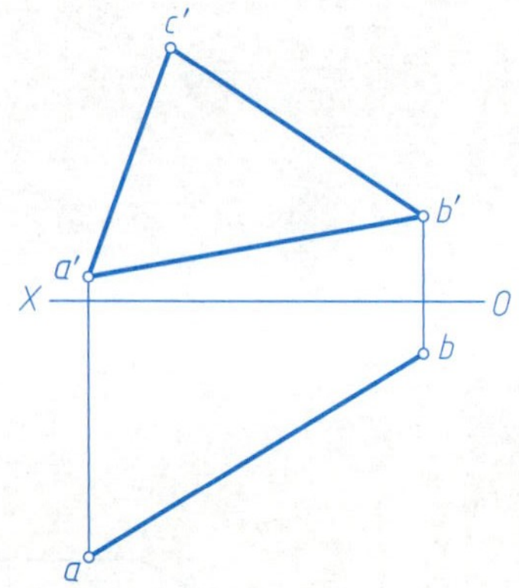

4-58 已知等腰△ABC 对 H 面的倾角 $\alpha=30°$，AB 是底边，三角形高为 20 mm，试用换面法完成其投影

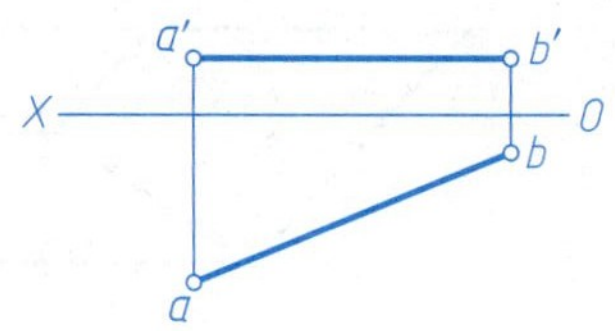

4-59 用换面法求平面 P 与平面 Q 的夹角

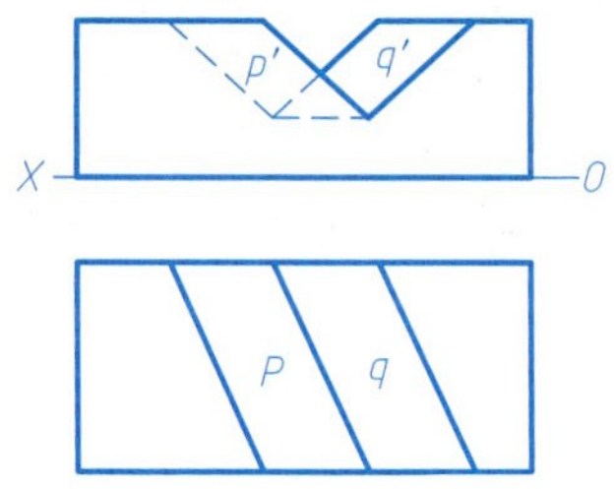

4-60 已知交叉两直线 AB、CD 间的最短距离为 18 mm，补画点 C 的正面投影，并简述解题步骤

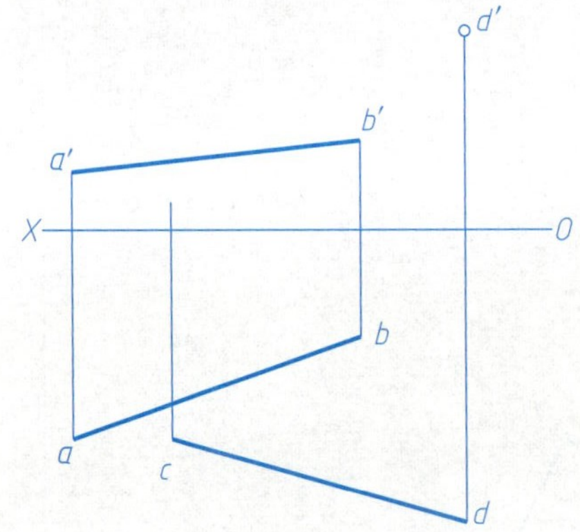

4-61 以直线 AB 为底边作等腰△ABC，使该三角形的高为 20 mm，点 C 至 H 面的距离为 25 mm，简述解题步骤

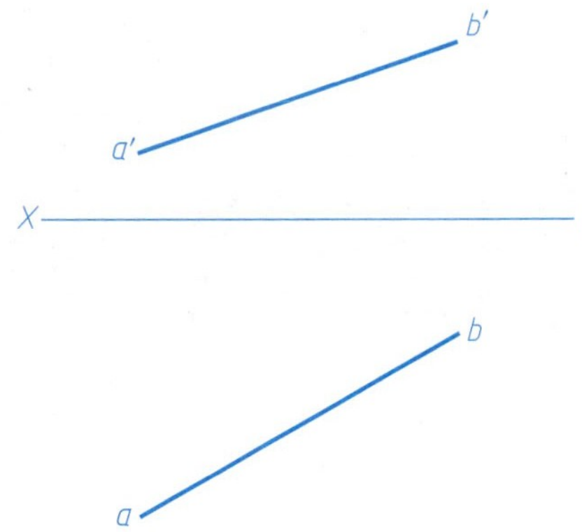

4-62 已知直线 *MN* 平行于△*ABC*，且相距 10 mm，用换面法求 *m′n′*

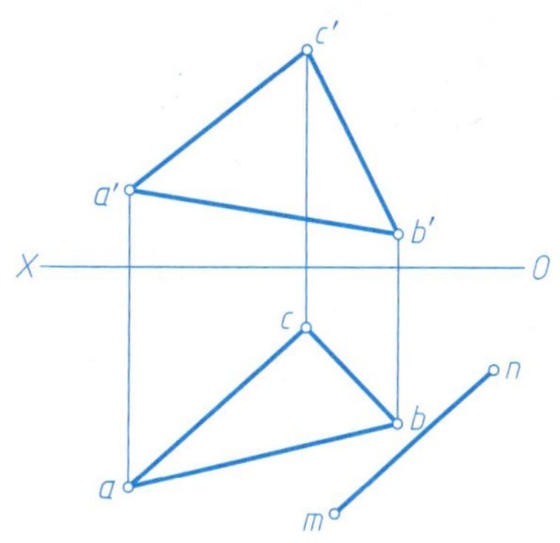

4-63 用换面法求平面 *ABCD* 的实形，并简述解题步骤

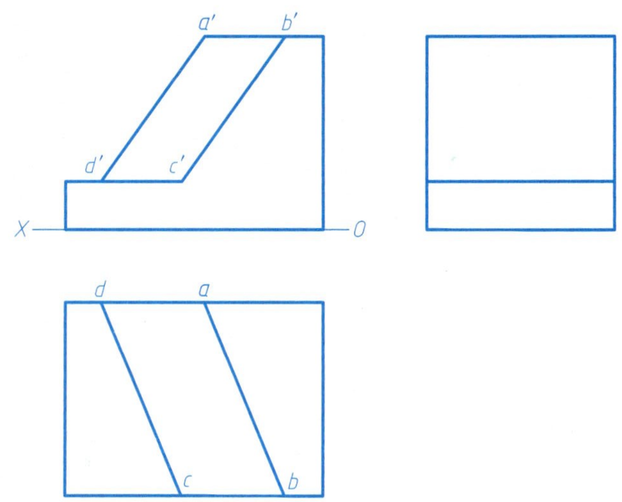

4-64 用换面法求平面 *ABCD* 和平面 *CDEF* 之间的夹角，并简述解题步骤

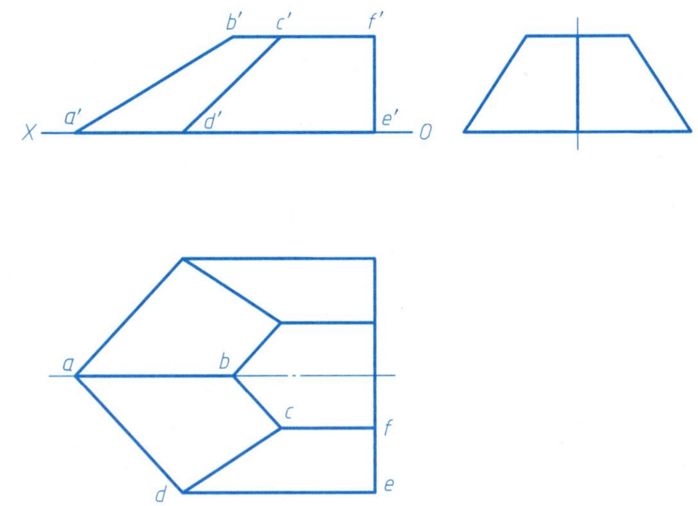

班级 姓名 日期

4-65 求立体的第三面投影，并补全立体表面上点的其余两面投影

1)

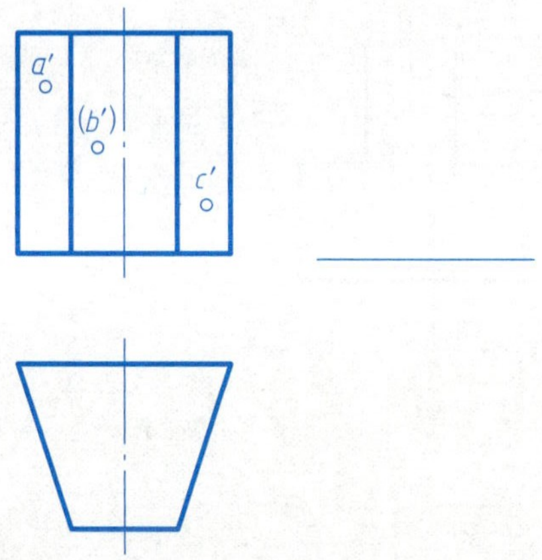

2)

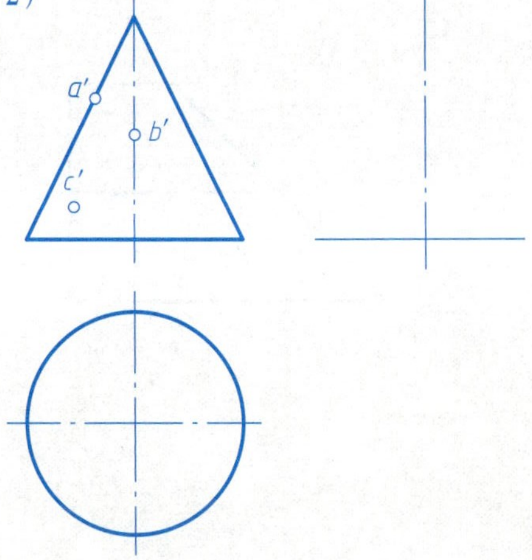

3)

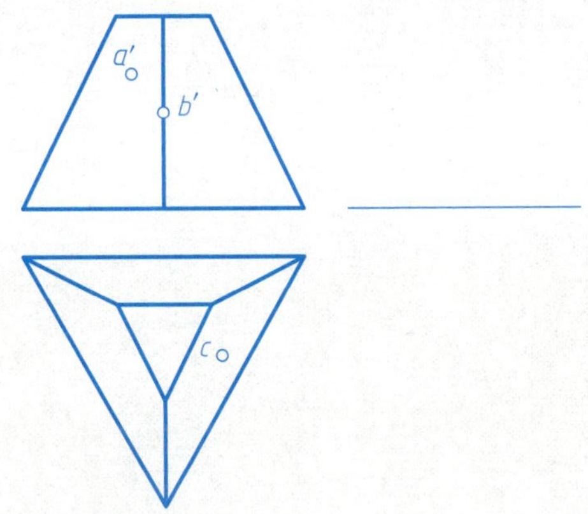

4)

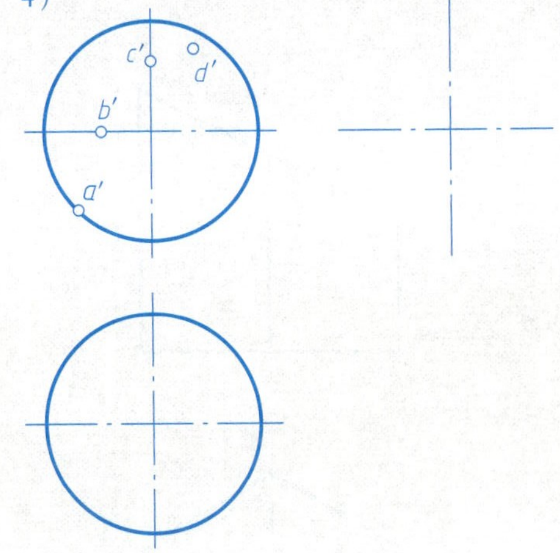

5)

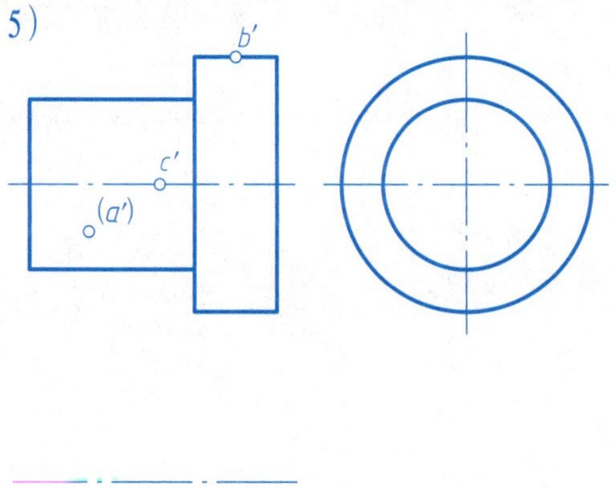

6)

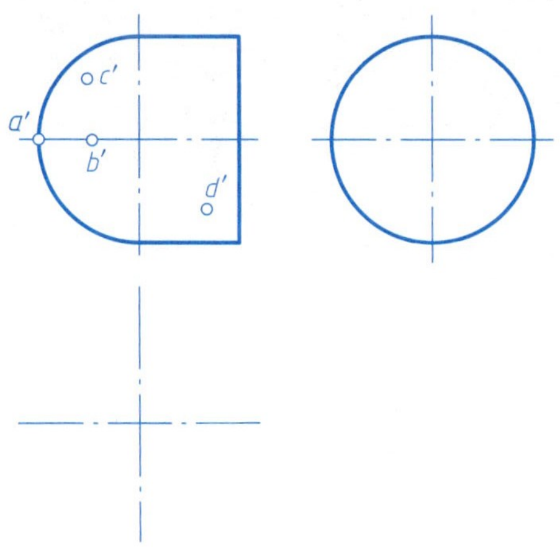

4-66 标注基本形体的尺寸（从图中量取，取整数）

1)

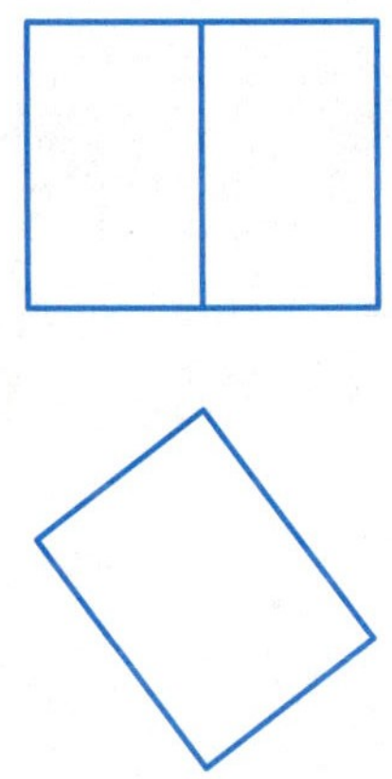

2)

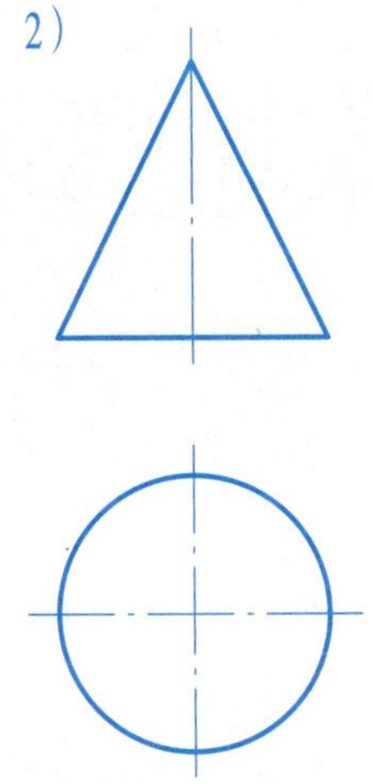

3)

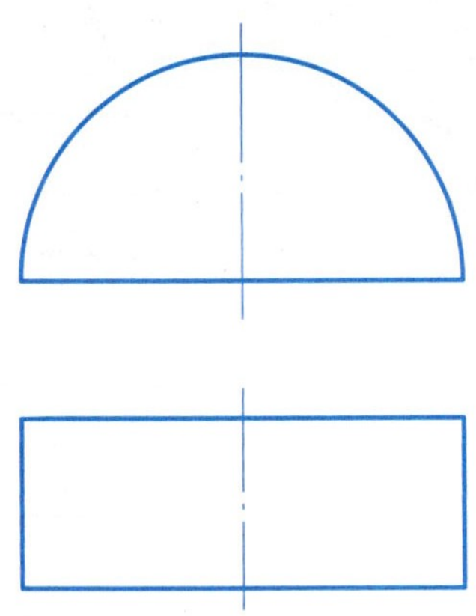

4)

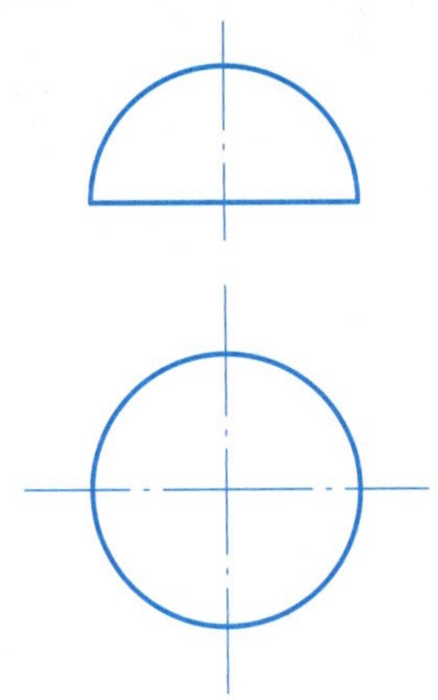

4-67 改正图中尺寸标注的错误（将错误的尺寸打“×”）

1)

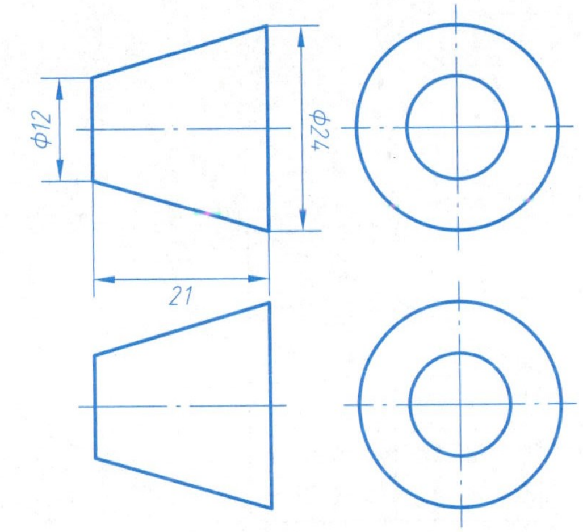

2)

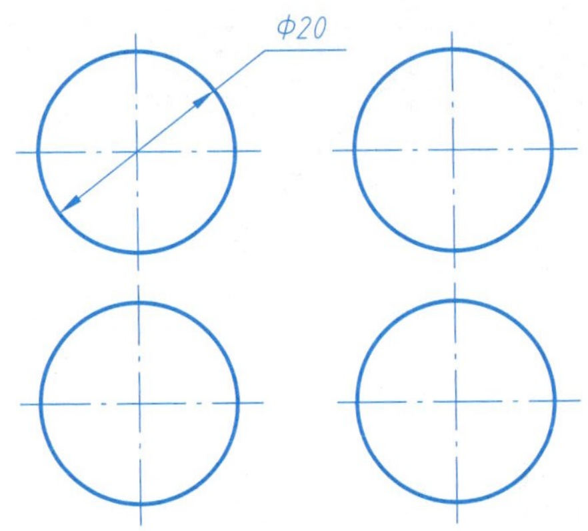

4-68 完成带切口形体的三面投影

1）

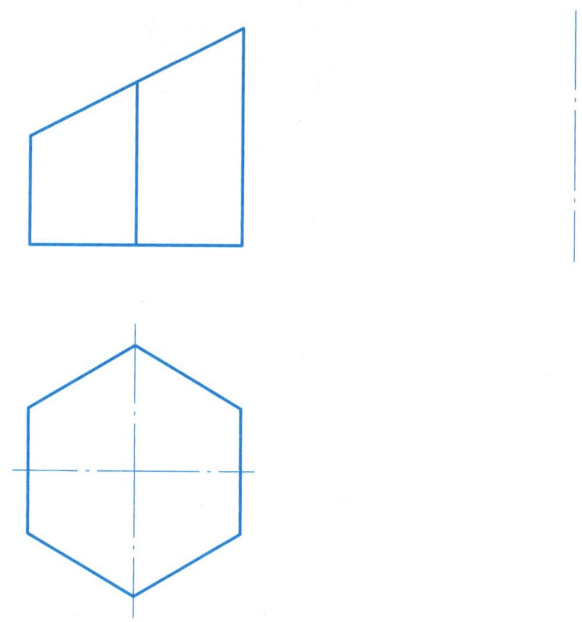

3）

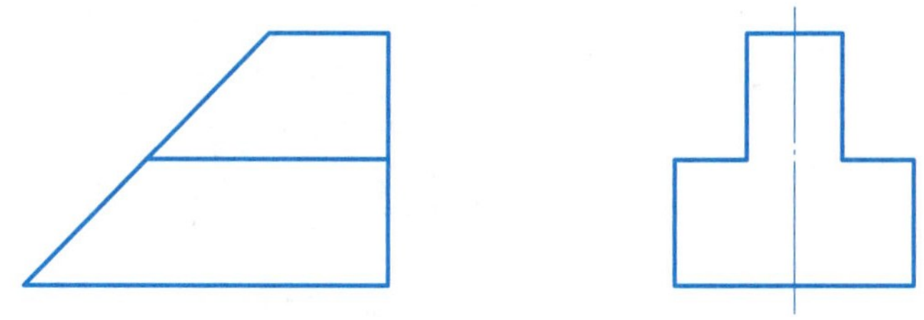

2）

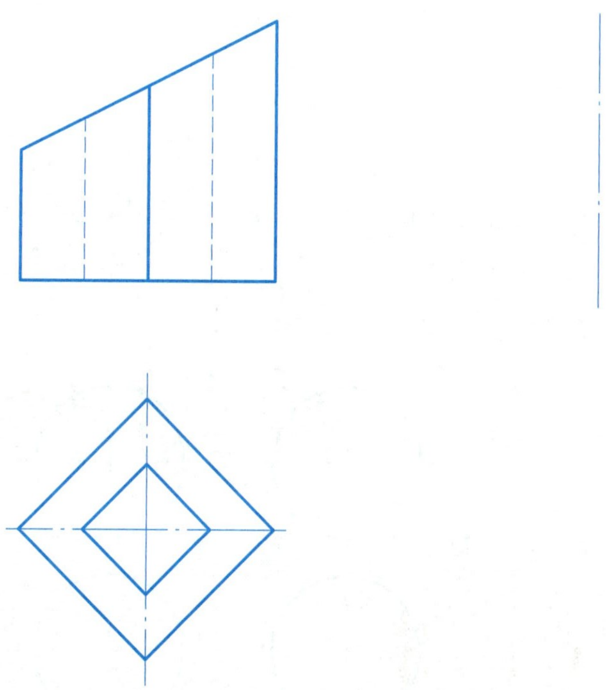

4）

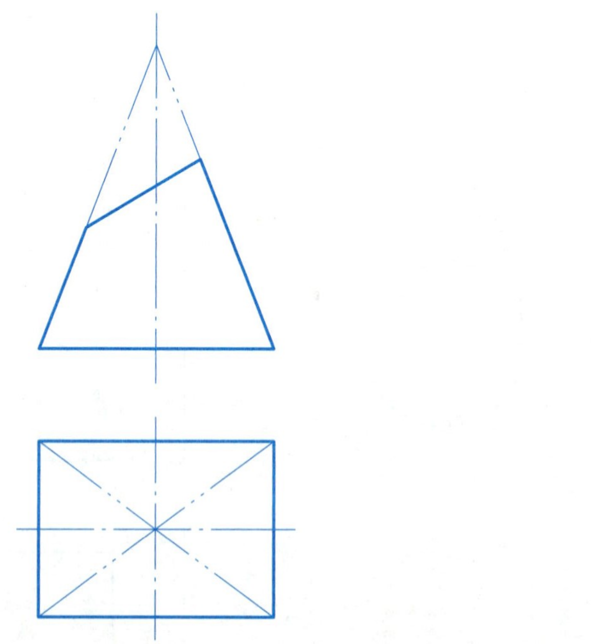

班级		姓名		日期	

4-68 完成带切口形体的三面投影(续)

5)

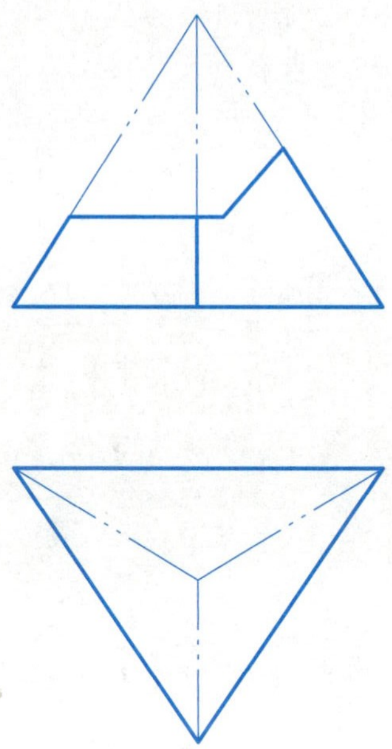

6)

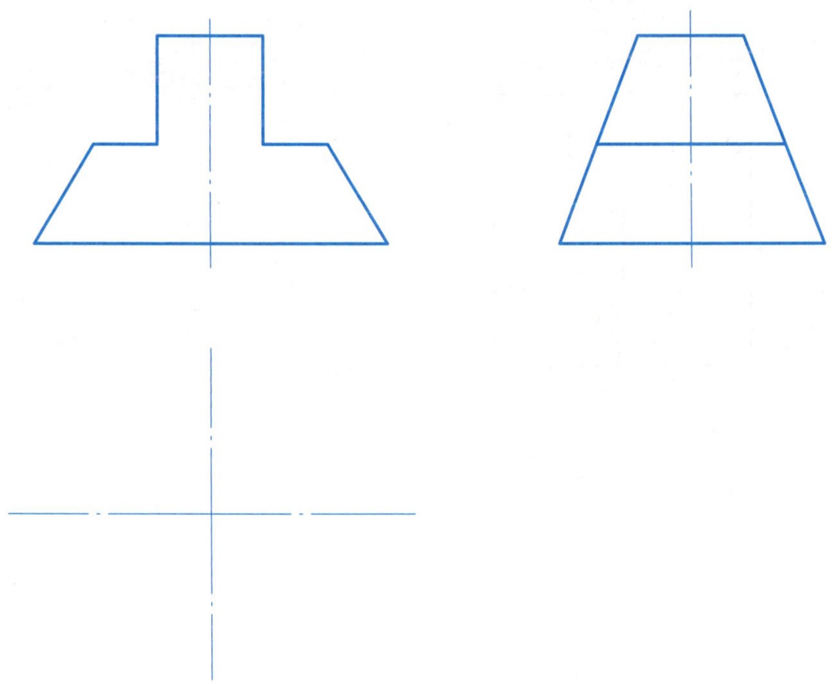

7)

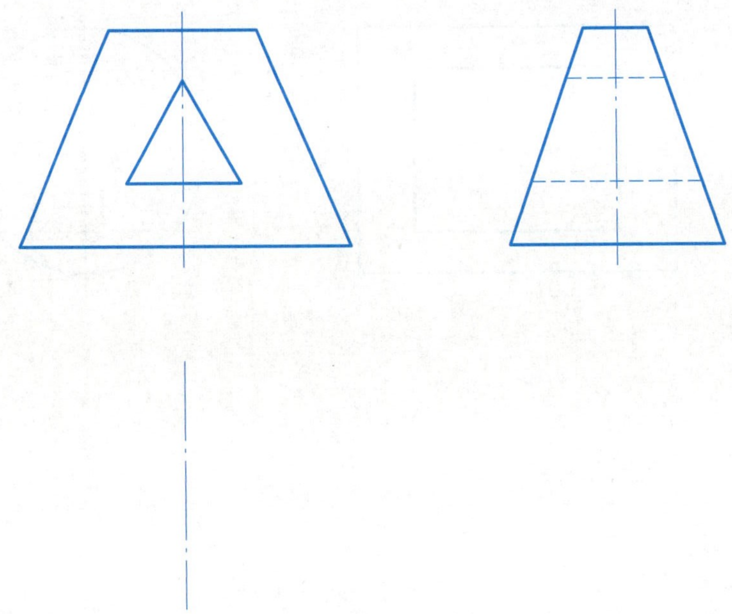

8)

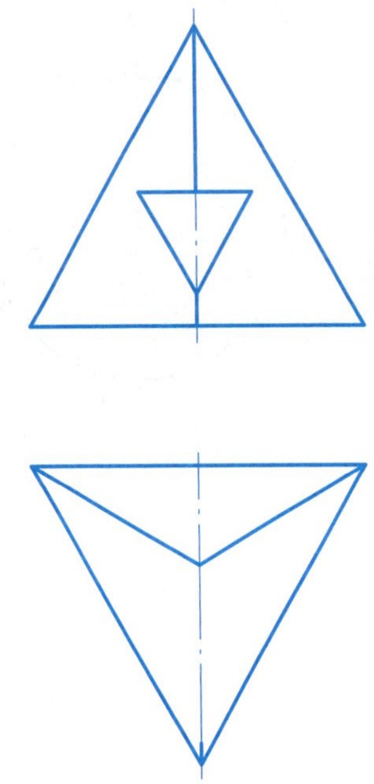

4-68 完成带切口形体的三面投影(续)

9)

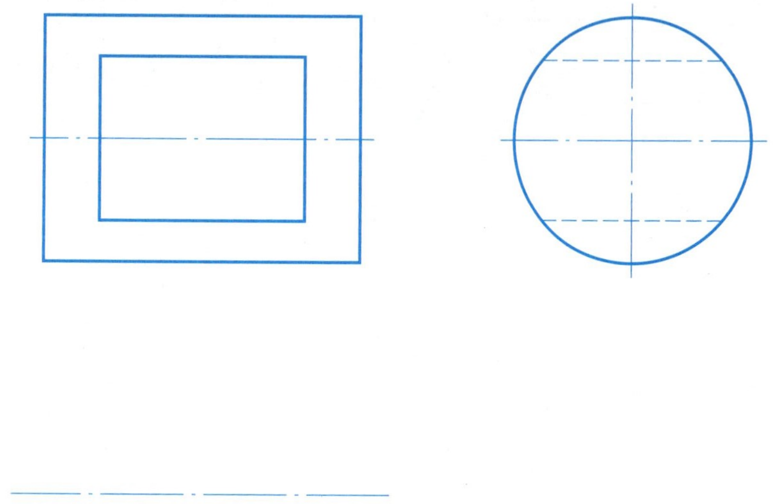

10)

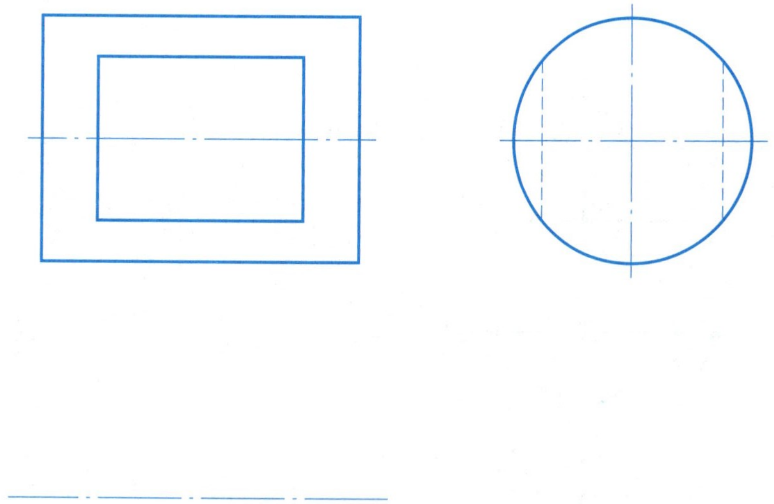

4-69 完成带切口形体的水平投影和侧面投影

1)

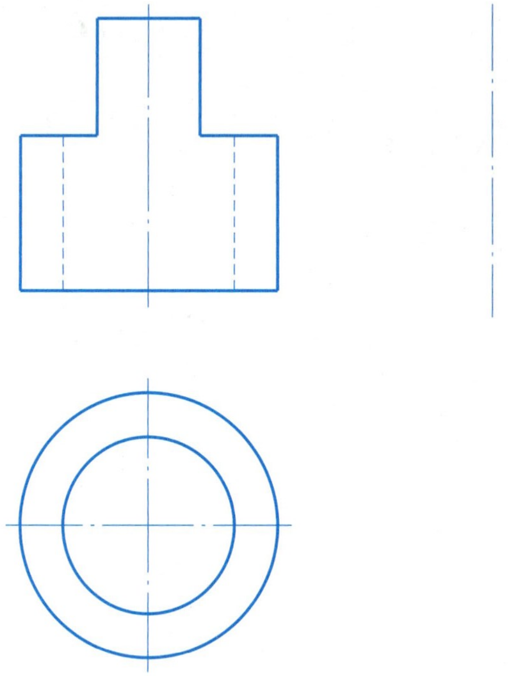

2)

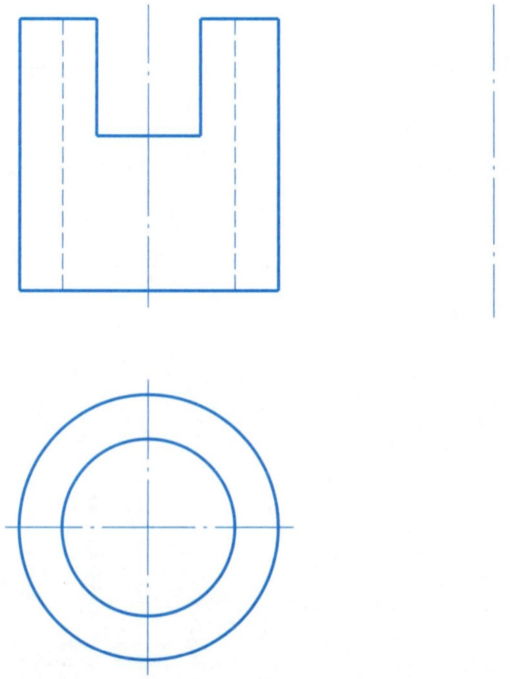

班级 姓名 日期

4-70 补画第三面投影

1）

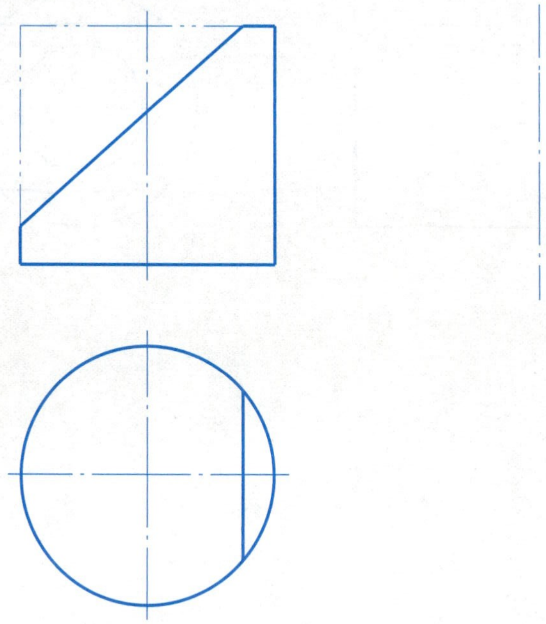

3）

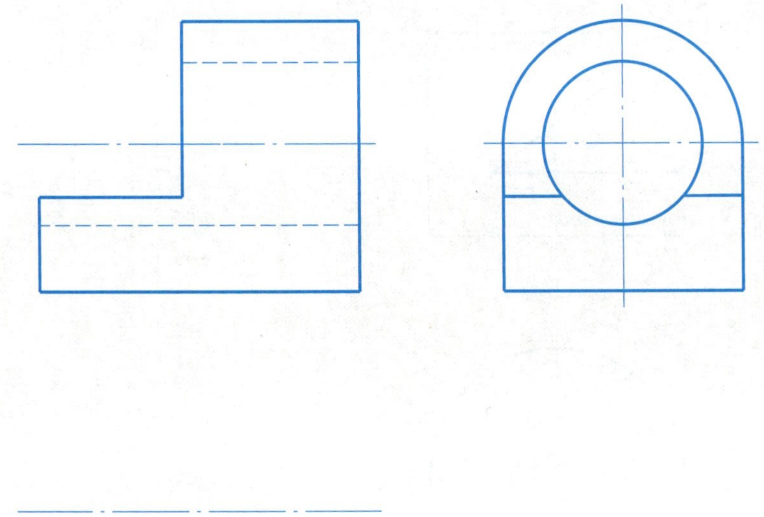

2）

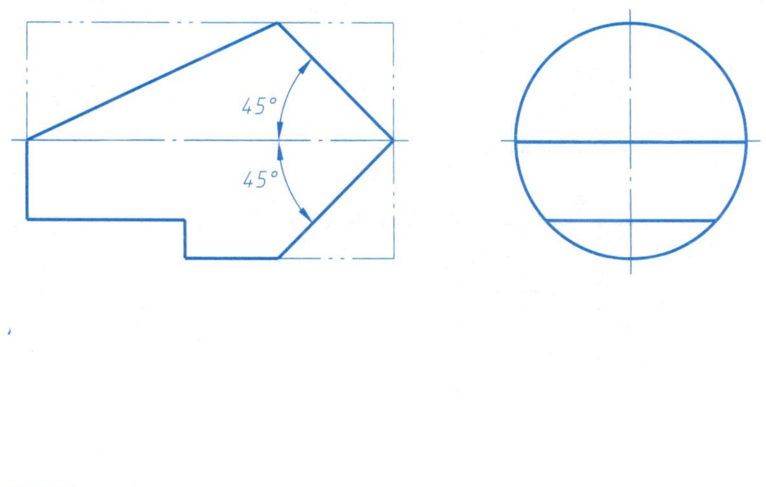

4）

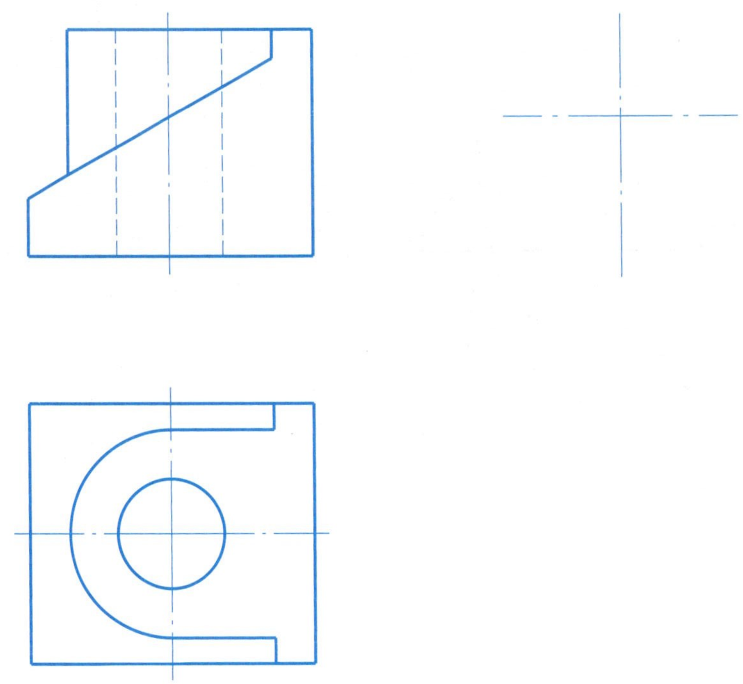

4-71　完成带切口形体的三面投影

1）

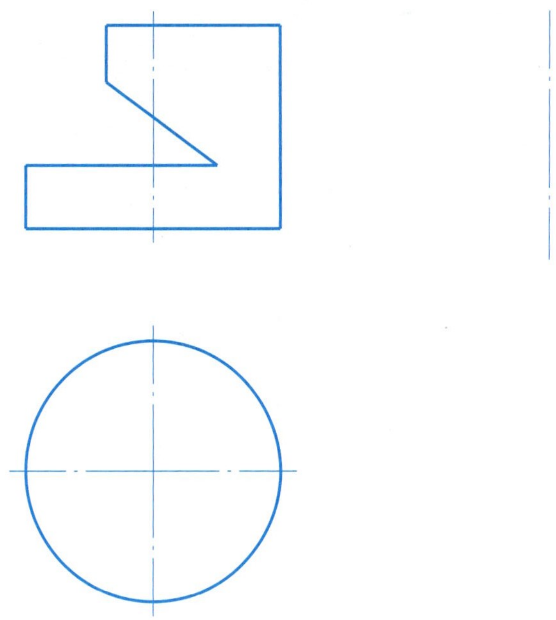

3）

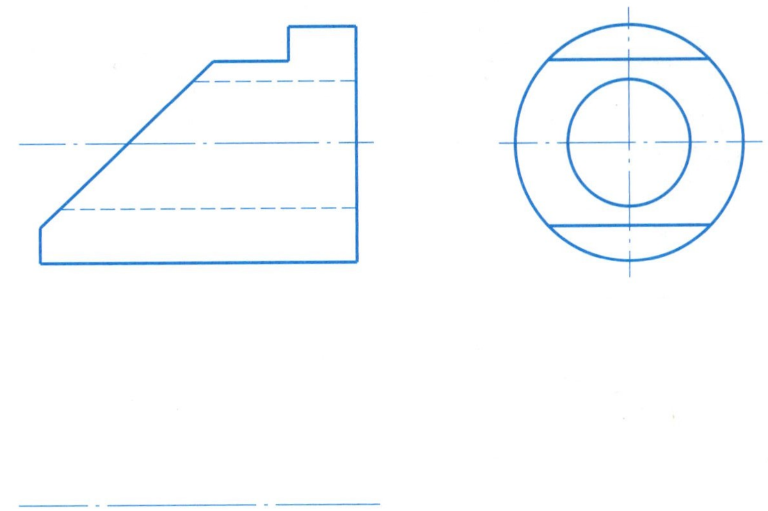

2）

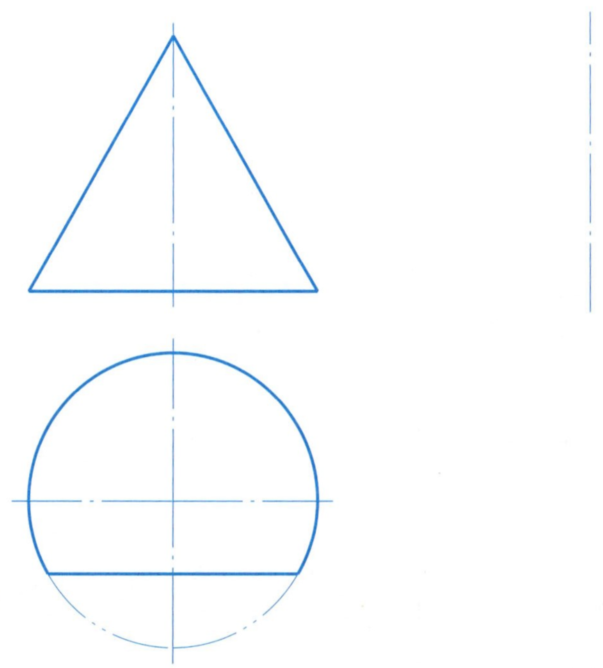

4）

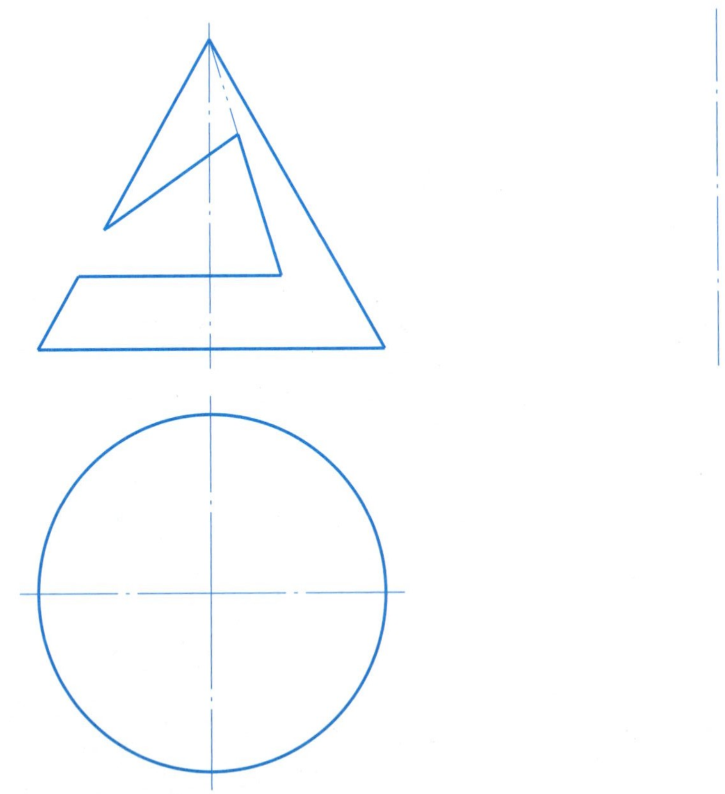

班级		姓名		日期	

4-72 根据正面投影、水平投影,选择正确的侧面投影

1)

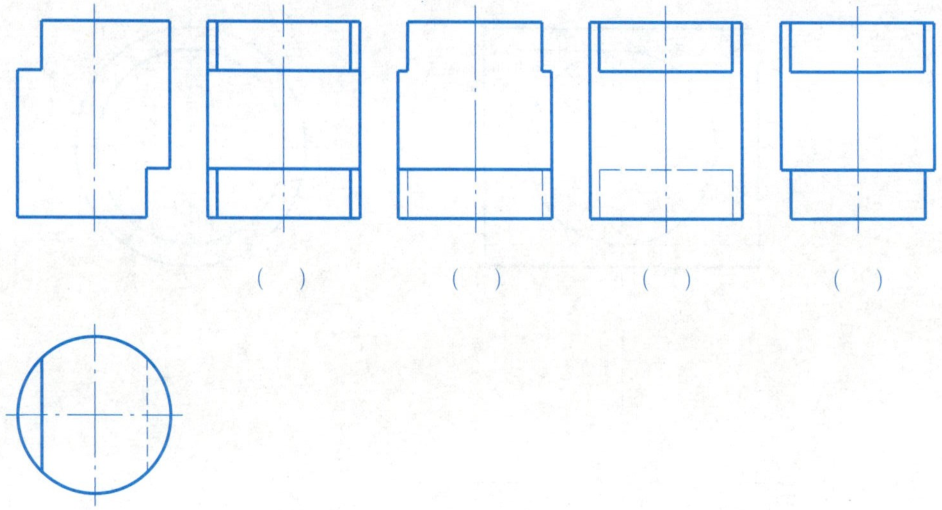

( ) ( ) ( ) ( )

3)

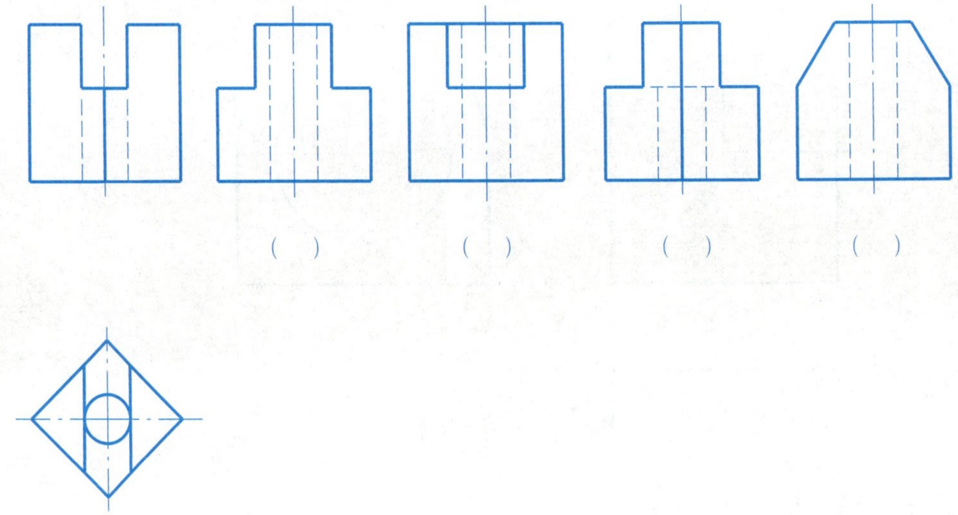

( ) ( ) ( ) ( )

2)

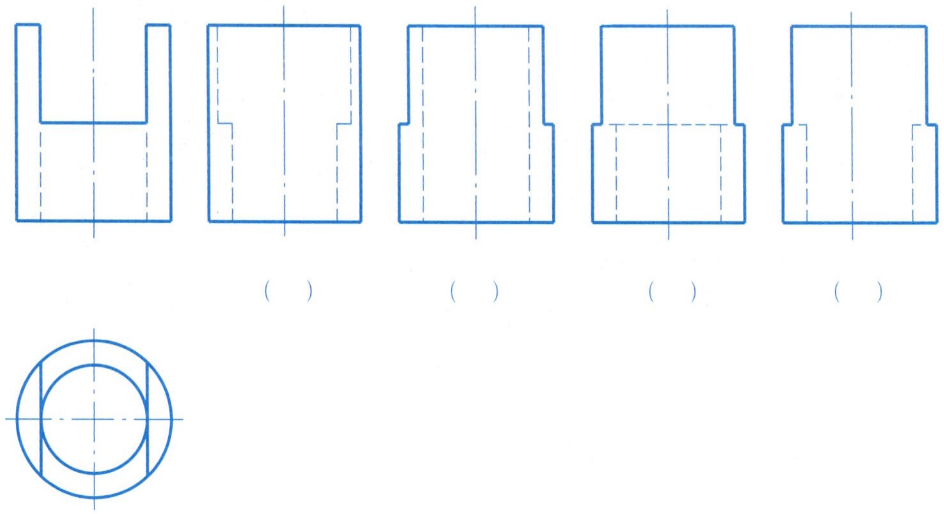

( ) ( ) ( ) ( )

4)

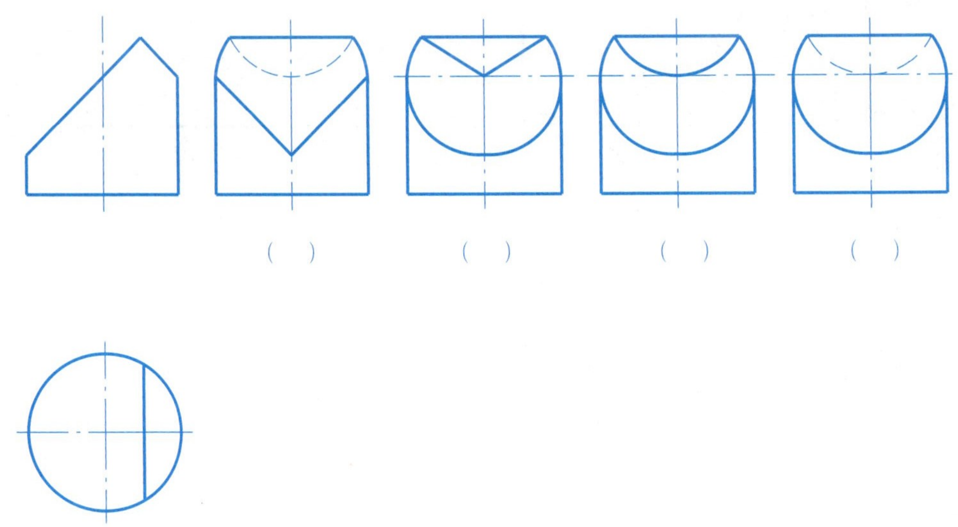

( ) ( ) ( ) ( )

4-73 完成主视图

1）

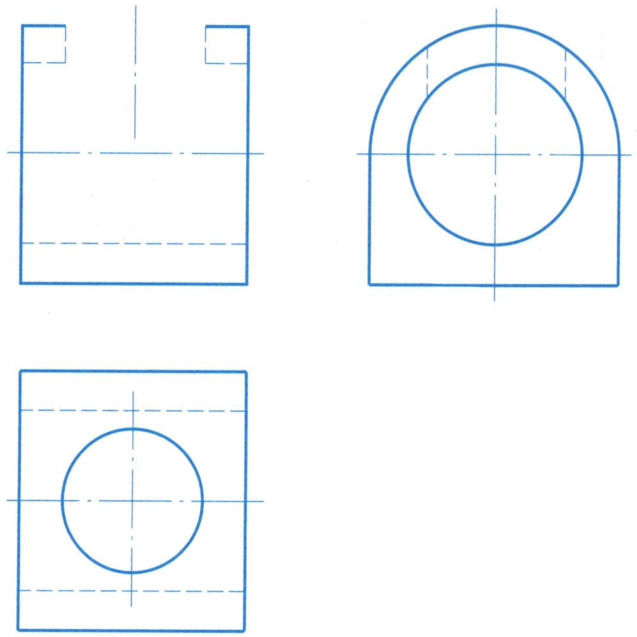

2）

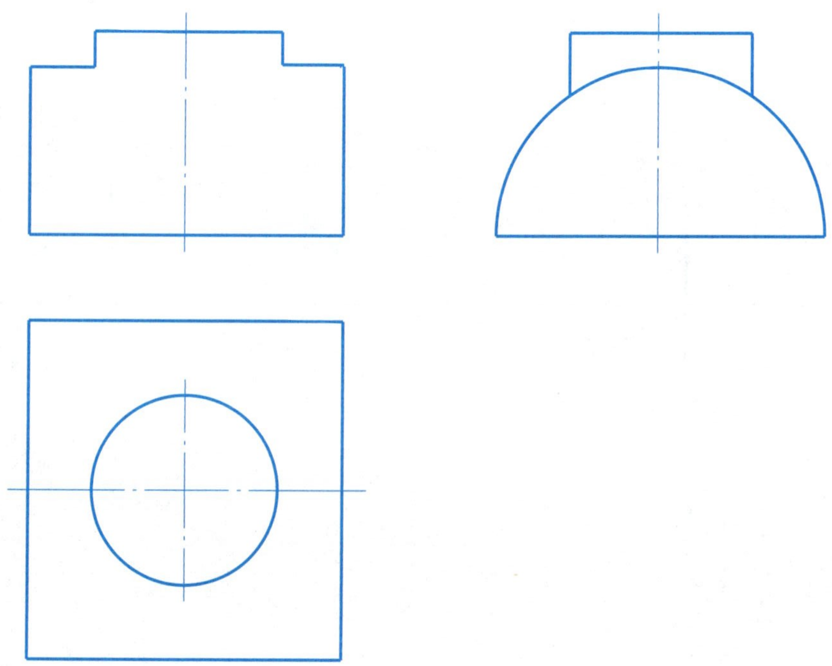

4-74 完成未给出的视图

1）

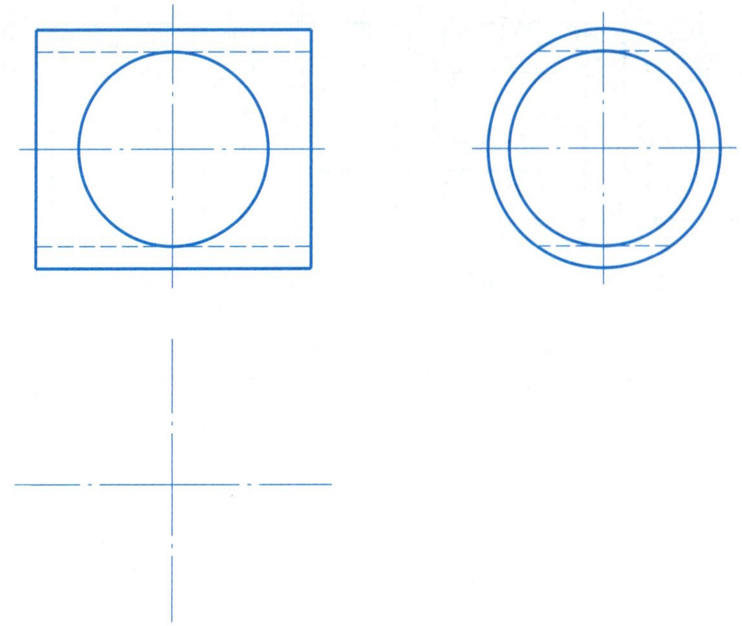

2）

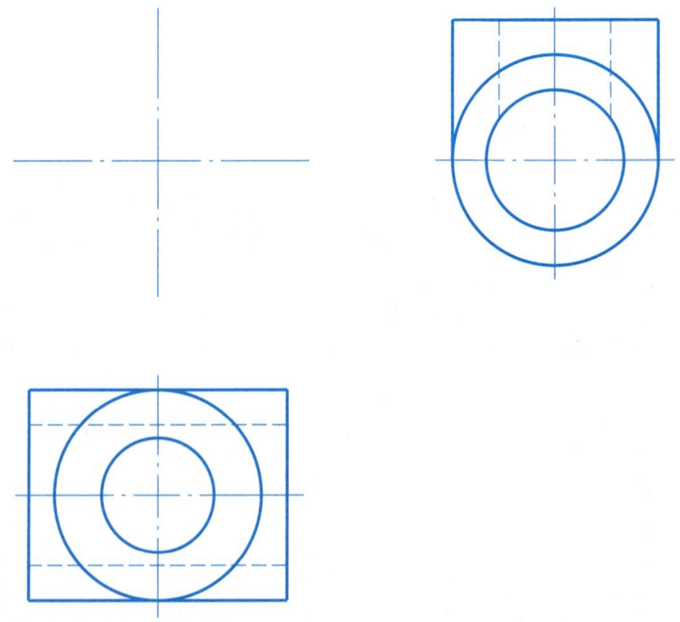

4-75 补画俯视图

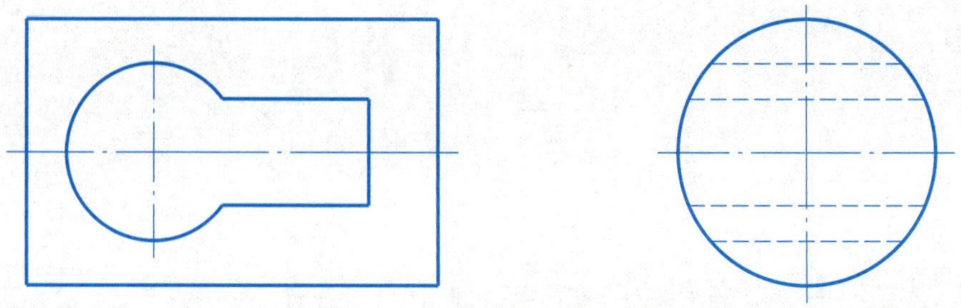

4-76 补画左视图

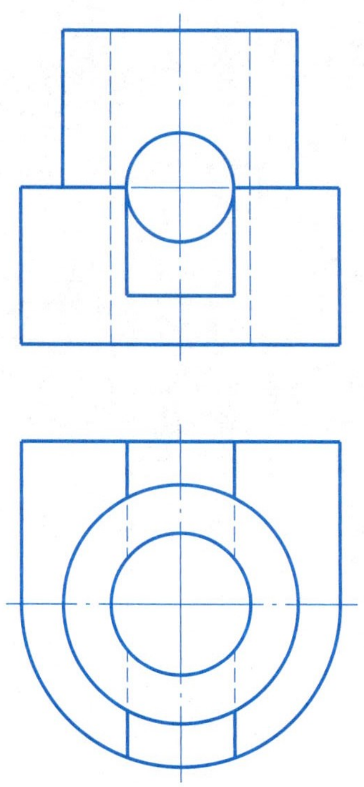

4-77 补全主视图

1）

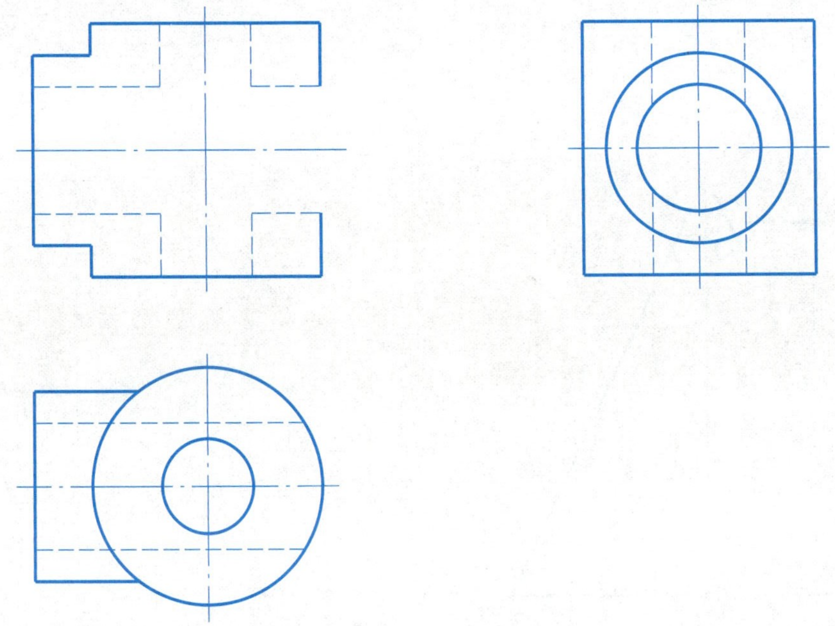

2）

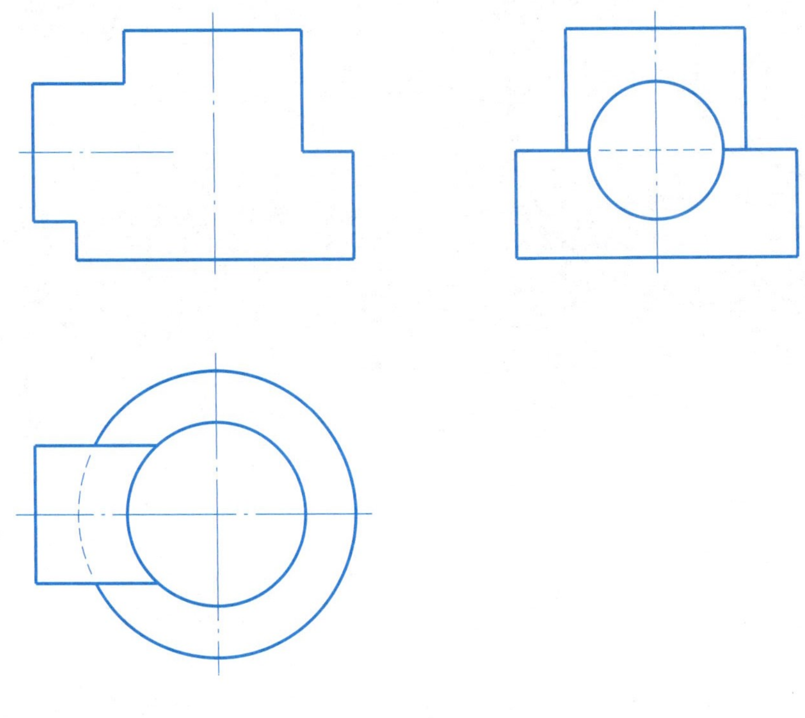

1）

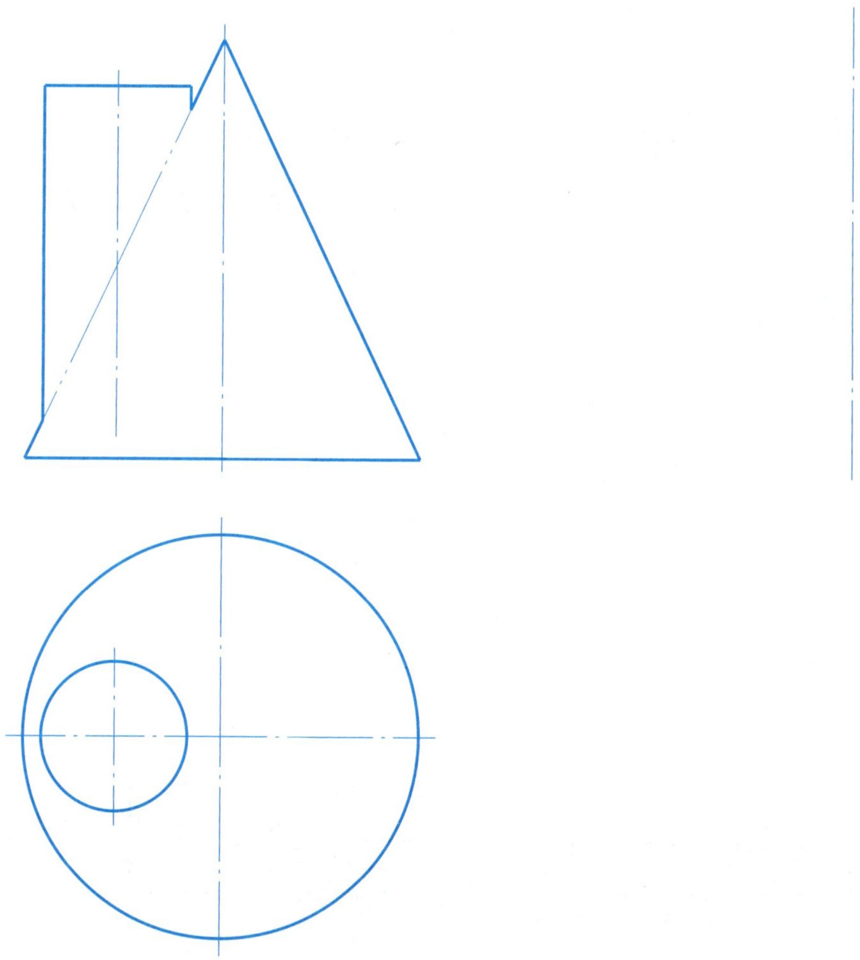

2）

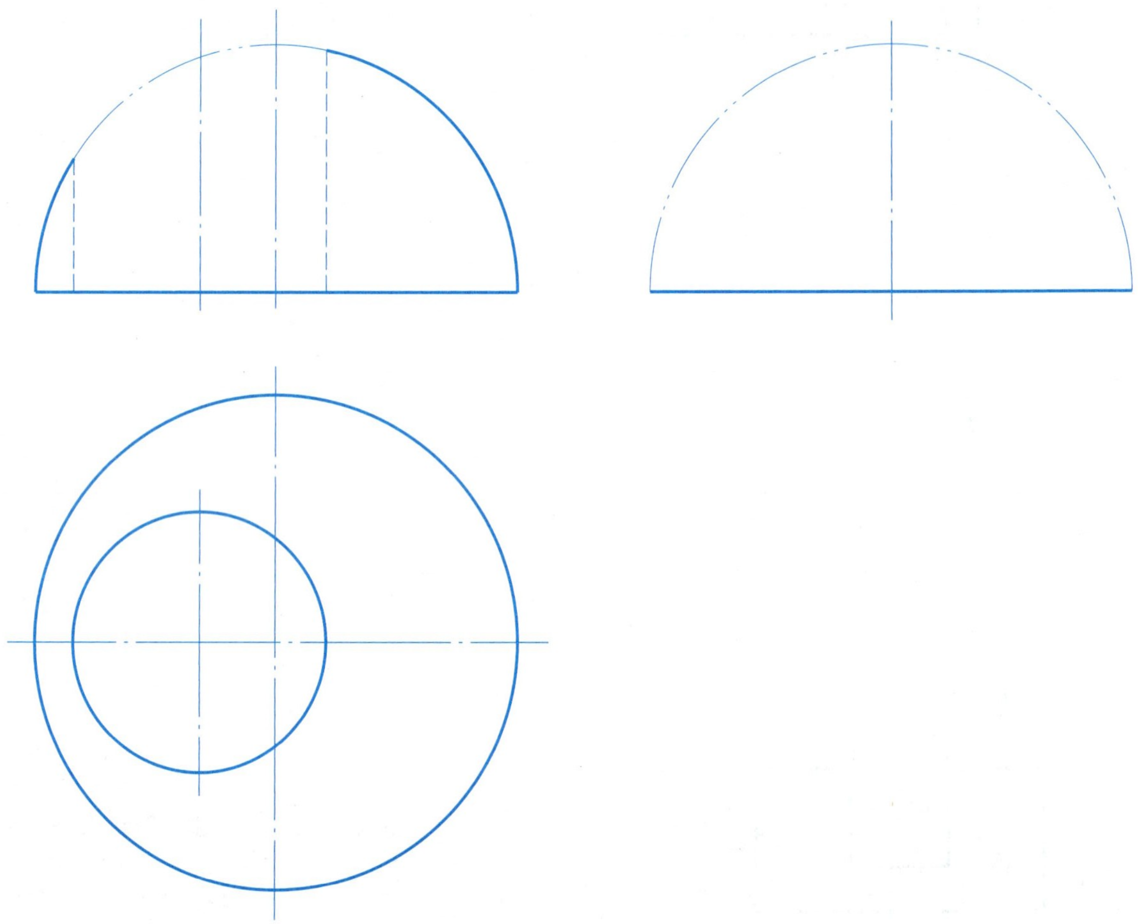

3)

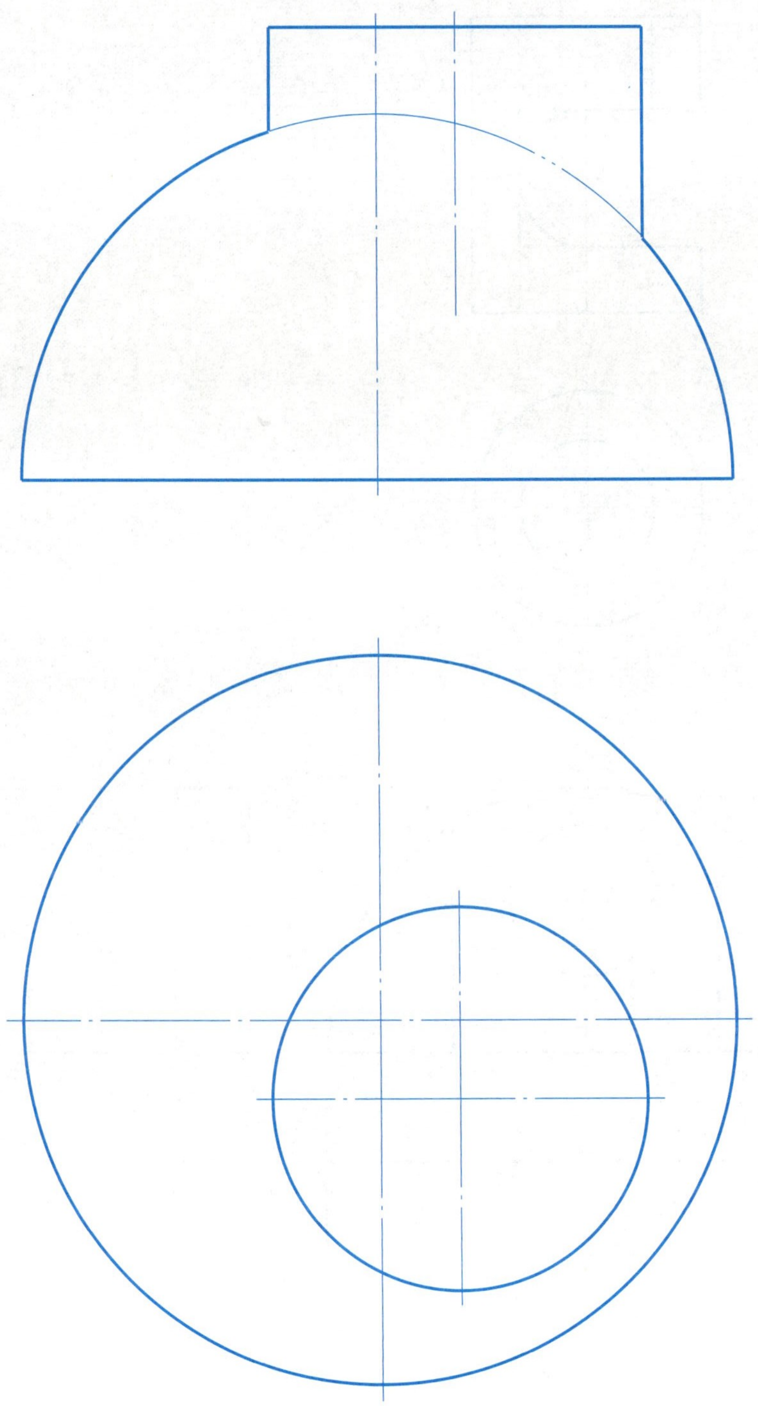

4)

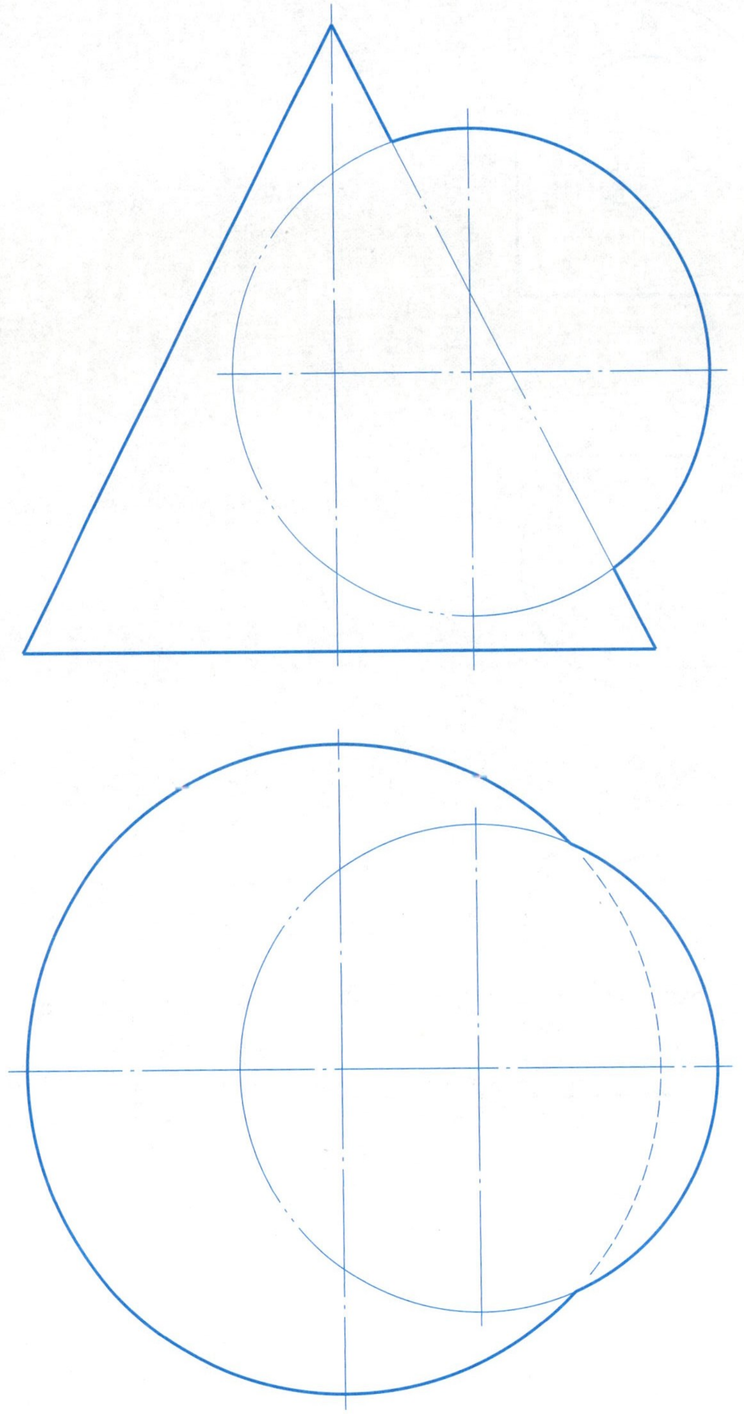

4-79 求形体的侧面投影

1)

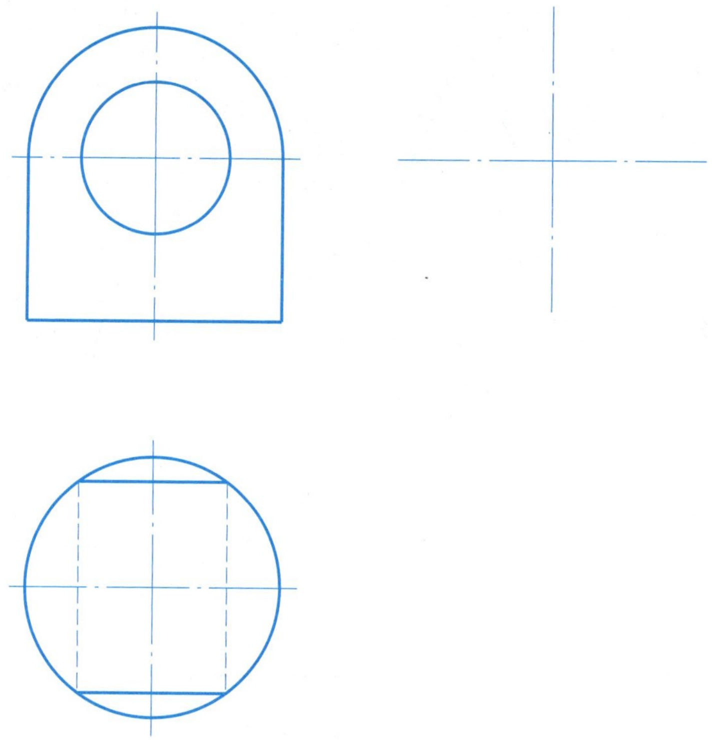

2)

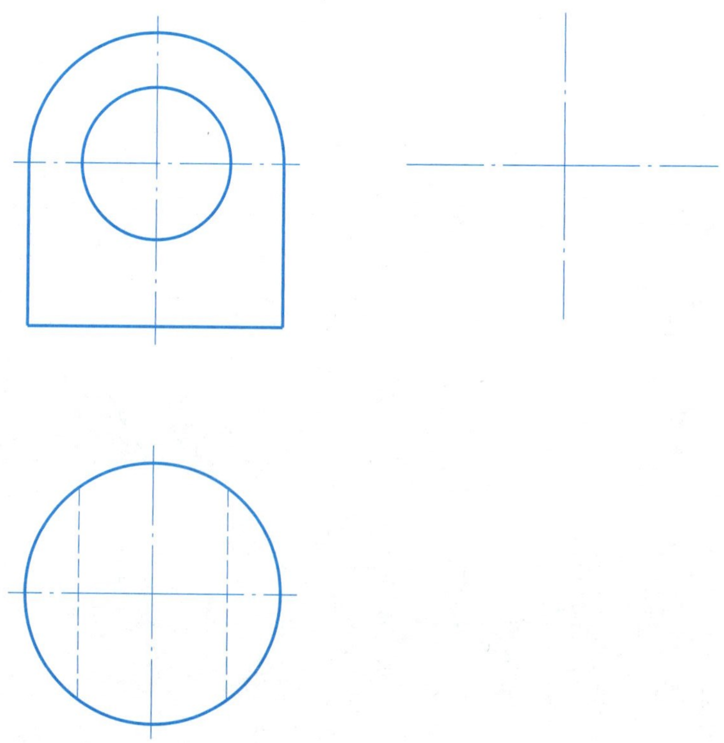

4-80 完成形体的左视图

1)

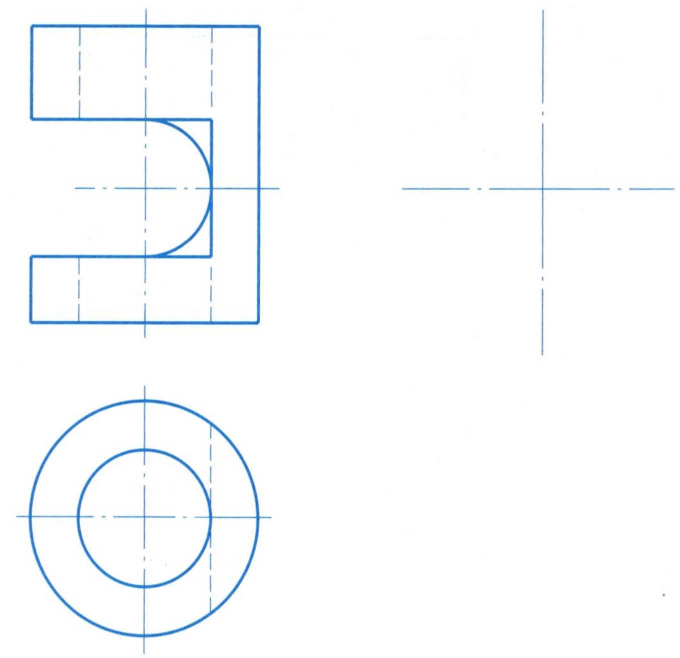

2)

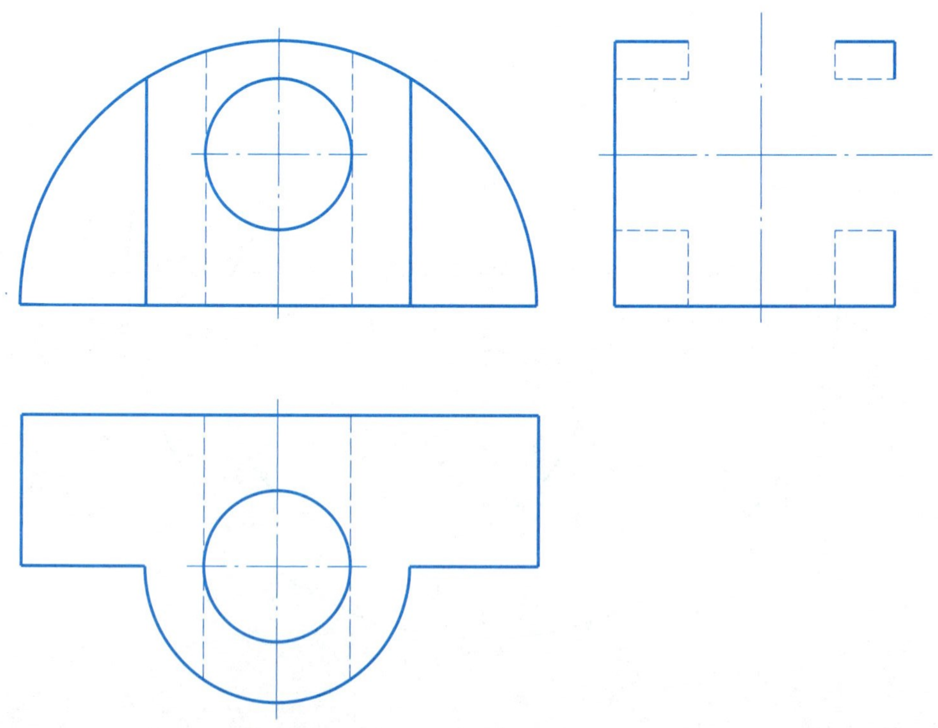

班级 姓名 日期

4-81 补全主视图，补画俯视图

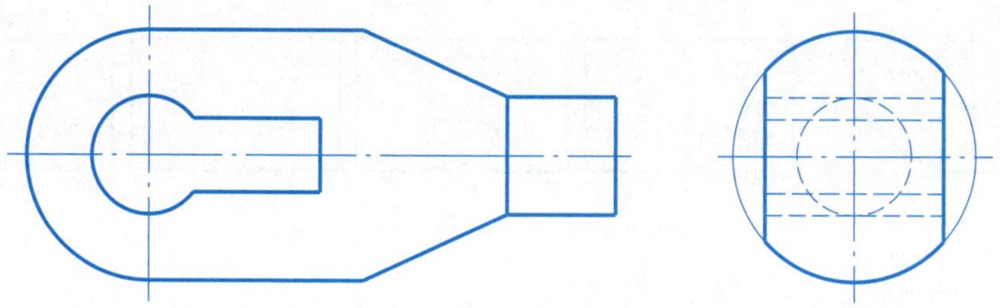

4-82 补全主视图

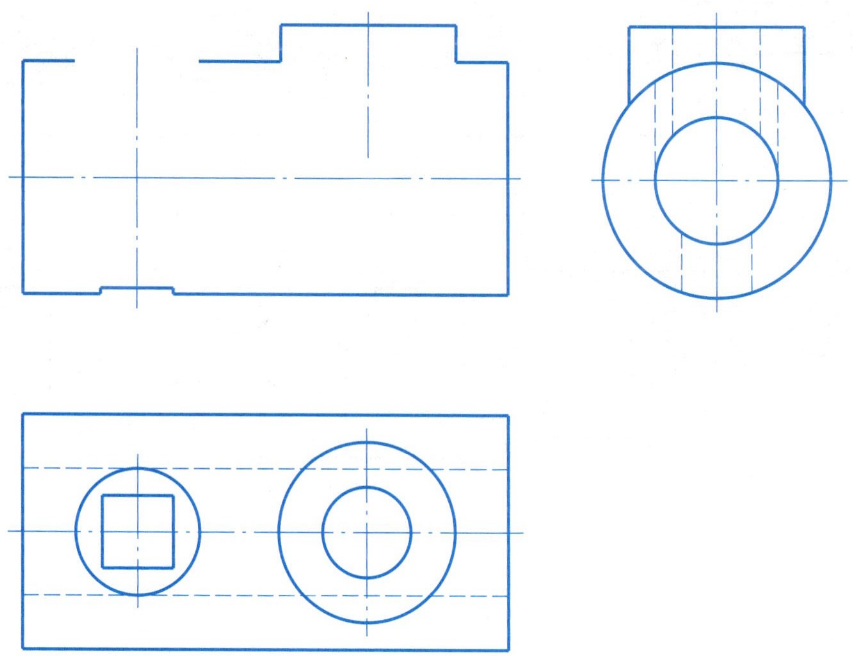

4-83 完成特殊相贯线的投影

1）

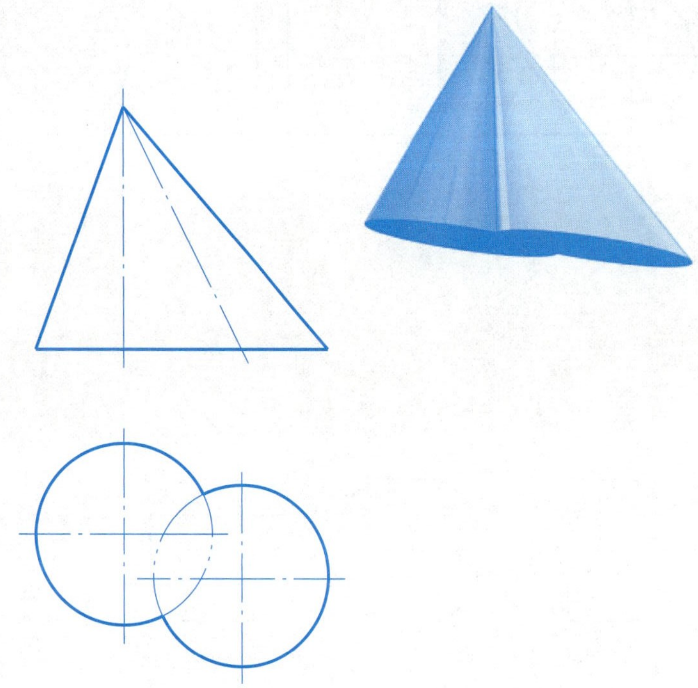

3）

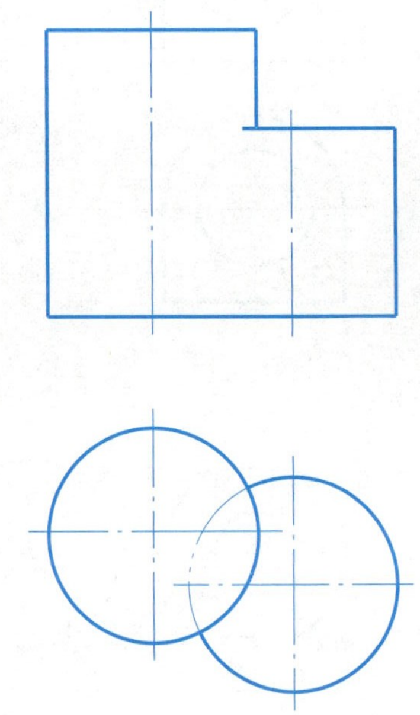

2）

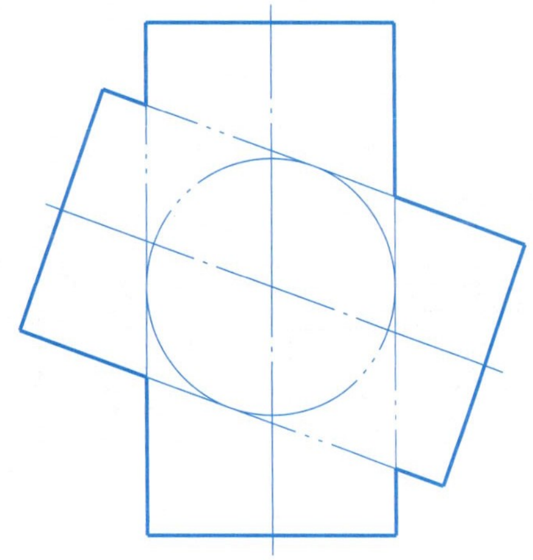

4）

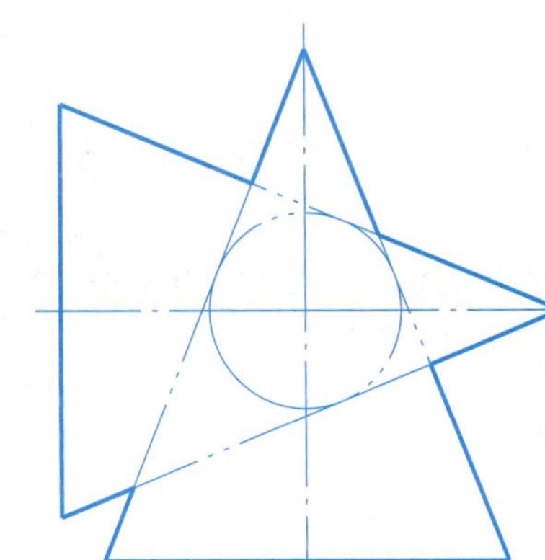

4-84 根据正面投影、水平投影，选择正确的侧面投影

1)

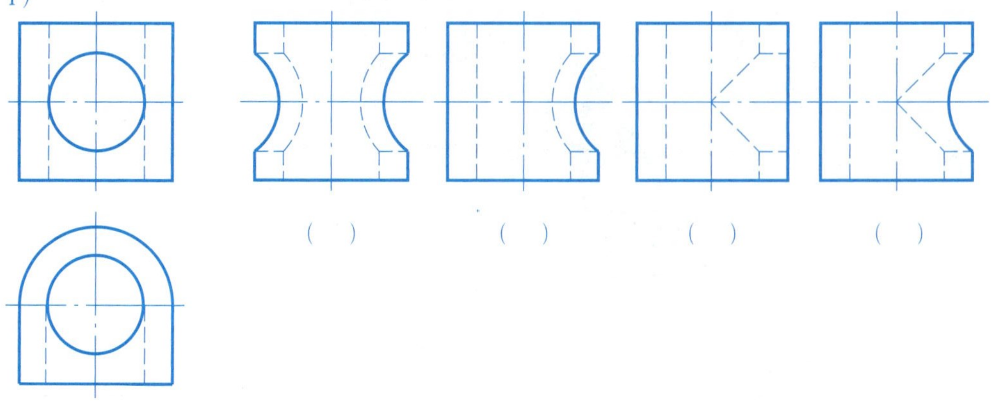

（ ） （ ） （ ） （ ）

2)

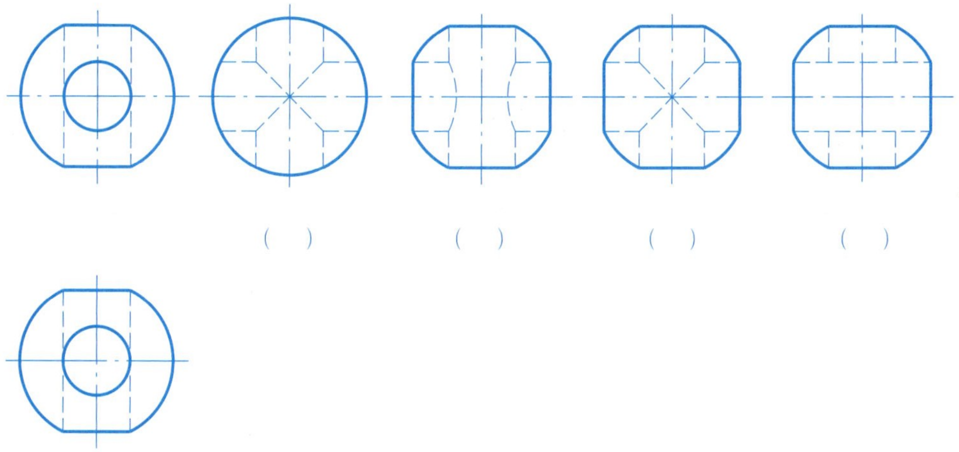

（ ） （ ） （ ） （ ）

3)

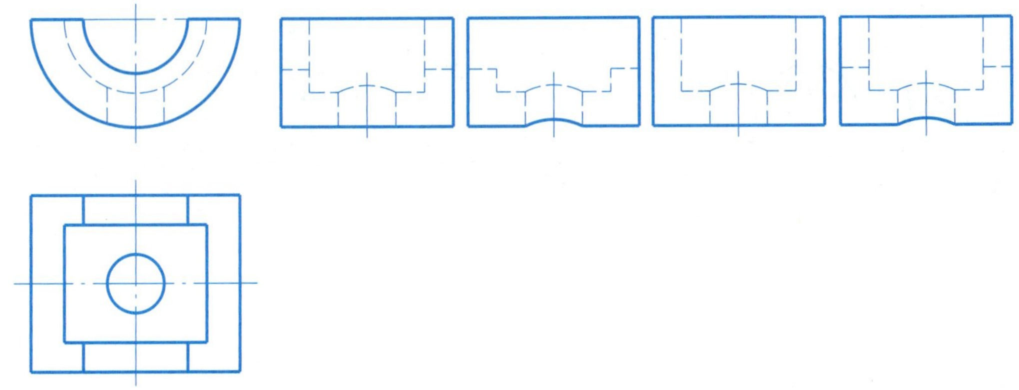

4)

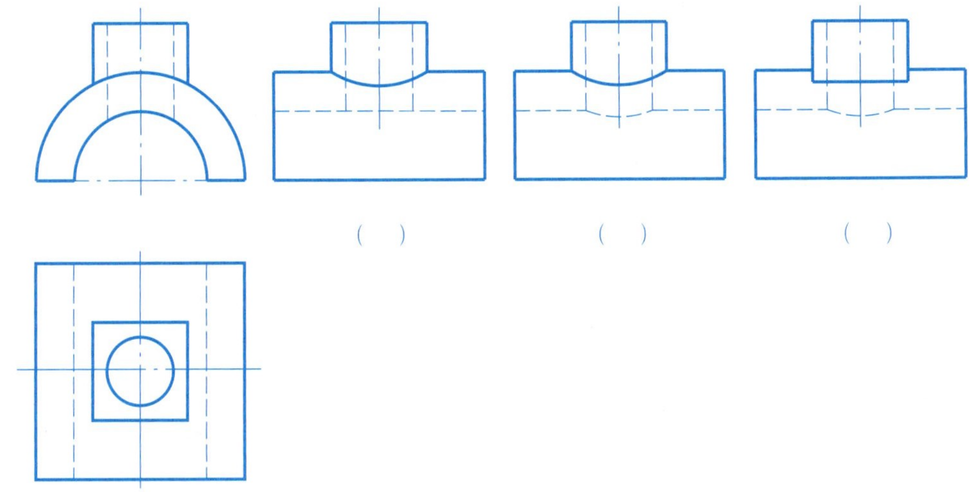

（ ） （ ） （ ）

4-85 补画组合体投影图中的漏线

1)

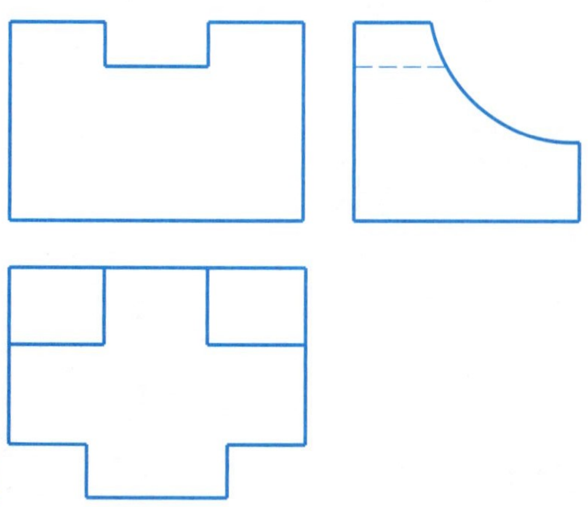

2)

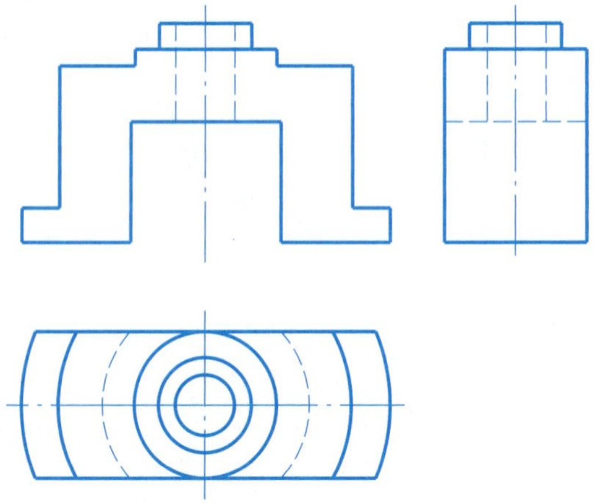

3)

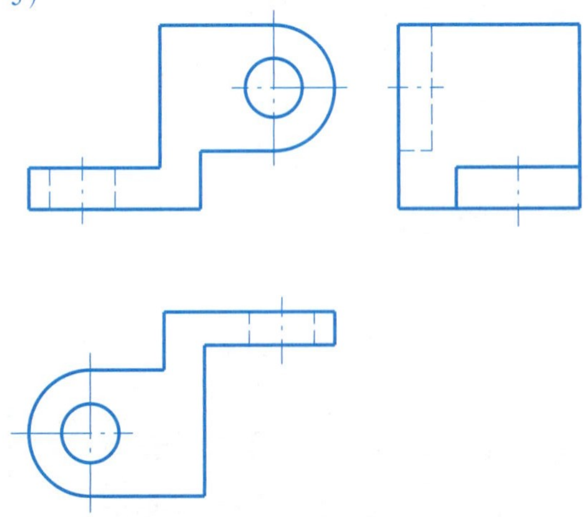

4)

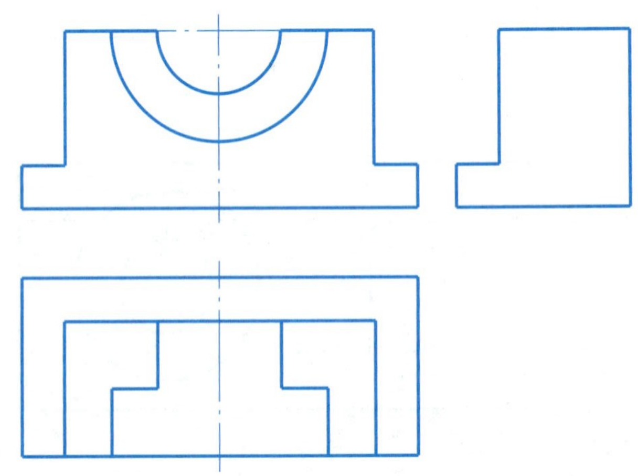

4-86　选择题：已知各形体的主视图和俯视图，从下面的选择项中选出对应的左视图，将其序号填入括号中

主视图和俯视图：

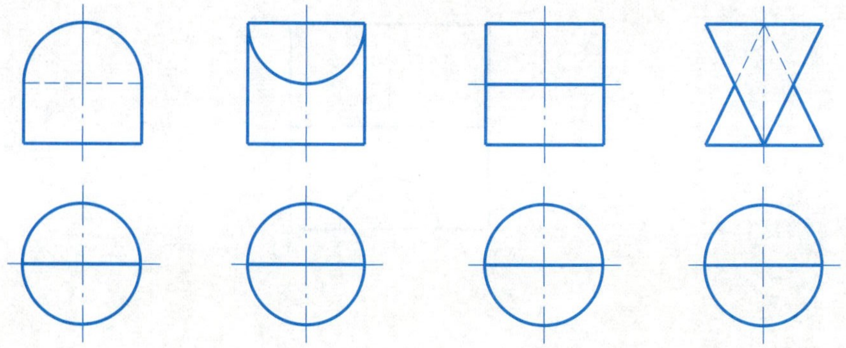

(　　)　(　　)　(　　)　(　　)

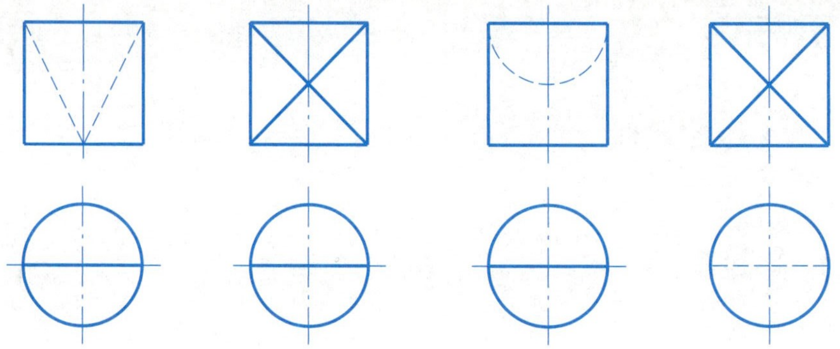

(　　)　(　　)　(　　)　(　　)

左视图：

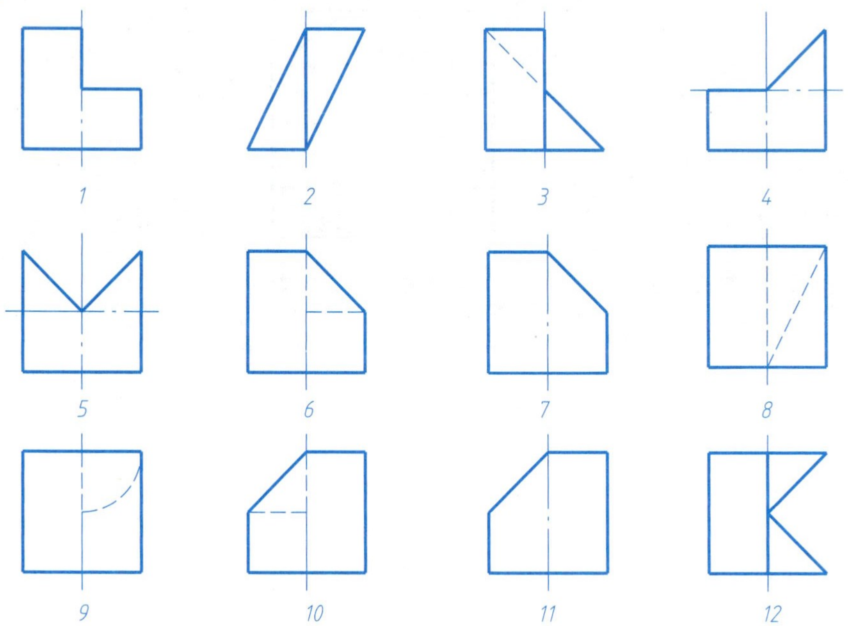

4-87　由给定铁丝的三面投影，构思铁丝的空间形状，并画出其正等轴测图

1）

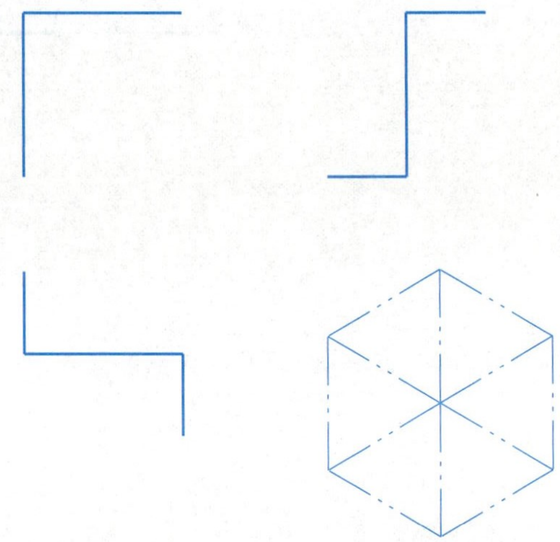

2）

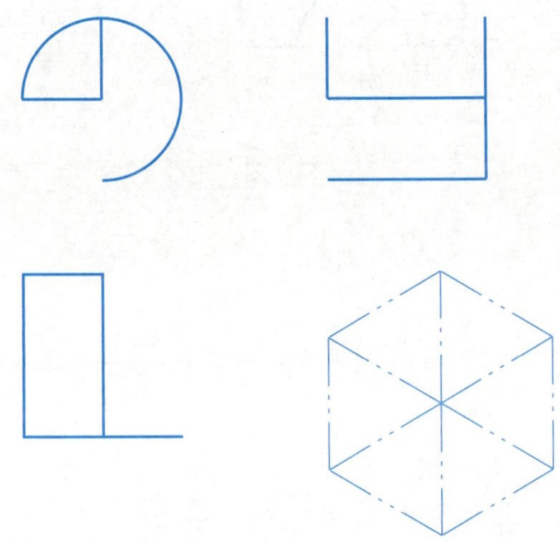

3）

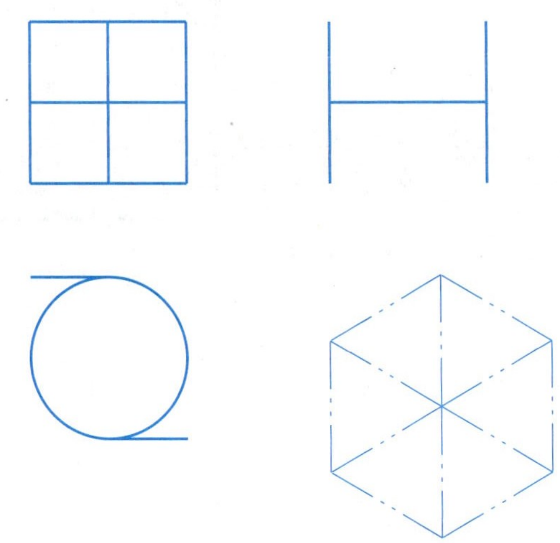

4）

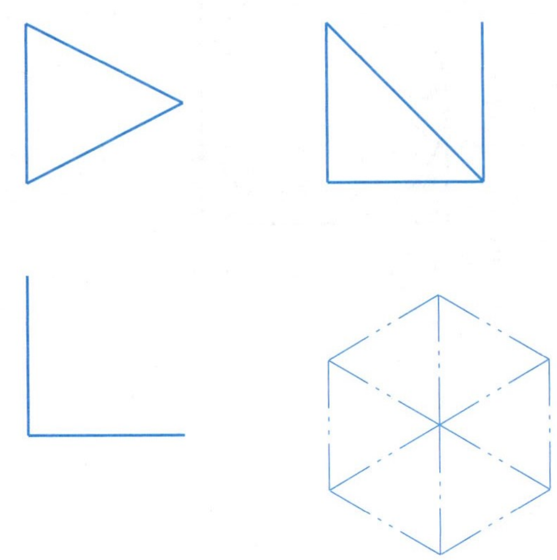

4-88 给定正面投影，构思三个不同物体，画出其水平投影和侧面投影

1）

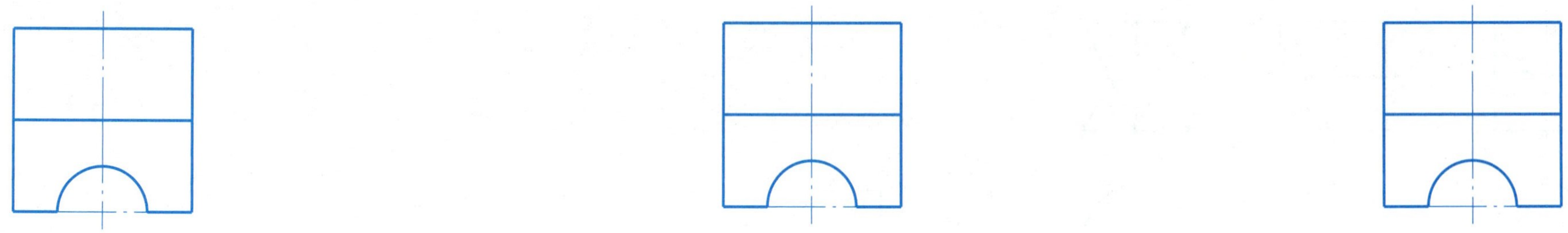

2）

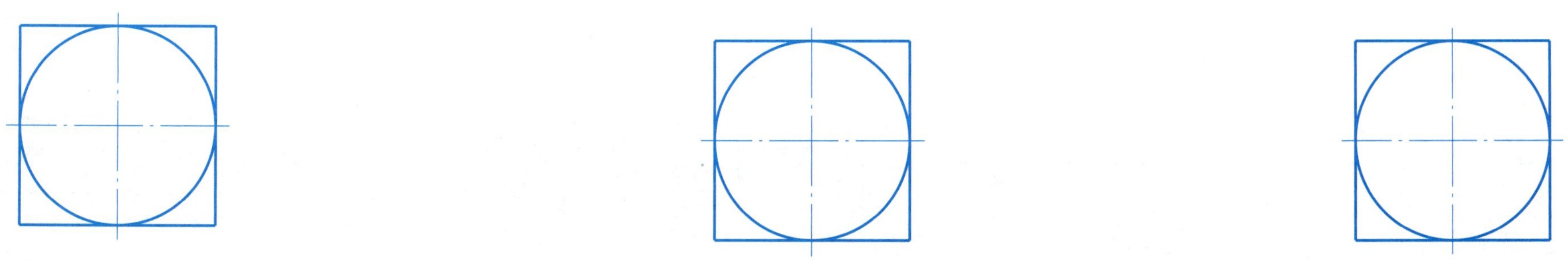

4-89 由给定的两面投影,构思两个不同的物体,画出第三面投影

1)

3)

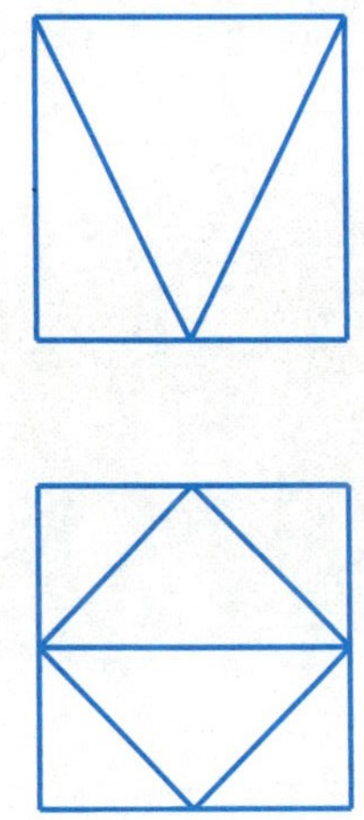

2)

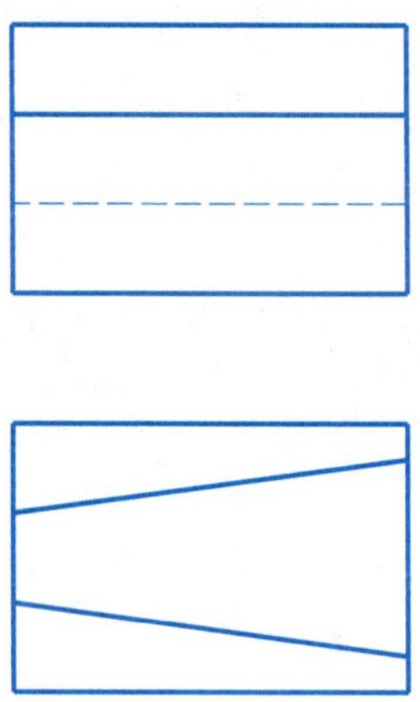

4)

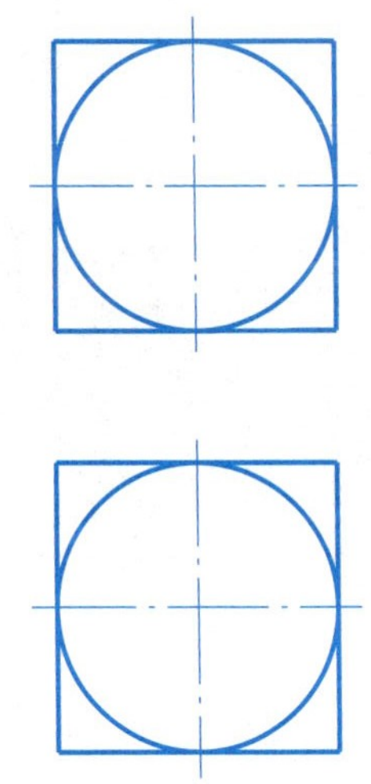

4-90　补画视图，构思一个新的组合体

1）根据所给的组合体主、俯视图，补画其左视图

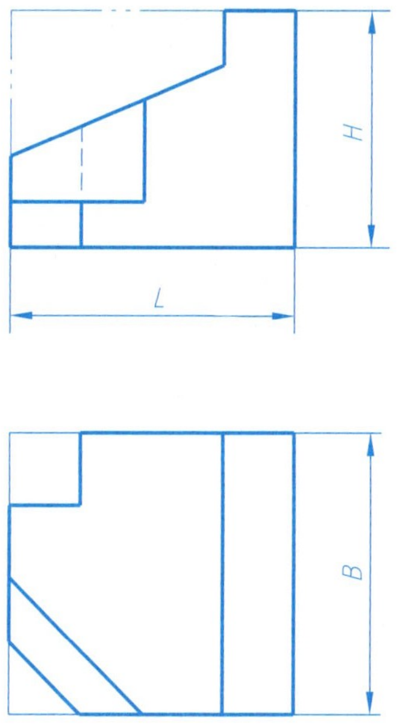

2）构思一个新组合体，使它是一个长为 L、宽为 B、高为 H 的长方体与题1）组合体的差集，画出新组合体的三视图

4-91　补画视图，构思一个新的组合体

1）根据所给的组合体主、俯视图，补画其左视图

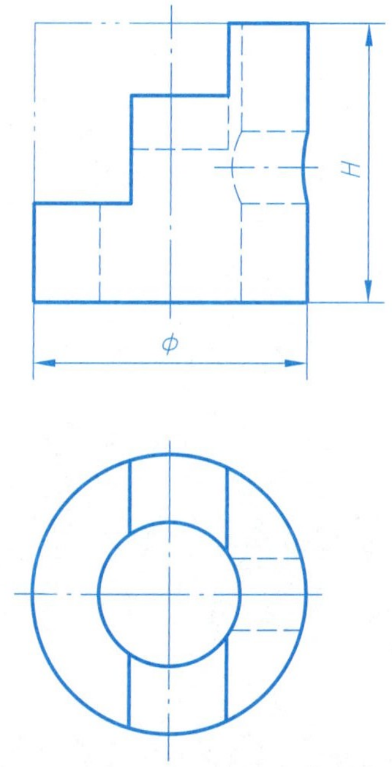

2）构思一个新组合体，使它与题1）所示组合体对合起来，能构成一个高为 H、直径为 ϕ 的圆柱，画出新组合体的三视图

班级		姓名		日期	

4-92 用线面分析法根据形体的两面投影画出其第三面投影

1）

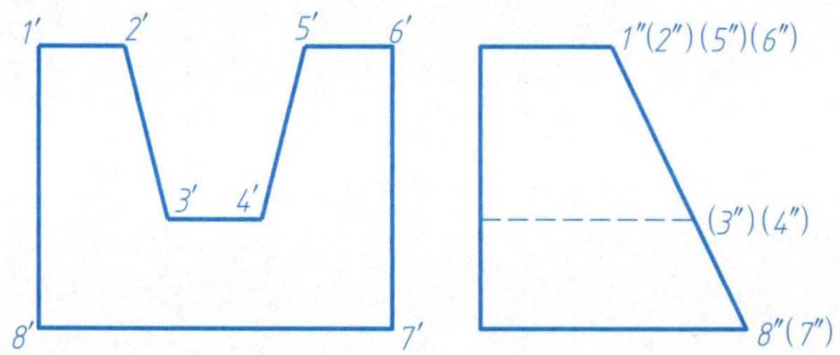

2）

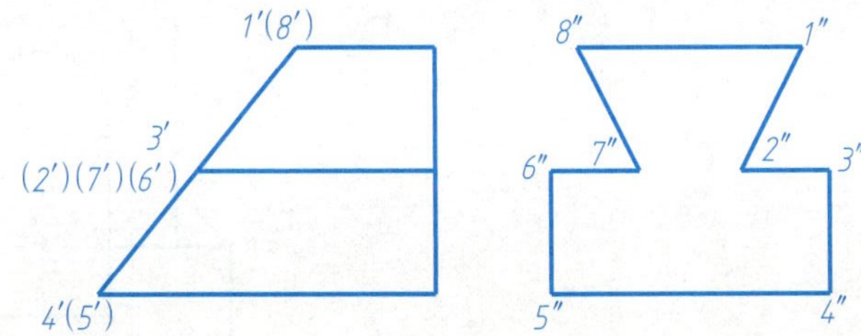

3）

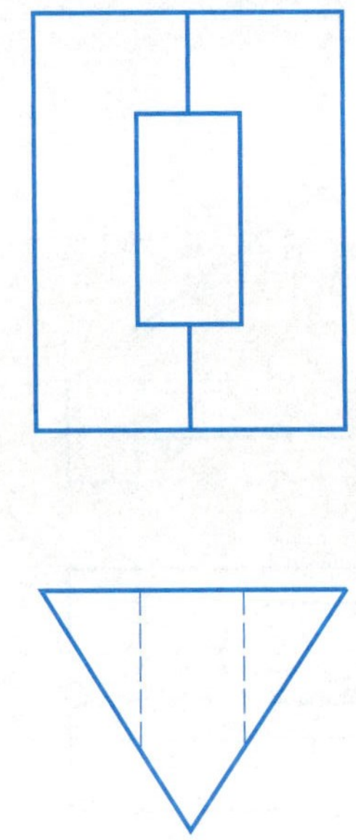

4）

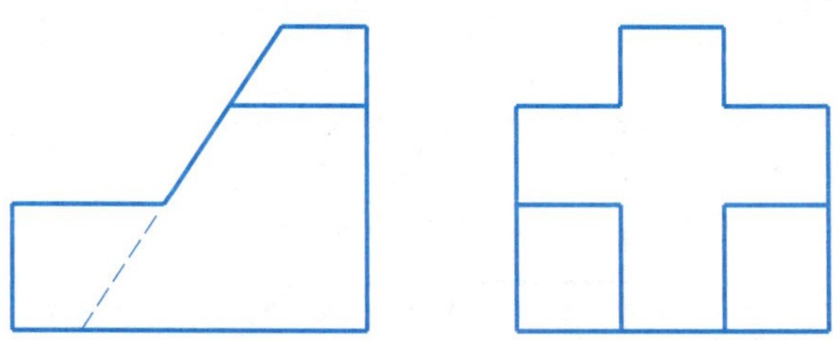

5）

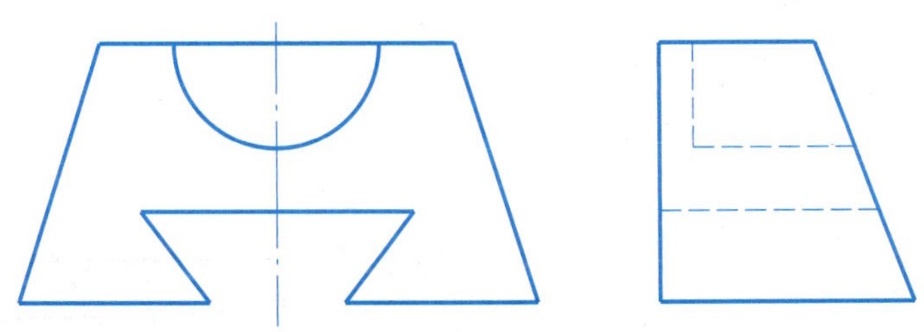

6）

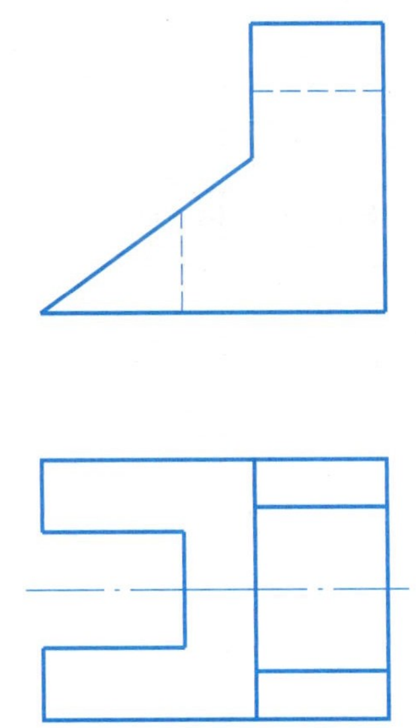

4-93 根据形体的两面投影画出其第三面投影

1）

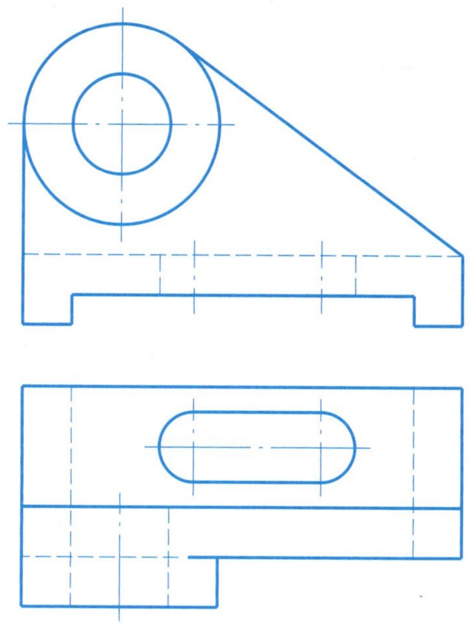

2）

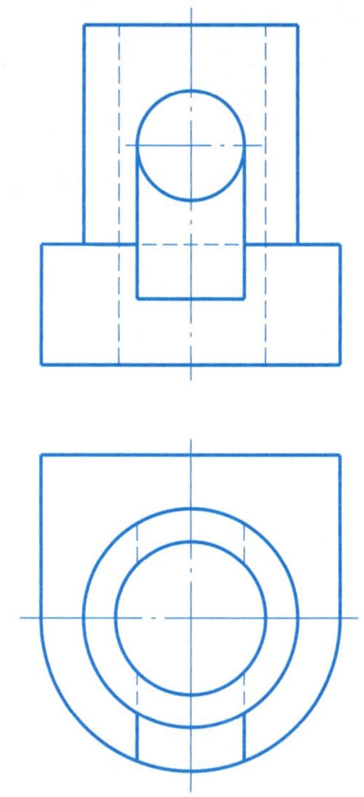

4-94 用线面分析法根据形体的两面投影画出其第三面投影

1）

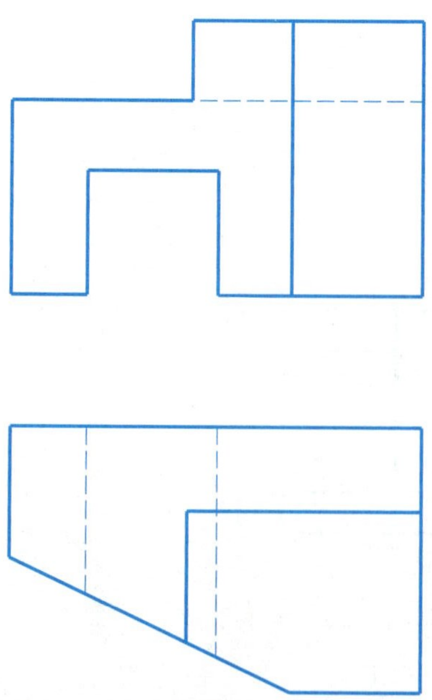

2）

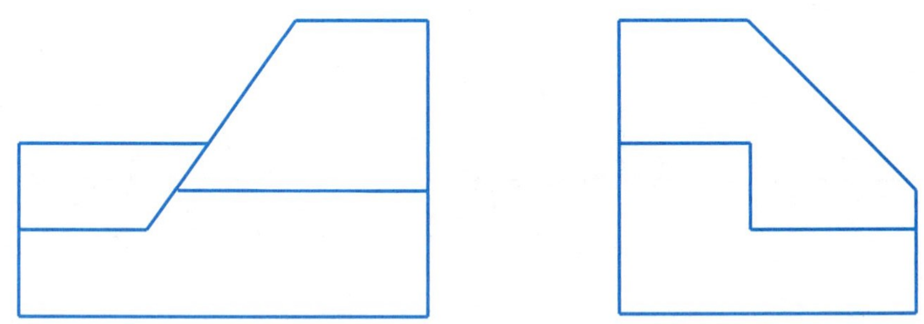

班级 姓名 日期

4-95　根据形体的两面投影画出其第三面投影

1）

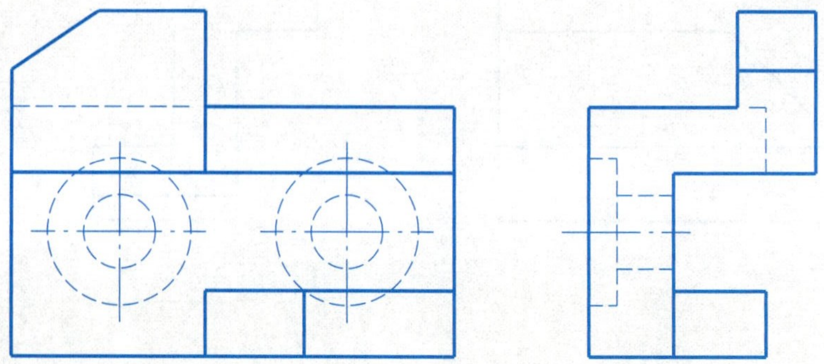

3）

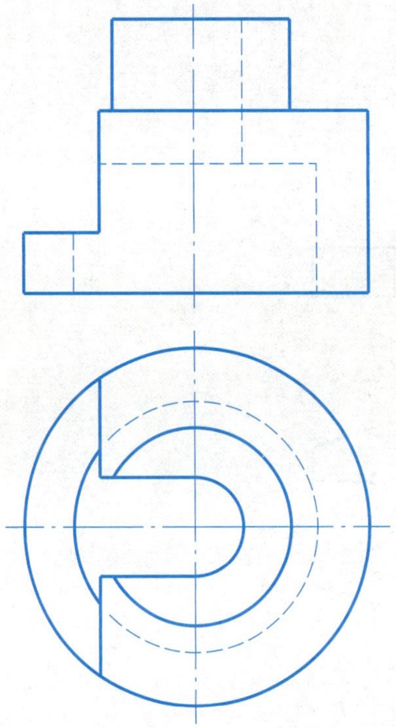

2）

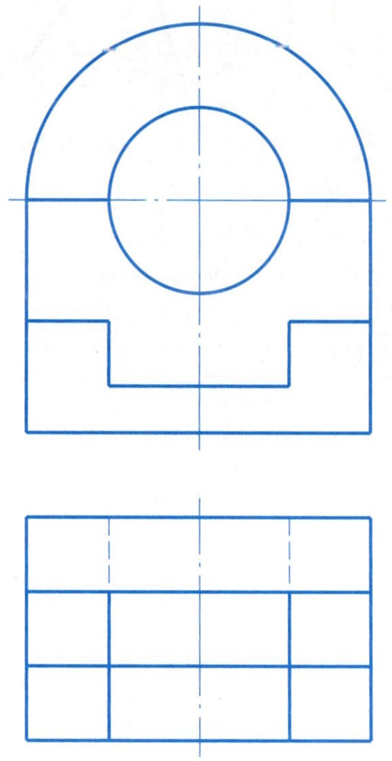

4）

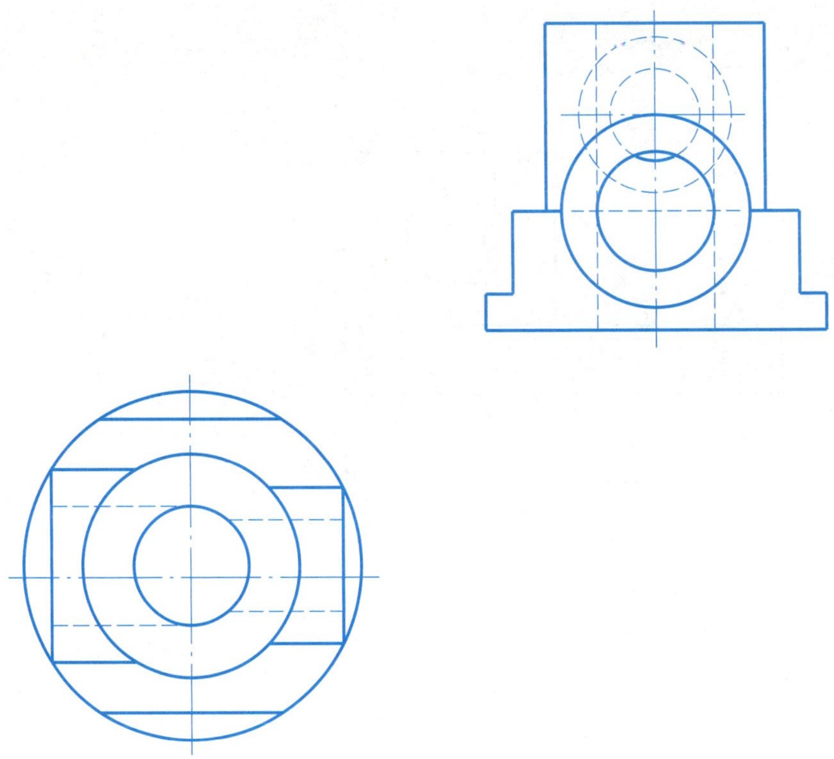

4-96 根据形体的两面投影画出其第三面投影

1）

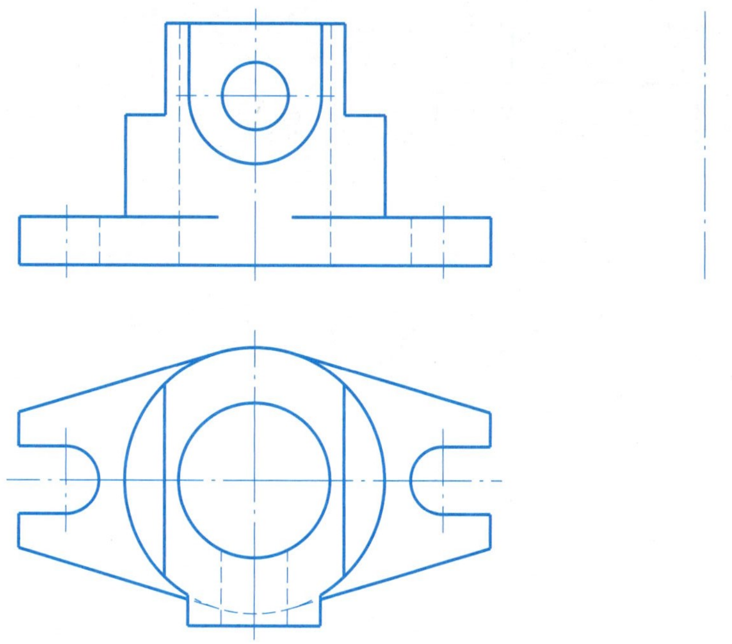

2）

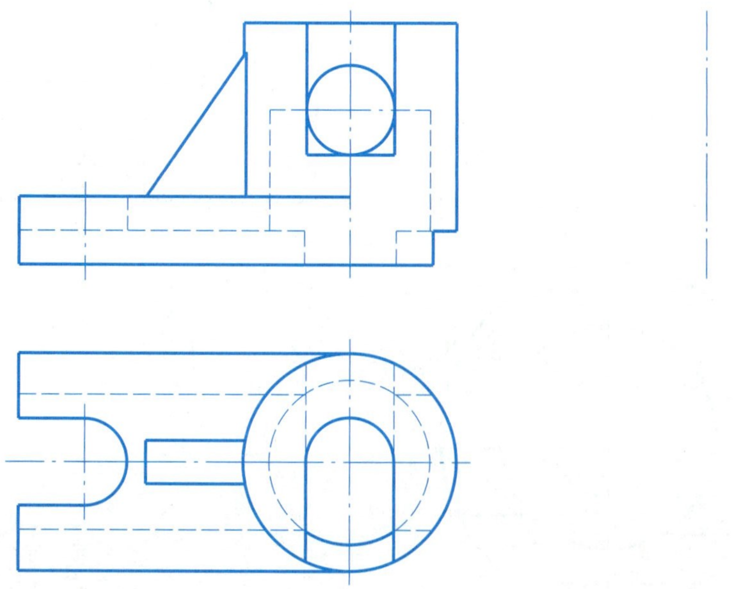

4-97 已知组合体的主视图、左视图，作其 A 向视图

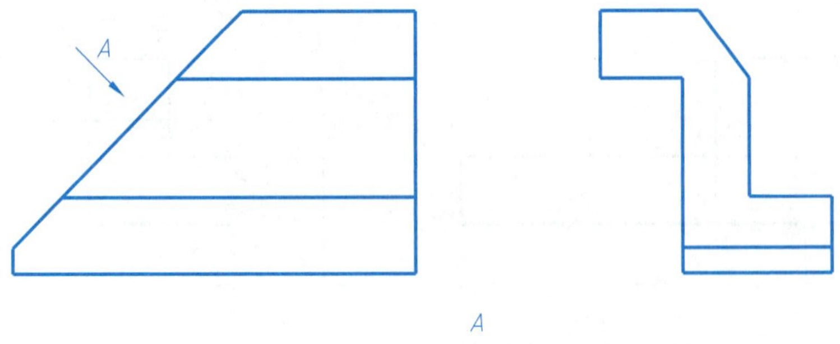

4-98 已知组合体的主视图和 A 向视图，作其俯视图

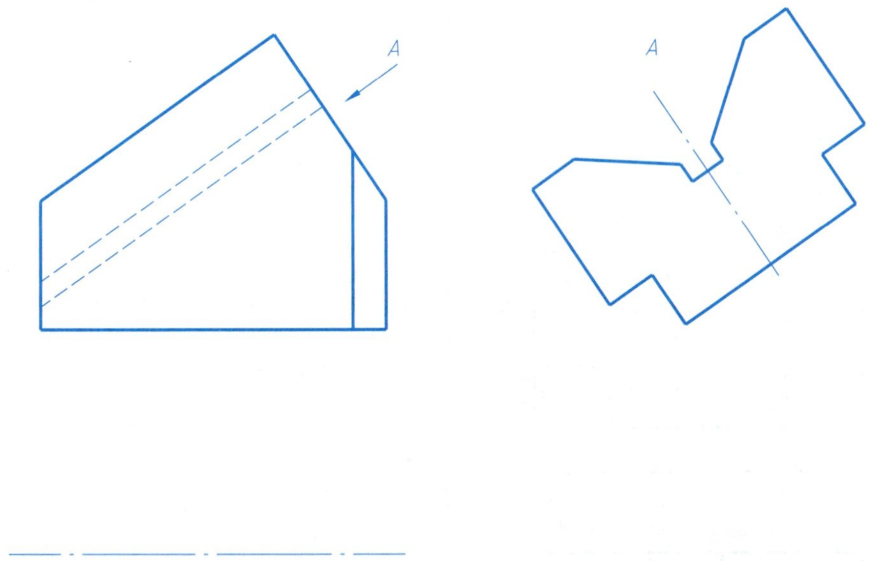

4-99 根据立体图画出组合体的三视图（按图中尺寸，用 1 ∶ 1 的比例画图）	4-100 根据立体图画出组合体的三视图（按图中尺寸，用 1 ∶ 1 的比例画图）

4-99

1）

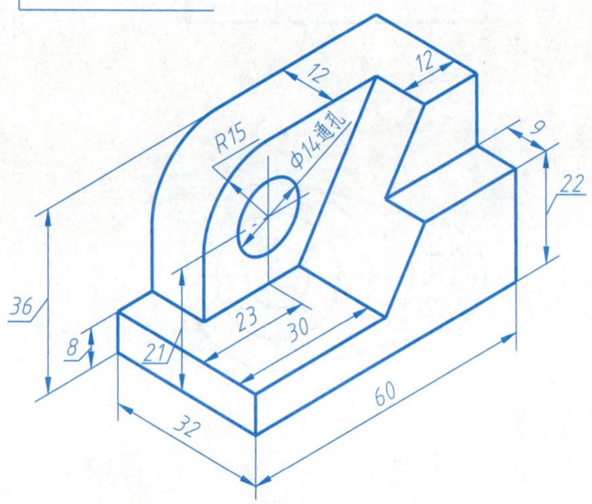

2）

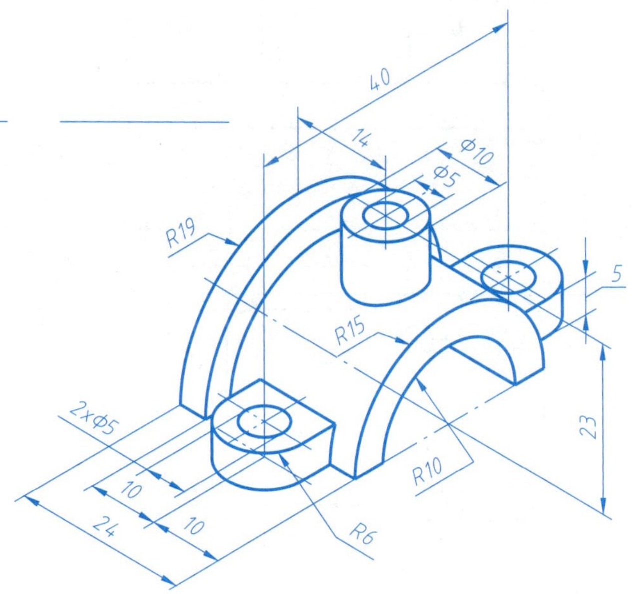

4-100

1）

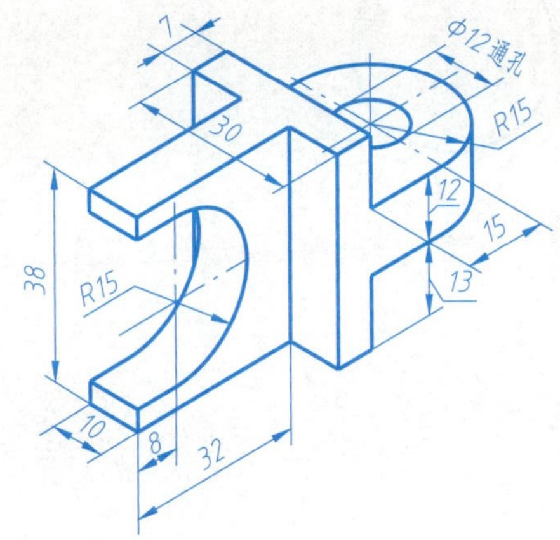

2）

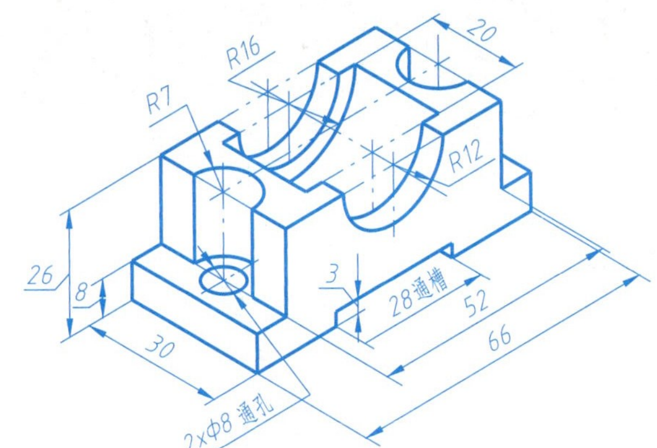

4-101 根据给出的三视图的外形轮廓线设计两个几何形体（需要时补画上中心线）

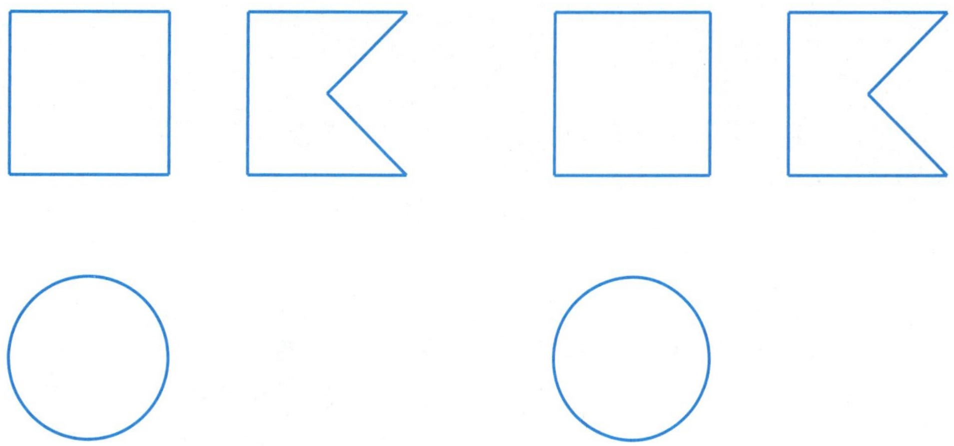

4-102 根据给出的两个视图的外形轮廓线设计两个几何形体，并补画其左视图（需要时补画上中心线）

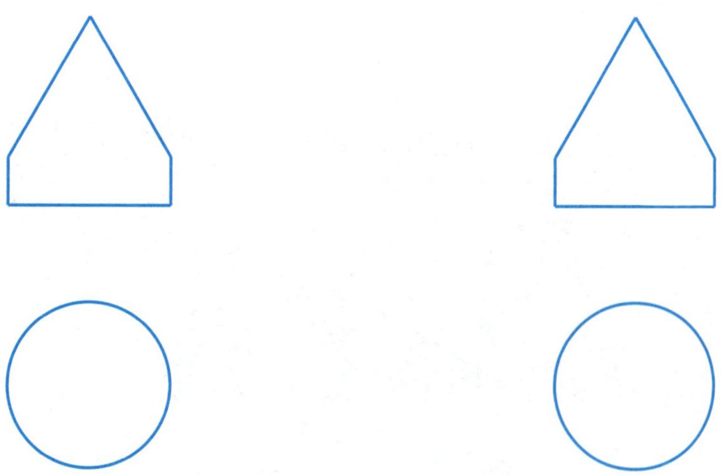

4-103 补上图中漏注的尺寸（按1：1的比例量度并取整数）

1）

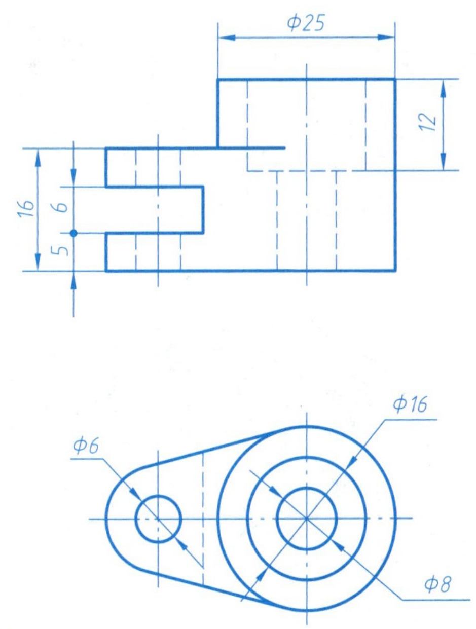

2）

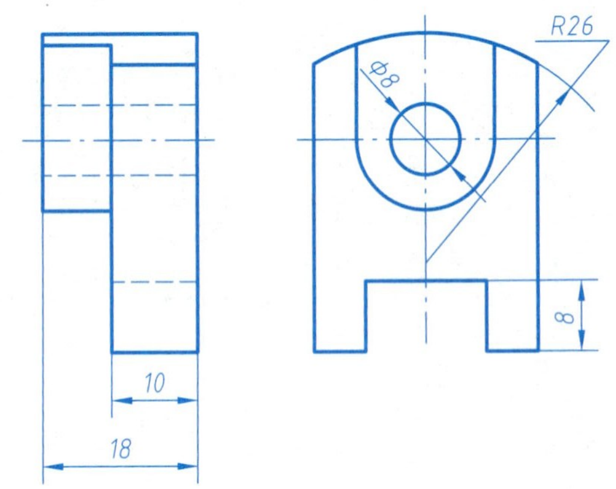

3）

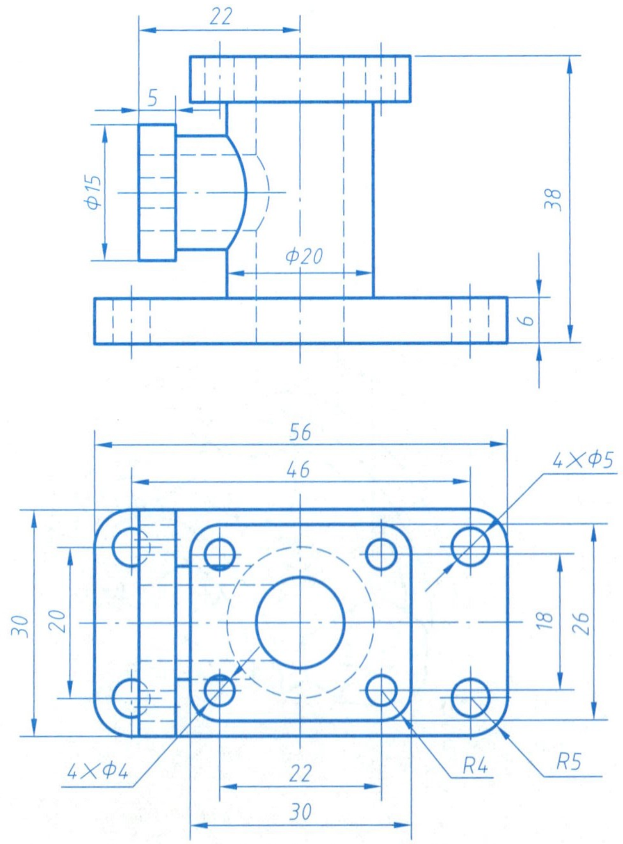

班级 姓名 日期

4-104 标注组合体的尺寸（按1：1的比例量度并取整数）

1）

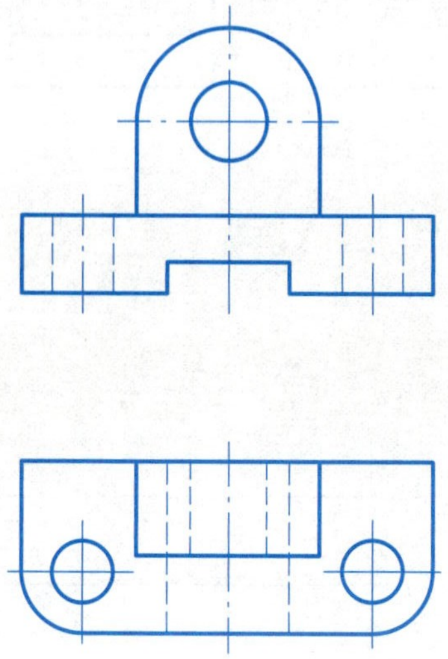

3）

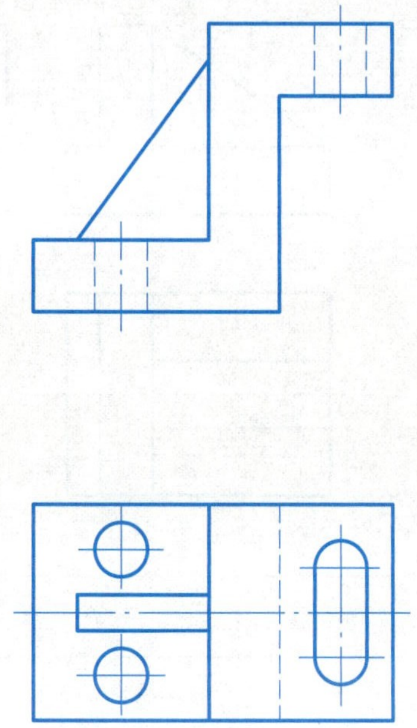

5）

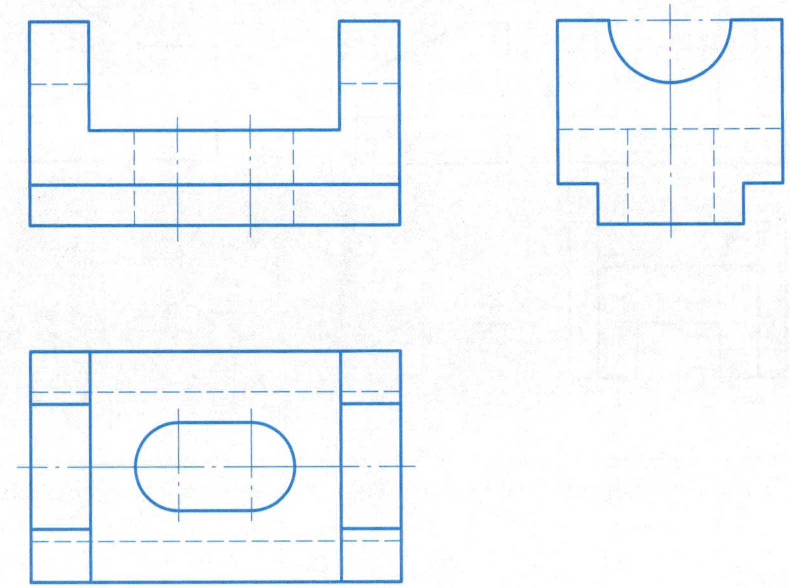

2）

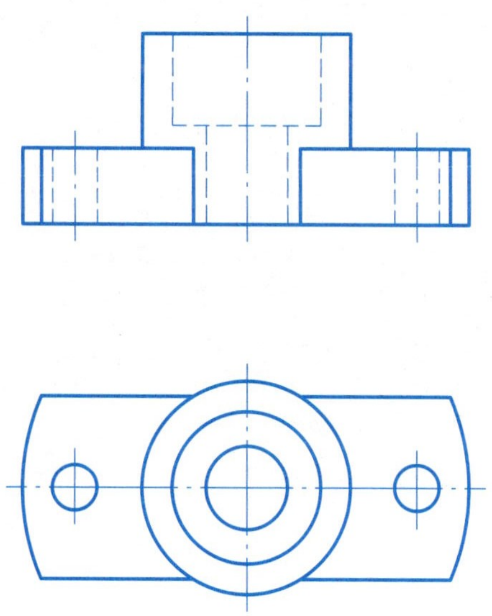

4）

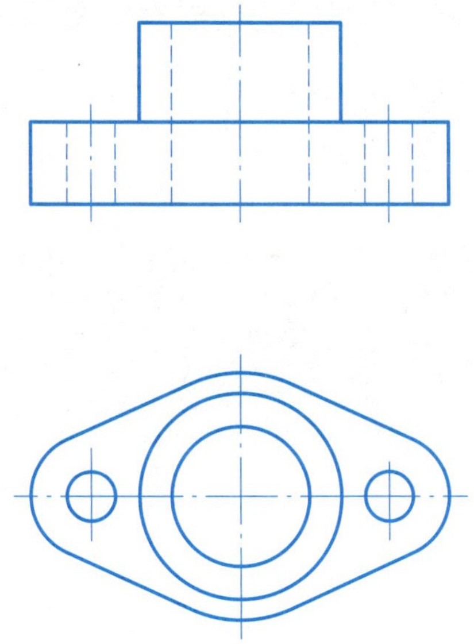

6）

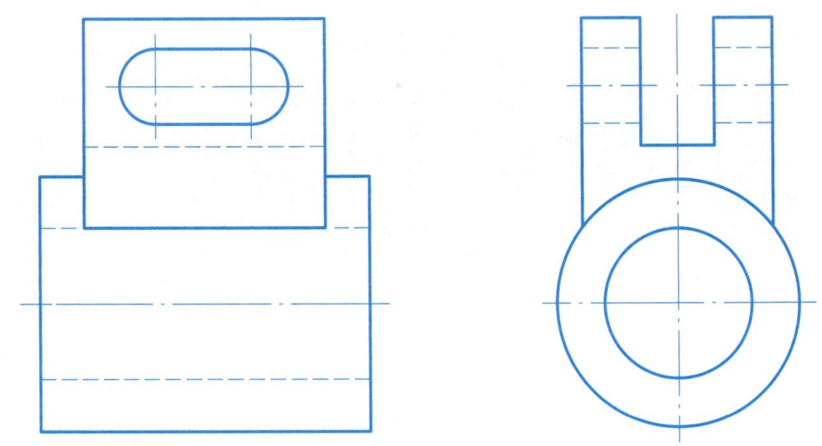

5-1 画出形体的正等轴测图(用 1 : 1 的比例画图)

1)

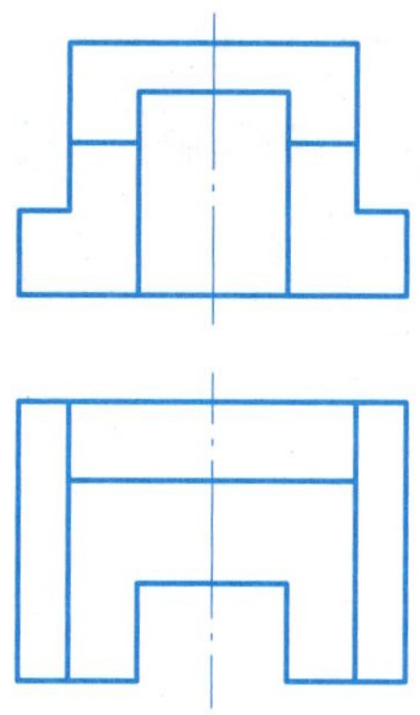

2)

3)

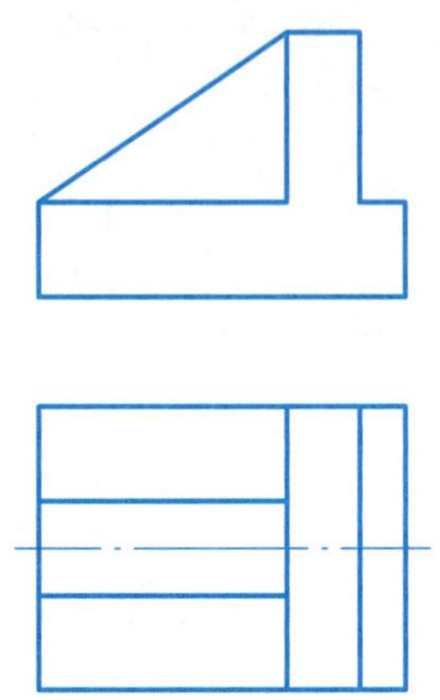

4)

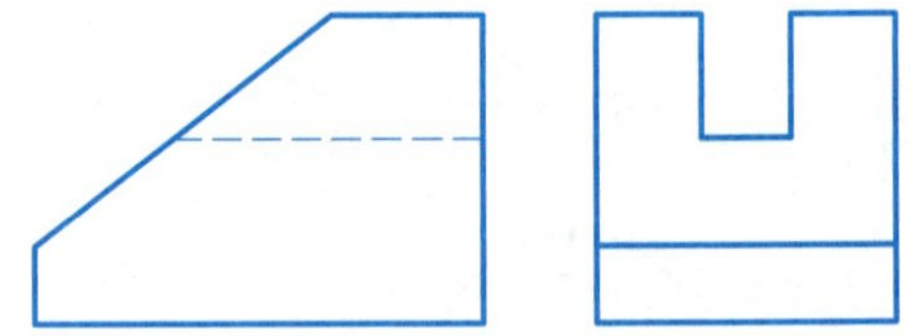

5-2 画出形体的正等轴测图

1) 使用尺规,在指定位置画出一个正方体及三个面上椭圆正等轴测图,尺寸自定

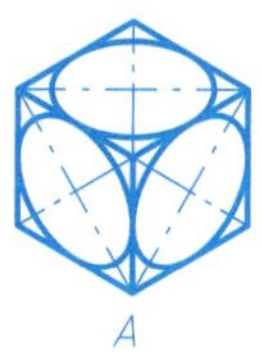

2) 徒手画出一个正方体及三个面上椭圆正等轴测图草图,尺寸自定

5-3 画出形体的正等轴测图(用1∶1的比例画图)

1)

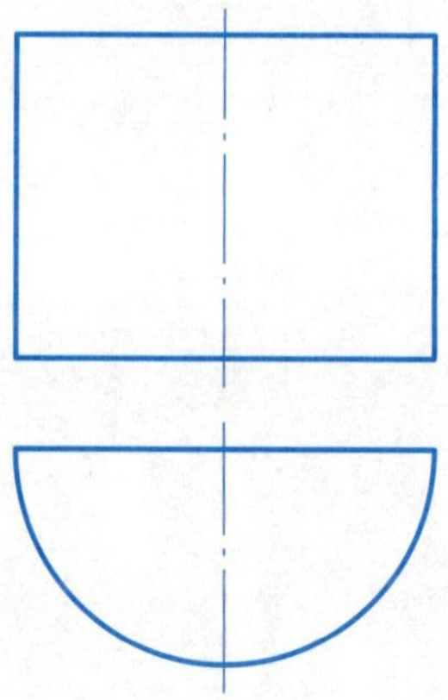

2)

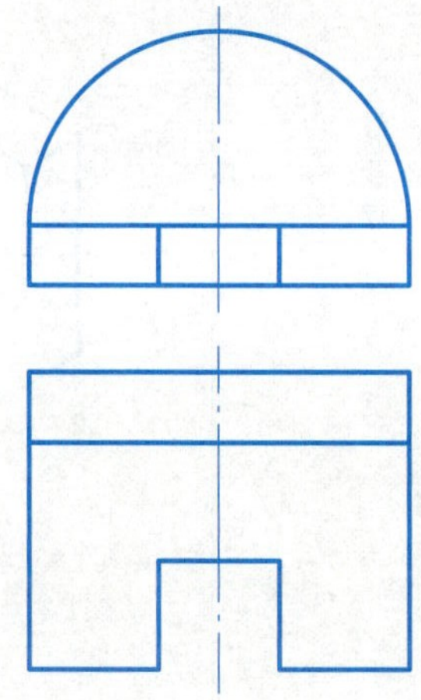

3)

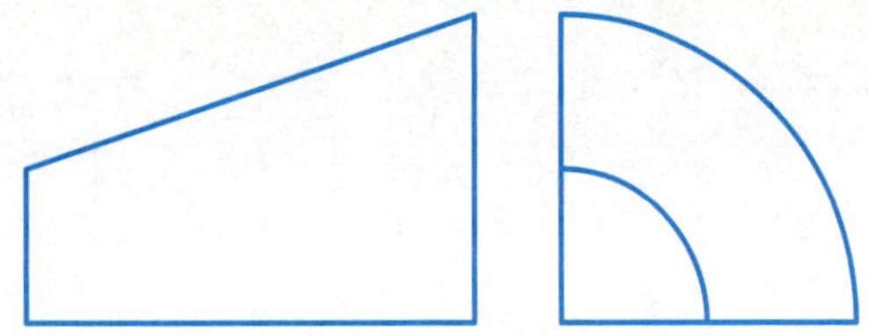

4)

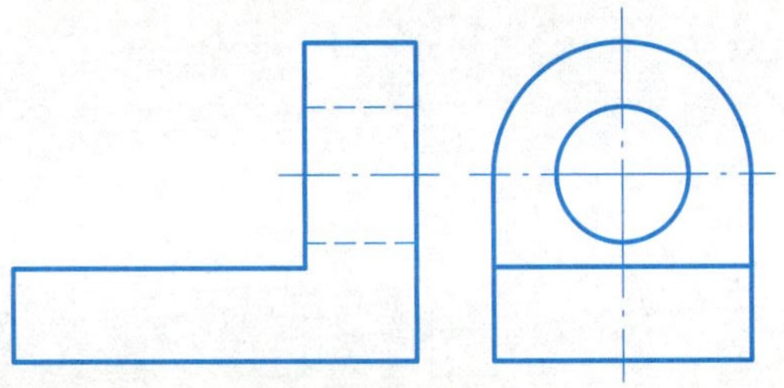

5-4 根据形体的轴测图和尺寸,利用方格徒手绘画形体的三视草图

1)

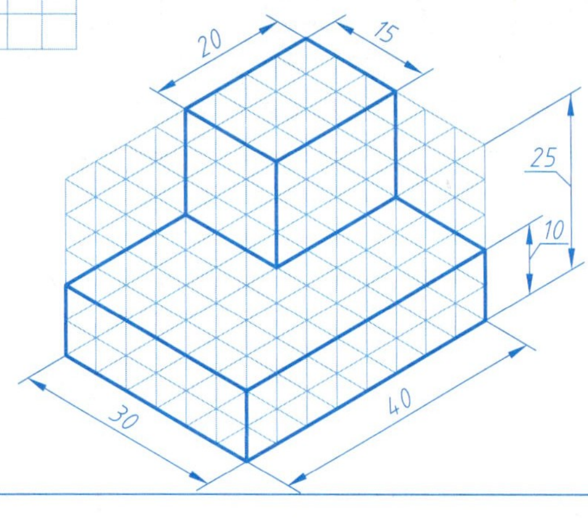

2)

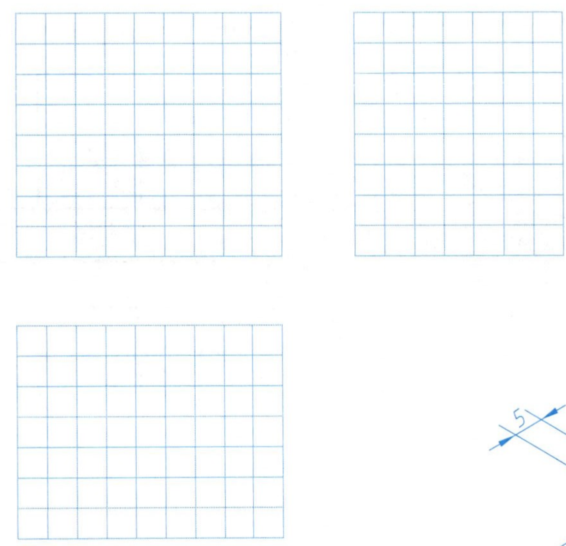

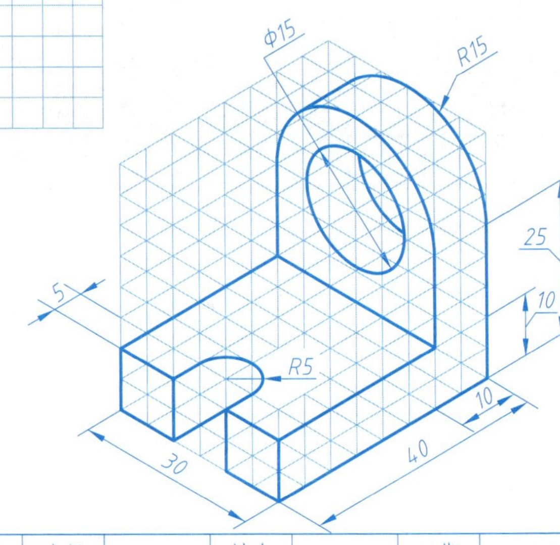

5-5 根据形体的轴测图和尺寸，徒手绘画形体的三视图，按轴测图所示大小，用 1：1 的比例画图

1）

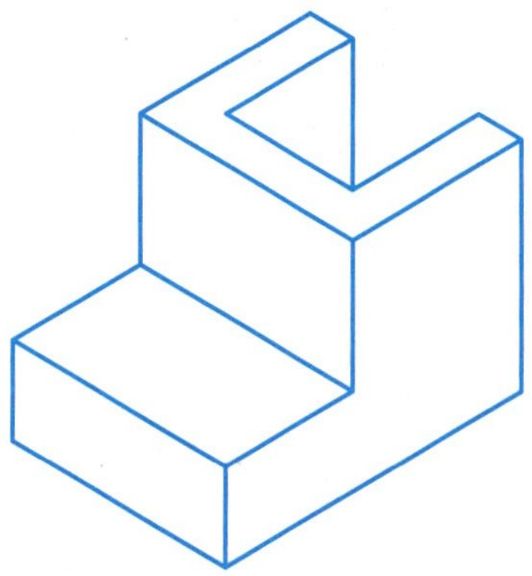

2）

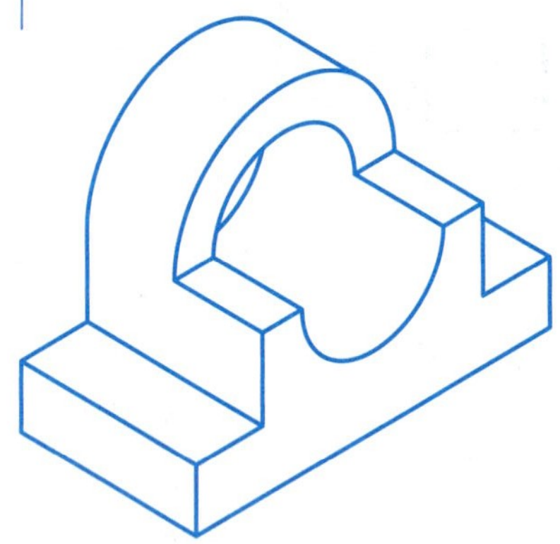

5-6 根据立体图徒手抄画形体的正等轴测图，用 1：1 的比例画图

1）

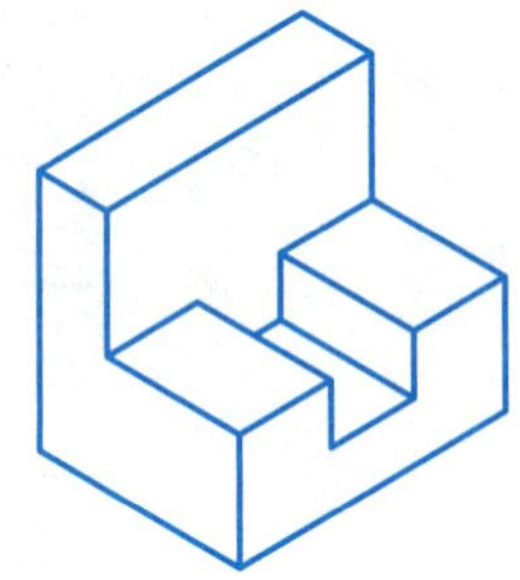

2）

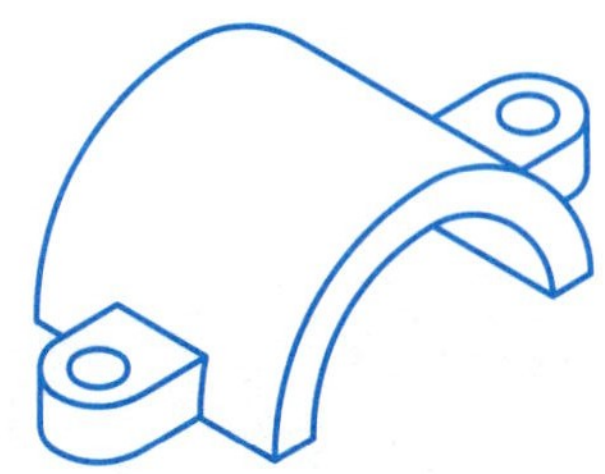

5-7 根据投影图徒手画出形体的正等轴测图（本题有多解）

1）

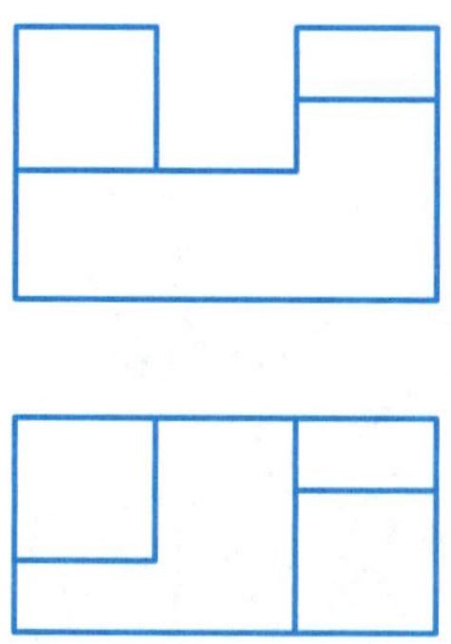

2）

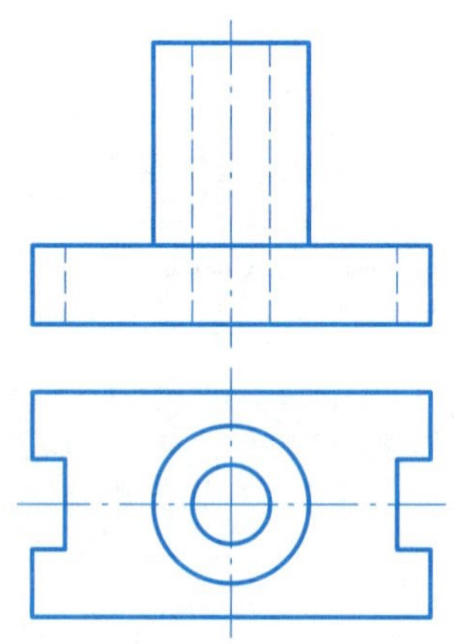

班级		姓名		日期	

5-8 画出形体的斜二轴测图

1）

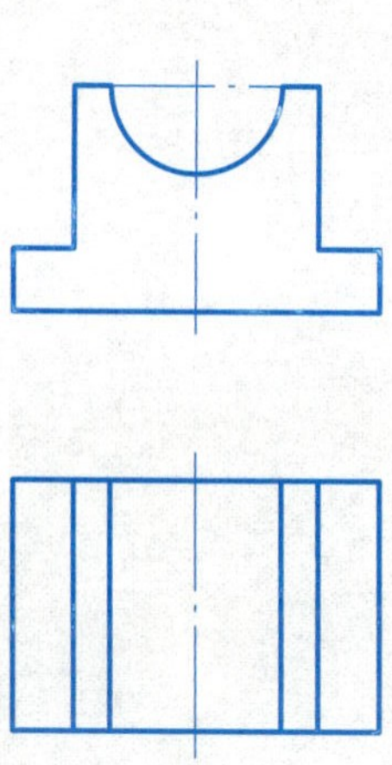

2）

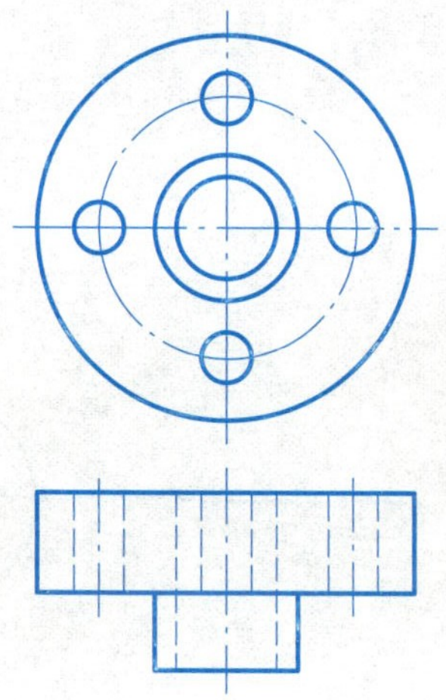

5-9 根据立体图徒手绘制形体的斜二轴测图

1）

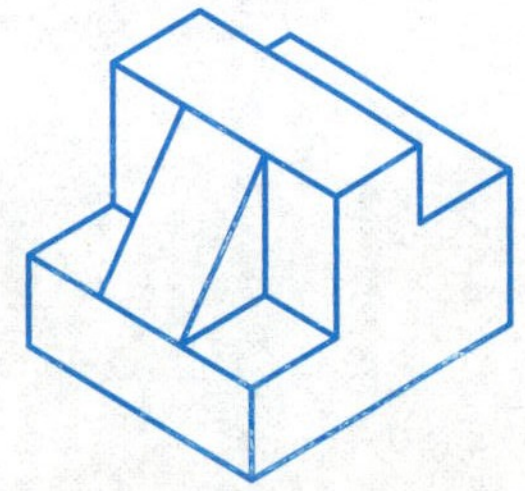

2）

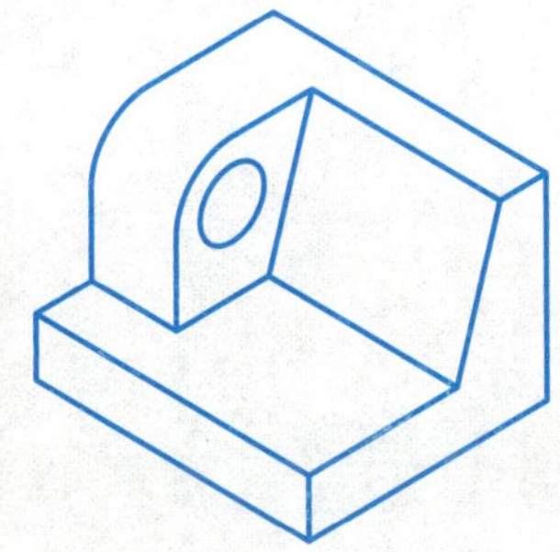

5-10 草图练习

1）三角形的联想：在5分钟内用线描草图绘制尽量多的与三角形相关的形象或概念。

2）徒手绘制直线条草图：参照已绘制的小方格绘制更多的小方格直到端点

5-11 草图练习

1）徒手绘制椭圆草图：依照竖直线标明的刻度绘制更多的椭圆

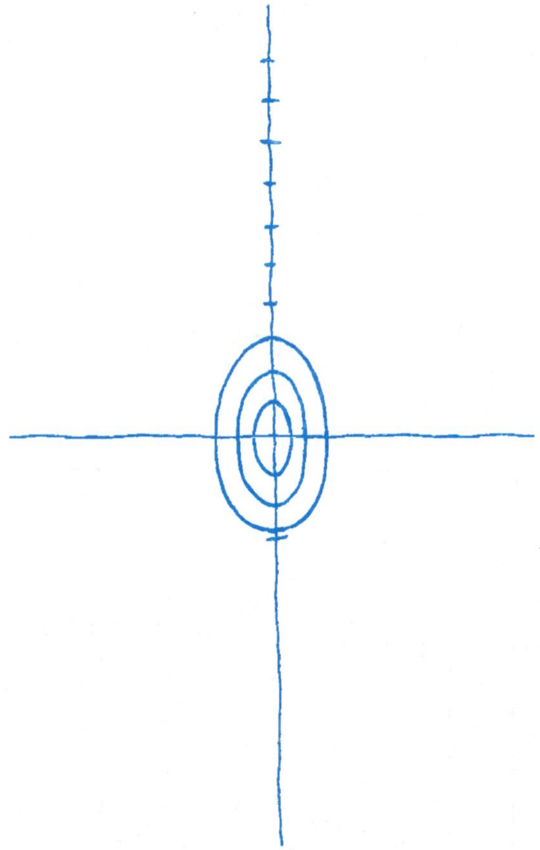

2）徒手绘制圆草图：依照竖直线标明的刻度绘制更多的圆

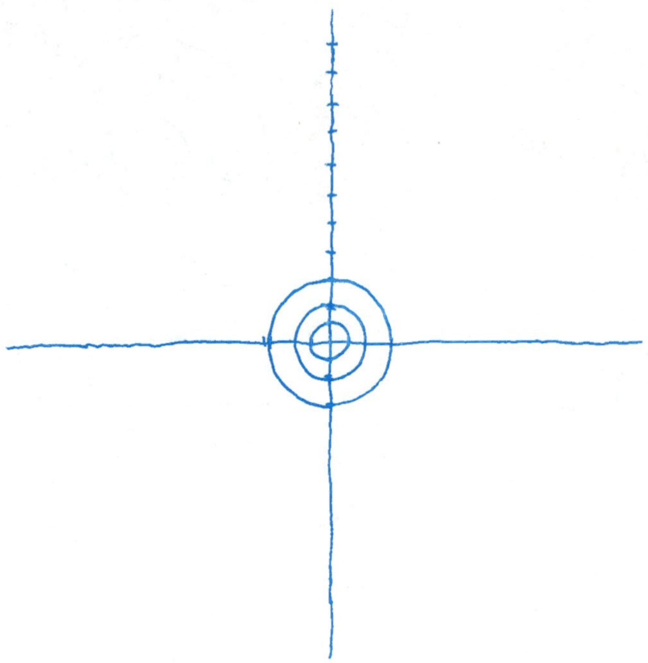

5-12 草图练习　参照下图画法设计并绘制一款花瓶线描平面草图，画在右侧空白处

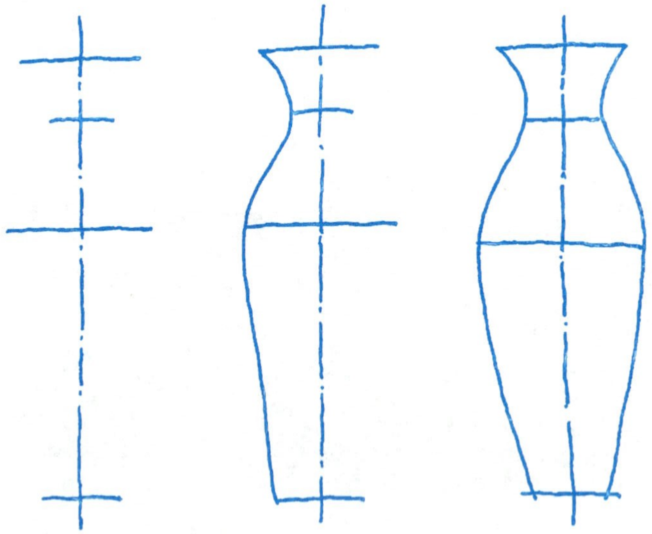

班级		姓名		日期	

5-13 草图练习 实地观察或构思一款门的式样并绘制成平面草图或立体草图(可参照给出的几个样例)

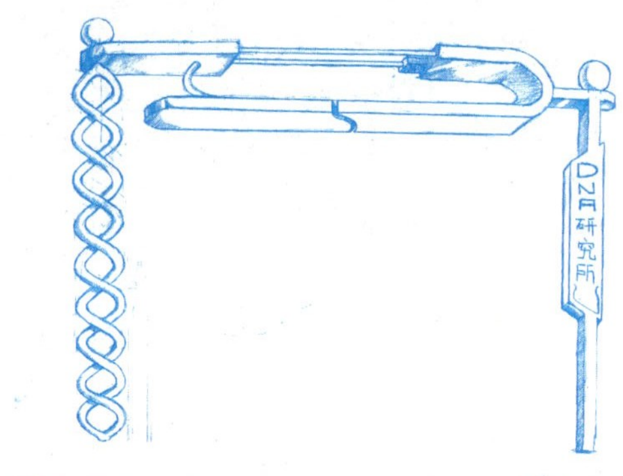

5-14 草图练习 根据三视图徒手绘制立体草图

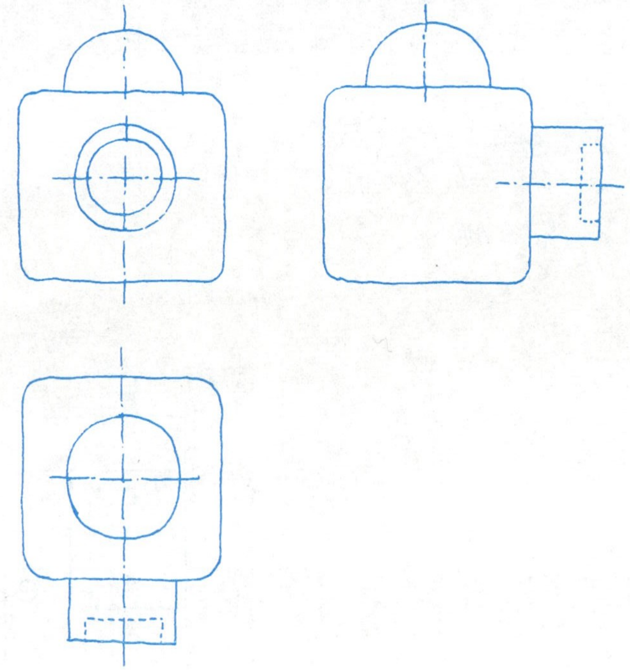

5-15 草图设计练习 根据所示电路及器件的尺寸示意图设计一款带指纹识别的U盘产品外观造型,要求徒手画三视图和立体草图,并符合以下要求

(1)指纹识别有效工作面积部分必须外露且能够方便用户操作;

(2)USB接口必须方便接插,非工作状态时需要予以适当保护;

(3)便于携带,但要求能有效防止丢失;

(4)整体形态特征必须体现产品功能及用途;

(5)整体尺寸不能大于110×35×20;

(6)便于生产,有效控制成本。

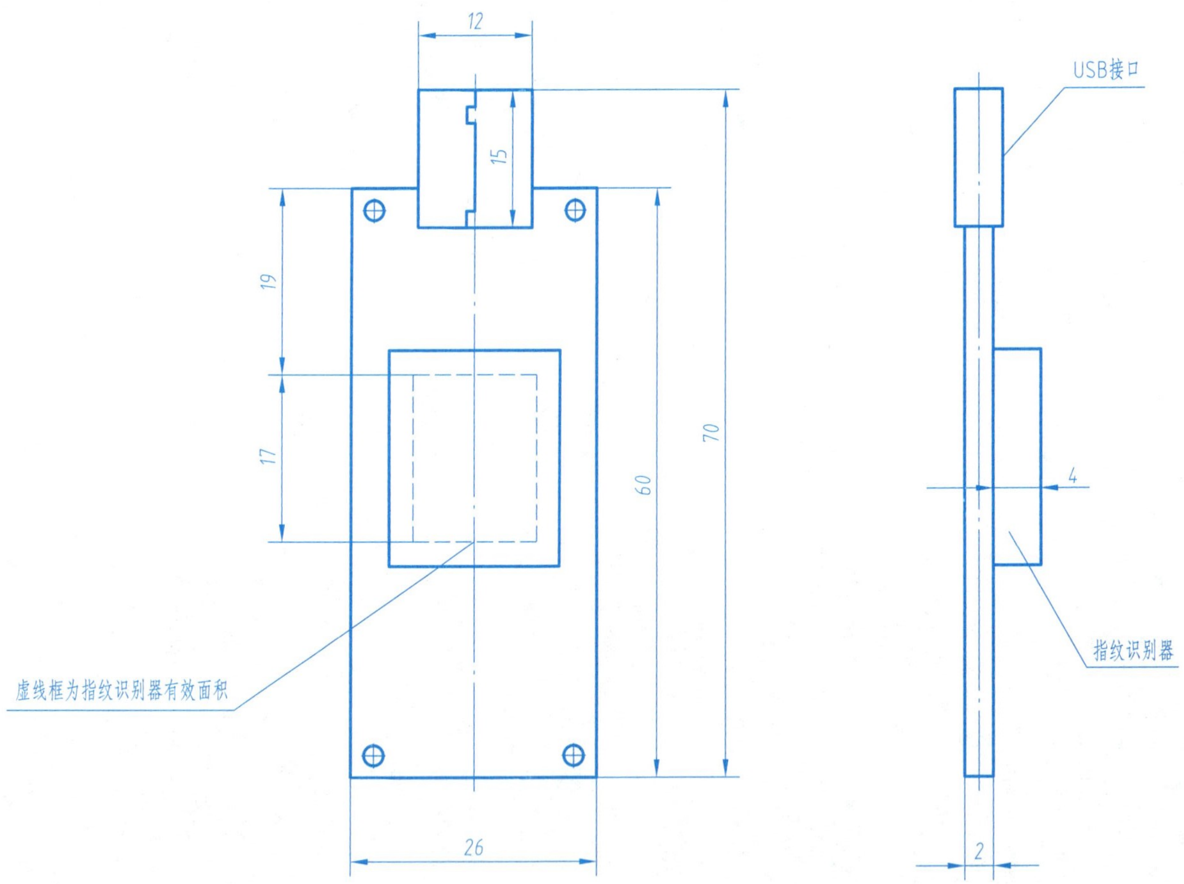

班级 姓名 日期

6-1 已知形体的主、俯、左视图，画出其他三个基本视图

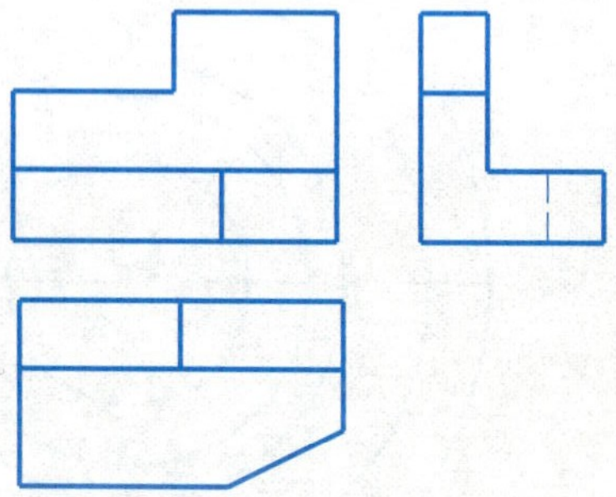

6-2 作A、B向视图

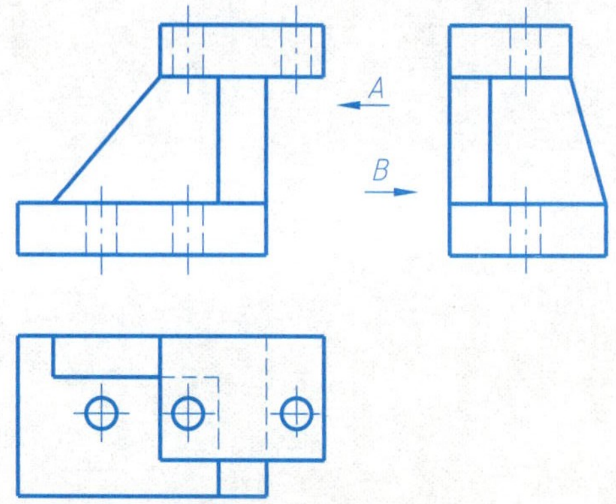

6-3 作出刨刀的仰视图及A向斜视图

A

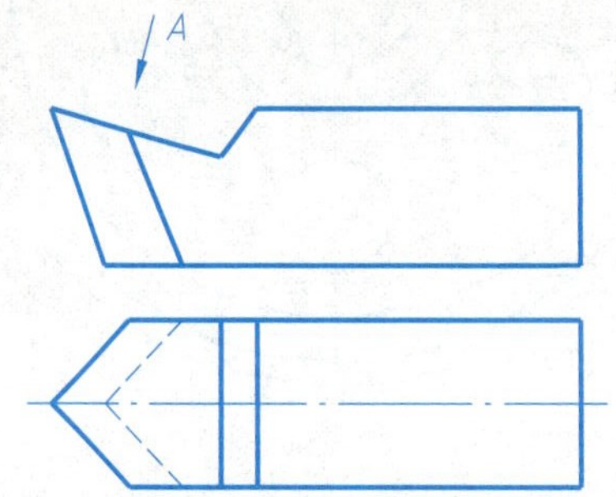

6-4 作A向局部视图

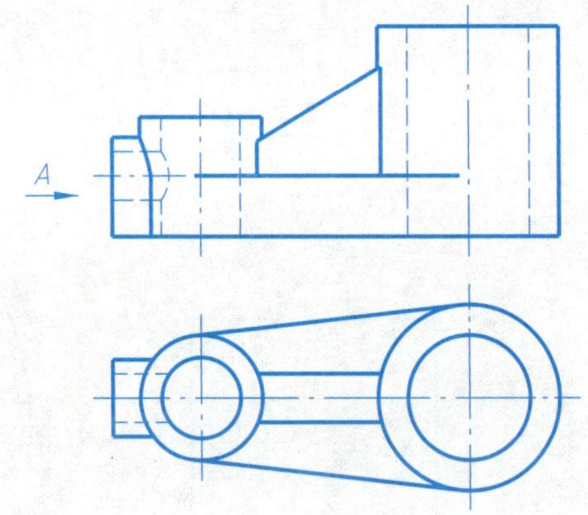

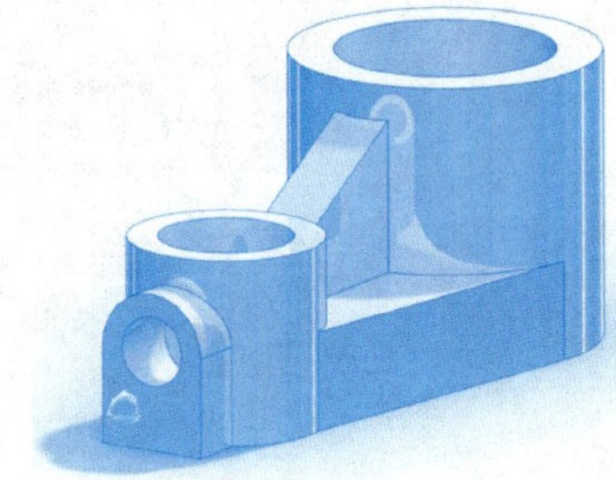

6-5 作A向斜视图

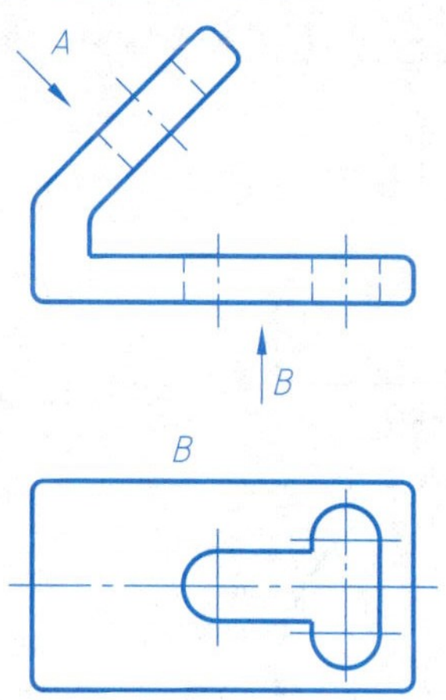

6-6 作A向斜视图（右端安装板圆角半径为3）

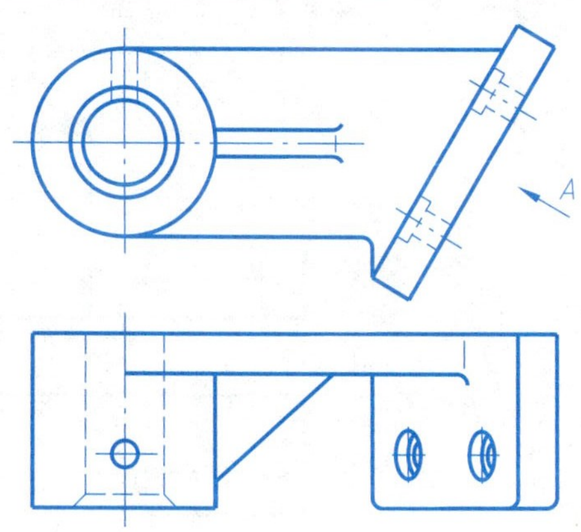

6-7 机件的形状如图（a）所示，为简化画图和标注尺寸，请在图（b）中画出必要的斜视图（应标注）

（a）

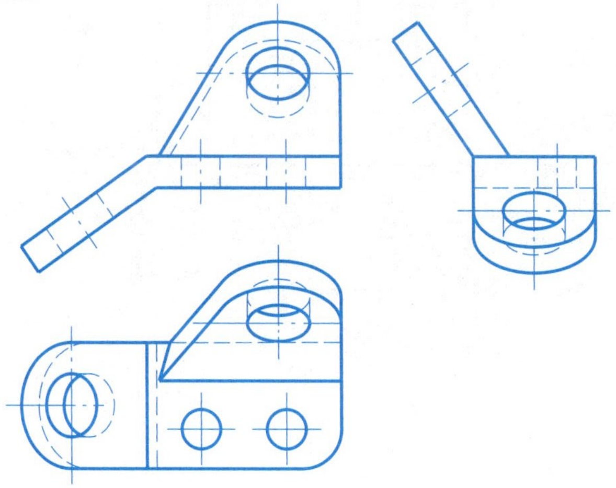

（b）

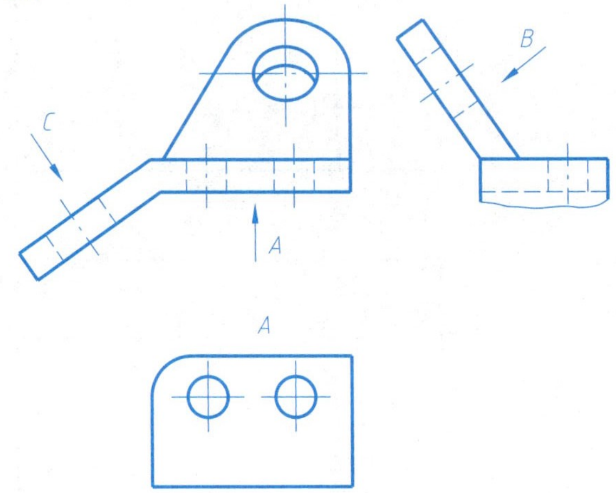

1)

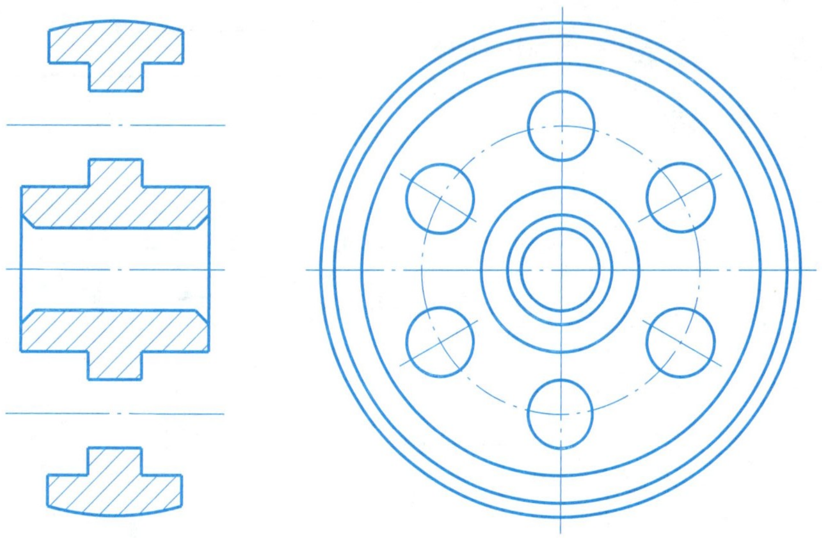

3)

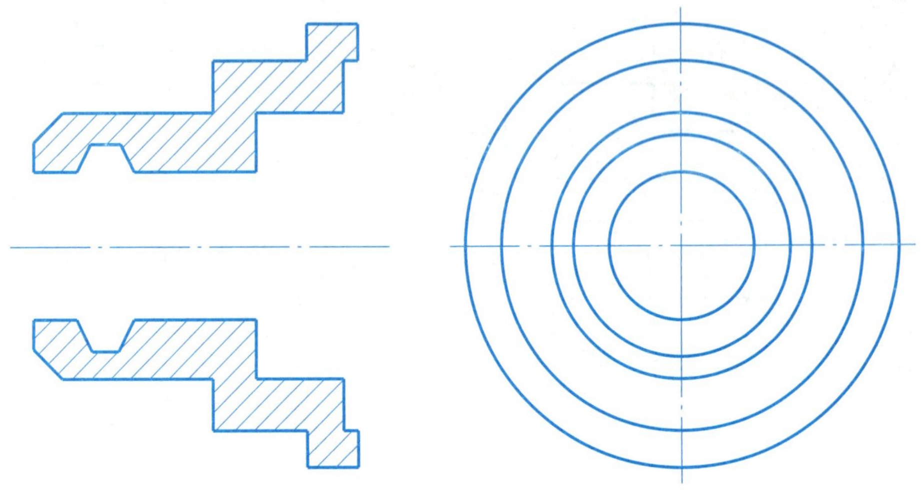

2)

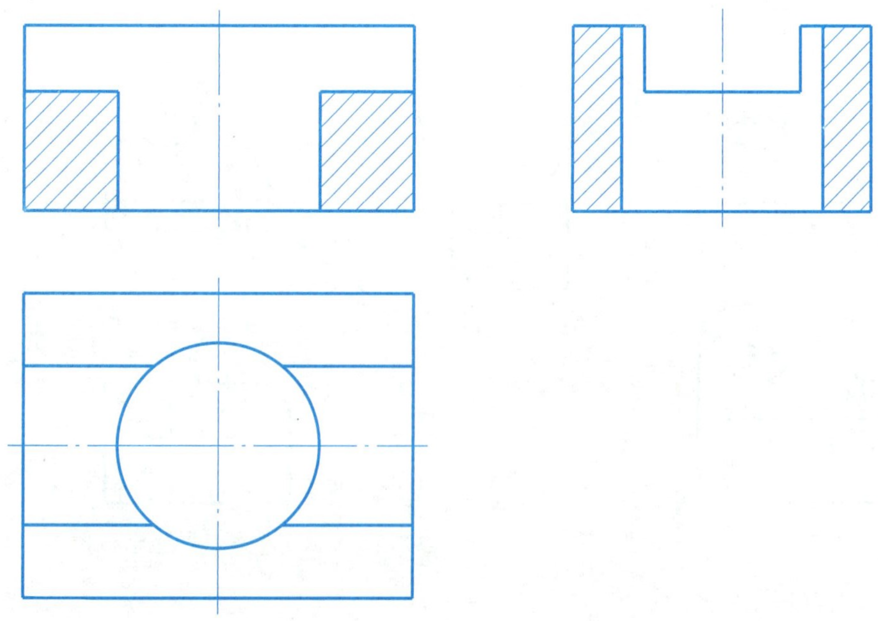

4)

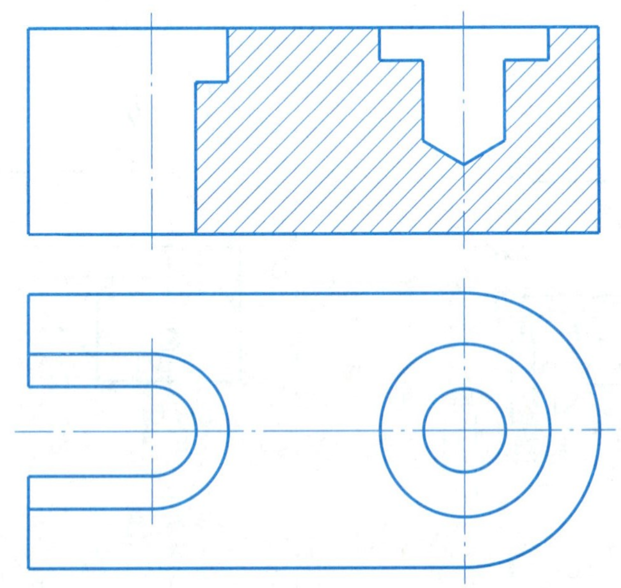

6-9 参考给出的视图(右)将主视图画成全剖视图

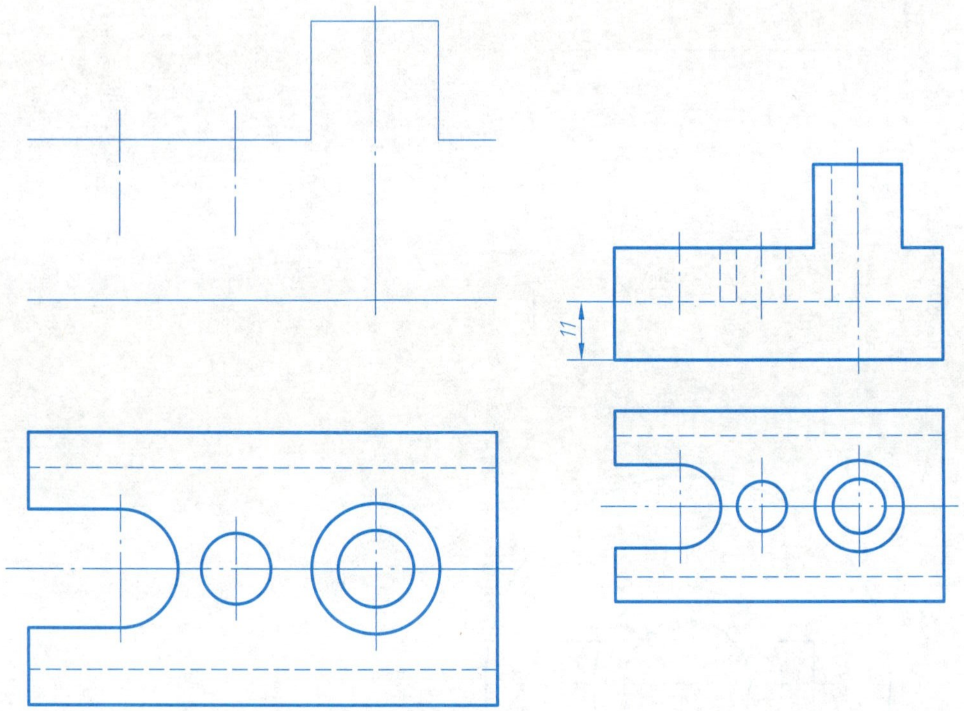

6-11 参考给出的视图(右)将主视图画成全剖视图

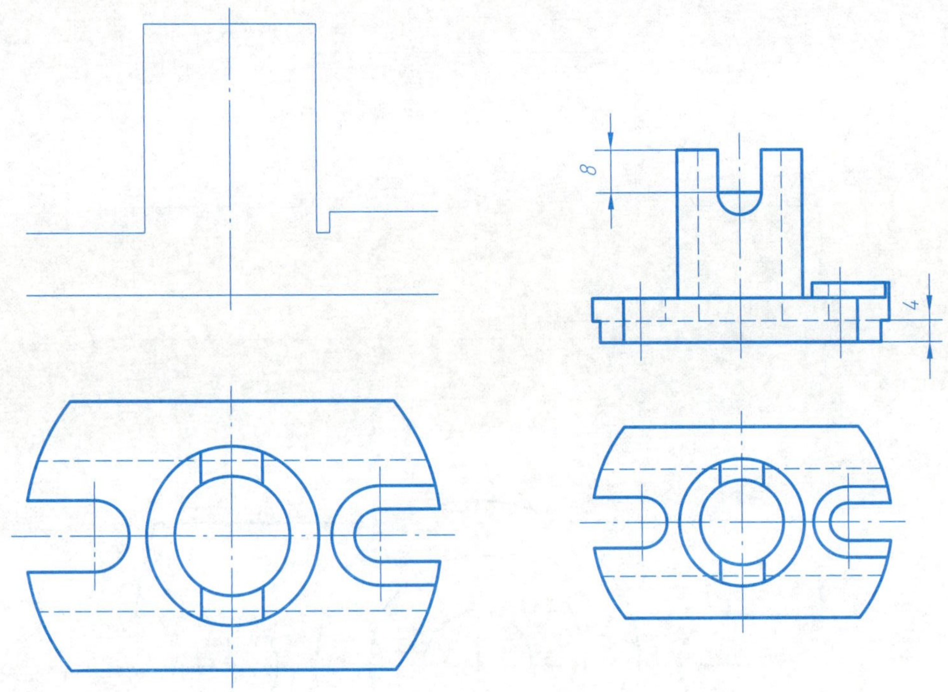

6-10 将主视图画成全剖视图

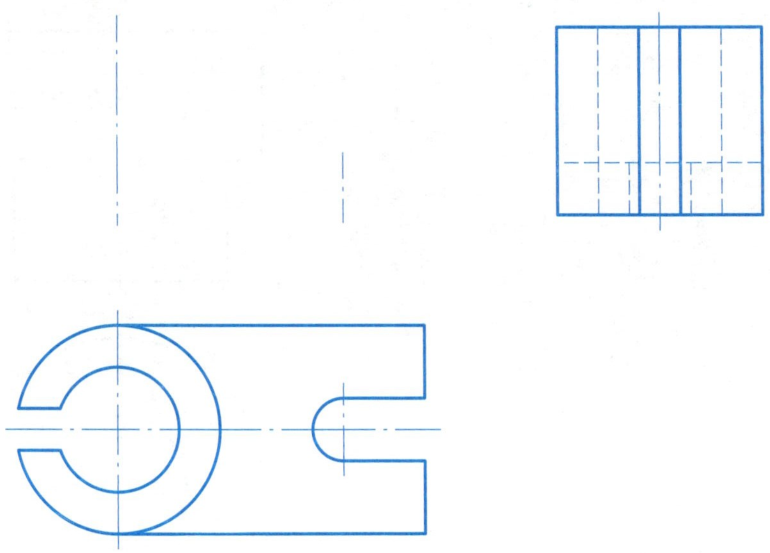

6-12 参考给出的视图(右)将主视图画成全剖视图

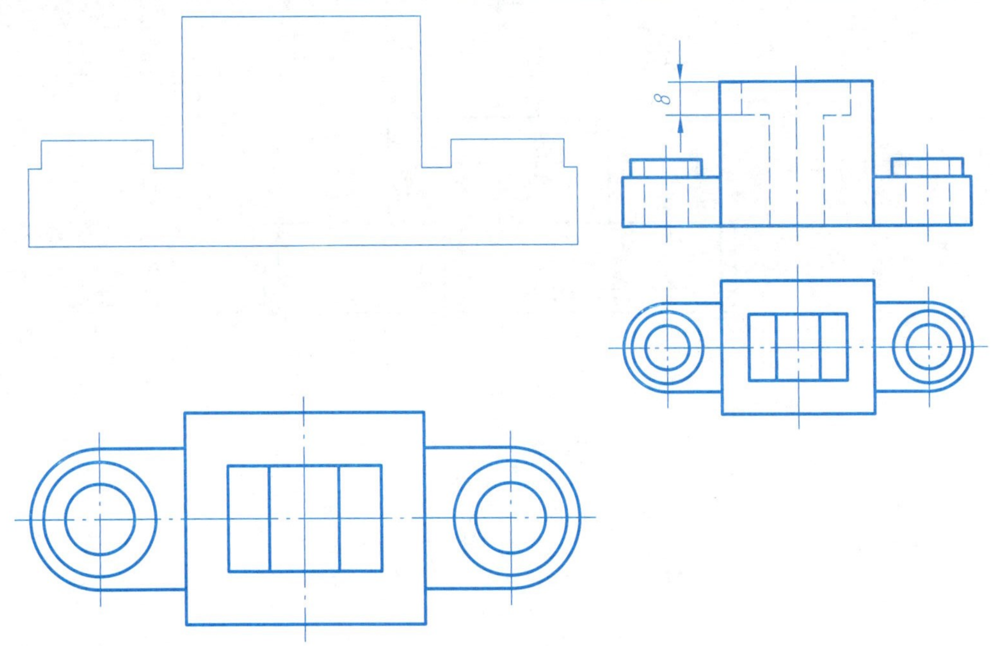

6-13 参考给出的视图(下)将主视图画成半剖视图

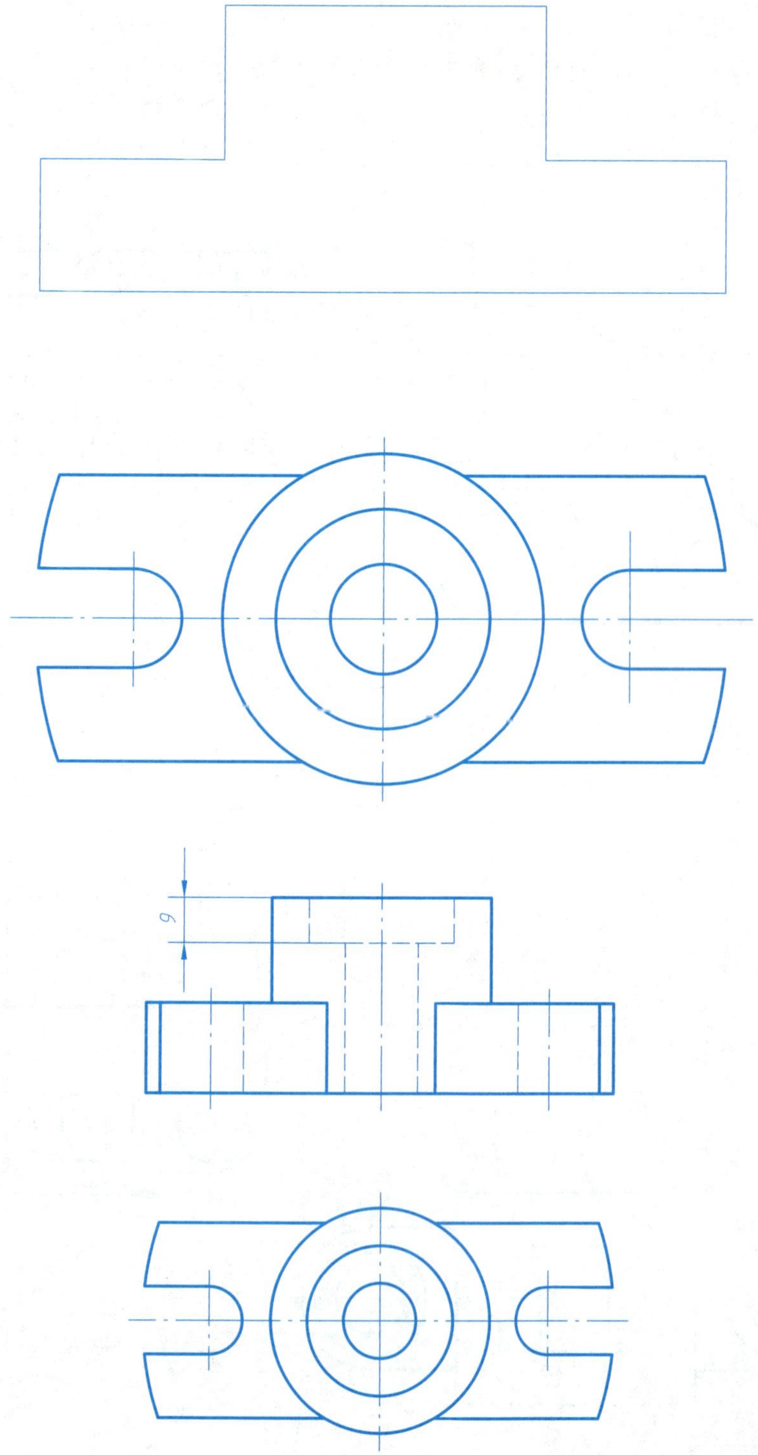

6-14 参考给出的视图(右下)将主视图画成全剖视图

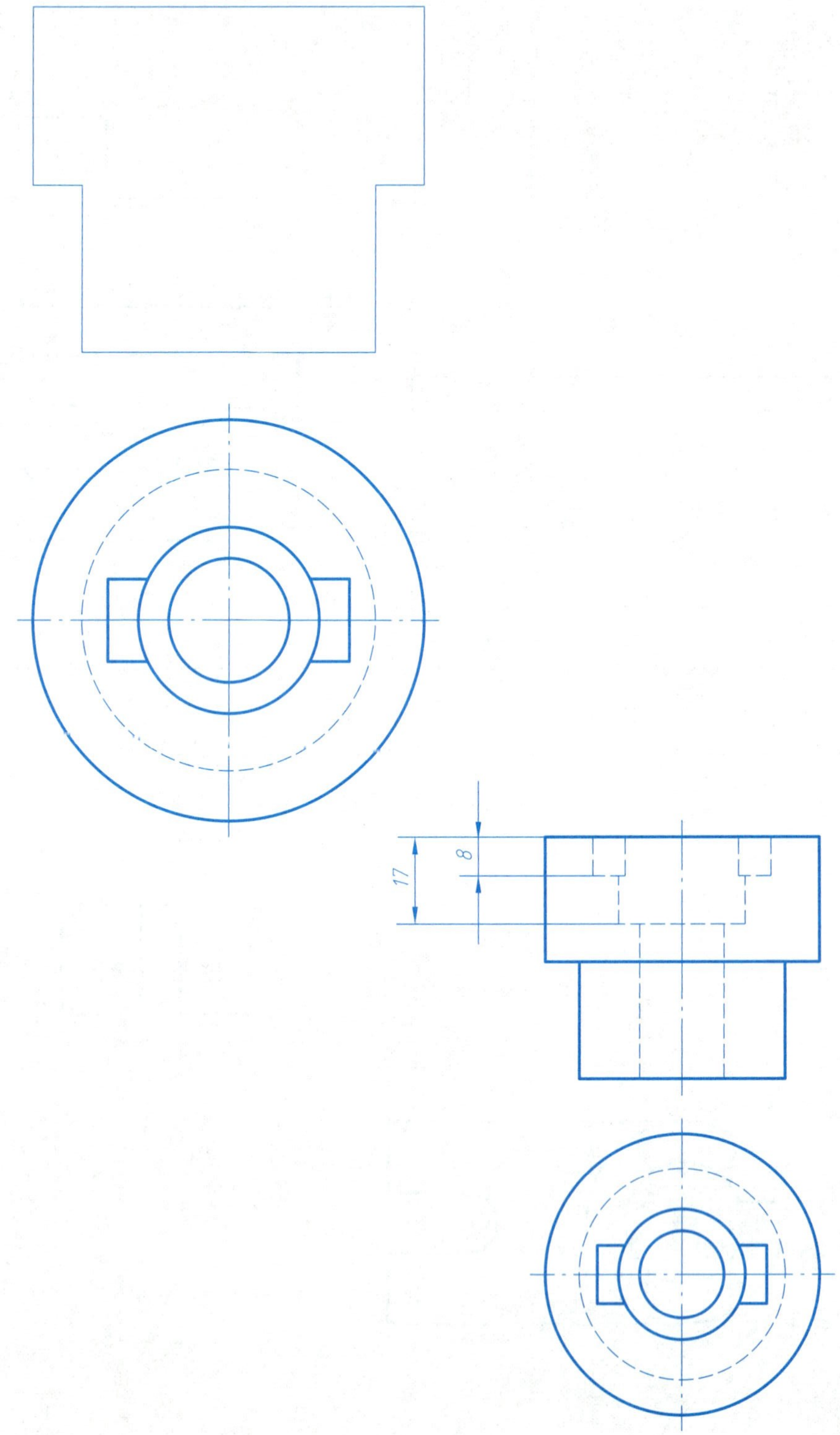

班级 姓名 日期

6-15 在指定位置将左视图画成全剖视图

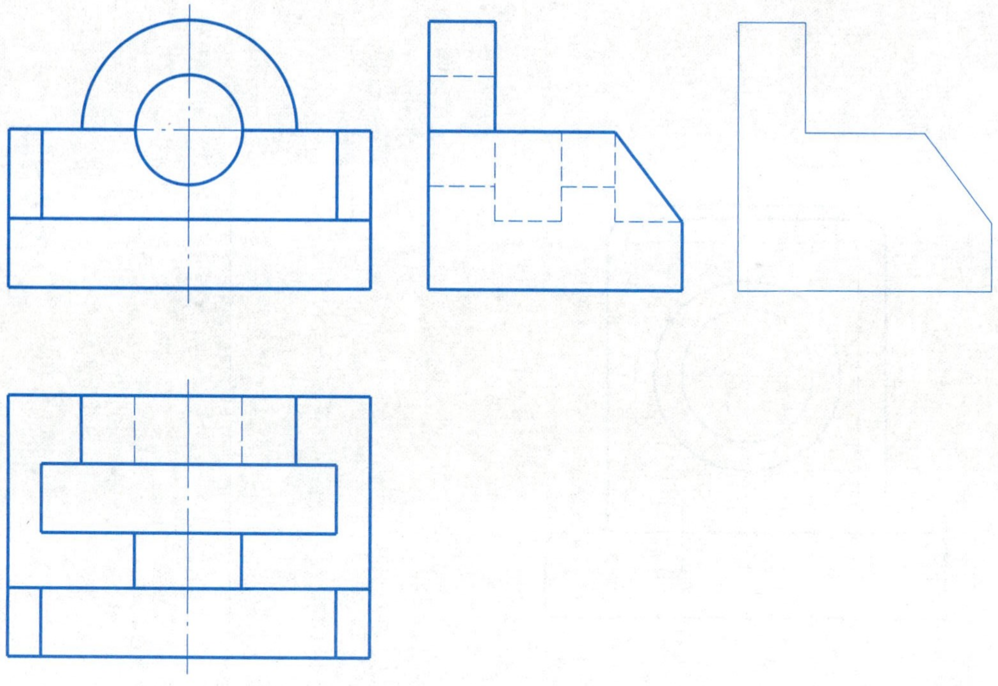

6-16 参考给出的视图(右)将主视图画成全剖视图

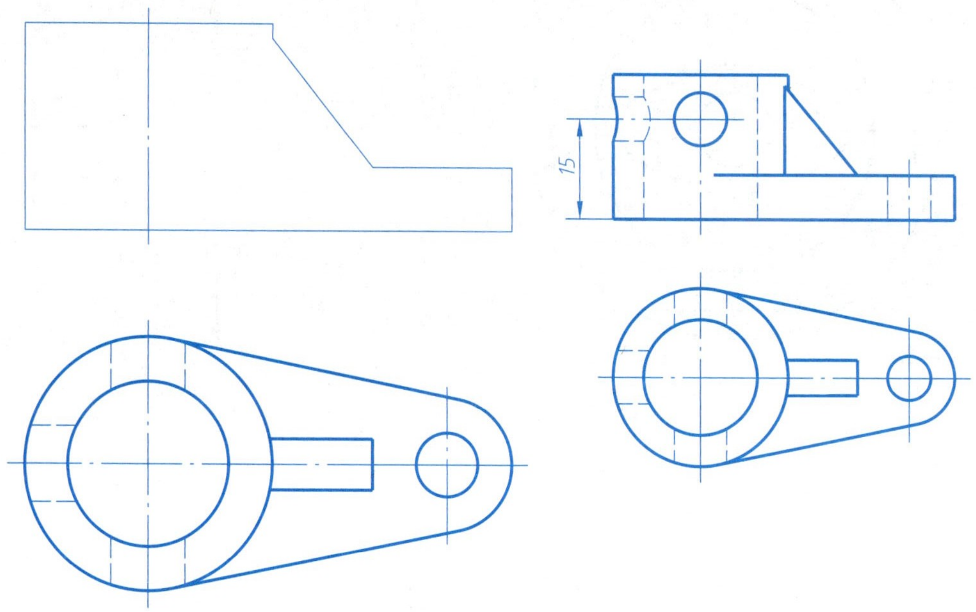

6-17 将左视图画成全剖视图

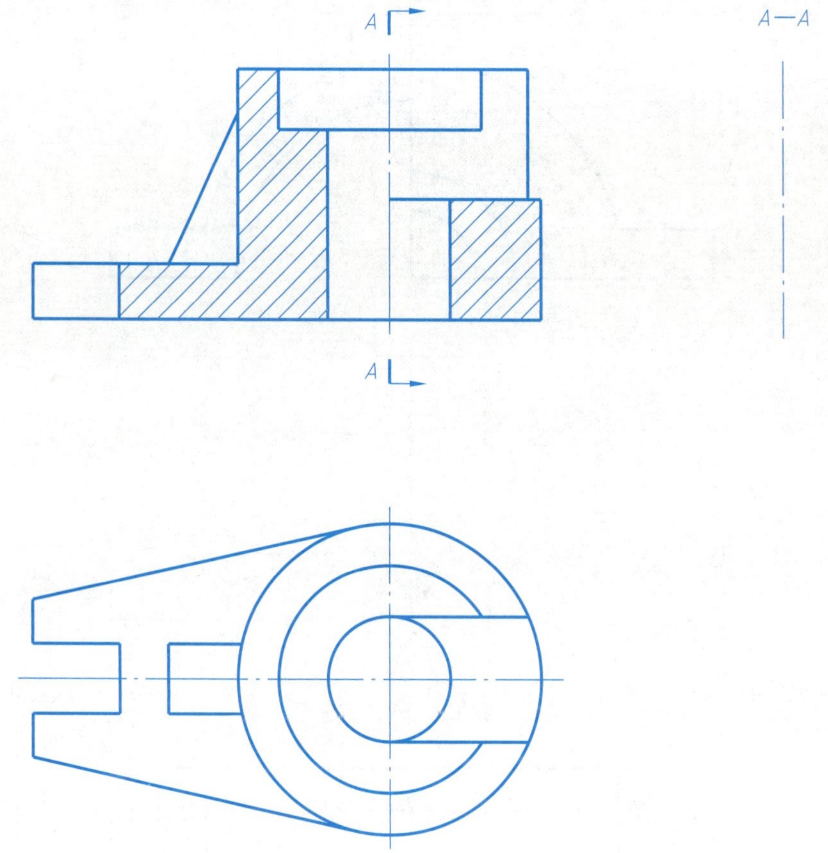

6-18 分析半剖视图中的错误，并画出正确的半剖视图

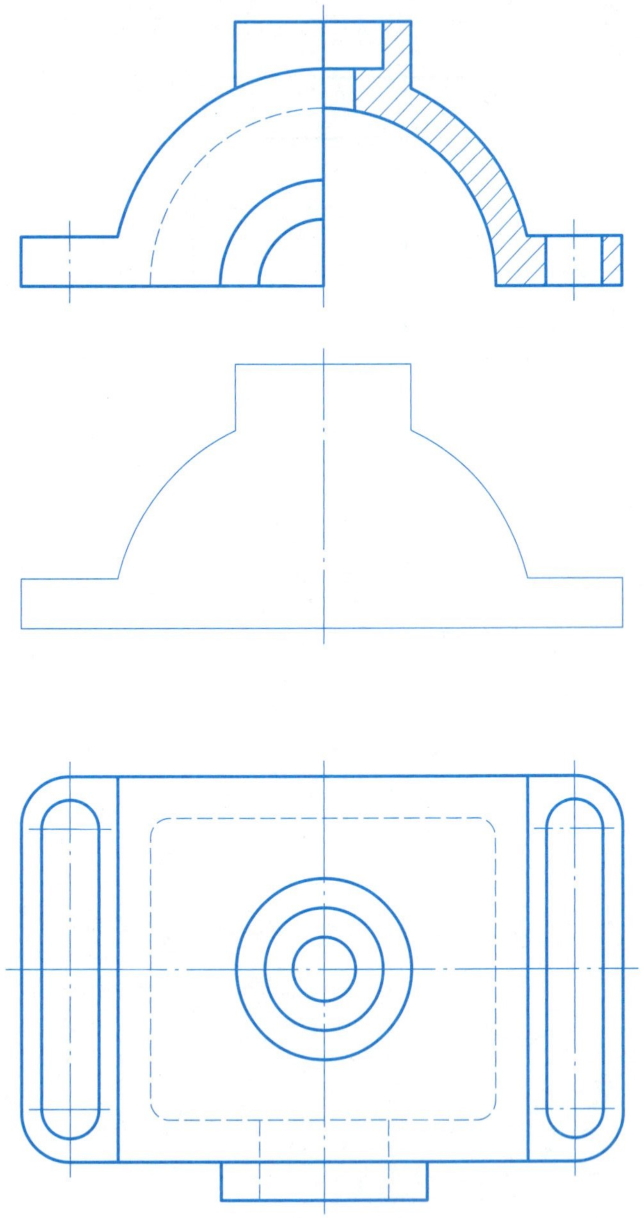

6-19 将主、俯视图画成半剖视图

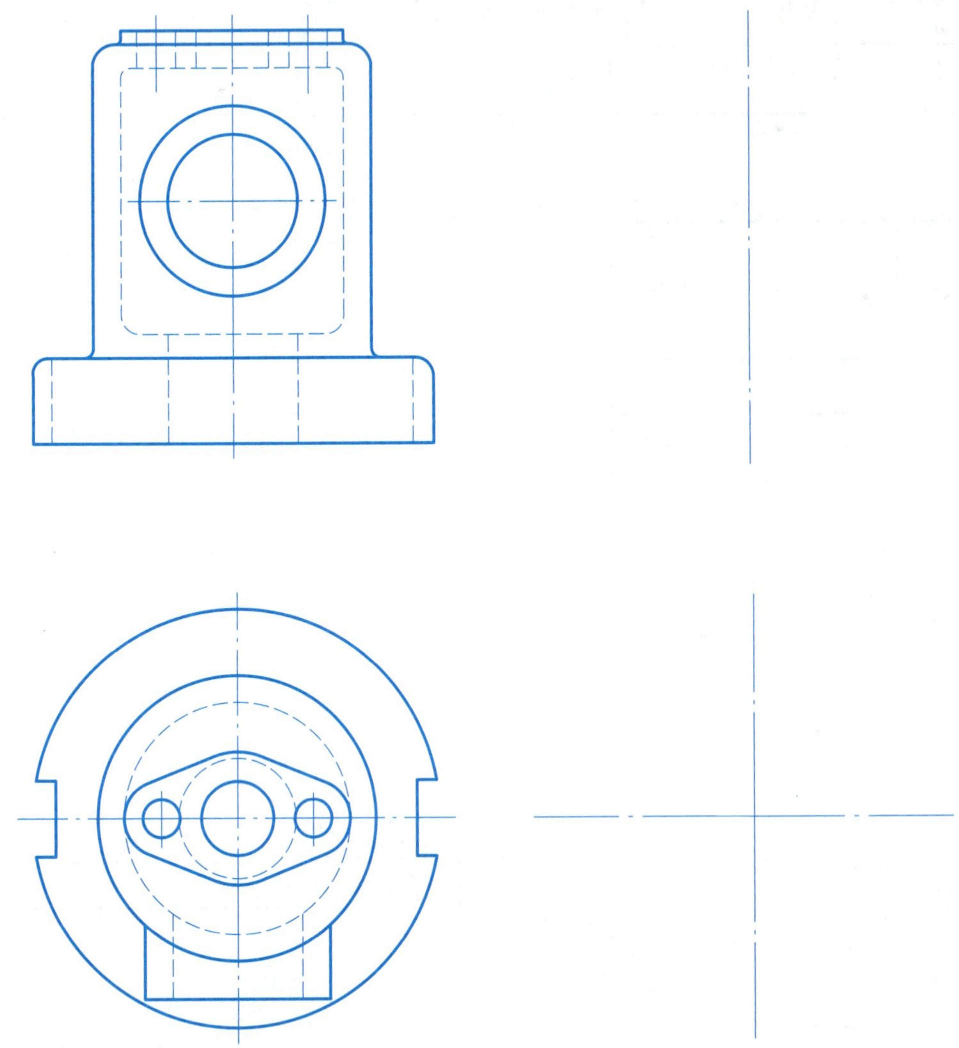

6-20 判断下列六组剖视图的画法是否正确(正确的打"√",错误的打"×")

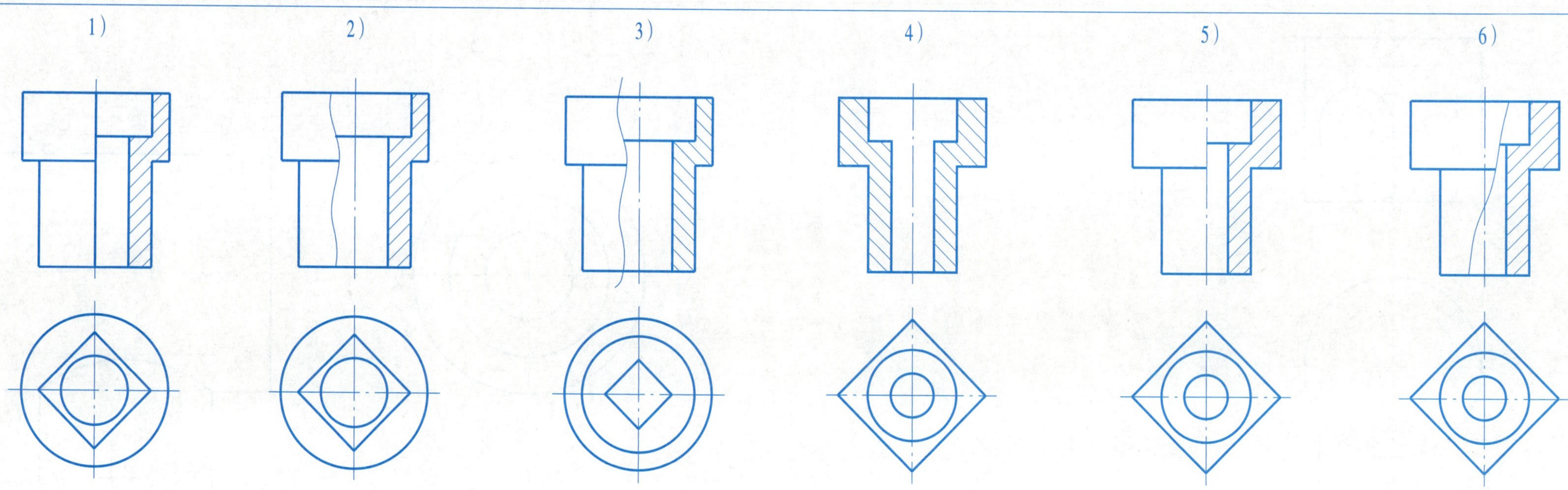

( ) ( ) ( ) ( ) ( ) ( )

6-21 指出下列局部剖视图中的错误,将正确的画在下边

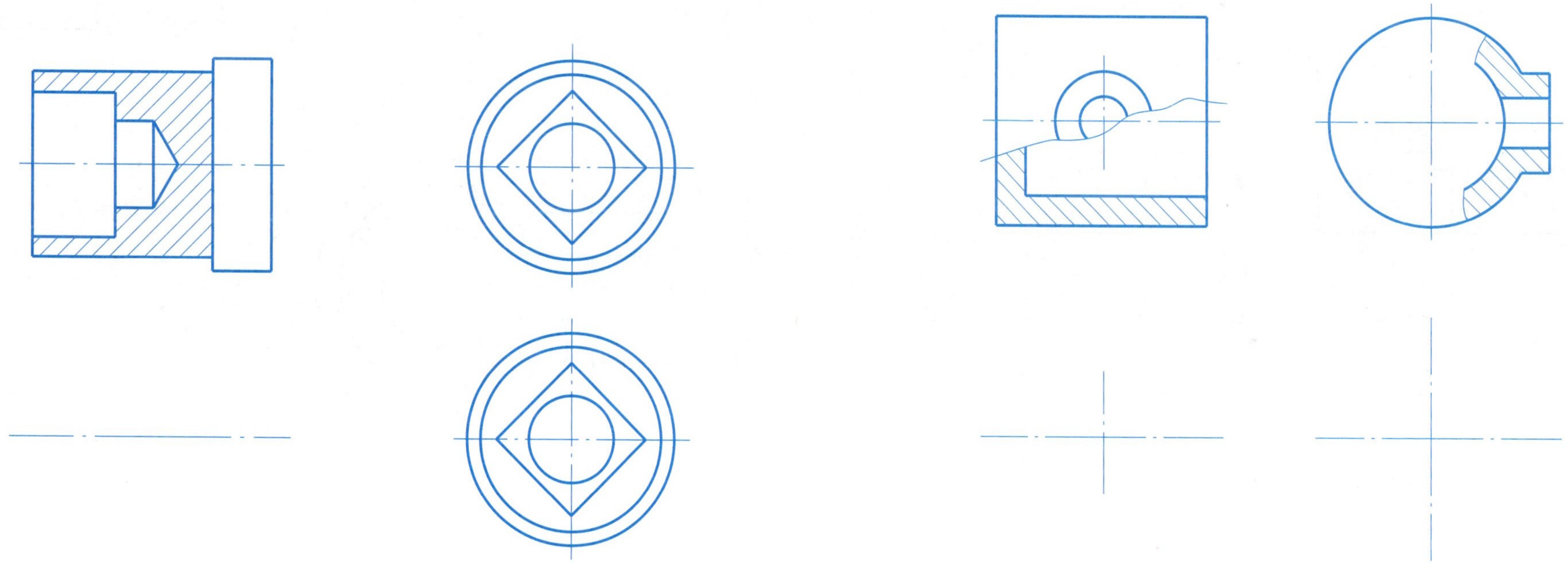

6-22 将主、俯视图画成局部剖视图

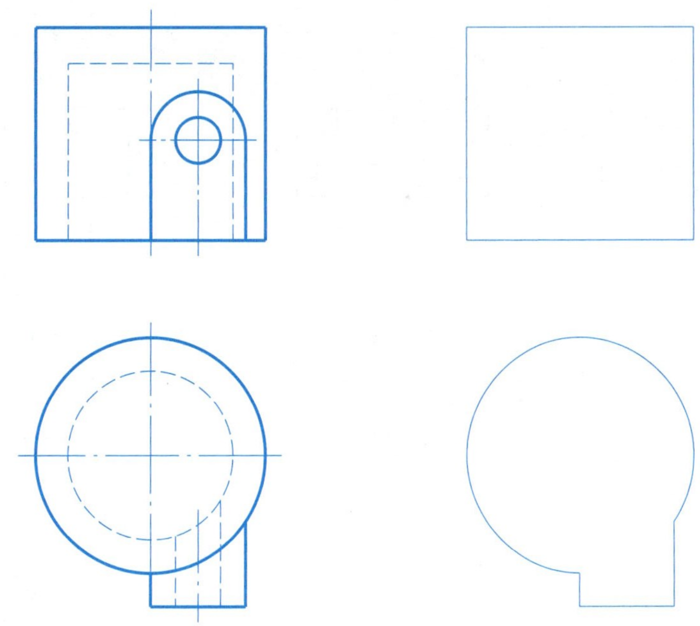

6-23 将主、俯视图画成局部剖视图

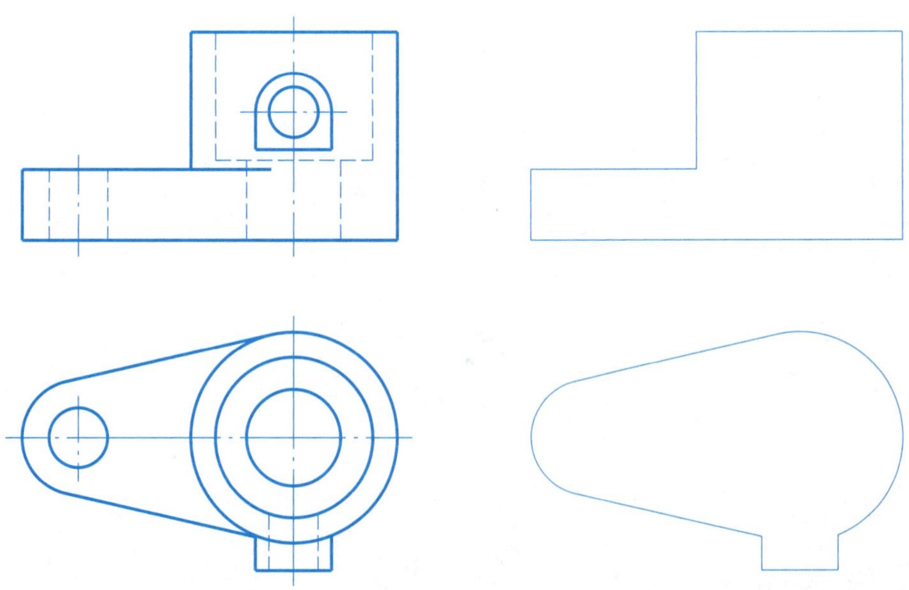

6-24 将左视图改为适当的局部剖视，并补全主视图（取局部剖）

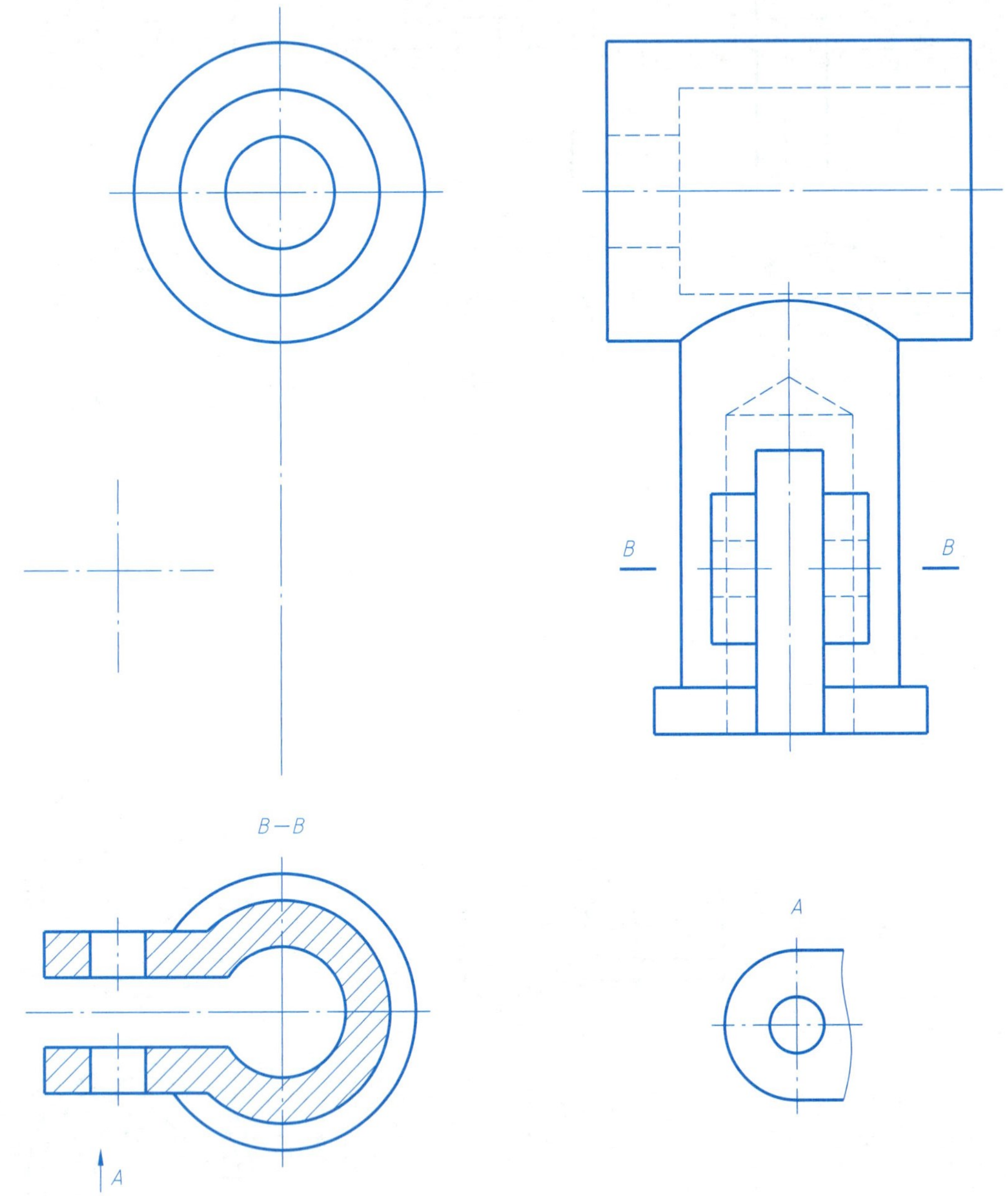

班级 姓名 日期

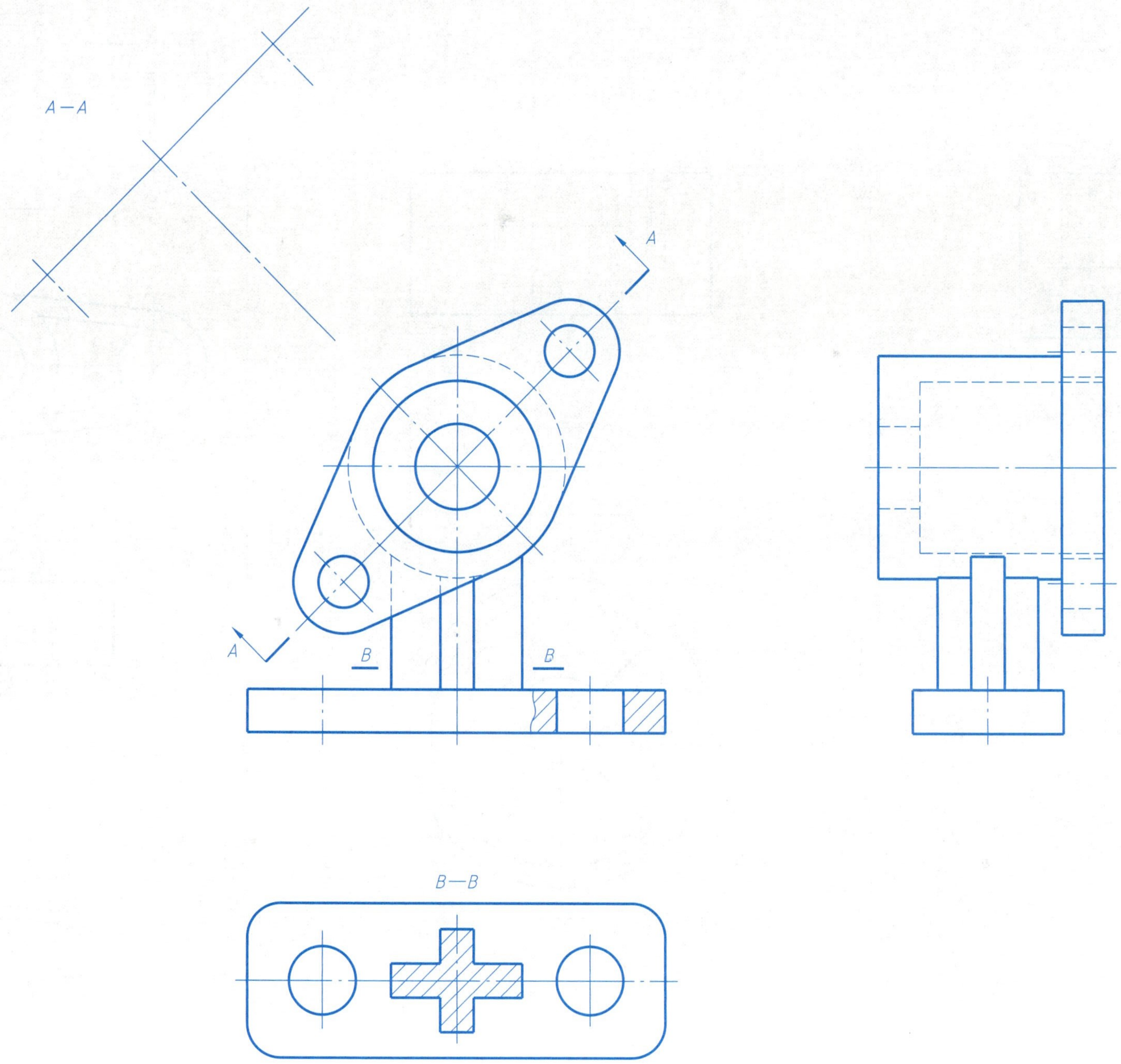
A—A
A
A
B
B
B—B

6-26 参考给出的主视图(上)和俯视图将主视图画成合适的剖视图

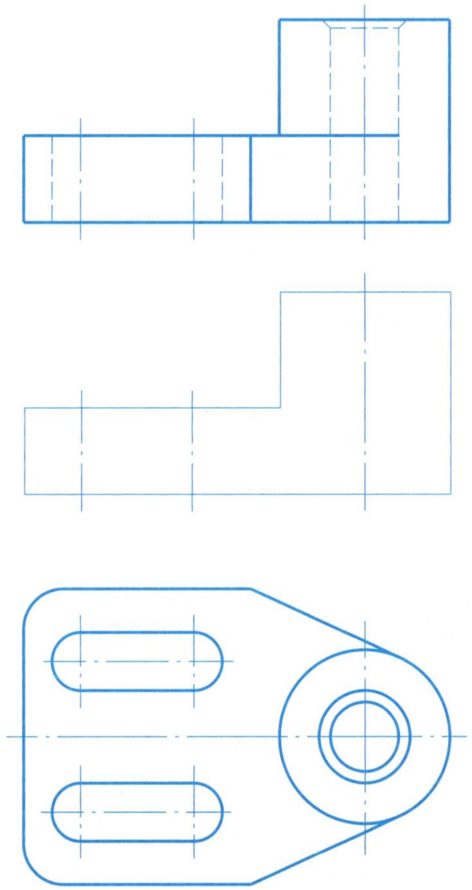

6-27 参考给出的主视图(上)和俯视图将主视图画成合适的剖视图

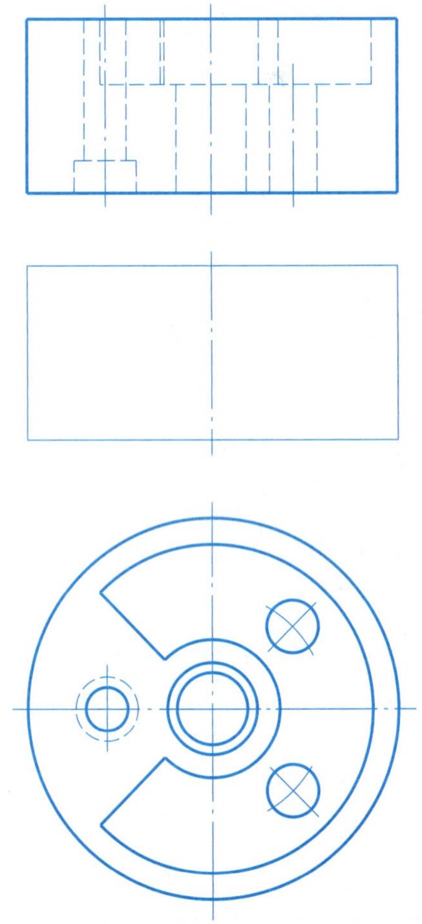

6-28 参考给出的视图(下)将主视图画成合适的剖视图

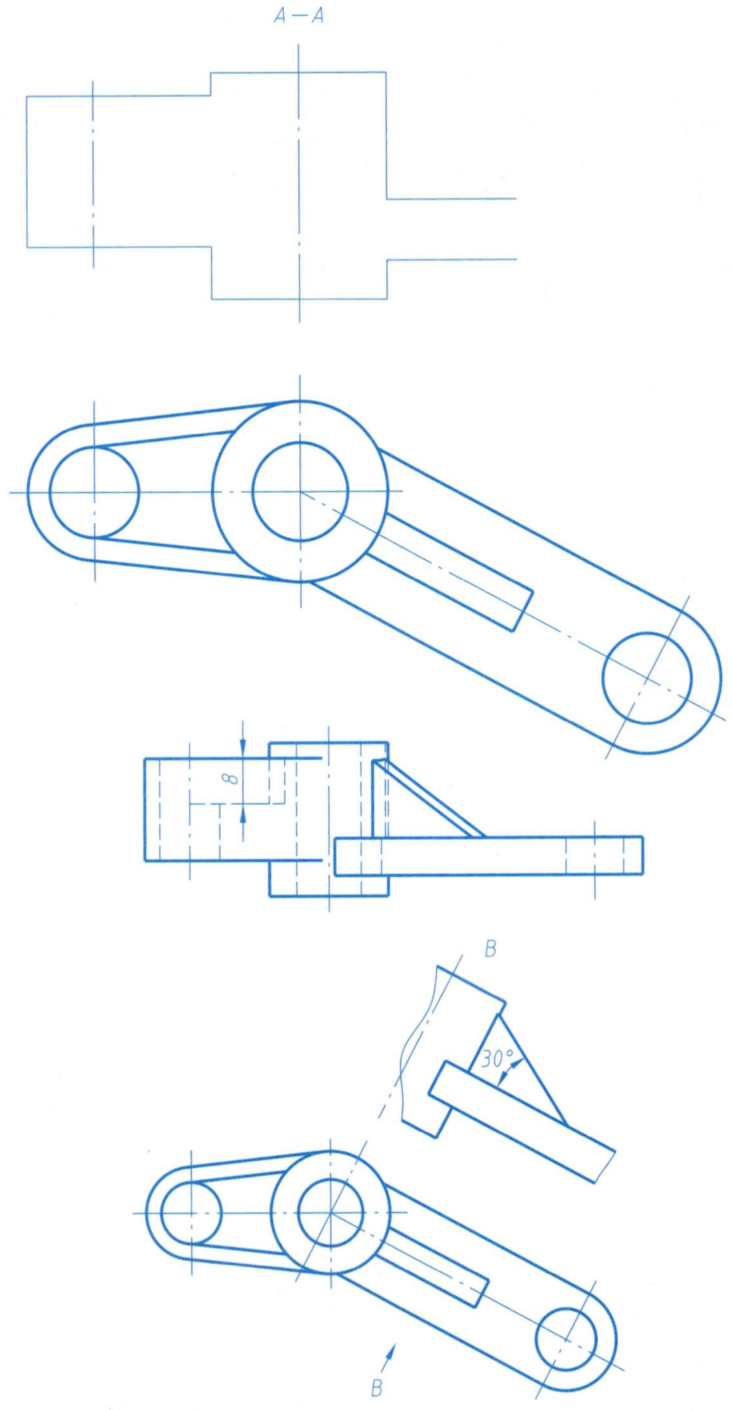

班级 姓名 日期

6-29 参考给出的视图(下)选择合适的剖视方法表达形体

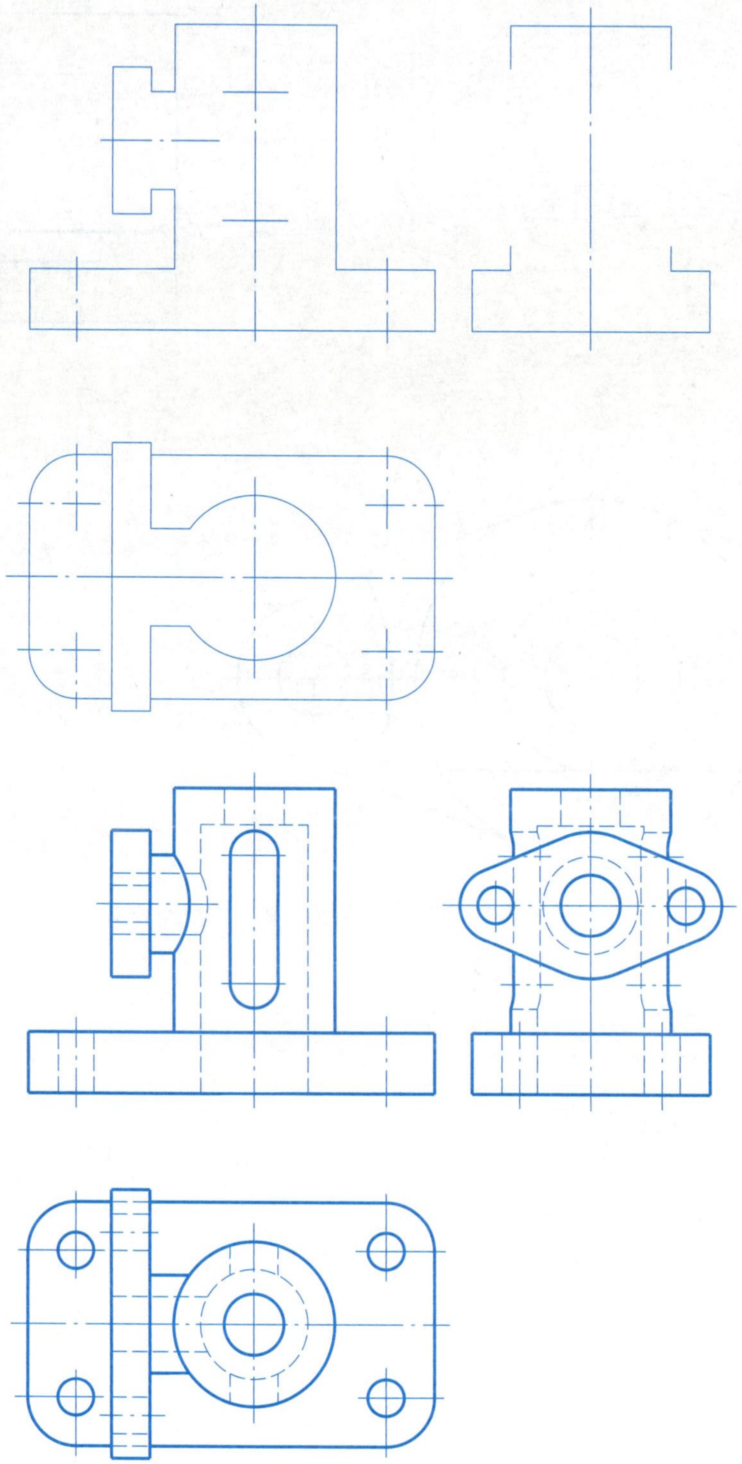

6-30 根据所给视图,看懂物体的形状,在右下角画出 A 向视图

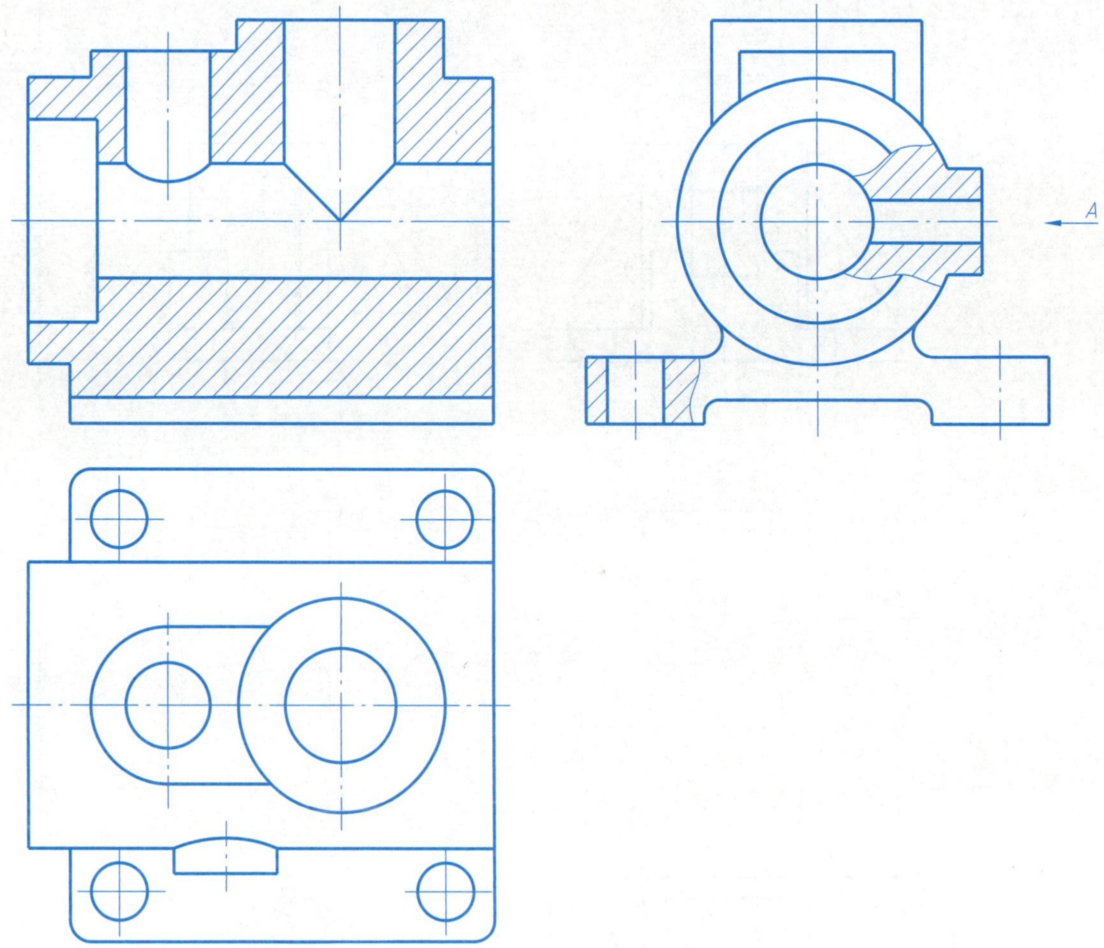

6-31 在给定位置作出半剖的主视图和全剖的左视图，并在原图上标注尺寸

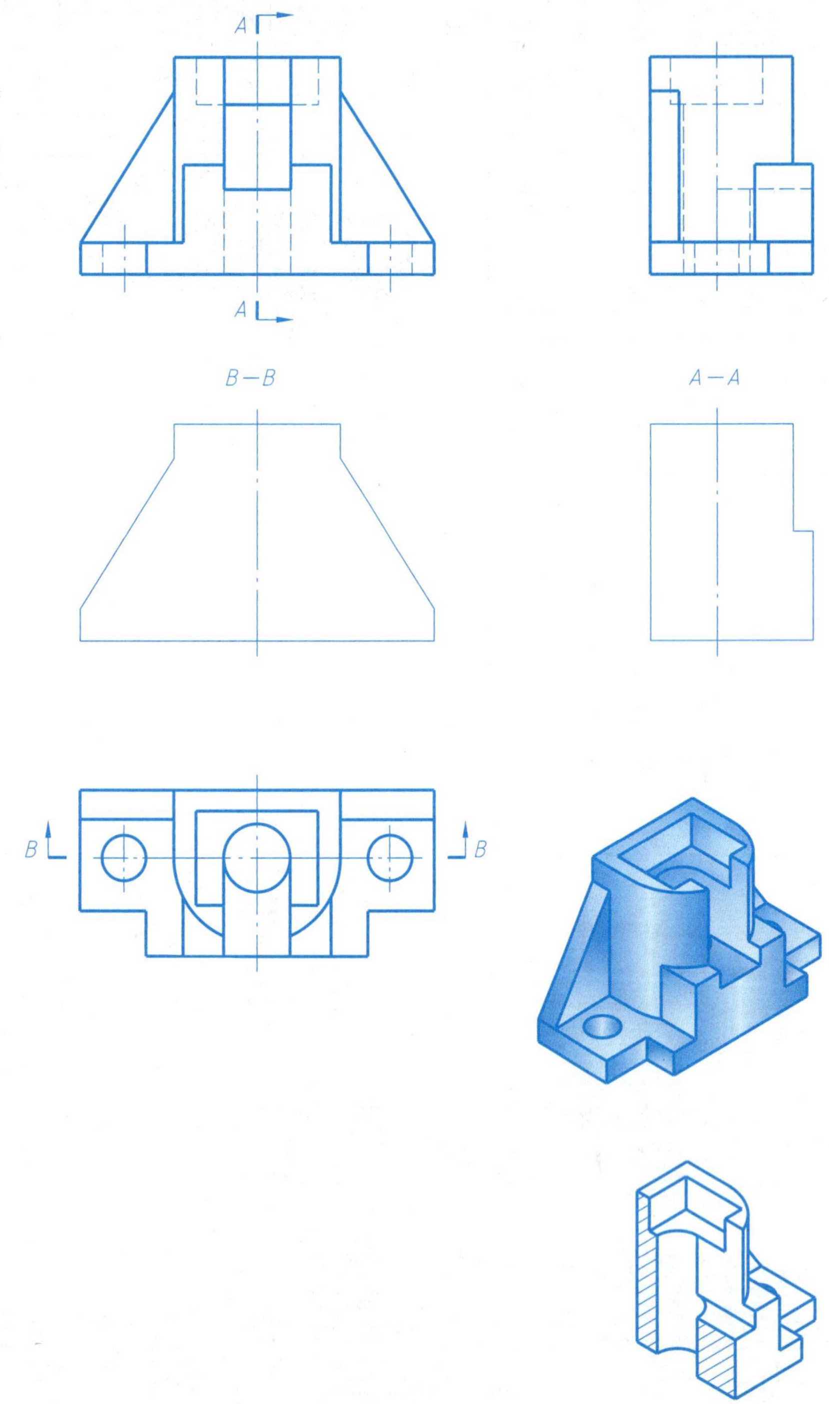

6-32 画出半剖的主视图

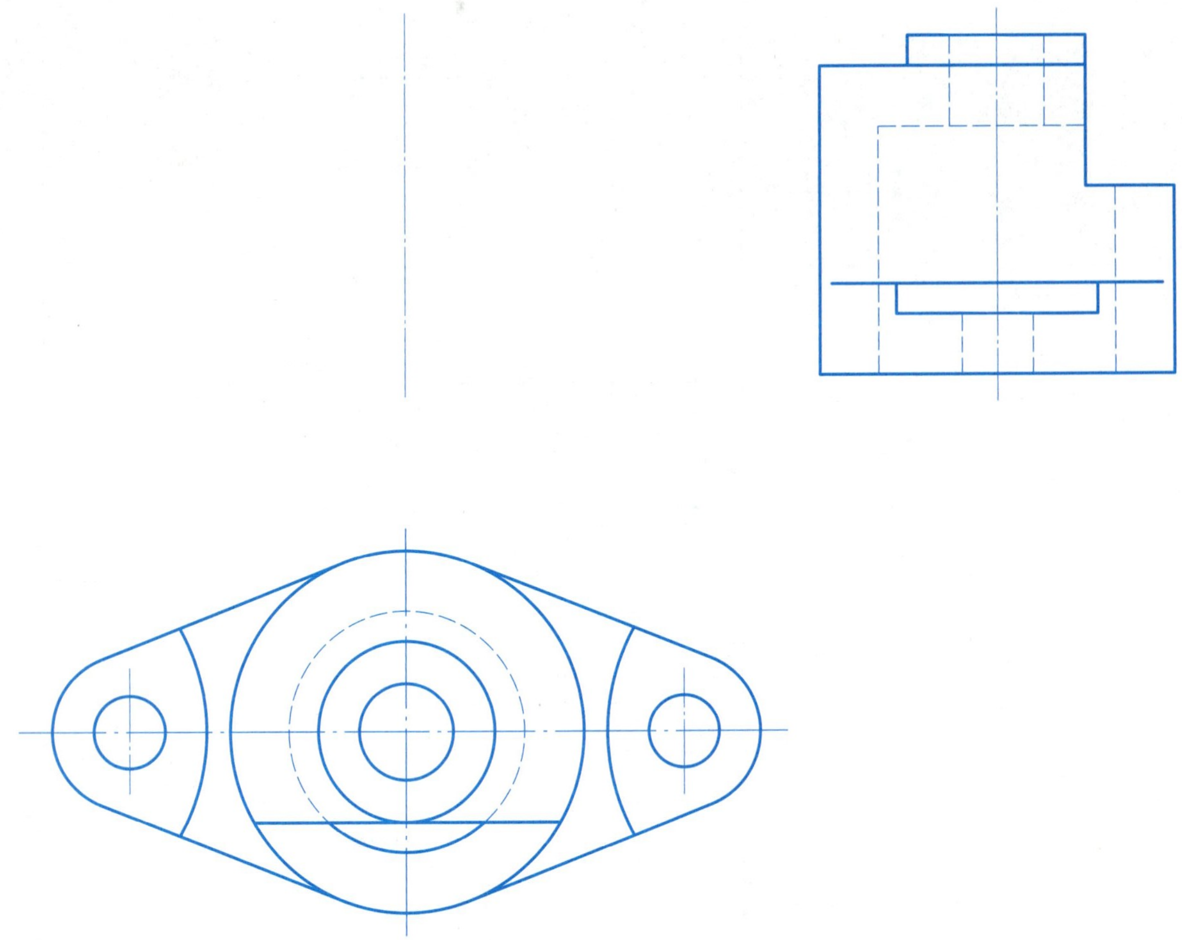

班级 姓名 日期

6-33 画出半剖的主视图和半剖的左视图

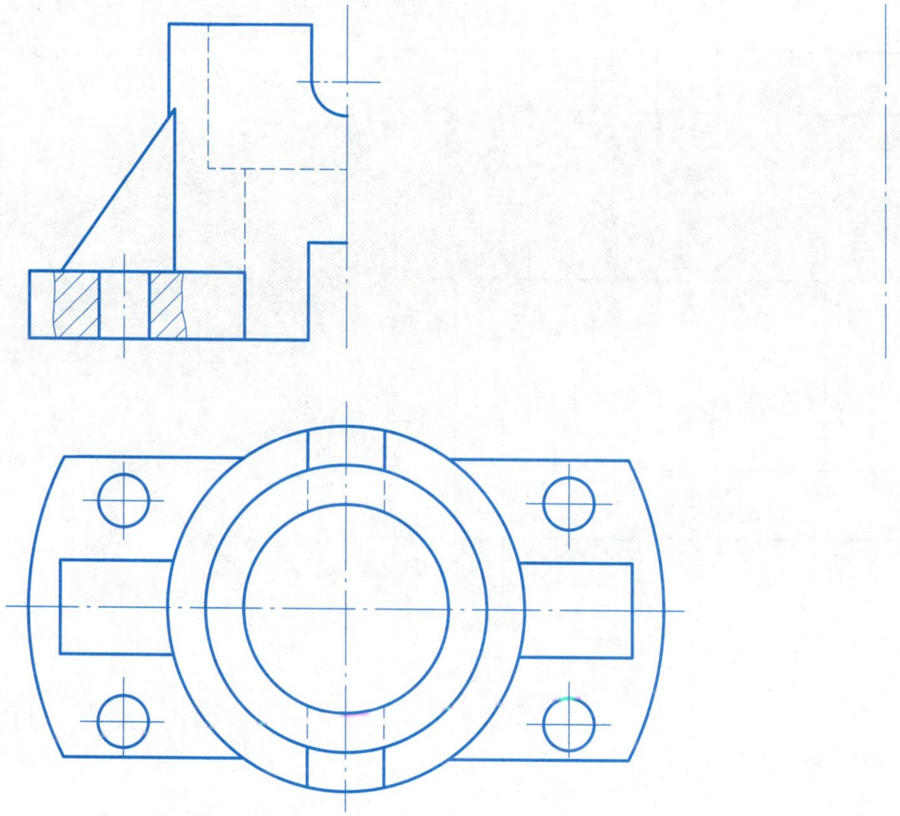

6-34 补画半剖的左视图

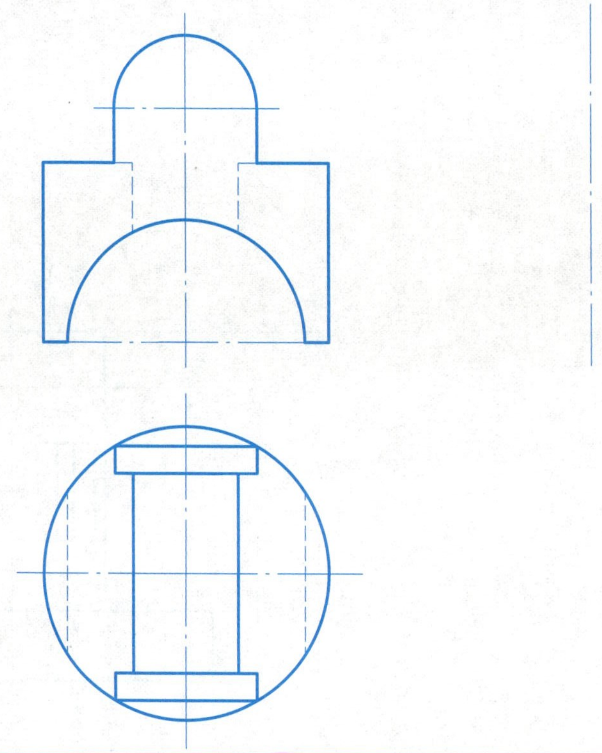

6-35 补画半剖的俯视图

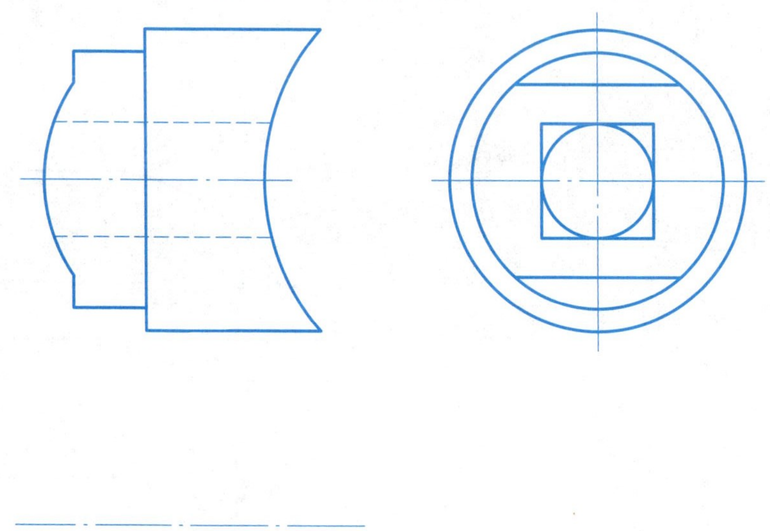

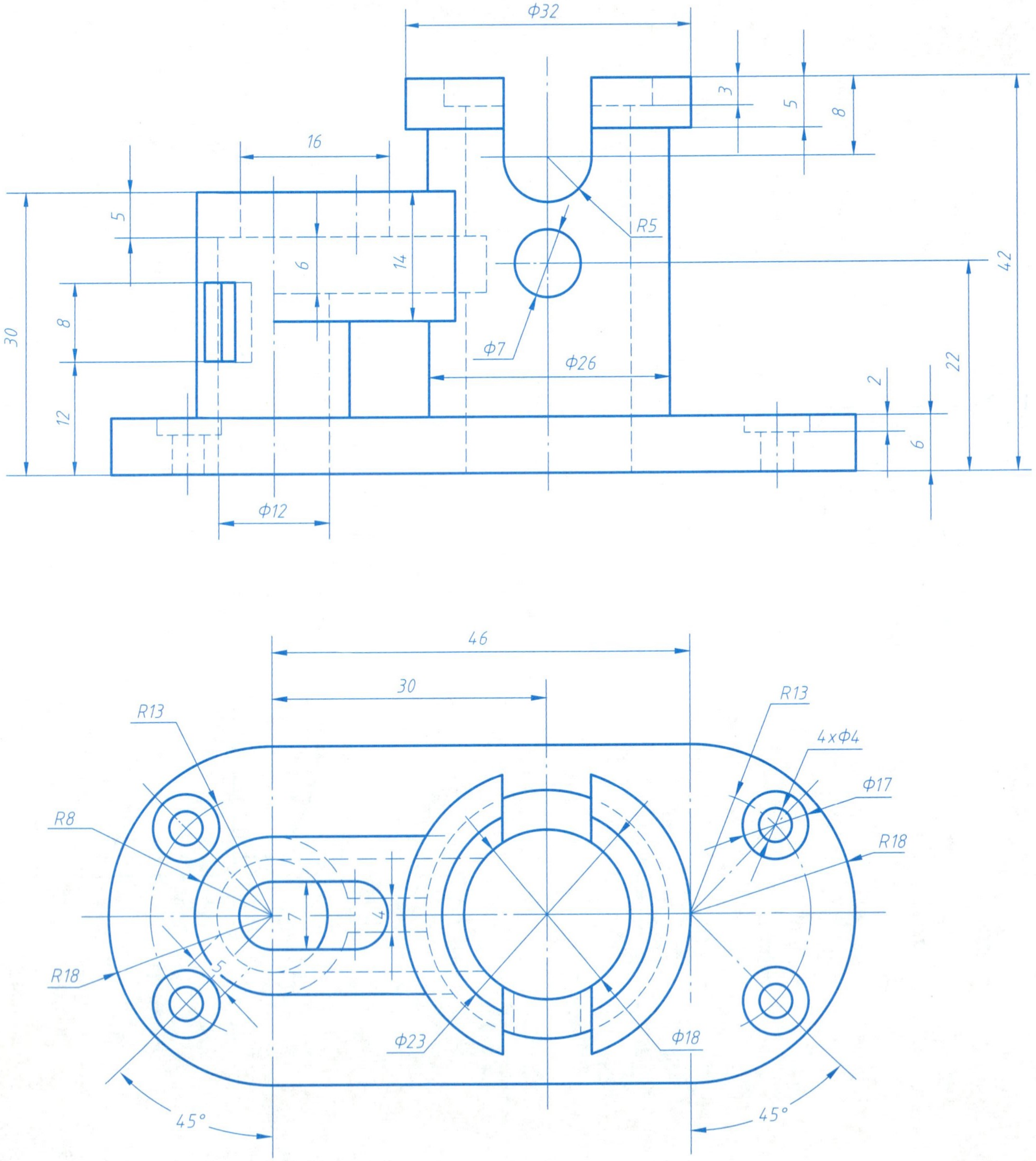
Φ32
16
3
5
8
5
6
14
R5
42
30
8
Φ7
Φ26
22
2
12
6
Φ12
46
30
R13
R13
4×Φ4
Φ17
R8
R18
7
4
R18
5
Φ23
Φ18
45°
45°

班级		姓名		日期	

6-37 作出 A—A 断面图

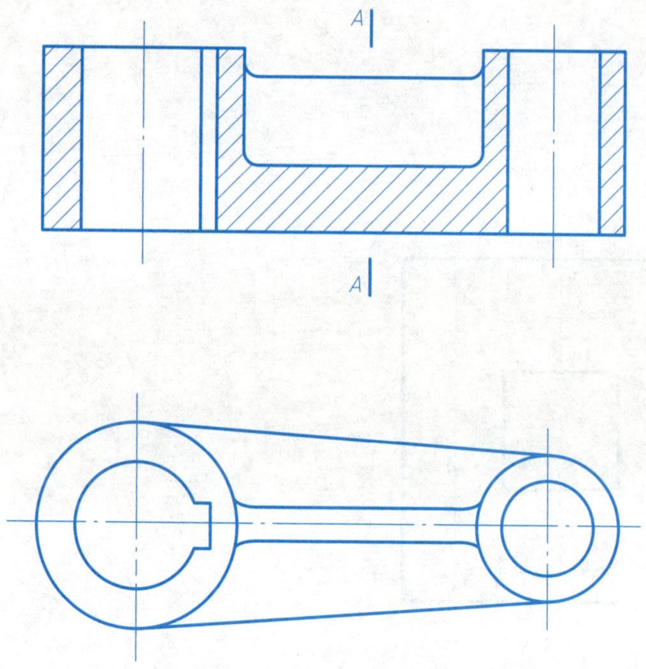

6-38 在剖切线的延长线上画移出断面图

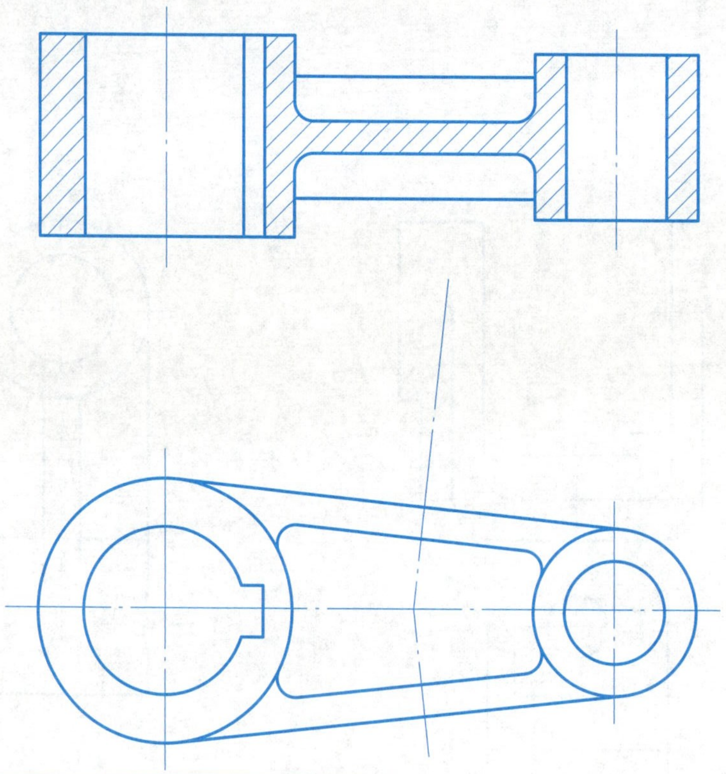

6-39 画出指定位置的断面图（左边前后对称的两键槽深 4 mm，右边键槽深 3 mm）

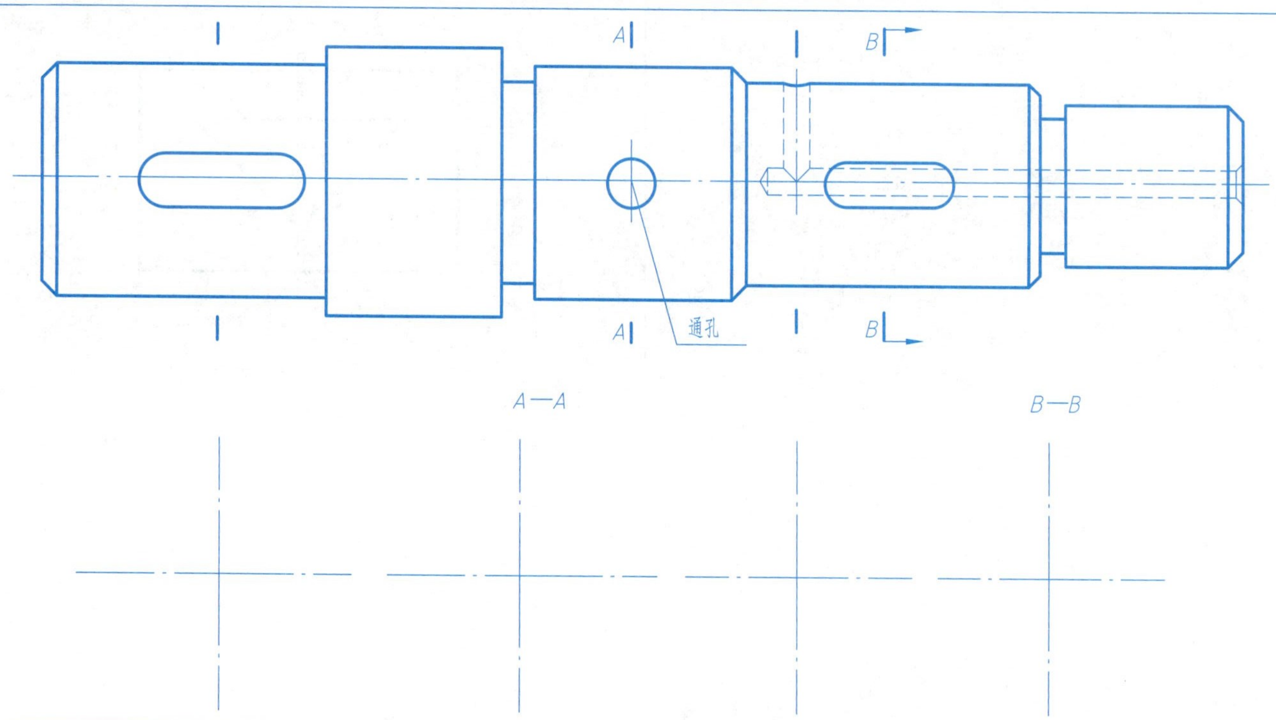

6-40 画出支架零件指定位置的断面图

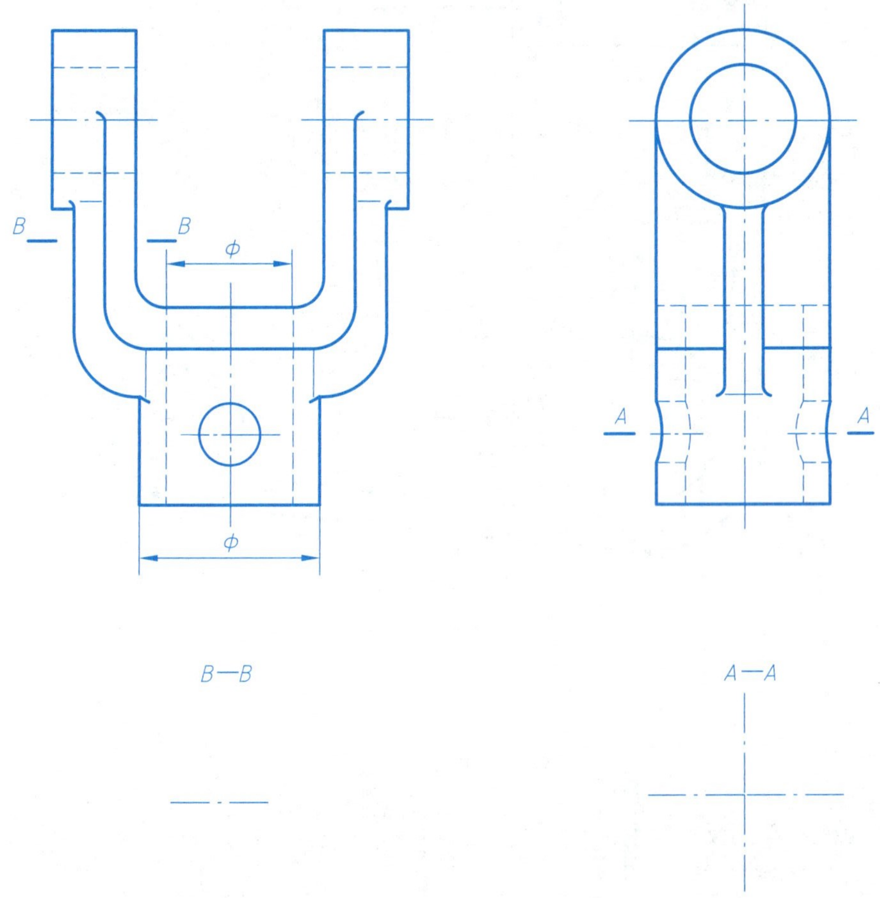

6-41 画出该零件指定位置的断面图

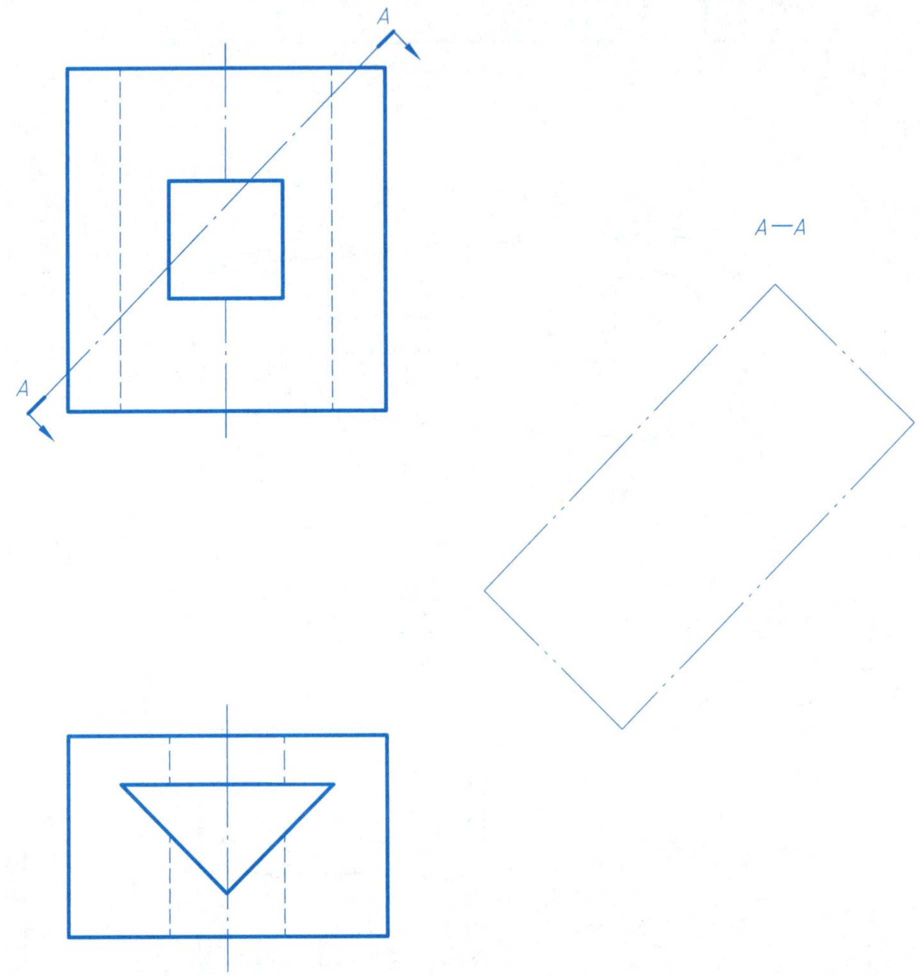

班级 姓名 日期

6-42 画出该零件指定位置的断面图

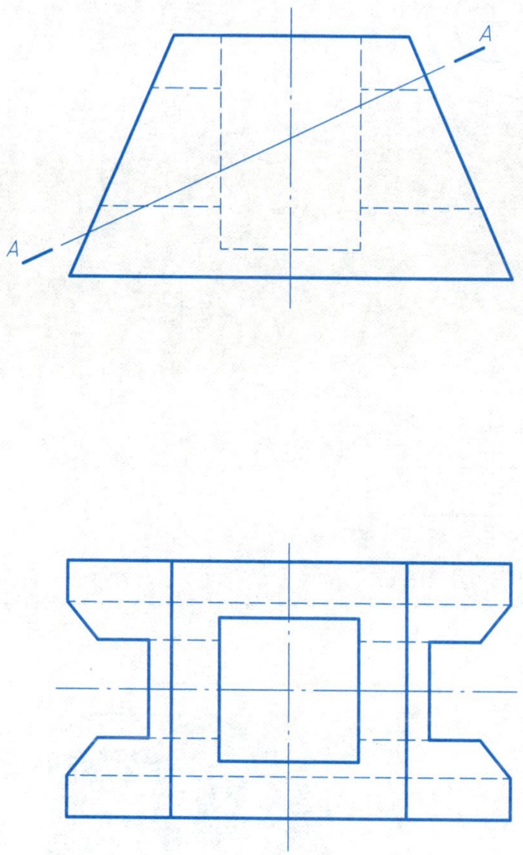

A—A

6-43 画出该零件指定位置的断面图

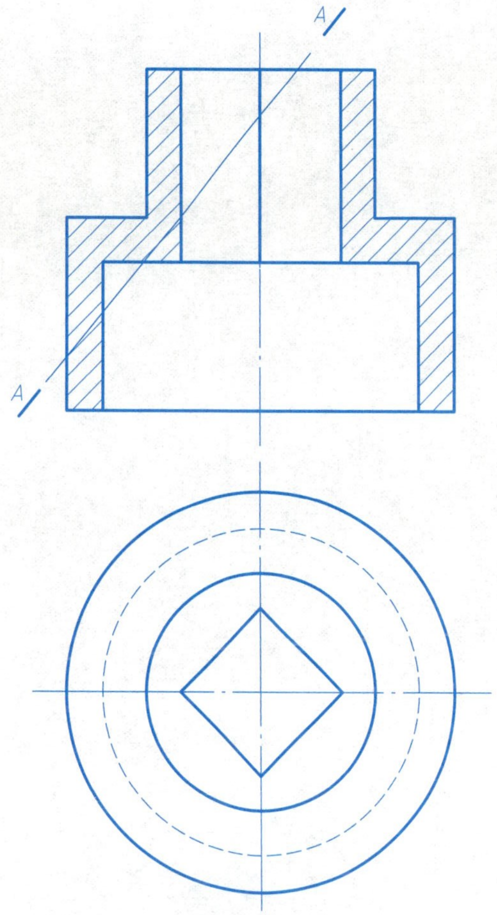

A—A

6-44 用第三角画法画出立体的基本视图，并写出每个视图的名称

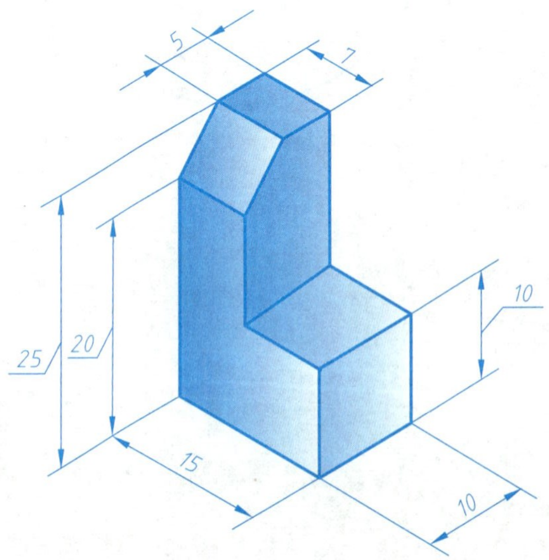

6-45 用第三角画法补画出右视图

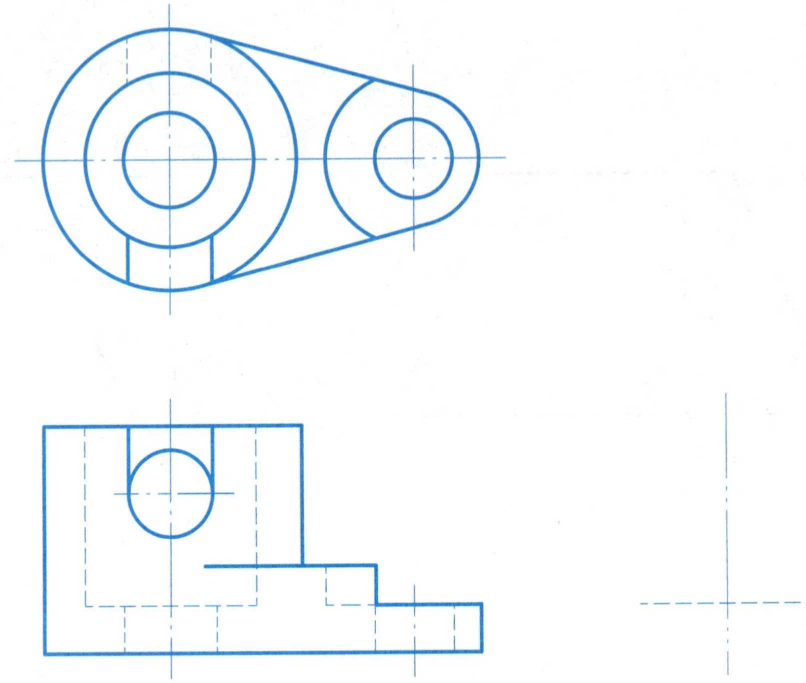

6-46 用第三角画法画出立体的右视图

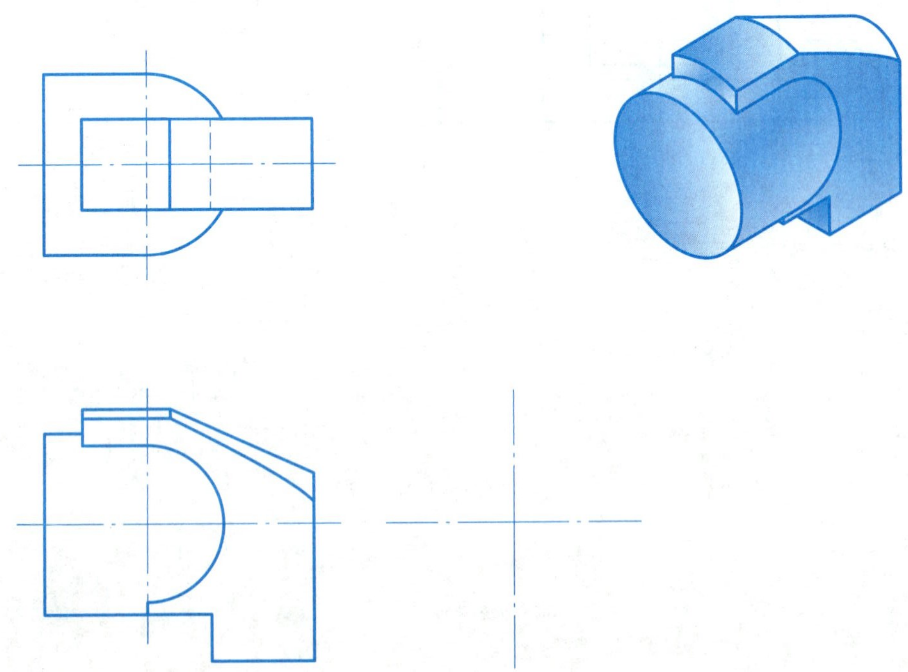

班级 姓名 日期

7-1 分析图中的错误,在指定的位置画出正确的视图

1)

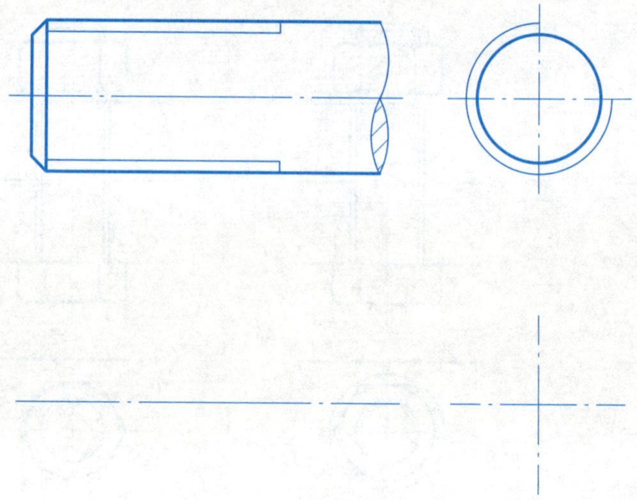

2)

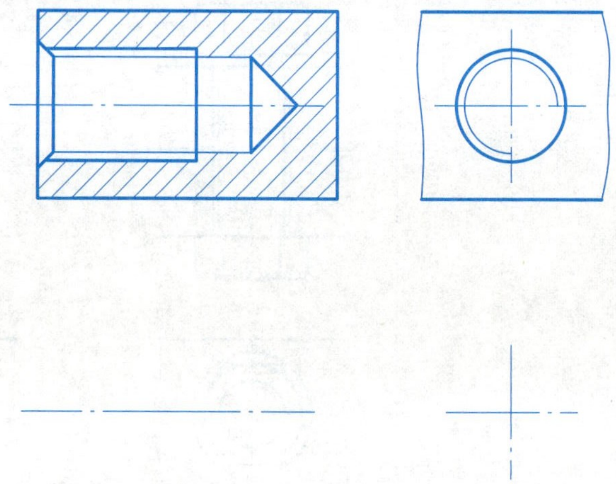

3)

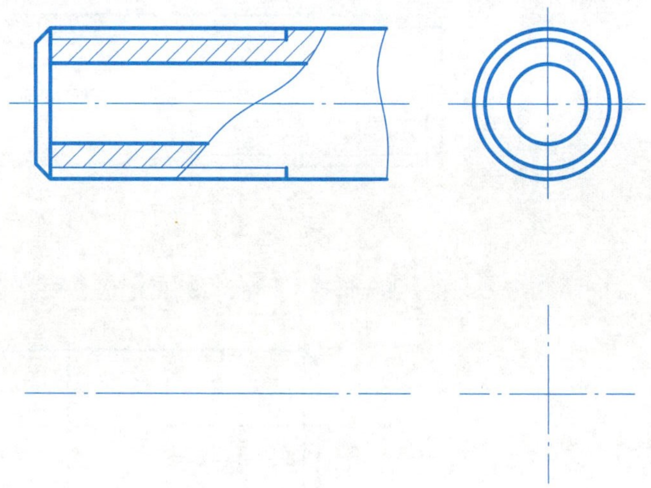

4)

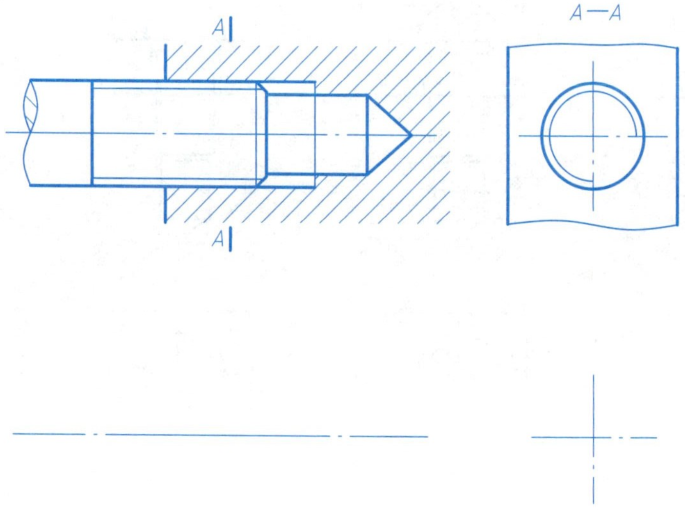

7-2 在下表中按已知条件填入相应的数据或代号

螺纹标记	螺纹种类	公称直径	螺距	导程	线数	旋向	中径和顶径公差带代号
M12x1.5-6g-LH							
M20-6H							
M20x1.5-5H-LH							
M24x1.5-5g6g-LH							
Tr24x5-6H							
Tr28x16(P8)-7e							

螺纹标记	螺纹种类	尺寸代号	公差等级	内、外螺纹	旋向	螺纹大径	螺纹小径
G1/2							
G1A-LH							

7-3 螺纹标注

1）细牙普通螺纹：公称直径 24 mm，螺距 1.5 mm，单线，右旋。螺纹公差带代号：中径 5 g，顶径 6 g

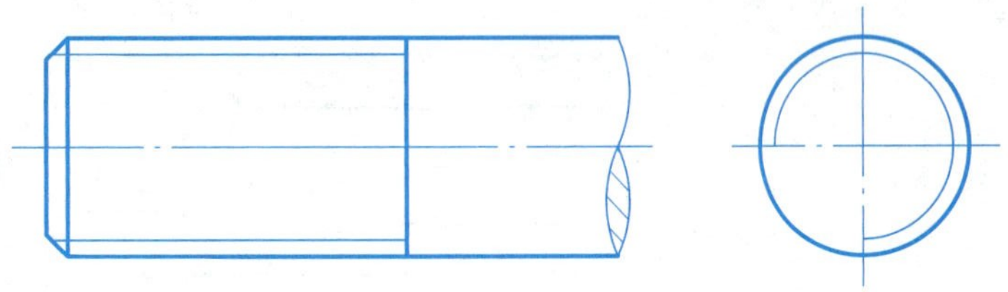

2）梯形螺纹：公称直径 20 mm，螺距 4 mm，双线，左旋，公差带代号 7e，旋合长度代号为 L

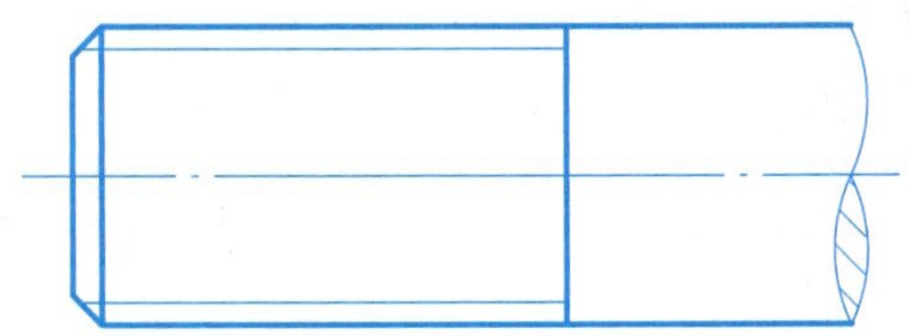

3）粗牙普通螺纹：公称直径 24 mm，螺距 3 mm，左旋，中径、顶径公差代号为 6H，旋合长度代号为 N

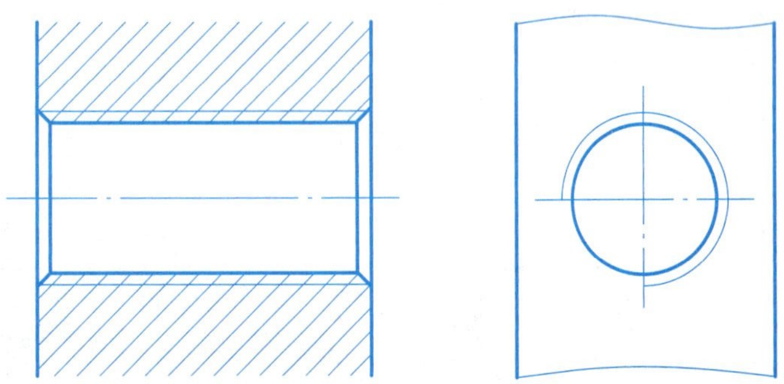

4）55° 非密封管螺纹：尺寸代号 3/4，公差等级为 A 级，右旋

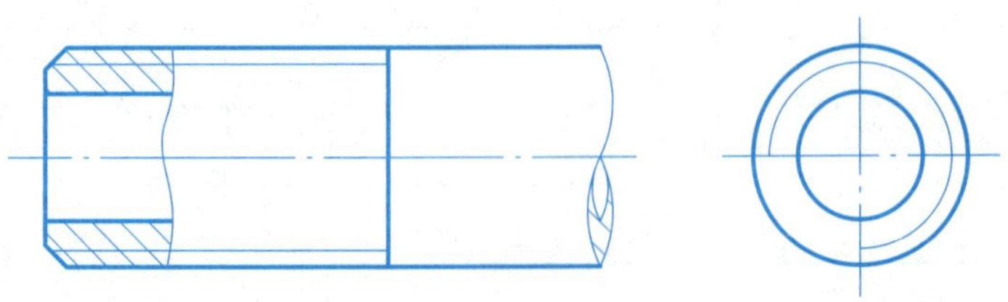

7-4 选择题

1）正确的螺栓连接画法是（　　）

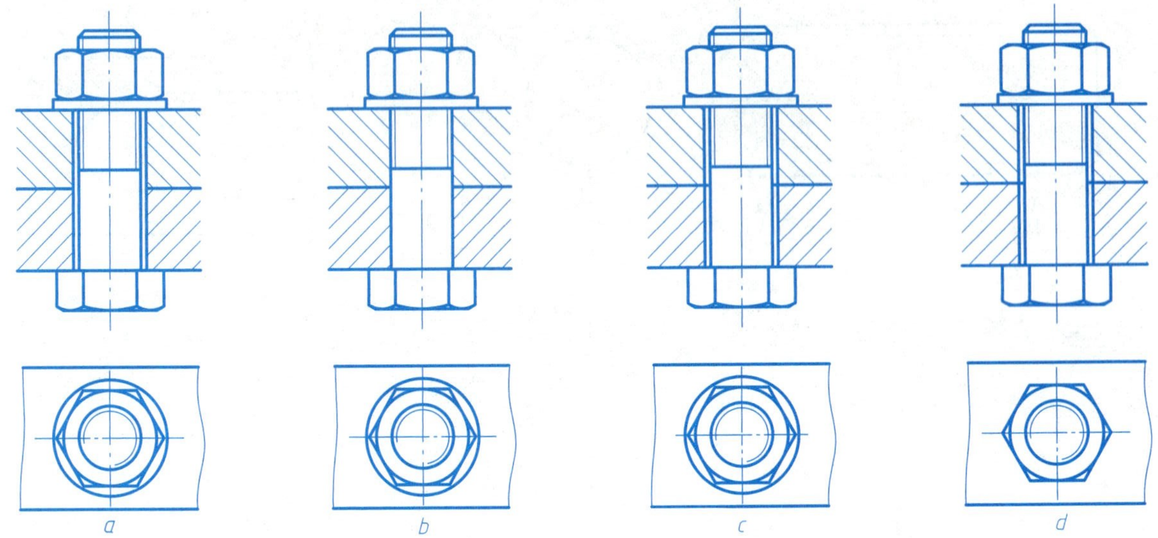

2）正确的螺钉连接画法是（　　）

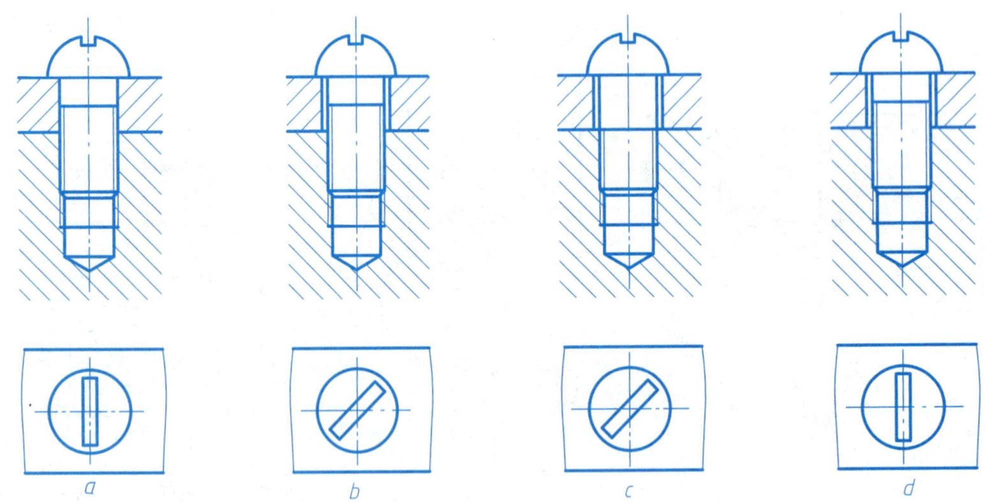

1. 内容　绘制螺栓连接的三视图。

2. 要求

(1) 选用A4幅面图纸，竖放；

(2) 绘图比例为1 : 1；

(3) 图名为“螺栓连接”；

(4) 主视图采用全剖视，俯视图、左视图采用外形视图(见下图)；

(5) 视图布局要合理、清晰。

3. 已知条件见右图，其中螺栓装配为中等装配精度。

4. 步骤

(1) 根据螺栓的公称直径查表确定螺栓、螺母、垫圈以及连接板上通孔的各部分尺寸，并填写在右侧图中；

(2) 螺栓和螺母的头部曲线采用比例画法；

(3) 布置视图，绘制底稿；

(4) 检查、整理图面，加深图线；

(5) 填写标题栏。

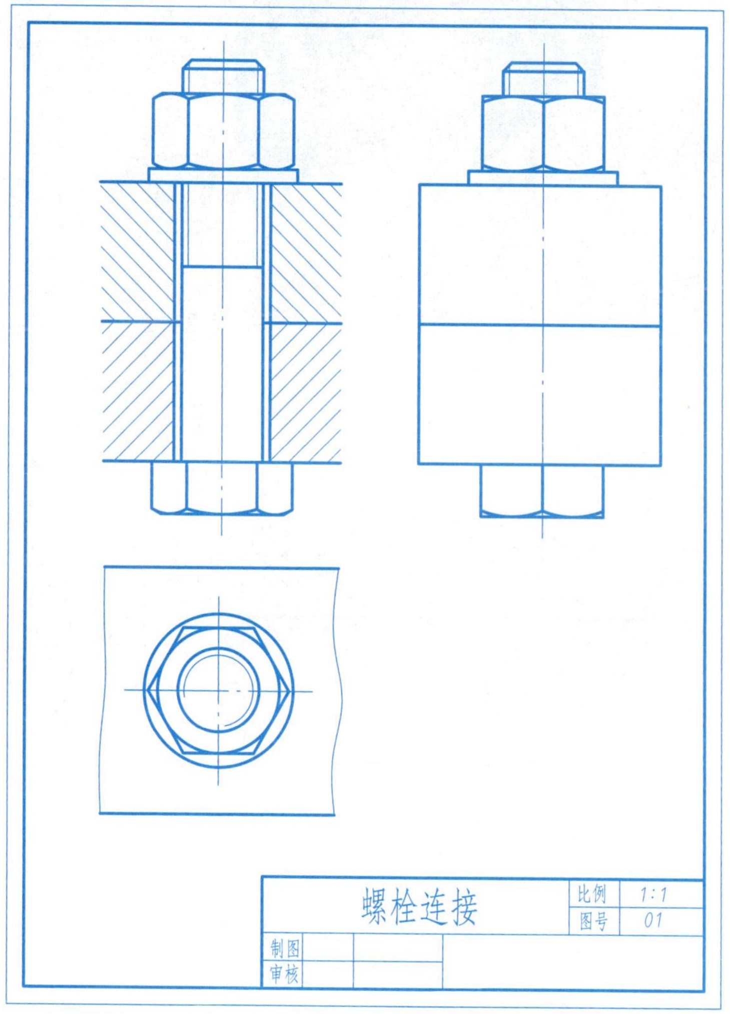

螺栓连接的已知条件：

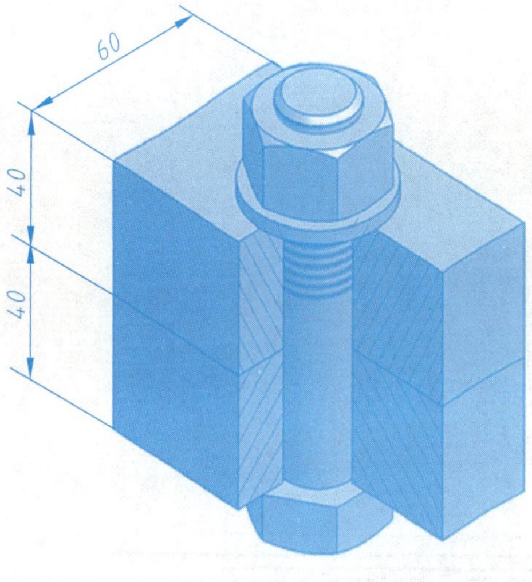

螺栓 GB/T 5780—2016 M24×110

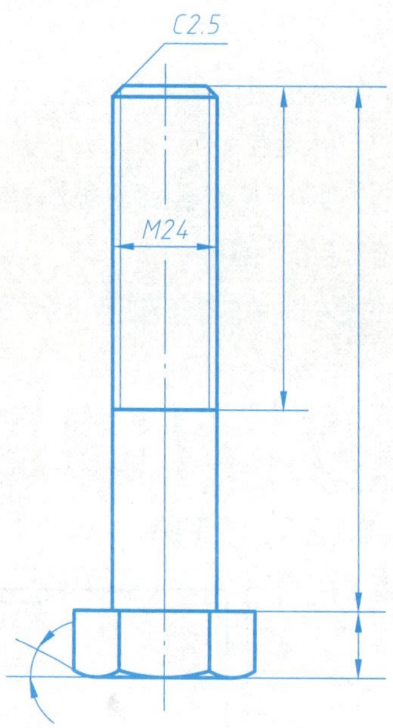

垫圈 GB/T 97.1　24

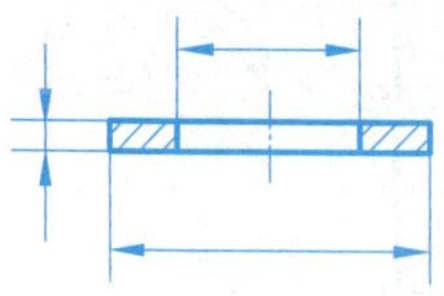

螺母 GB/T 6170　M24

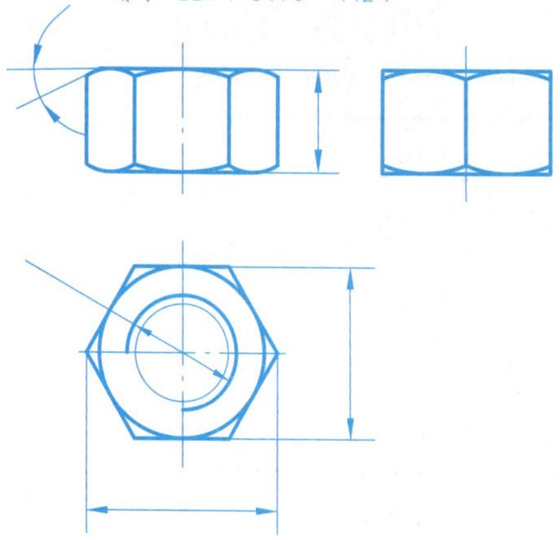

螺栓通孔直径(GB/T 5277—1985)

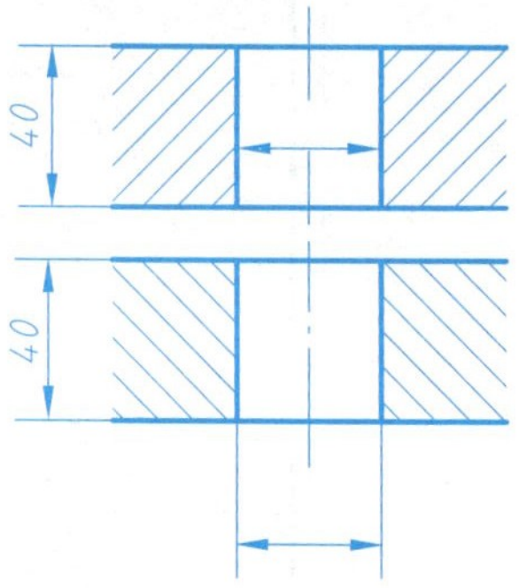

7-6 螺钉连接作业

1. 内容 绘制螺钉连接的三视图。

2. 要求

(1) 选用 A4 幅面图纸,竖放;

(2) 绘图比例为 5 : 1;

(3) 图名为“螺钉连接”;

(4) 主视图采用全剖视,俯视图采用外形视图(见下图);

(5) 视图布局要合理、清晰。

3. 已知条件见右图,其中螺钉装配为中等装配精度,零件材料为铸铁

4. 步骤

(1) 根据螺钉的公称直径查表确定螺钉、连接板上通孔和螺纹孔的各部分尺寸,并填写在右图中;

(2) 布置视图,绘制底稿;

(3) 检查、整理图面,加深图线;

(4) 填写标题栏。

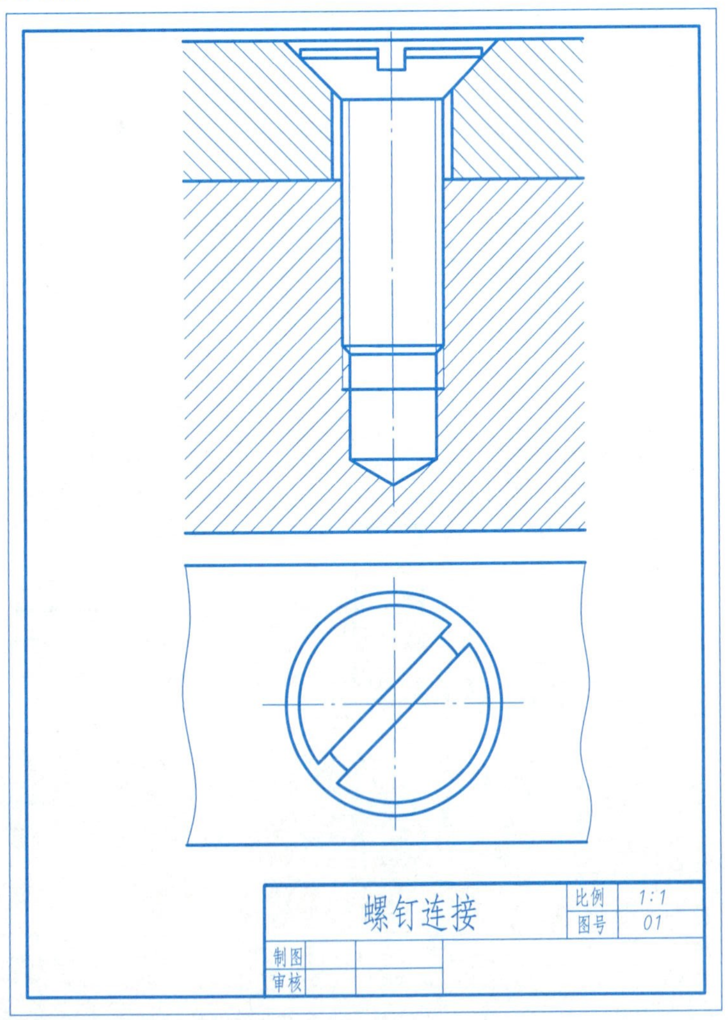

铸铁板件螺钉连接的已知条件:

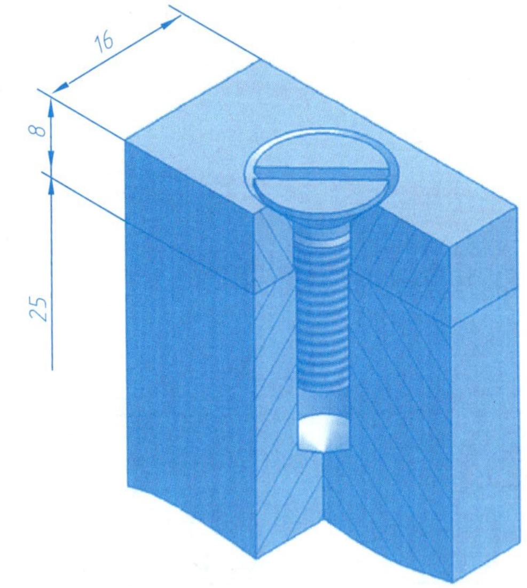

螺钉 GB/T 68 M6

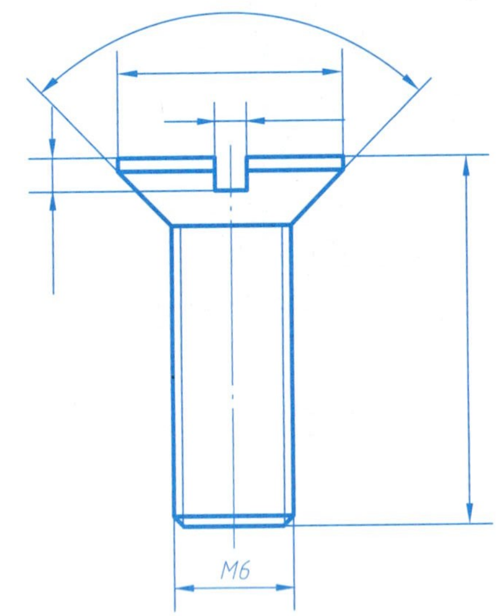

沉头螺钉用沉孔(GB/T 152.2—2014)

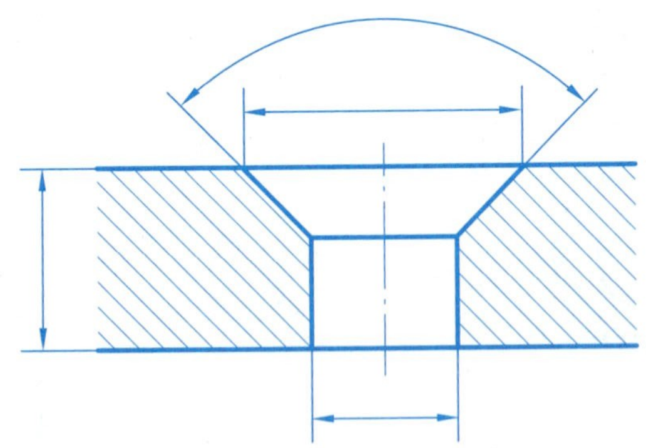

螺纹孔及光孔长度(JB/ZQ 4247—2006)

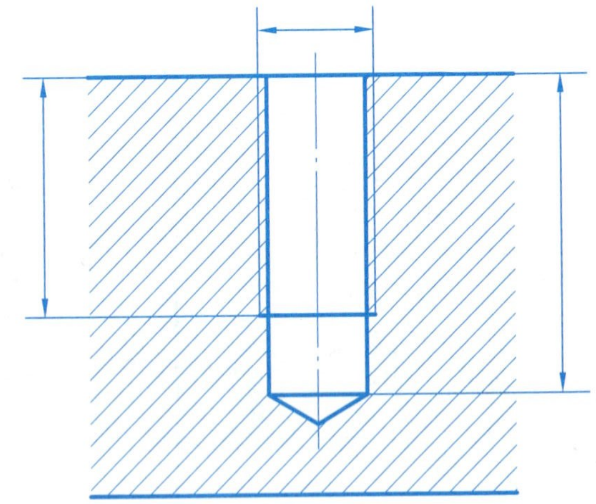

班级 姓名 日期

7-7 分析下列图中螺纹连接画法的错误，在指定位置画出正确的视图及各断面图

1）

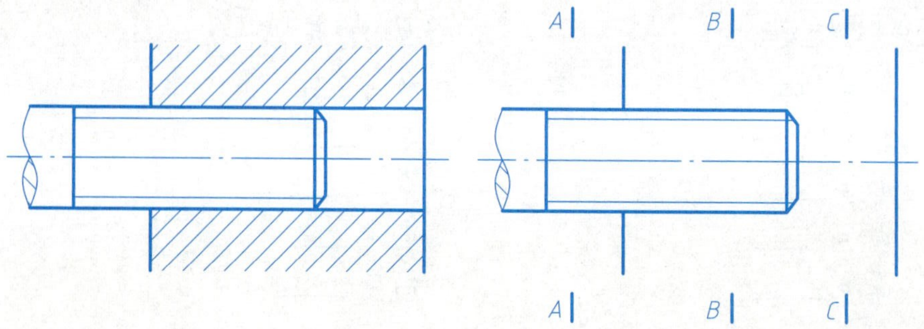

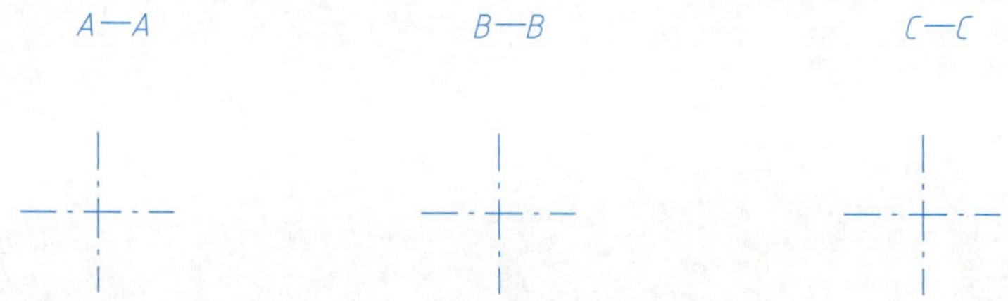

2）

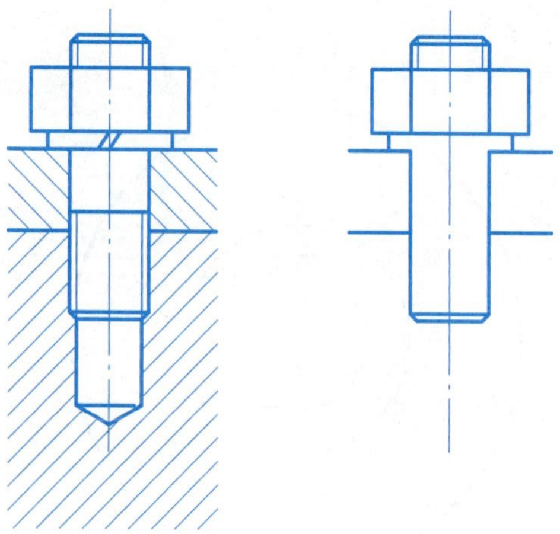

3）

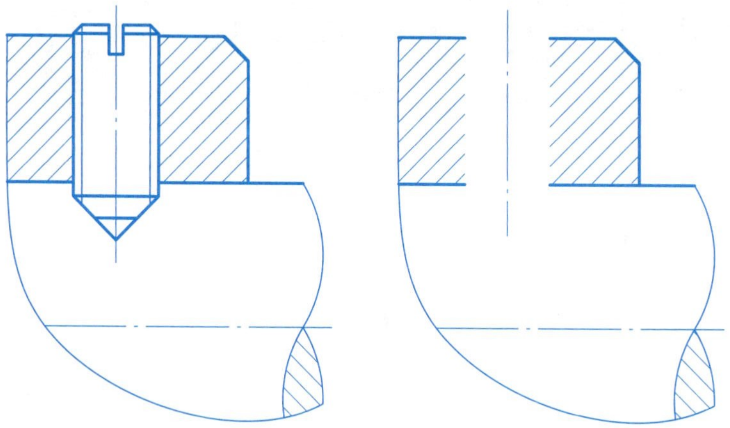

7-8 已知：齿轮和轴用A型普通平键（GB/T 1096—2003）连接，轴孔直径为20，键长为22

要求：查表确定键和键槽的尺寸（GB/T 1095—2003）；用1∶1的比例完成各视图，并将键槽尺寸标注在两零件图上

1）轴

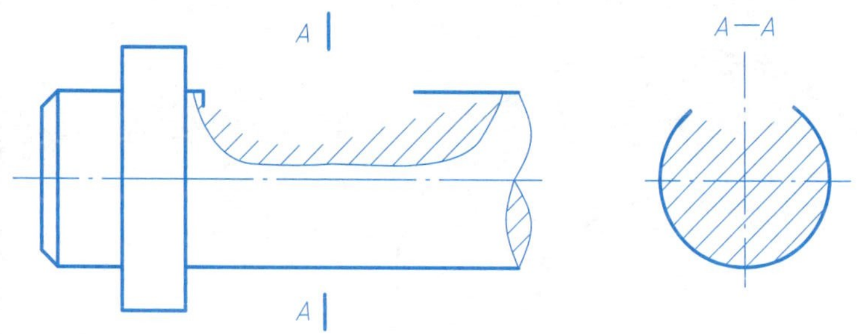

2）齿轮

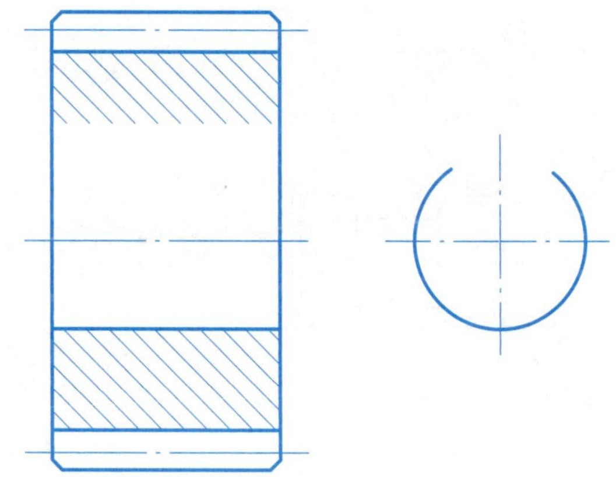

3）键的连接图

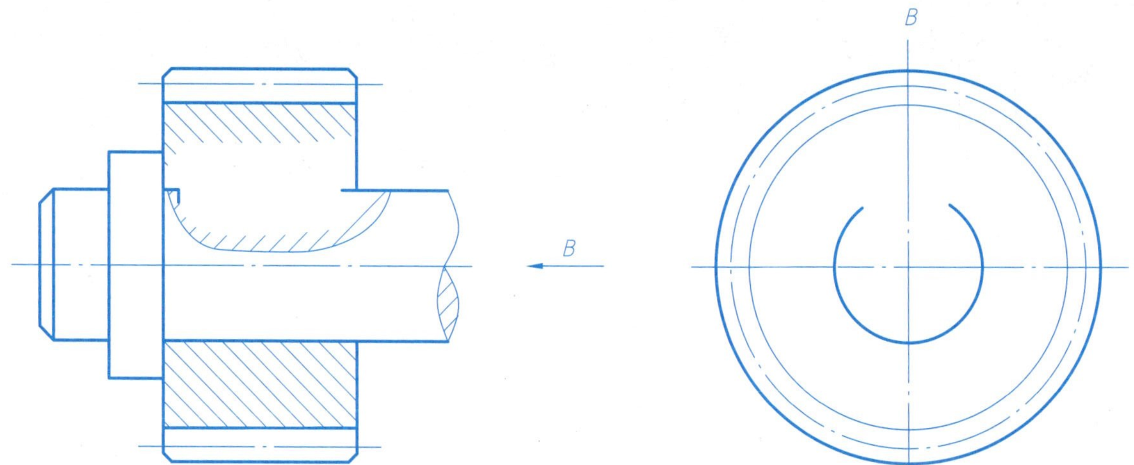

7-9　已知直齿圆柱齿轮的模数 m=3 mm，齿数 z=28，要求：计算齿轮各直径 d、d_a 和 d_f 的值，完成齿轮的两个视图（比例 1∶1），并标注全部尺寸

m = 3 mm

z = 28

d = ____

d_a = ____

d_f = ____

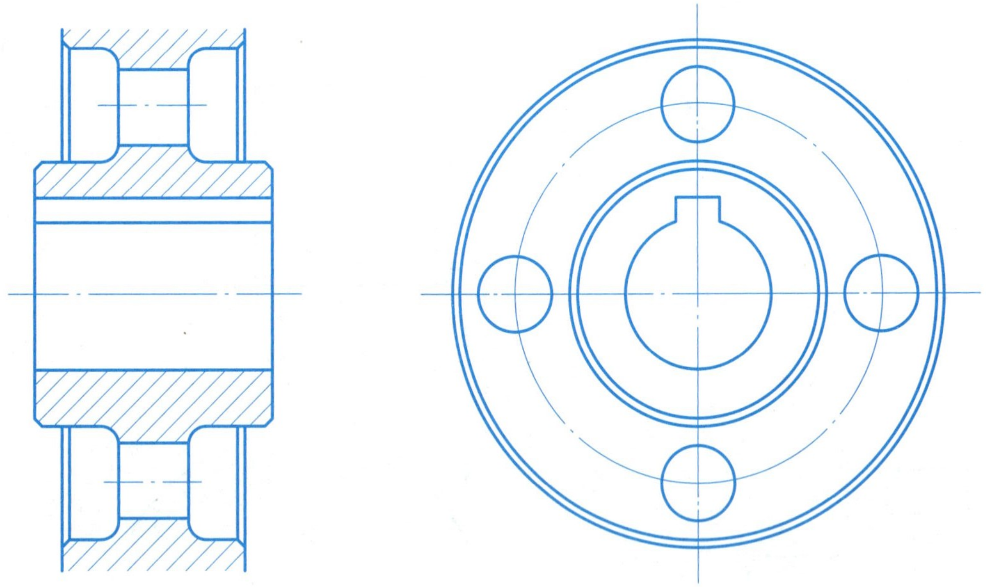

7-10　已知两个直齿圆柱齿轮的中心距为 54 mm，小齿轮的齿数 z_1=12，齿轮模数 m=3 mm

要求：

（1）计算两齿轮的主要尺寸

小齿轮的主要尺寸：

m = 3 mm

z_1 = 12

d_1 = ____

d_{a1} = ____

d_{f1} = ____

大齿轮的主要尺寸：

m = ____

z_2 = ____

d_2 = ____

d_{a2} = ____

d_{f2} = ____

（2）按 1∶1 的比例完成两个齿轮的啮合图

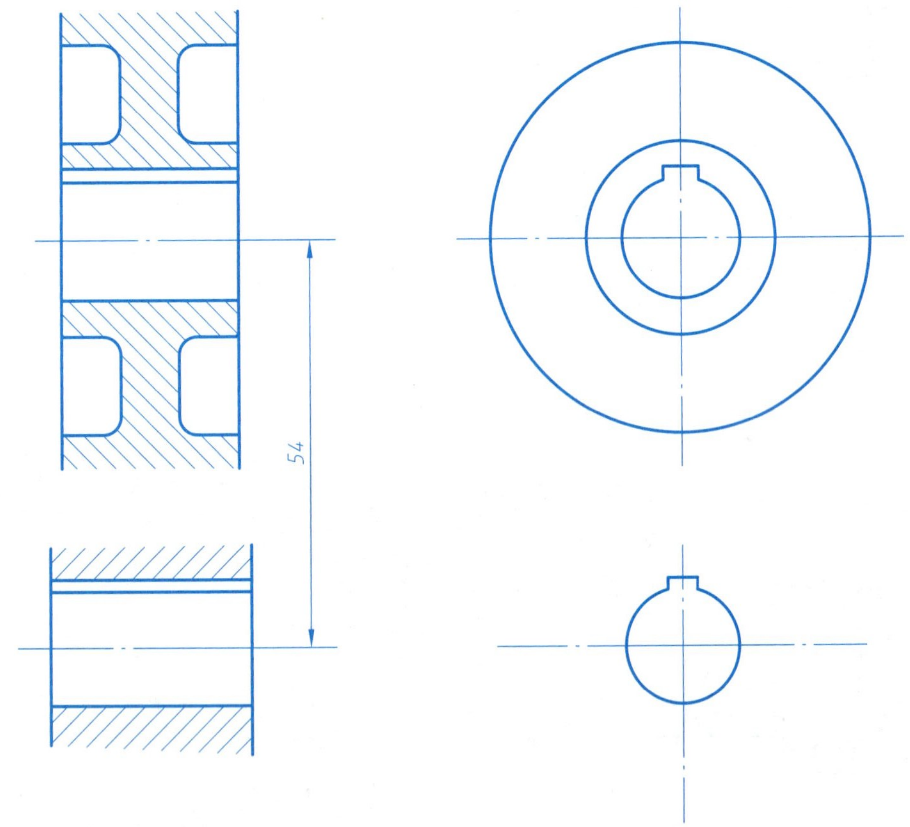

班级＿＿　姓名＿＿　日期＿＿

7-11 已知一对直齿锥齿轮的模数 m=5 mm，齿数 z_1=16，z_2=48，两轴线夹角 Σ=90°

（1）计算两齿轮的主要尺寸

小齿轮的主要尺寸：		大齿轮的主要尺寸：	
模数	m = 5 mm	模数	m = 5 mm
齿数	z_1 = 16	齿数	z_1 = 48
分度圆直径	d_1 = ____	分度圆直径	d_2 = ____
齿顶圆直径	d_{a1} = ____	齿顶圆直径	d_{a2} = ____
齿根圆直径	d_{f1} = ____	齿根圆直径	d_{f2} = ____
分锥距	R = ____	分锥距	R = ____
顶锥角	δ_{a1} = ____	顶锥角	δ_{a2} = ____
根锥角	δ_{f1} = ____	根锥角	δ_{f2} = ____

（2）按 1：1 的比例完成小齿轮的视图

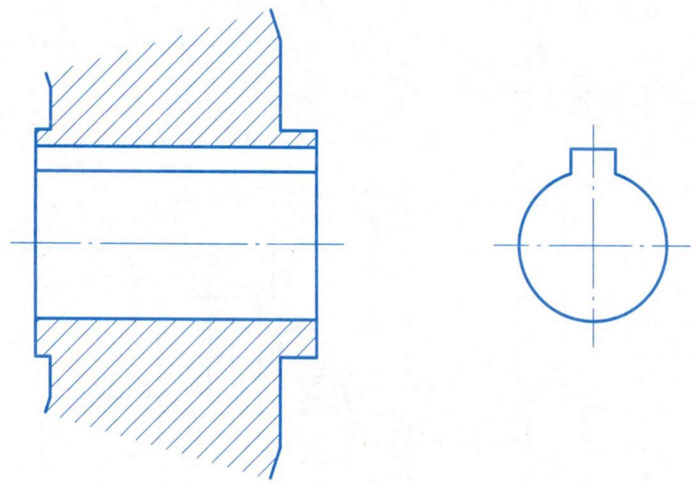

7-12 已知蜗轮蜗杆的模数 m = 4 mm，蜗杆线数 z_1=4，蜗杆分度圆直径 d_1=40 mm，蜗轮齿数 z_2=30 mm

（1）计算蜗轮蜗杆的主要尺寸

蜗杆的主要尺寸：		蜗轮的主要尺寸：	
模数	m = 4 mm	模数	m = 4 mm
蜗杆线数	z_1 = 4	蜗轮齿数	z_2 = 30
分度圆直径	d_1 = 40	分度圆直径	d_2 = ____
齿顶圆直径	d_{a1} = ____	喉圆直径	d_{a2} = ____
齿根圆直径	d_{f1} = ____	齿根圆直径	d_{f2} = ____
		外径	D_2 = ____
		中心距	a = ____

（2）按 1：2 的比例完成蜗轮蜗杆啮合视图

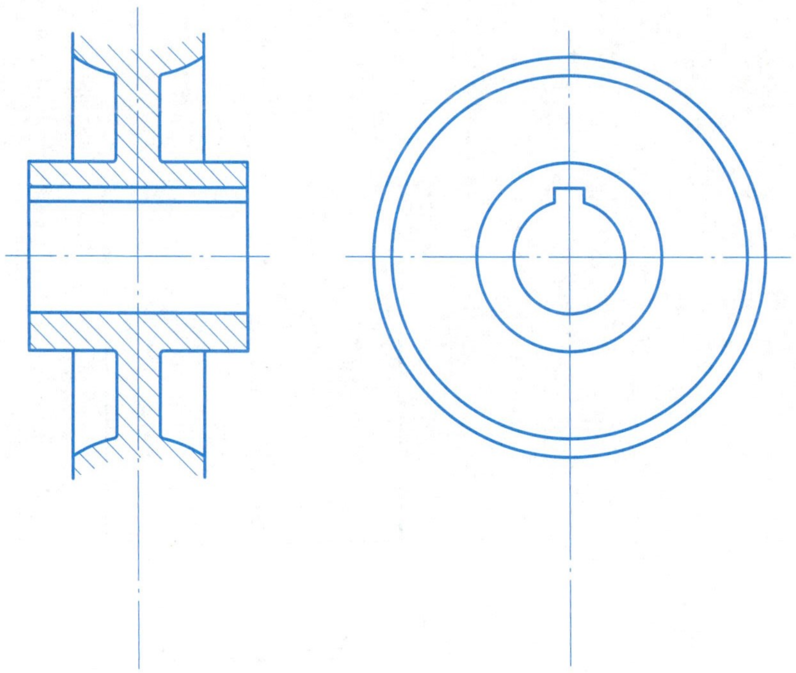

7-13 在轴的指定位置按规定画法绘制滚动轴承

1)

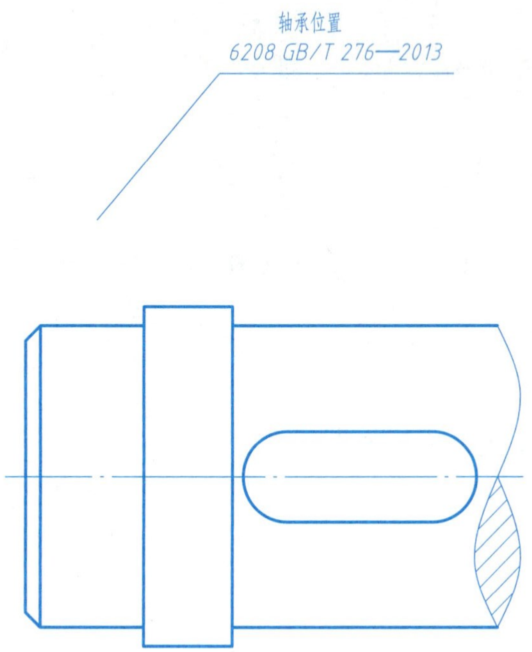

2)

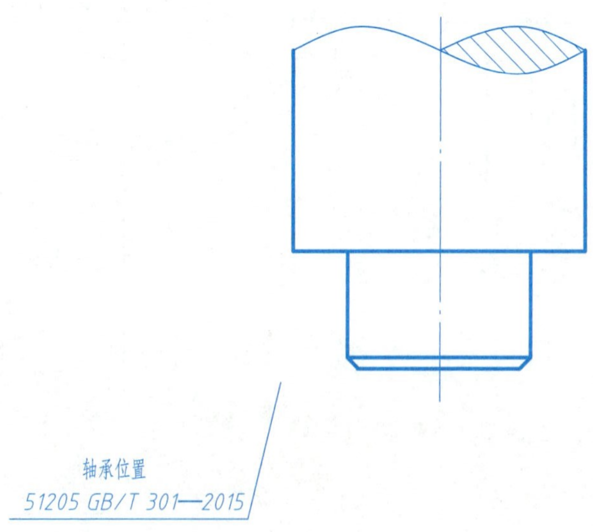

7-14 分析图(a)中结构及画法的错误,在图(b)上指定位置画出正确图形

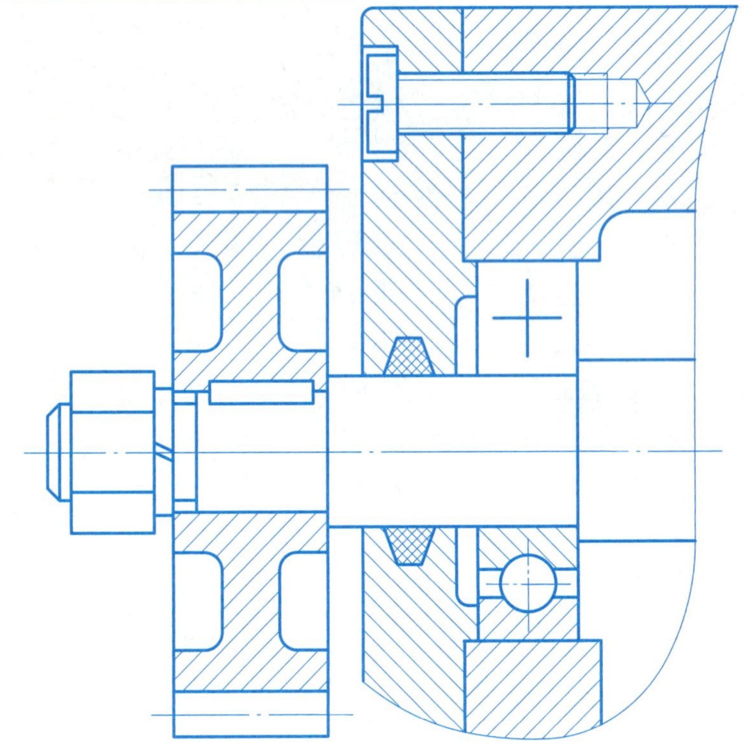

(a)

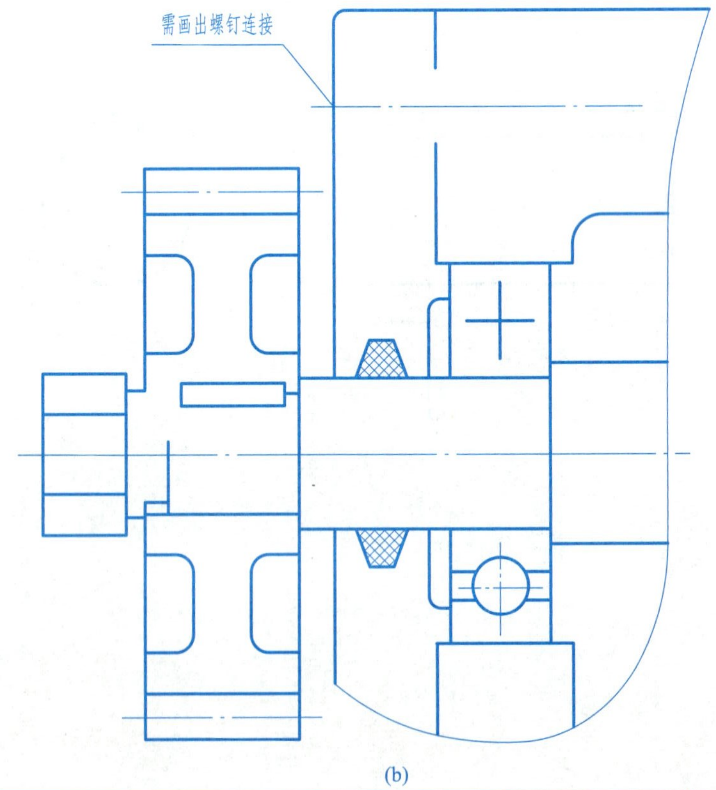

(b)

班级 姓名 日期

7-15　用 1∶1 的比例画出圆柱螺旋压缩弹簧的视图，视图采用全剖视图，并标注尺寸

已知：弹簧线径 d=6 mm，节距 p=14.2 mm，弹簧外径 D_2=51 mm，有效圈数 n=5.5，自由高度 H_0=90 mm，旋向：右

1)

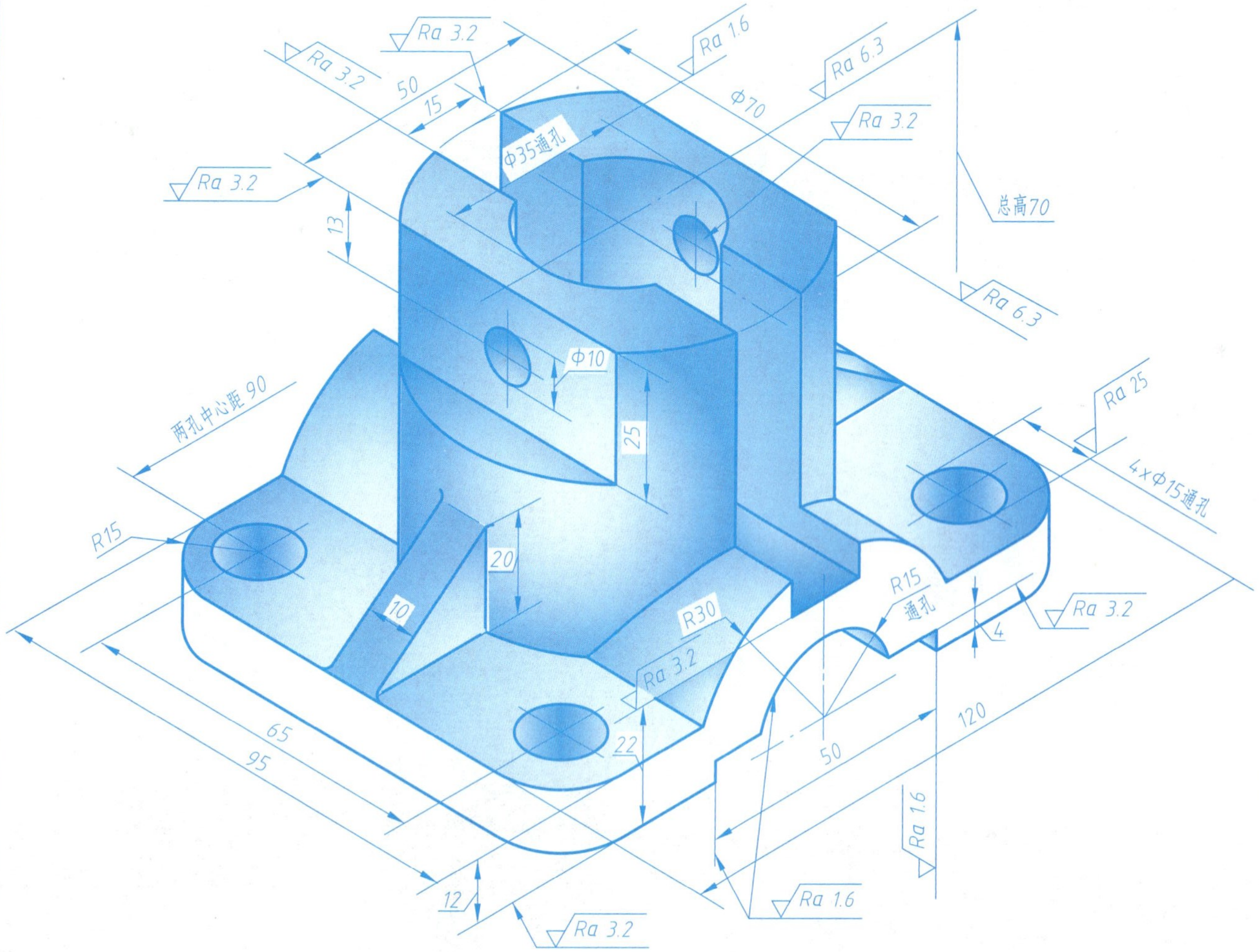

技术要求

未注圆角R2。

Ra 25 (√)

名称 座盖

材料 HT150

2)

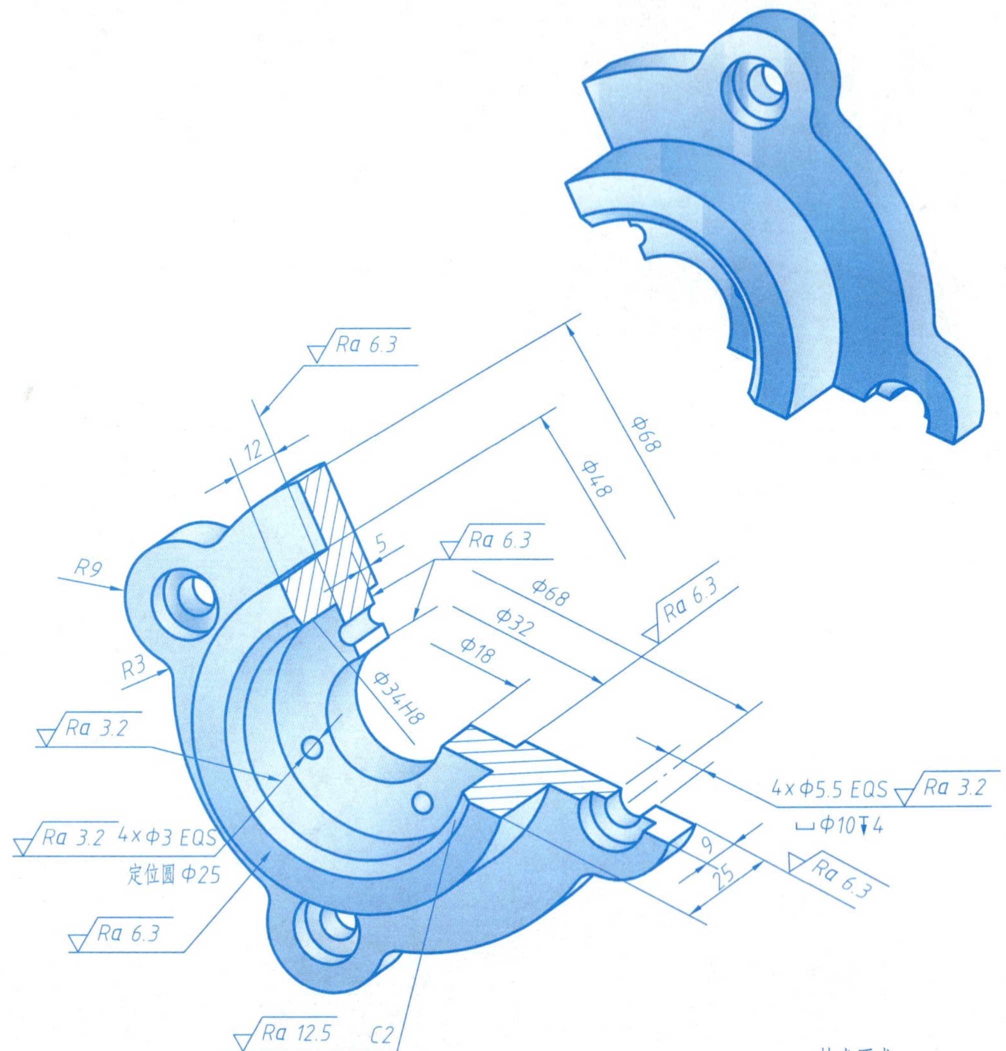

技术要求

1. 未注圆角R2;

2. 锐角倒钝。

Ra 25 (√)

名称 端盖

材料 HT150

班级 姓名 日期

3）

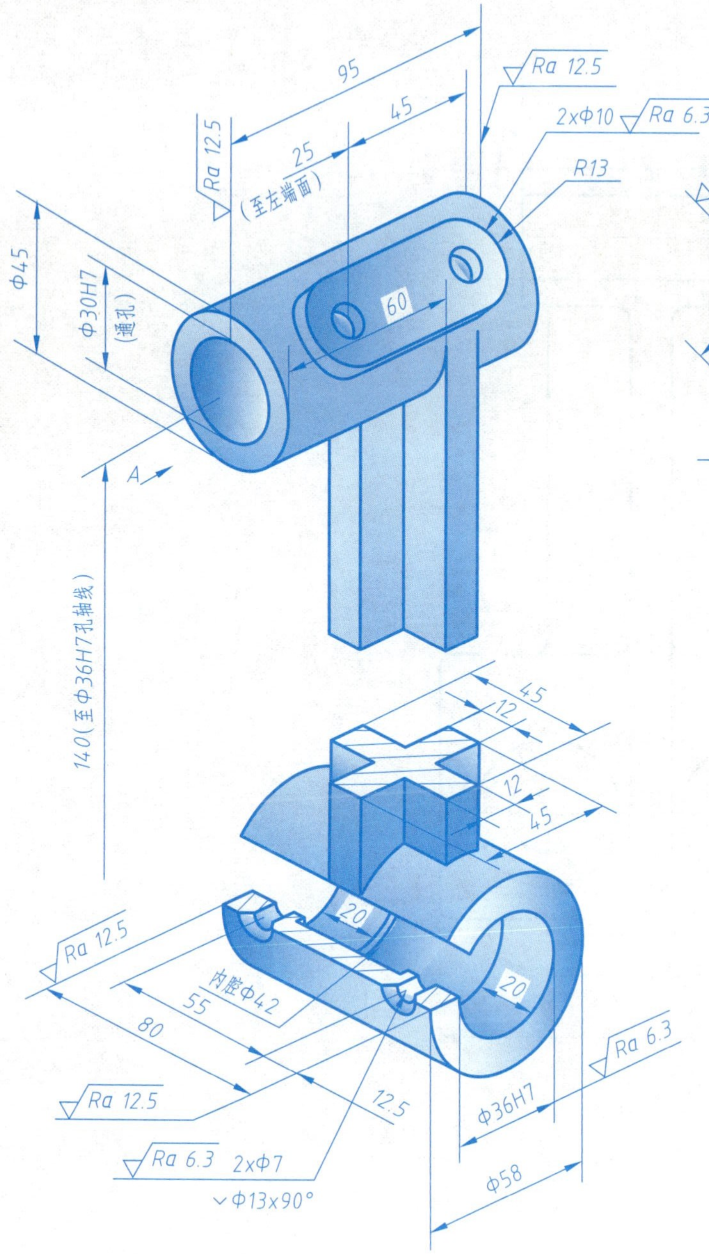

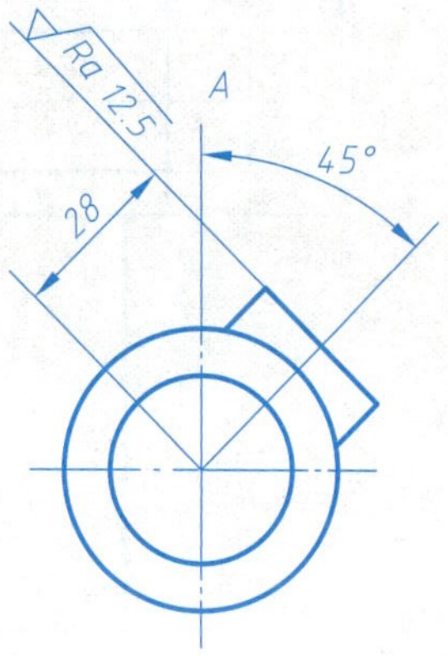

技术要求

1. 未注圆角R3~R5；
2. 不加工外表面涂漆。

Ra 25 (√)

名称　支架

材料　HT150

4）

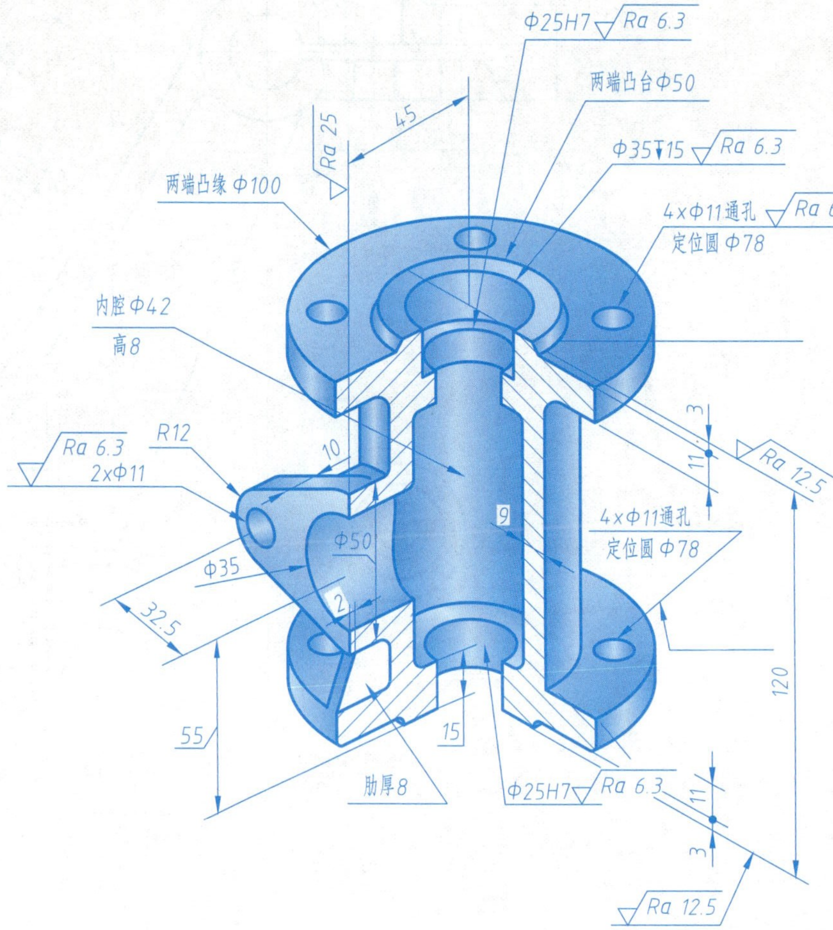

技术要求

1. 未注圆角R2；
2. 不加工外表面涂漆。

Ra 25 (√)

名称　阀体

材料　HT150

托架是一种叉架类零件，在机器中起支承和连接作用；看图时，要注意图中采用了什么表达方法？各投影图是如何得来的？各表达些什么结构？

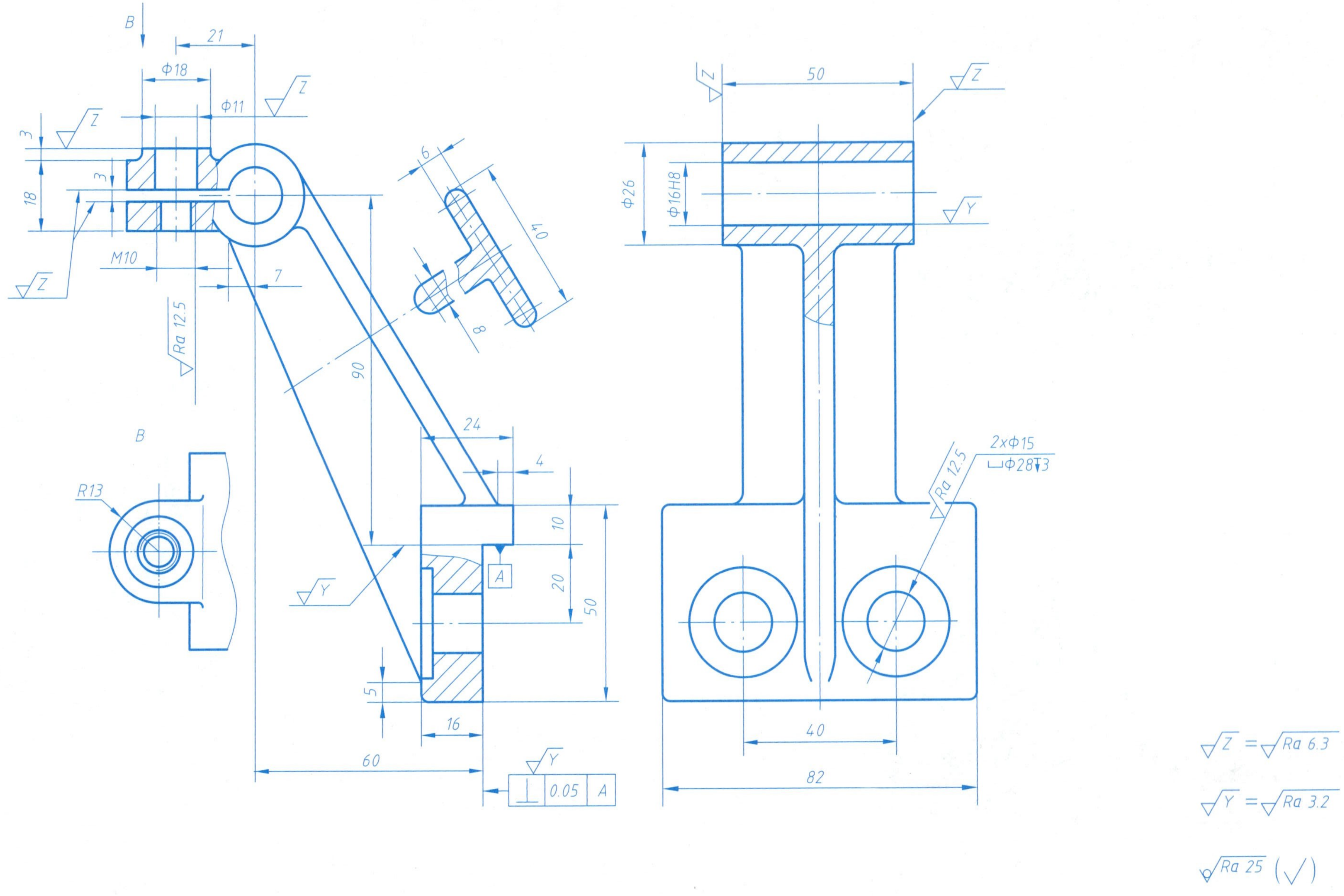

技术要求

未注铸造圆角R2~R3。

托架	比例	1:1
制图		
审核		
班级	姓名	日期

8-3 看懂零件图,想出该零件的结构形状,完成填空题

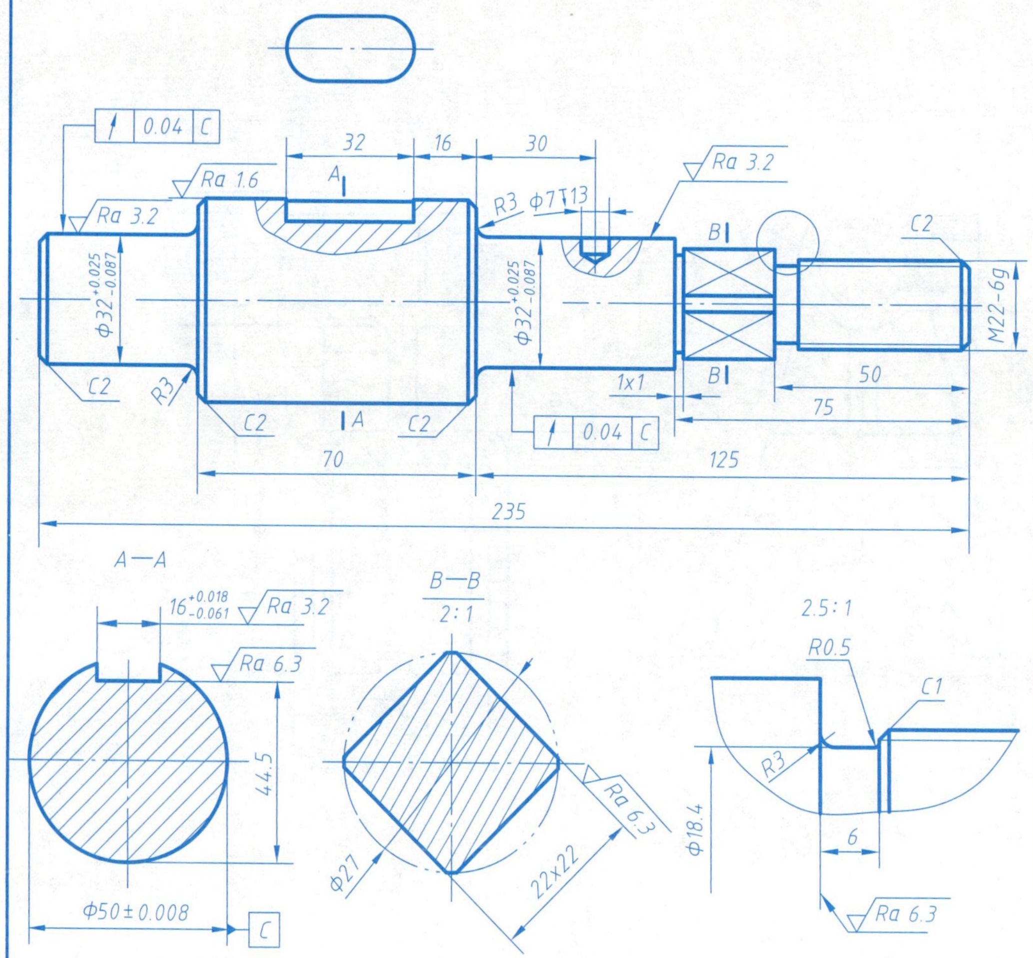

填空题:

1.该零件图采用的表达方法有____________________________________。

2.靠右侧的两处斜交细实线是________符号。

3.键槽的定位尺寸是_____,长度_____,宽度_____,深度_____。

4.尺寸C2中C表示______,2表示_____,22X22中22表示_______,Φ7↧13中的Φ7表示____,↧13表示____。

5.M22-6g中,M22表示_______,6g表示__________________。

技术要求

1.除螺纹表面外其他部位表面均为45~50HRC。
2.表面处理:发蓝。

Ra 12.5 (√)

主　轴			比例	
			材料	45
制图				
审核				

8-4 看懂零件图,想出该零件的结构形状,完成填空题

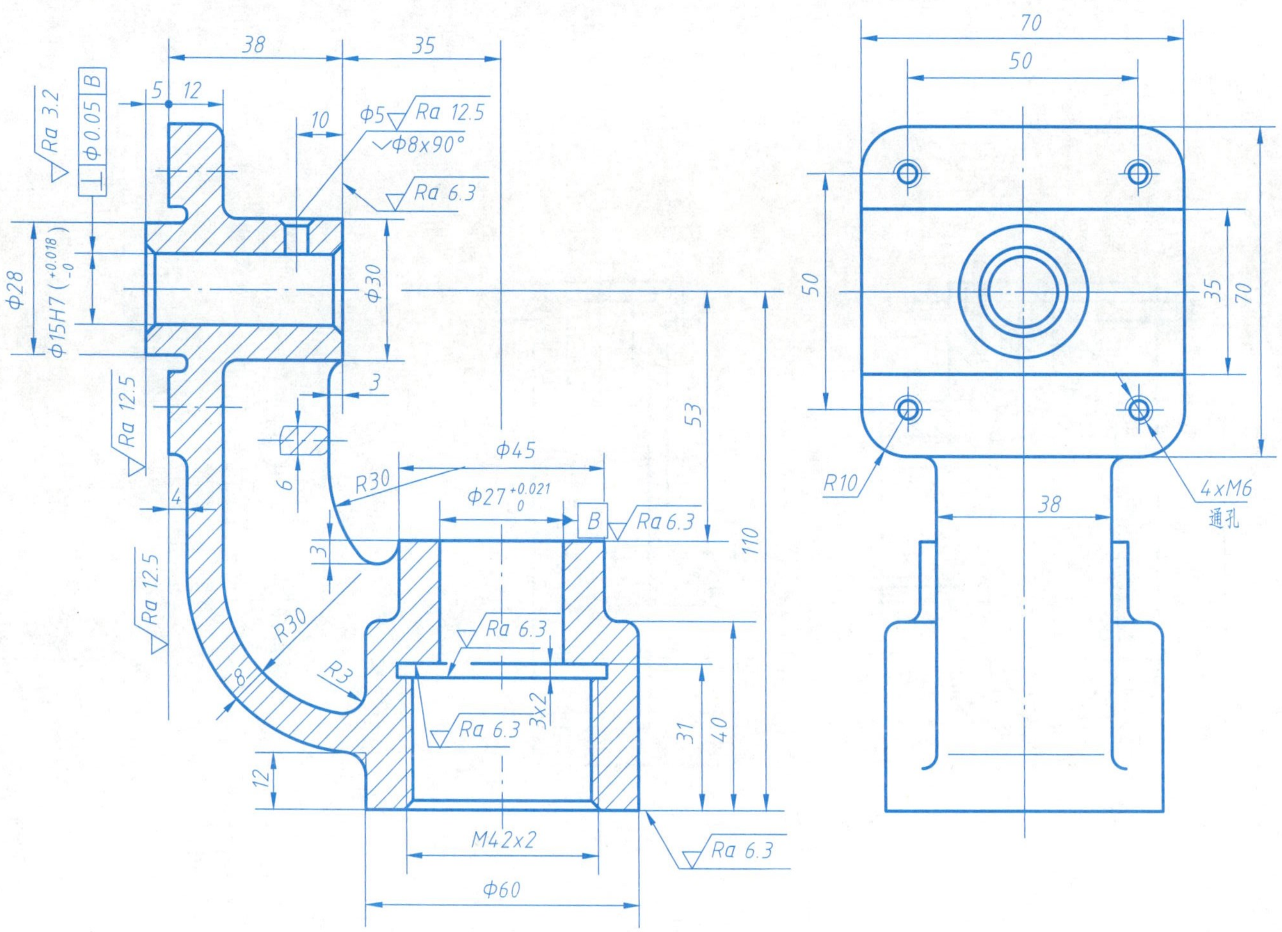

填空题:

1.该零件图采用的表达方法有________________________________;

2.该零件中的几何公差为________,表示:____________________________________;

3.在图中标出长、宽、高三个方向的主要尺寸基准。

技术要求

1.铸造圆角R2~R3;
2.铸件不得有砂眼、气孔、裂纹等缺陷;
3.未注倒角C1.5。

Ra 25 (√)

支　架			比例	
			材料	HT150
制图				
审核				

8-5 读底座零件图：在下图右侧画出左视图外形图。用“△”符号标出长、宽、高三个方向的主要尺寸基准

左视图（外形）

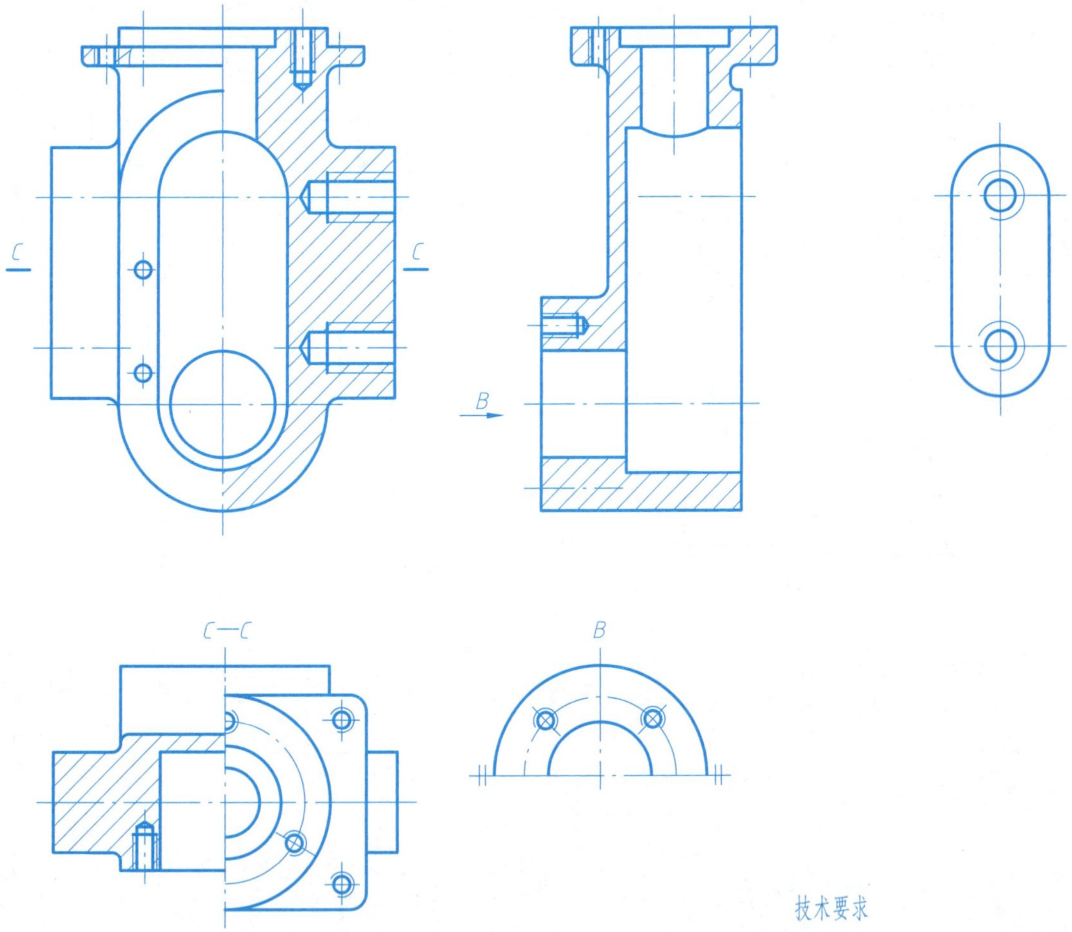

技术要求

1.铸造圆角R2~R3；
2.铸件不得有砂眼、气孔、裂纹等缺陷；
3.起模斜度1:50。

底　座		比例	
		材料	HT150
制图			
审核			

8-6 读拨叉的零件图，并补画俯视图和标明长、宽、高三个方向的主要尺寸基准

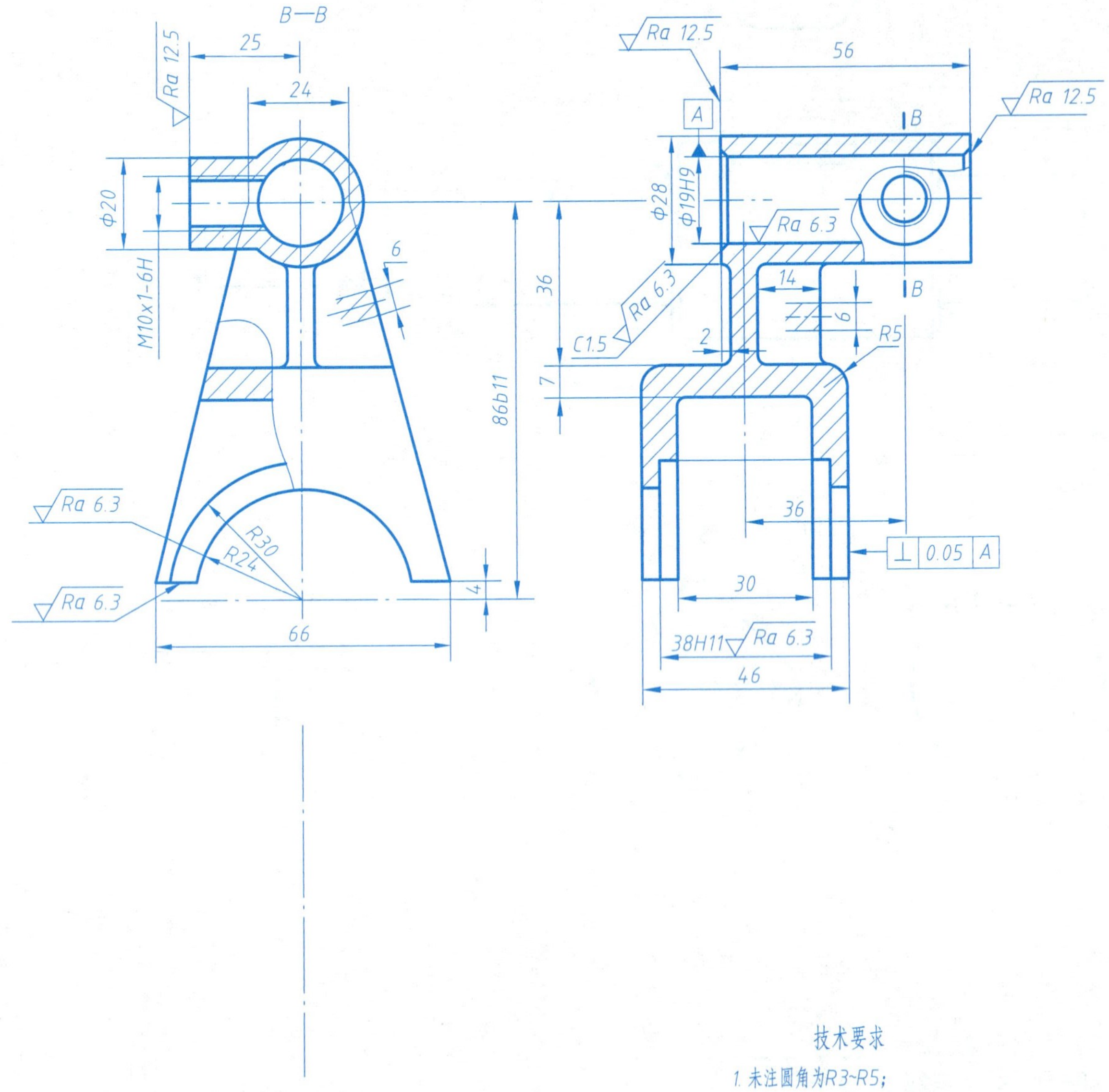

技术要求

1.未注圆角为R3~R5；
2.铸件不得有气孔、砂眼等缺陷；
3.铸件应退火处理。

Ra 50 (√)

拨　叉		比例	
		材料	HT200
制图			
审核			

班级　　姓名　　日期

8-7 根据配合代号在零件图上分别标出轴和孔的极限偏差值

1)

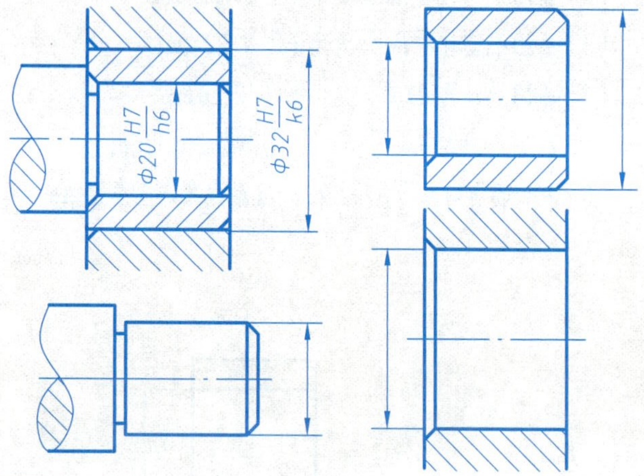

2)

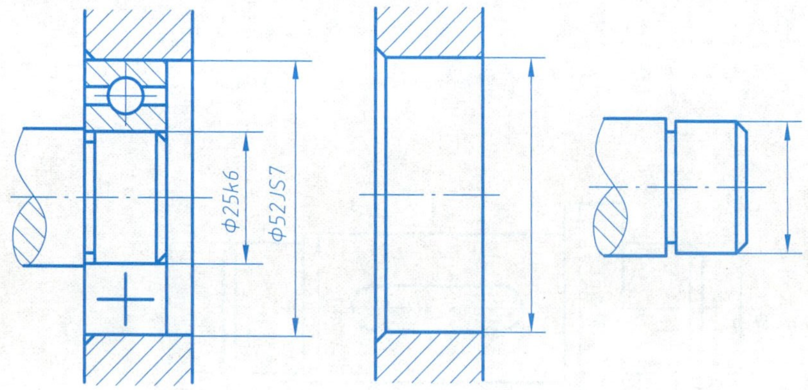

8-8 根据零件图上标出的极限偏差值在装配图上标注出其配合代号

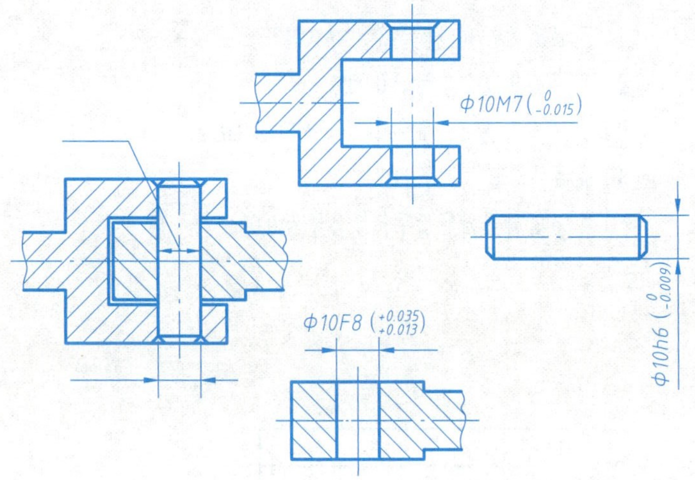

8-9 确定尺寸 ϕ30H6/m5 的极限偏差值,画出其公差带图,并回答问题。

公称尺寸为________mm

孔的上极限偏差为________mm

孔的下极限偏差为________mm

轴的上极限偏差为________mm

轴的下极限偏差为________mm

该配合为________配合(间隙、过盈、过渡)

8-10 根据几何公差代号回答问题

1)

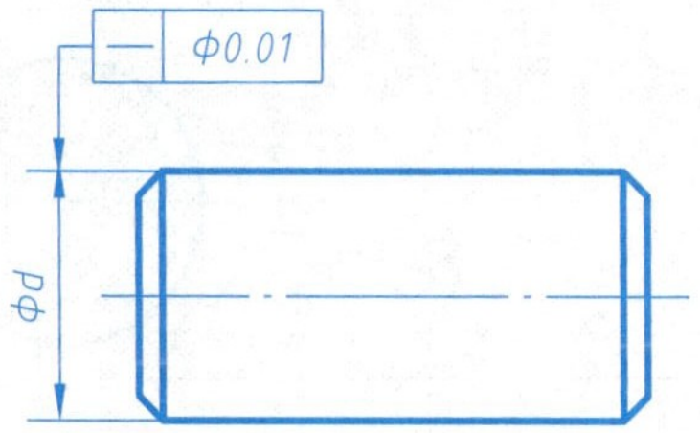

[— | φ0.01] 的含义:

被测要素是________

公差项目是________

公差值是________

2)

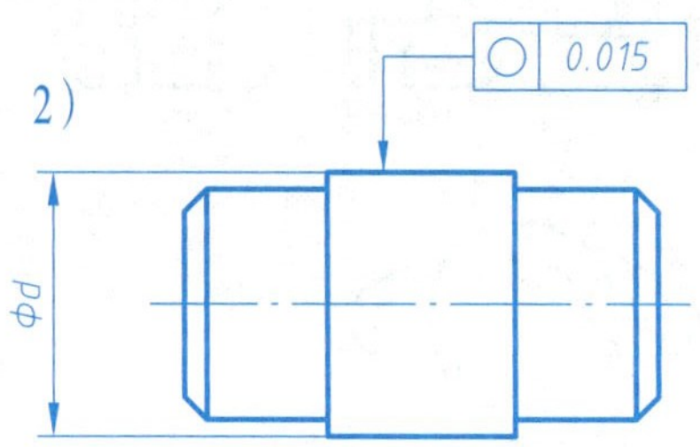

[○ | 0.015] 的含义:

被测要素是________

公差项目是________

公差值是________

3)

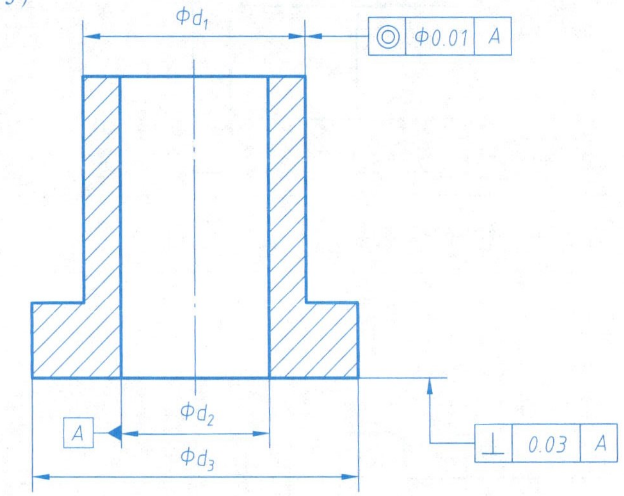

[◎ | φ0.01 | A] 的含义:

被测要素是________

基准要素是________

公差项目是________

公差值是________

[⊥ | 0.03 | A] 的含义:

被测要素是________

基准要素是________

公差项目是________

公差值是________

8-11 根据文字说明的内容，在图中标注几何公差的框格代号

1）

（1）孔 ϕd_1 轴线直线度公差为 ϕ0.012；

（2）孔 ϕd_1 圆度公差为 ϕ0.005；

（3）孔 ϕd_2 对孔 ϕd_1 的同轴度公差为 ϕ0.03；

（4）底面平面度公差为 0.01；

（5）孔 ϕd_1 轴线对底面平行度公差为 0.03。

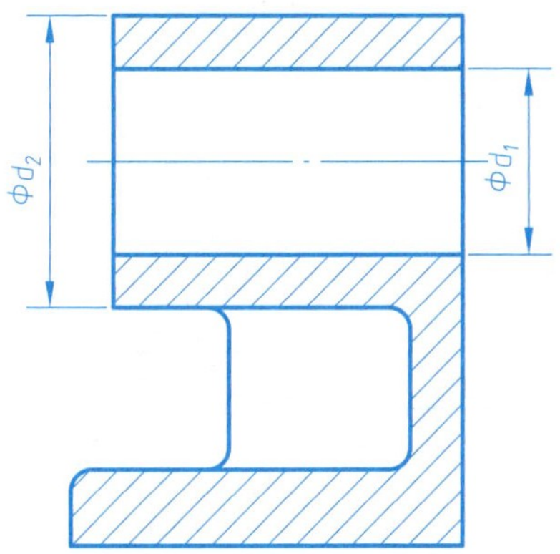

2）

（1）两个 ϕd_1 圆柱面的圆柱度公差为 0.008；

（2）ϕd_2 圆柱面对两个 ϕd_1 圆柱面公共轴线的径向圆跳动公差为 0.015；

（3）ϕd_3 圆柱面右轴肩对 ϕd_2 圆柱面轴线的端面圆跳动公差为 0.02；

（4）键槽的工作平面对 ϕd_2 圆柱面轴线的对称度公差为 0.03。

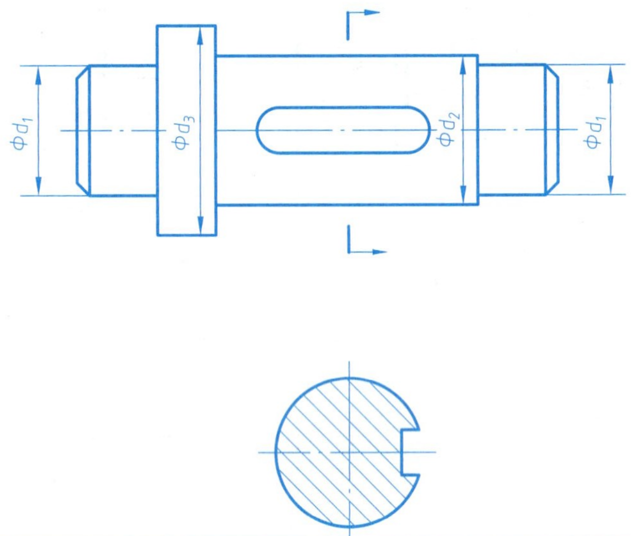

8-12 将文字指定的表面结构要求分别用代号标注在图上

（1）底面 *Ra* 最大允许值为 12.5 μm；

（2）ϕ10 孔圆柱面 *Ra* 最大允许值为 12.5 μm；

（3）ϕ20 孔圆柱面 *Ra* 最大允许值为 3.2 μm；

（4）ϕ10 孔顶面 *Ra* 最大允许值为 12.5 μm；

（5）ϕ20 孔左和右端面 *Ra* 最大允许值为 6.3 μm；

（6）其余表面均为不去除材料。*Ra* 最大允许值为 25 μm。

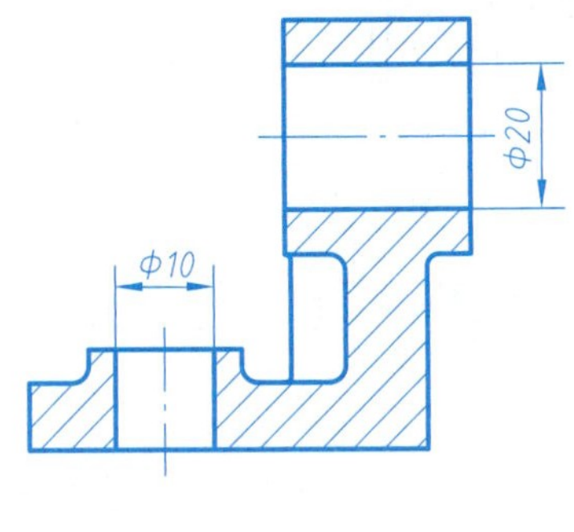

8-13 将正确的表面结构要求代号标注在右图上

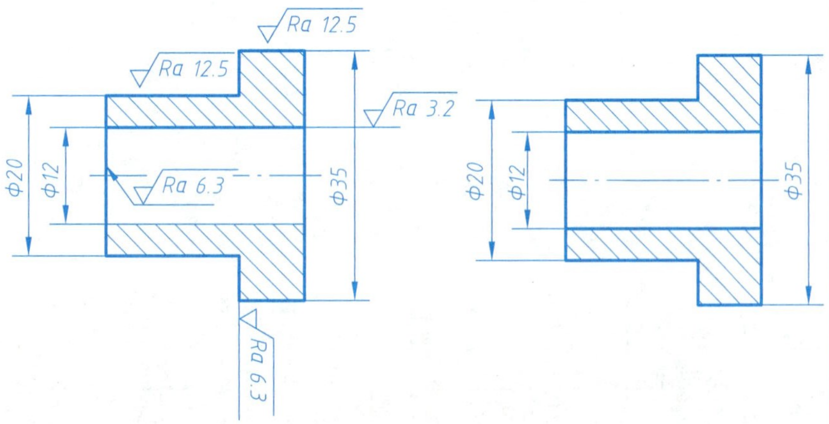

8-14 按要求将该零件各个表面结构要求正确标注在视图上

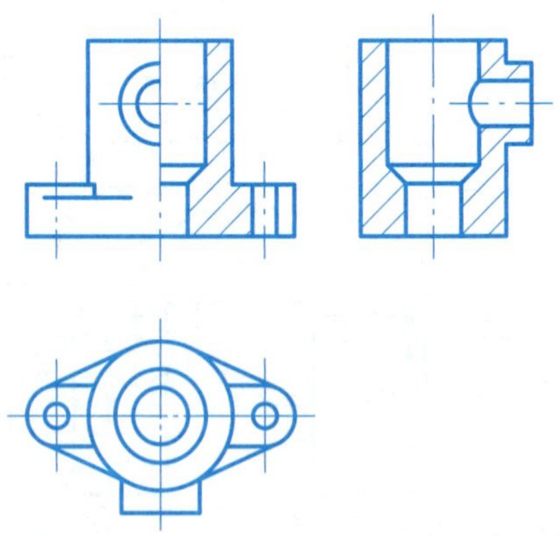

A	Ra 6.3
B	Ra 12.5
C	Ra 12.5
D	Ra 3.2
E	Ra 6.3
F	Ra 3.2
G	Ra 6.3

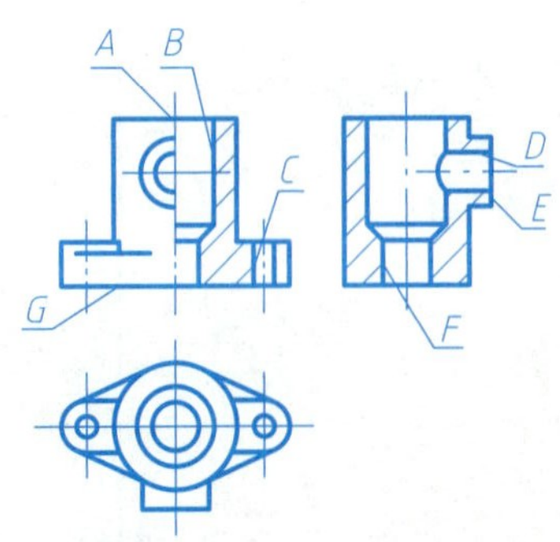

8-15 根据给定的表面结构要求参数值，用代号标注在图形上

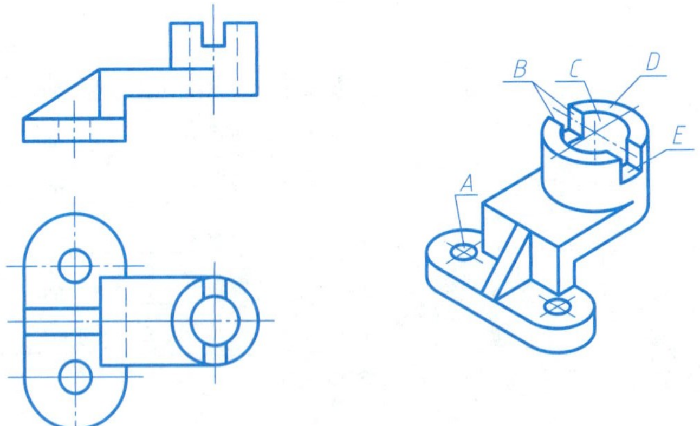

表面	A	B	C	D	E	其余
Ra	3.2	1.6	1.6	12.5	6.3	毛坯面

班级 姓名 日期

1. 判断下列零件结构是否合理。(在正确的下方画“√”,错误的下方画“×”)

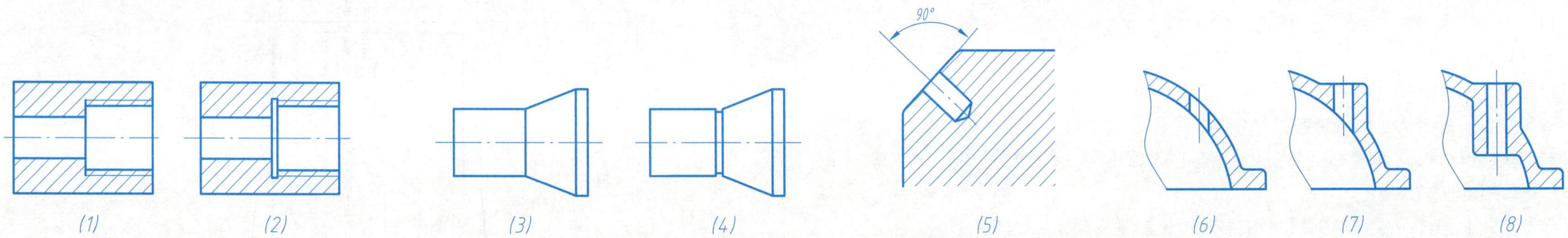

2. 判断下列铸造件结构是否合理。(在正确的下方画“√”,错误的下方画“×”)

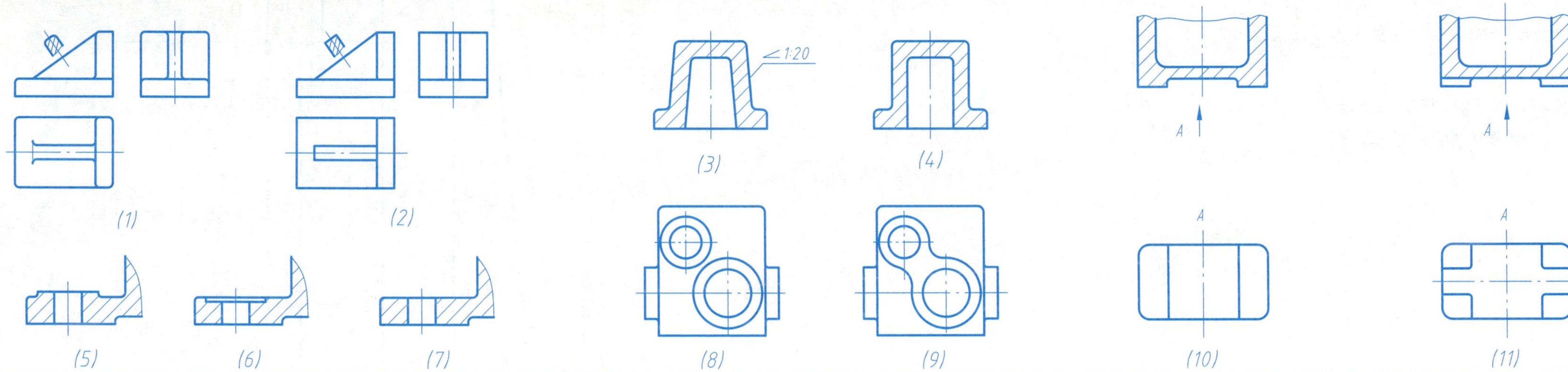

3. 判断以下装配工艺结构是否合理(在正确的下方画“√”,错误的下方画“×”)

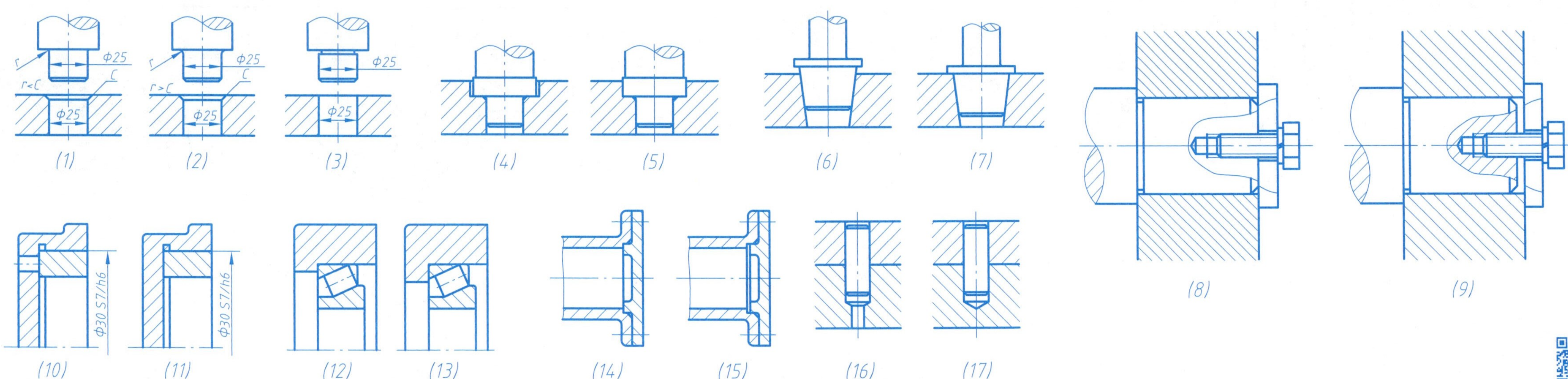

9-2　根据千斤顶装配示意图和零件图绘制装配图，采用比例 1 : 1，用 A4 图纸绘画

由装配示意图和零件图绘制装配图作业指示：

（1）先了解装配示意图的文字说明，然后看懂后面的零件图，最后由零件图和装配体示意图大体想象装配体的形状；

（2）根据每个零件的作用，按尺寸找出零件之间的相互关系；再结合装配体的工作原理，把要绘制的装配体的形状和结构分析清楚；

（3）选择装配体的表达方案，充分运用装配图的各种表达方法，根据所需的视图数量、比例大小，选择一张标准幅面的图纸；

（4）装配图中的配合代号应由相应零件图中的极限偏差数值查有关公差配合的表格确定，然后再注到装配图上；

（5）标题栏和明细栏可参考本习题集配套主教材，技术要求暂时不注写。

工作原理：

千斤顶是顶起重物的一种简单装置，该部件由五个零件组成。使用时，只需逆时针转动旋转杆 3，起重螺杆 2 就向上移动，并将重物顶起。

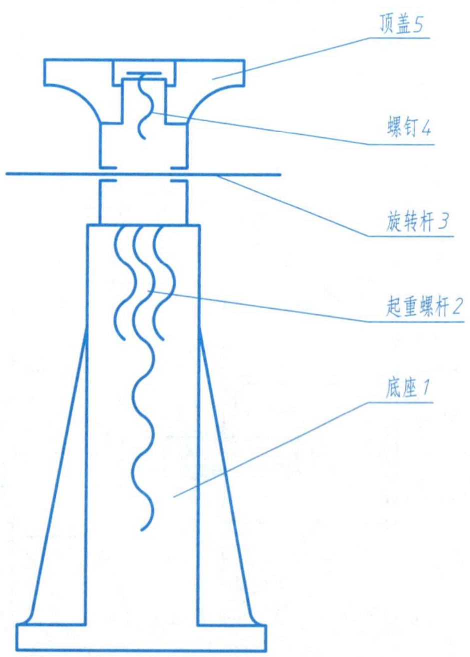

千斤顶装配示意图

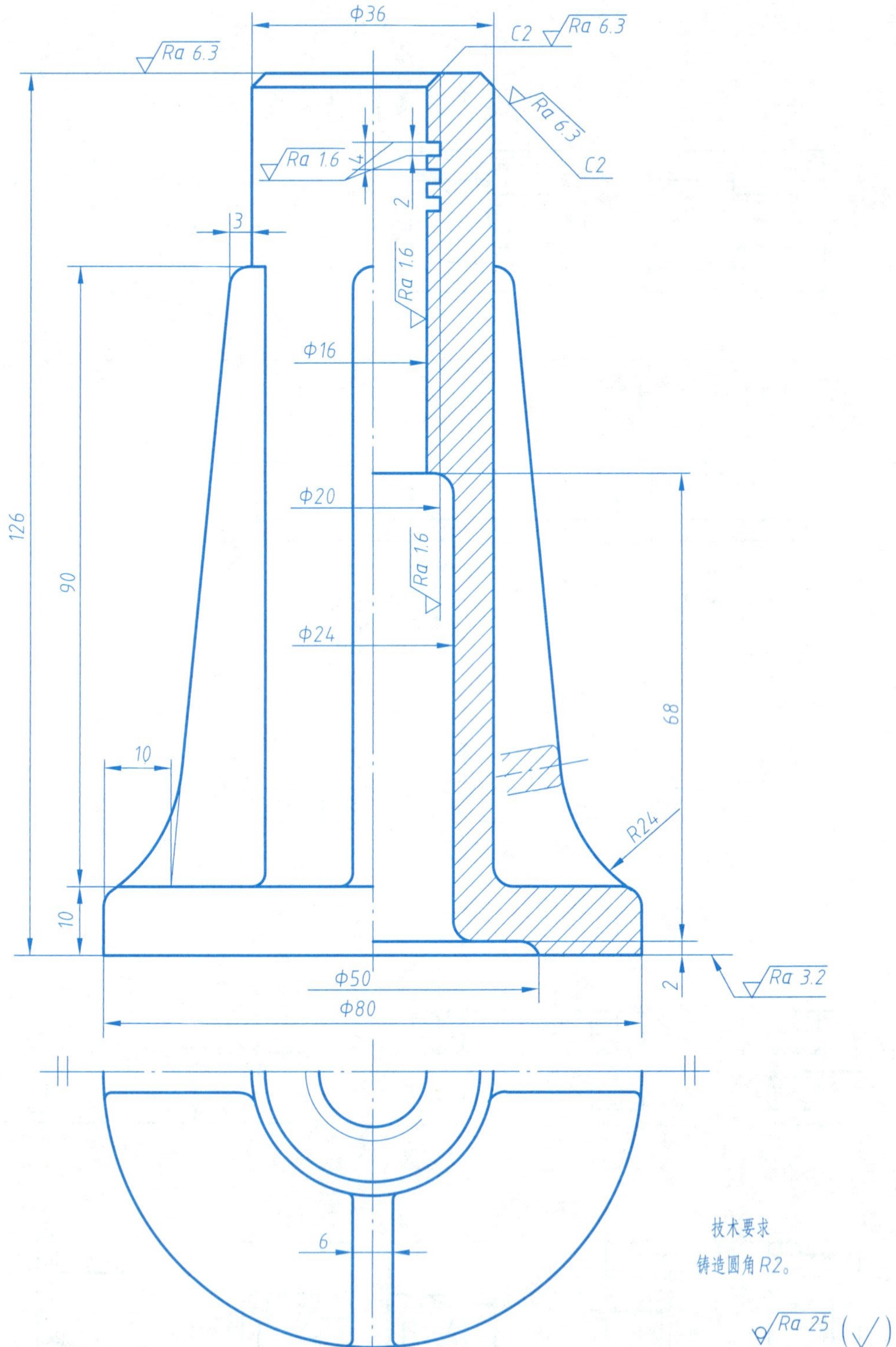

技术要求

铸造圆角 R2。

1	底座	1	HT300	
序号	零件名称	数量	材料	备注

班级　　姓名　　日期

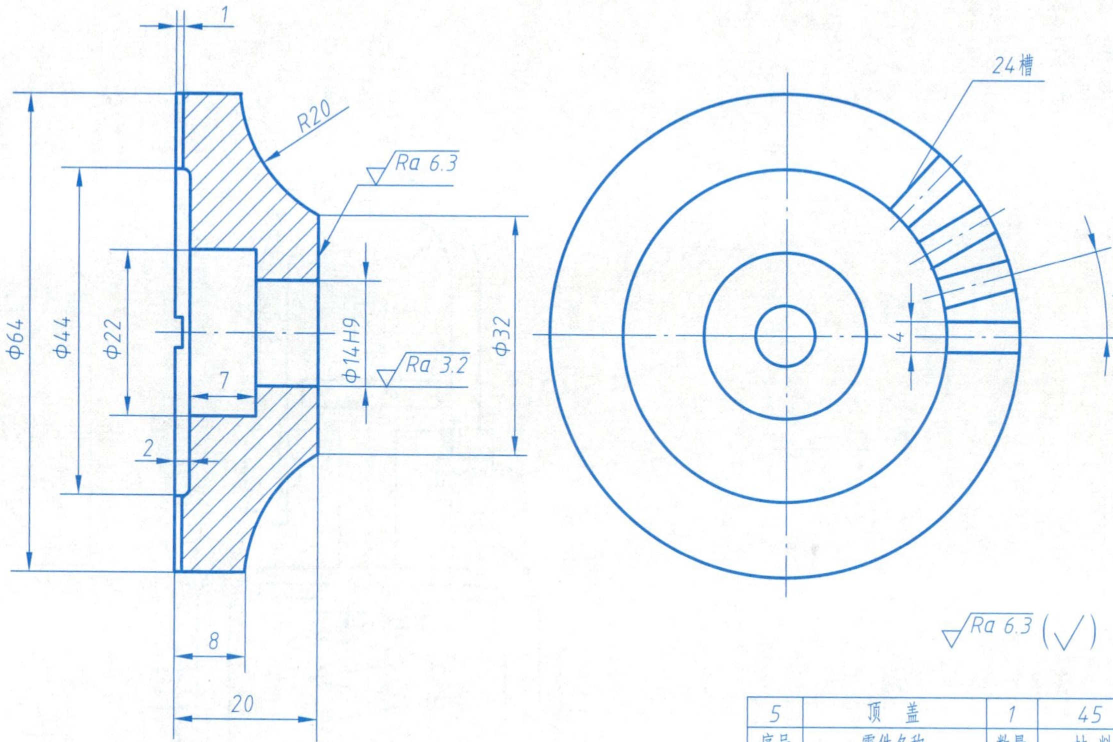

√Ra 6.3 (√)

5	顶盖	1	45	
序号	零件名称	数量	材料	备注

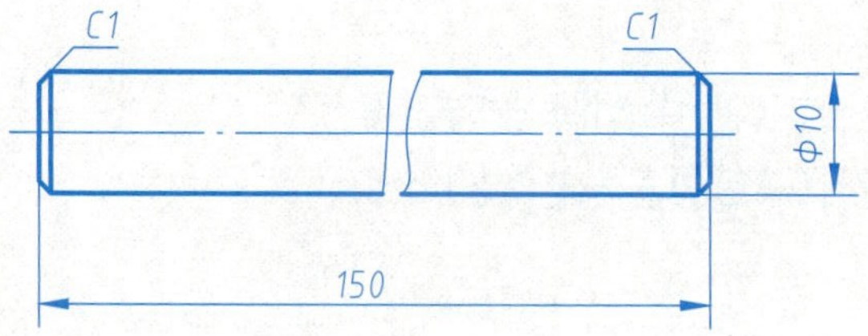

√Ra 6.3 (√)

3	旋转杆	1	45	
序号	零件名称	数量	材料	备注

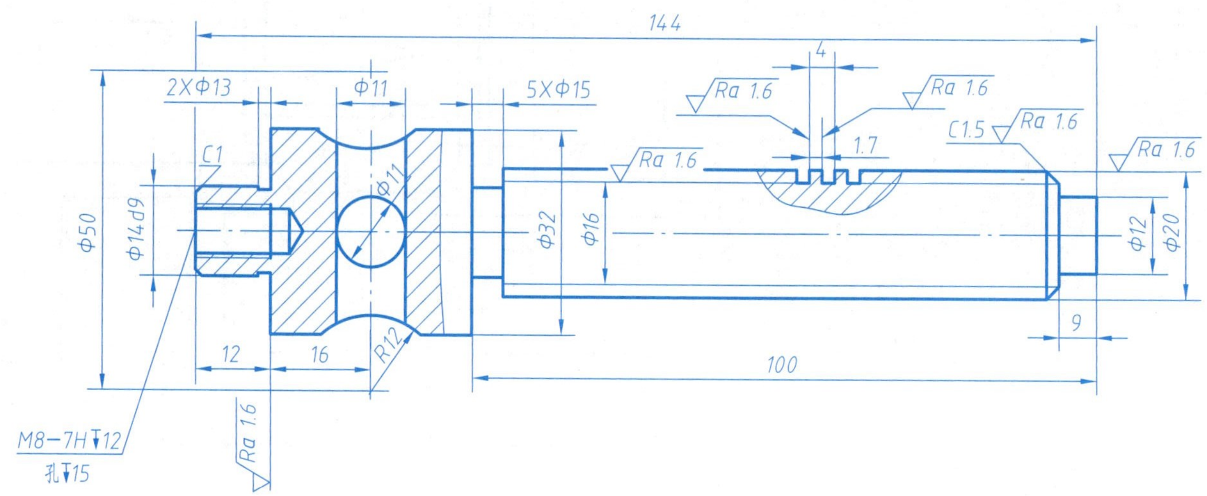

√Ra 6.3 (√)

2	起重螺杆	1	45	
序号	零件名称	数量	材料	备注

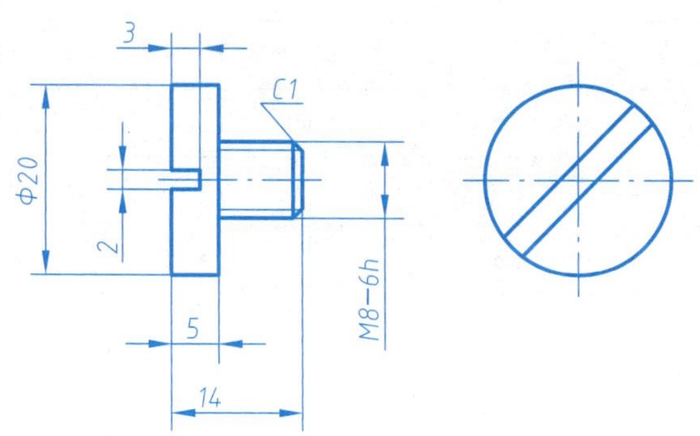

√Ra 3.2 (√)

4	螺钉	1	30	
序号	零件名称	数量	材料	备注

班级 姓名 日期

一、工作原理

安全阀是一种安装在供油管路中的安全装置。正常工作时，阀门靠弹簧的压力处于关闭位置，油从阀体左端孔流入，经下端孔流出。当油压超过允许压力时，阀门被顶开，过量油就从阀体和阀门开启后的缝隙间经阀体右端孔管道流回油箱，从而使管路中的油压保持在允许的范围内，起到安全保护作用。

调整螺杆可调整弹簧压力。为防止螺杆松动，其上端用螺母锁紧。

二、作业要求

1. 读懂安全阀装配图的轴测图和全部零件图。
2. 拼画装配图（采用A2图纸，比例为1：1）。

零件目录

序号	零件名称	数量	材料	附注及标准
1	阀体	1	ZL2	
2	阀门	1	H62	
3	弹簧	1	65Mn	
4	垫片	1	工业用纸	
5	阀盖	1	ZL2	
6	托盘	1	H62	
7	螺钉 M5x8	1	Q235	GB/T 75—2018
8	螺杆	1	Q235	
9	螺母 M10	1	Q235	GB/T 6170—2015
10	阀帽	1	ZL2	
11	螺母 M6	4	Q235	GB/T 6170—2015
12	垫圈 6	4	Q235	GB/T 97.1—2002
13	螺柱 M6x16	4	Q235	GB/T 899—1988

安全阀装配示意图

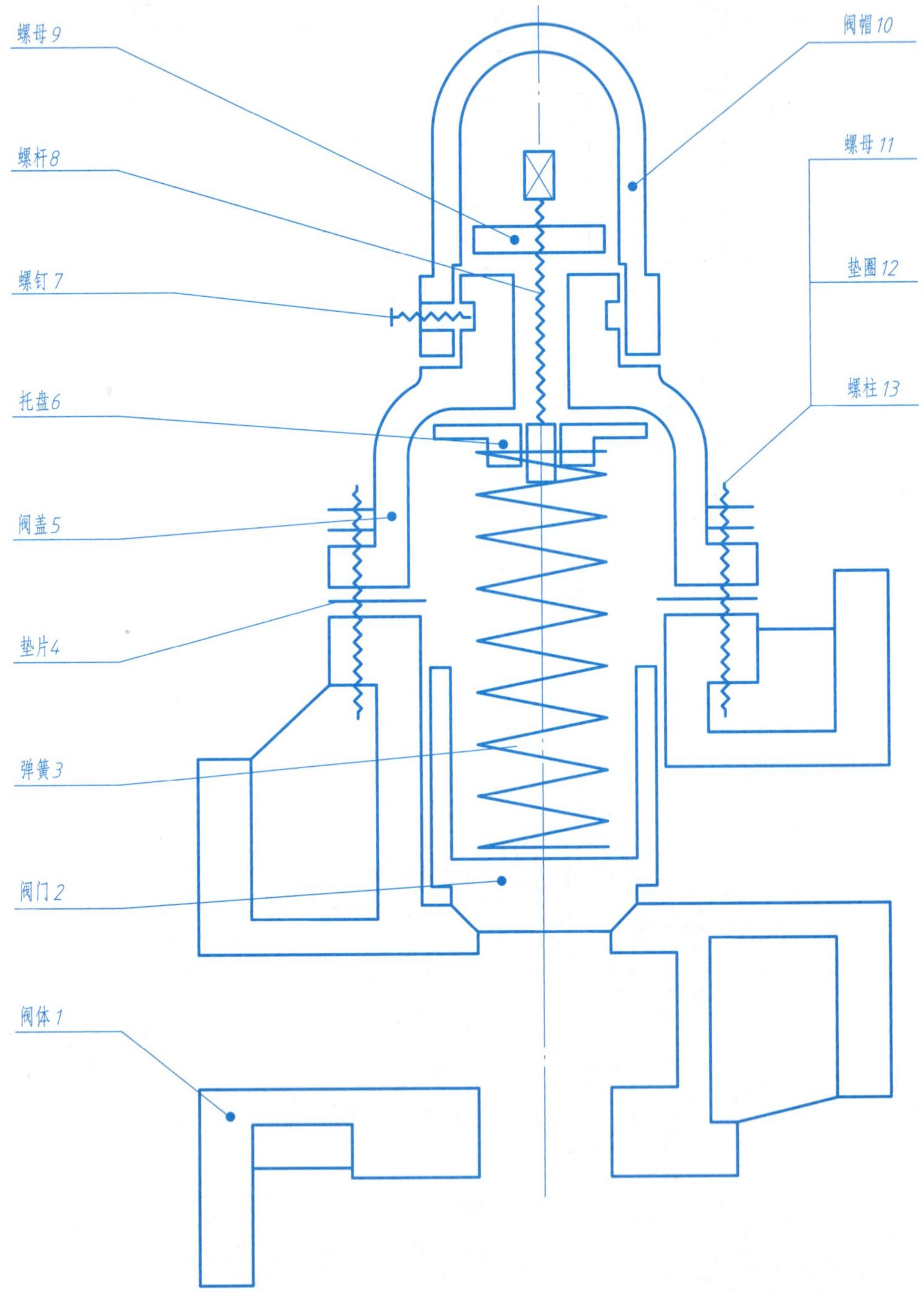

班级 姓名 日期

9-3(续)

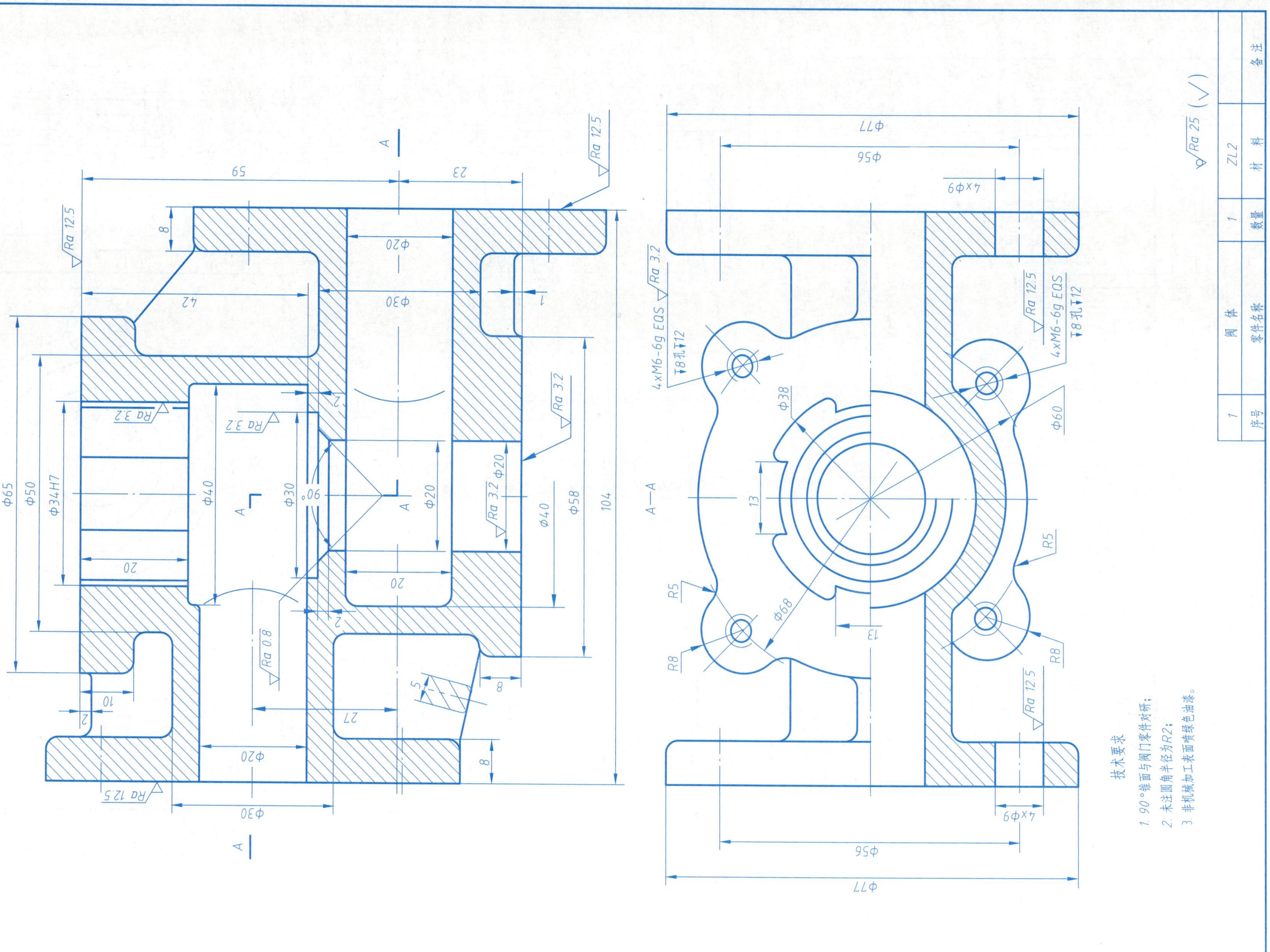
A—A
技术要求
1. 90°锥面与阀门零件对研；
2. 未注圆角半径为R2；
3. 非机械加工表面喷绿色油漆。
阀体
ZL2
序号
零件名称
数量
材料
备注

9-3(续)

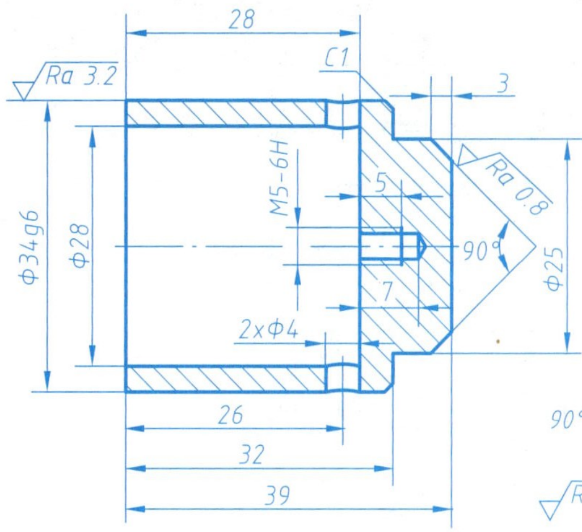

技术要求

90°锥面与阀体1对研。

Ra 12.5 (√)

2	阀门	1	H62	
序号	零件名称	数量	材料	备注

展开长度	548
旋向	右旋
有效圈数	n=7
总圈数	$n_1=8.5$

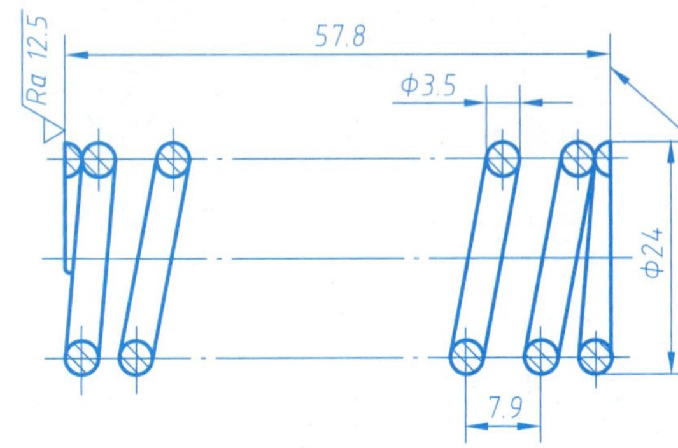

技术要求

热处理45HRC。

Ra 25 (√)

3	弹簧	1	65Mn	
序号	零件名称	数量	材料	备注

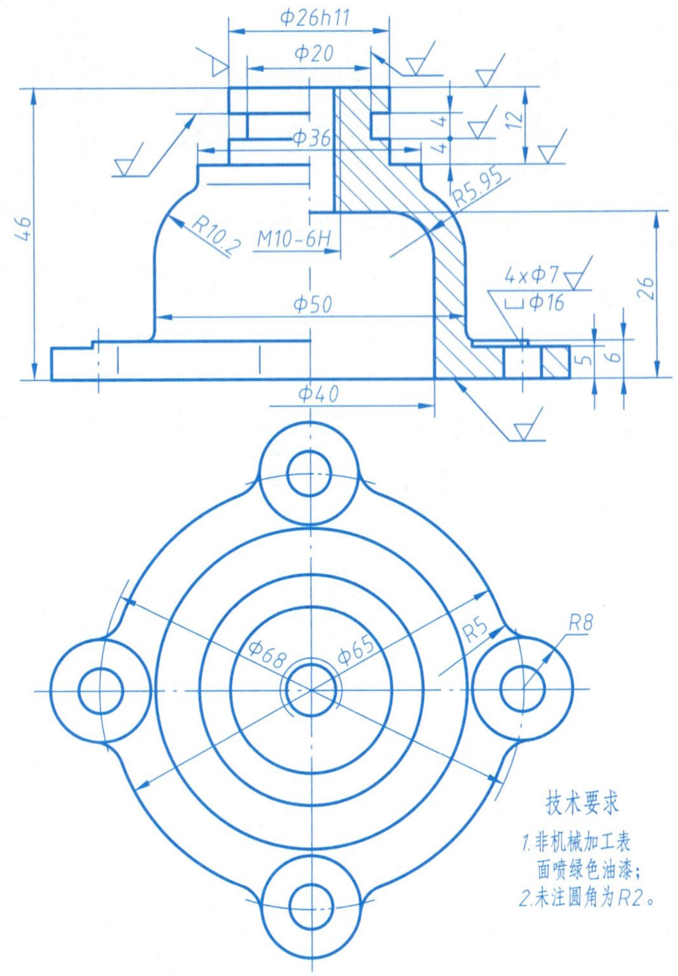

技术要求

1.非机械加工表面喷绿色油漆；

2.未注圆角为R2。

√ = √Ra 12.5　　Ra 25 (√)

5	阀盖	1	ZL2	
序号	零件名称	数量	材料	备注

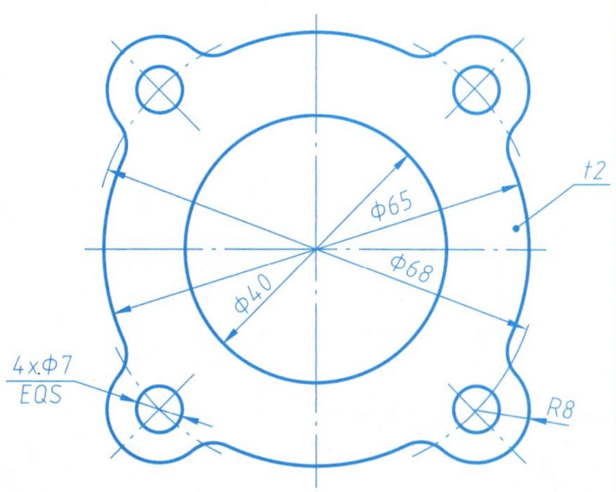

技术要求

未注圆角R5。

4	垫片	1	工业用纸	
序号	零件名称	数量	材料	备注

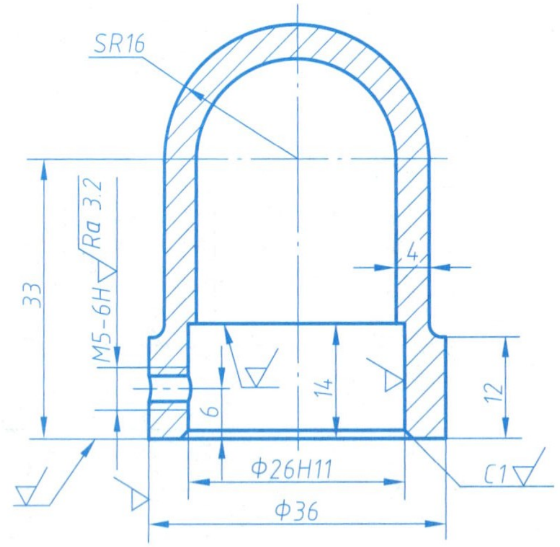

技术要求

1. 非机械加工表面喷绿色油漆；

2. 未注圆角为R2。

√ = √Ra 12.5

Ra 25 (√)

10	阀帽	1	ZL2	
序号	零件名称	数量	材料	备注

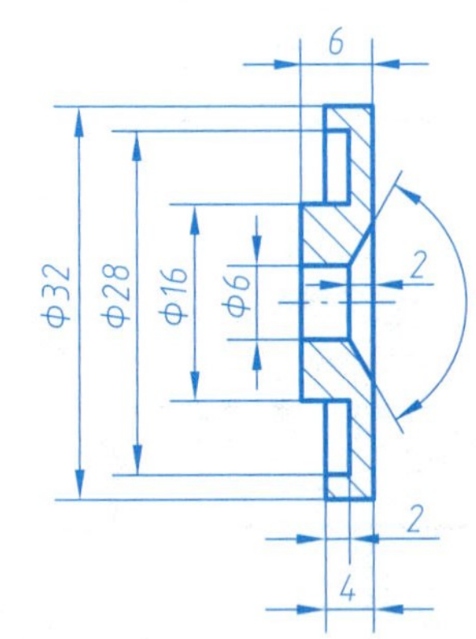

Ra 6.3 (√)

6	托盘	1	H62	
序号	零件名称	数量	材料	备注

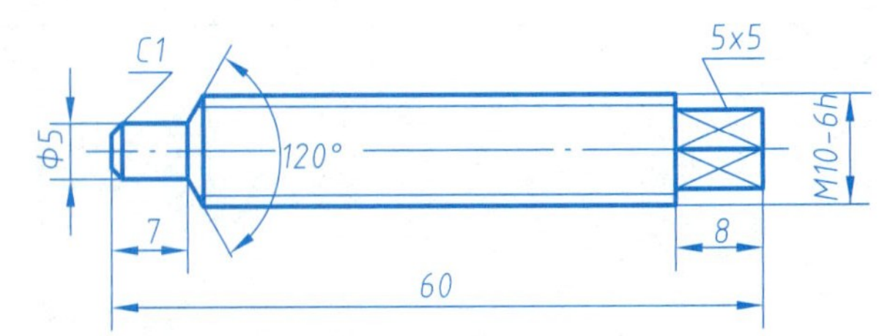

Ra 6.3 (√)

8	螺杆	1	Q235	
序号	零件名称	数量	材料	备注

班级　　姓名　　日期

9-4 根据联轴器零件图,拼画装配图(用 A2 图纸,按 2 : 1 的比例)

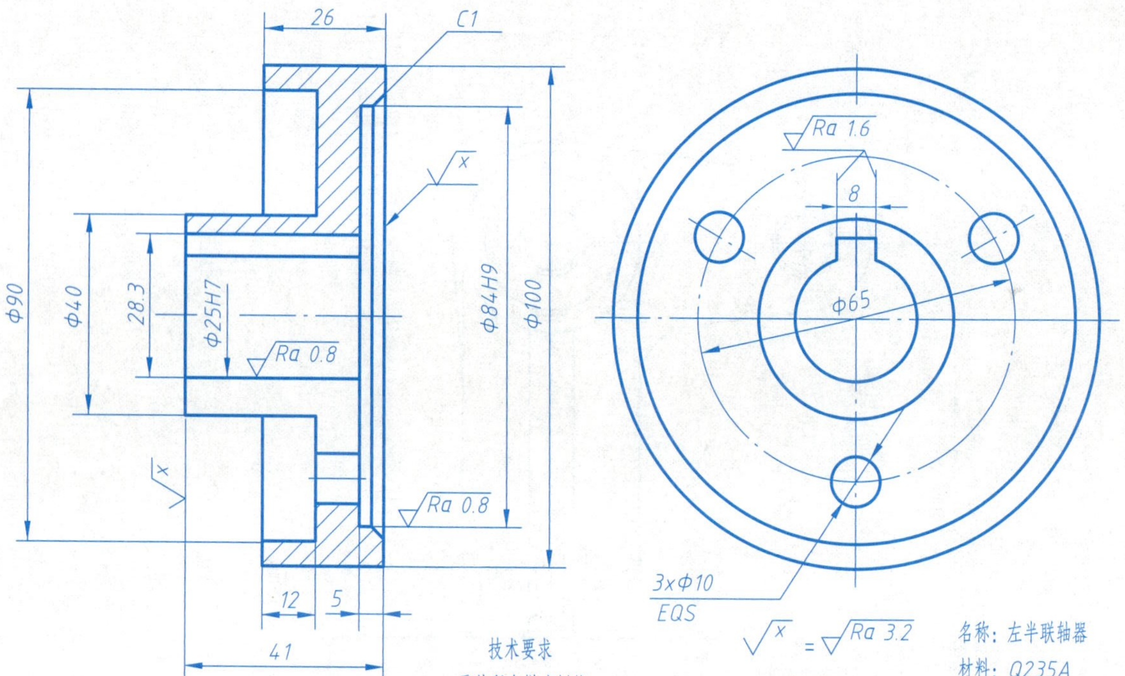

技术要求

零件所有锐边倒钝。

$\sqrt{x}$ = Ra 3.2

Ra 6.3 (√)

名称:左半联轴器

材料:Q235A

数量:1

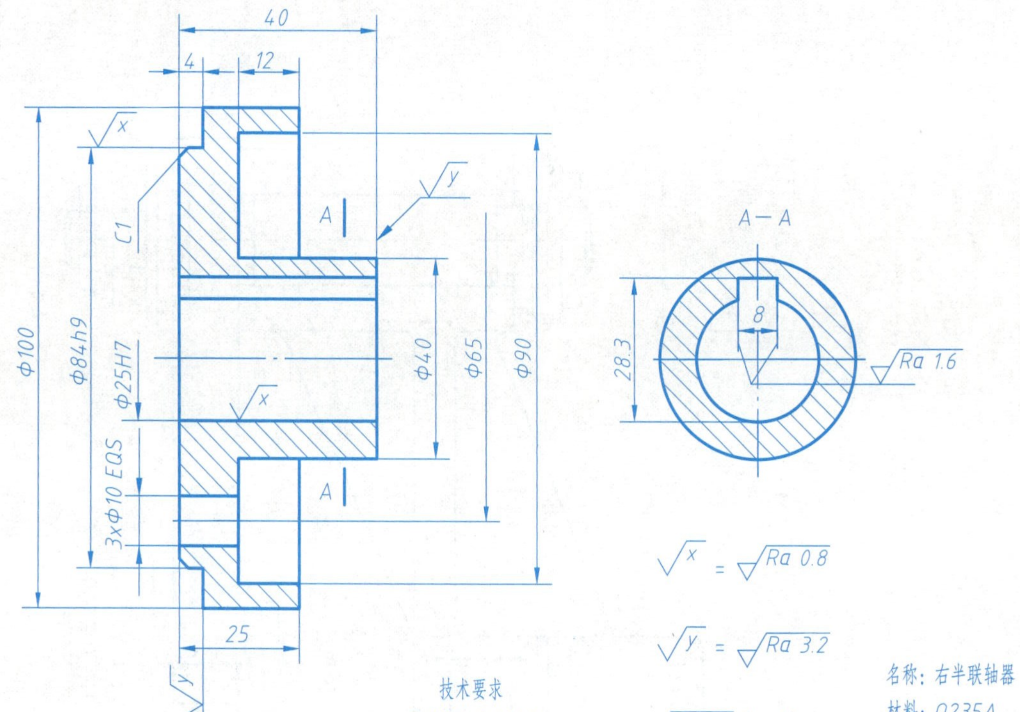

$\sqrt{x}$ = Ra 0.8

$\sqrt{y}$ = Ra 3.2

技术要求

零件所有锐边倒钝。

Ra 6.3 (√)

名称:右半联轴器

材料:Q235A

数量:1

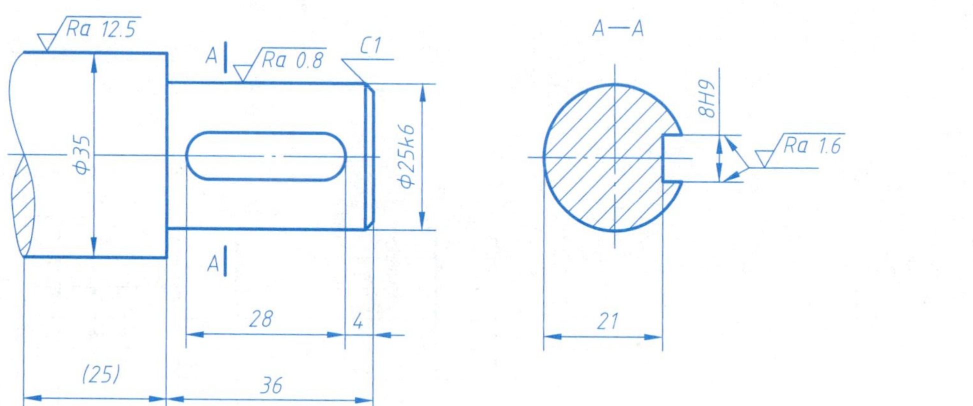

Ra 6.3 (√)

名称:轴

材料:45

数量:2

标 准 件

1. 六角头螺栓　　规定标记:螺栓 GB/T 5780 M8×35　　数量 3
2. 六角螺母　　规定标记:螺母 GB/T 6170 M8　　数量 3
3. 圆头普通平键　　规定标记:键 8×7×28 GB/T 1096　　数量 2
   (键与键槽配合为 8JS9)
4. 平垫圈　　规定标记:垫圈 GB/T 97.1 8　　数量 3

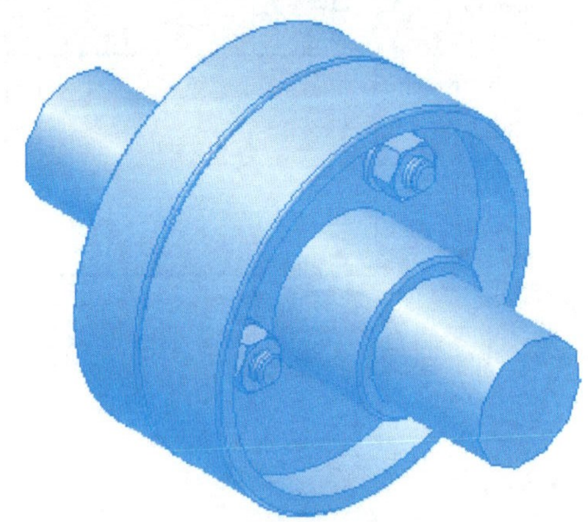

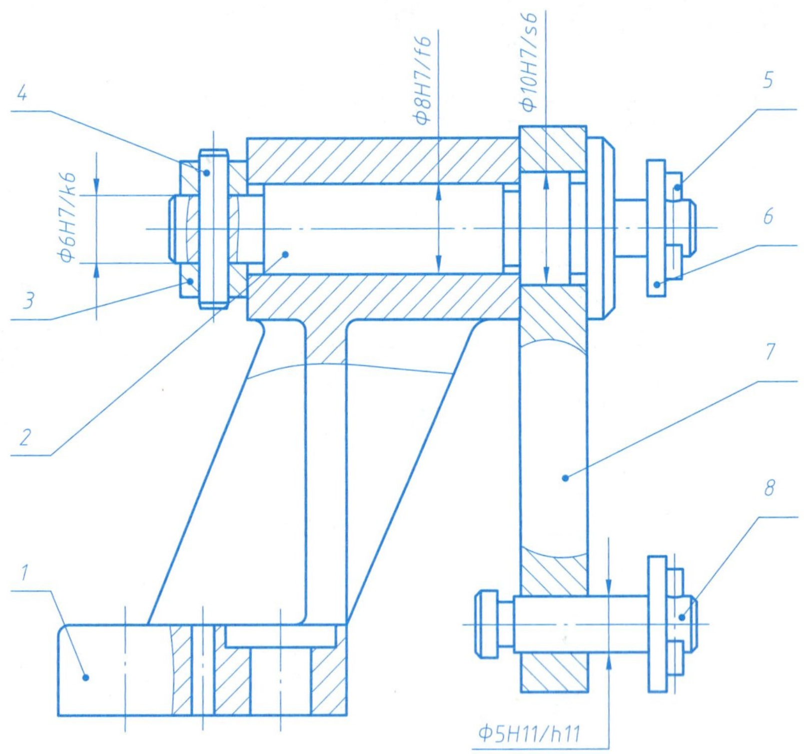

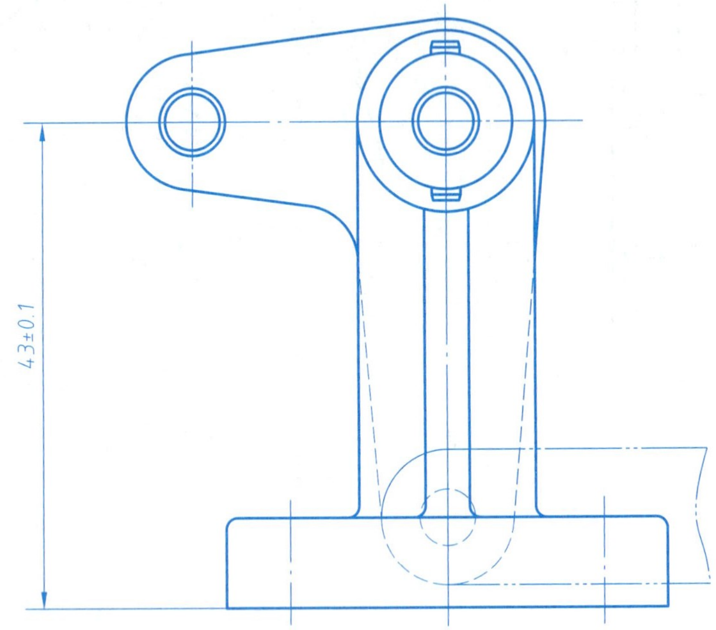

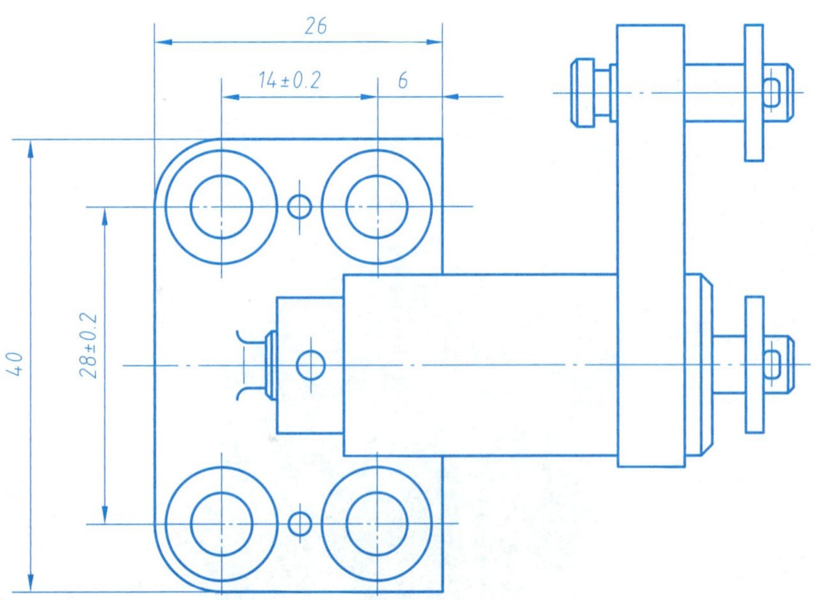

工作原理

支座固定在某机器的机架上，杠杆轴是杠杆转动的支点，杠杆的一端用连杆（细双点画线画出）连接，由小轴来推动，使另一端产生上下摆动而达到开与关的目的。

技术要求

装配后杠杆转动必须灵活。

序号	名称	数量	材料	备注
8	小轴	2	35	
7	杠杆	1	ZG270-500	
6	垫圈 5	2	Q235	GB/T97.2—2002
5	开口销 1.6x10	2	Q235	GB/T91—2000
4	圆柱销 2.5x14	1	45	GB/T119.1—2000
3	挡圈	1	Q235	GB/T883—1986
2	杠杆轴	1	45	
1	支座	1	ZQSn6-6-3	

杠杆开关	比例	1:1
	第 张	共 张
	质 量	
制图		
审核		

班级 姓名 日期

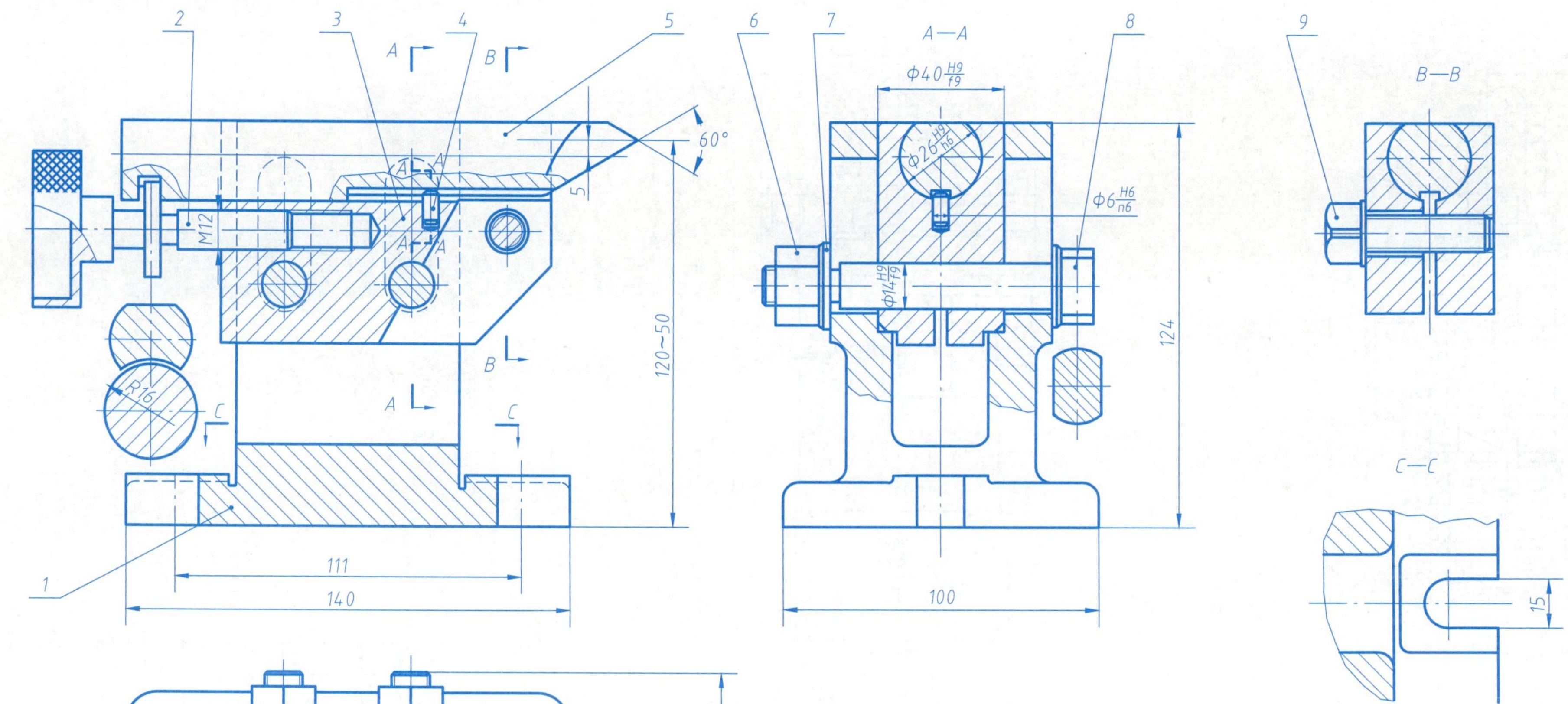

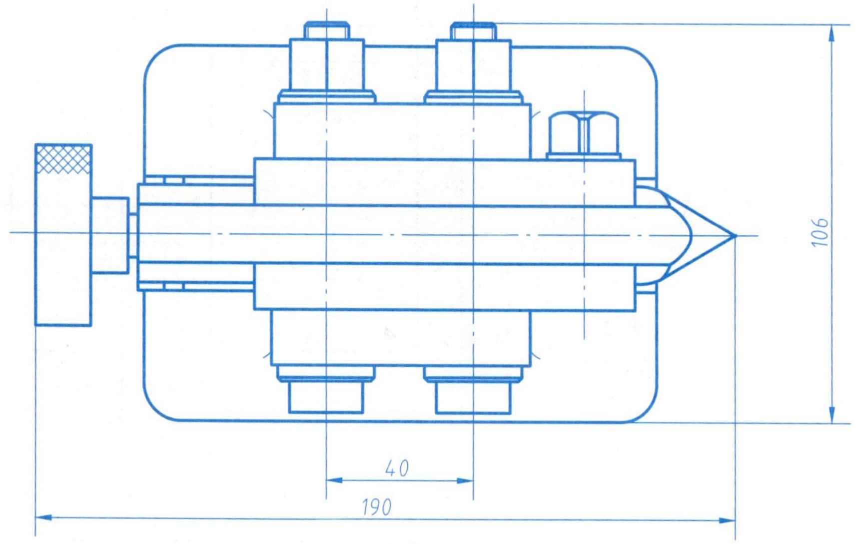

工作原理

铣床尾架用于支承工件,顶尖5应能上下、左右调整。松开螺母6,可推动中心块3上下移动,即调整顶尖的高度。松开螺钉9，转动螺钉2，可左右调整顶尖。

读"铣床尾架"装配图思考题

1. 顶尖5可以朝哪些方向移动？这些动作是如何完成的？
2. 有哪些零件装在中心块3上？它们是怎样和中心块连接的？各起什么作用？
3. 描述一下中心块3的形状，它的右下方为什么要开一个槽？
4. 螺钉2和顶尖5是如何接触的？定位销4和顶尖5又是如何接触的？
5. 试述"铣床尾架"的装拆顺序。
6. 拆画序号1（架座）和序号3（中心块）的零件图。

序号	名 称	数量	材 料	备 注
9	方头螺钉 M12X40	1	Q235A	GB/T 68—2016
8	螺栓	2	Q235A	GB/T 5780—2016
7	垫圈12	2	Q235A	GB/T 97.1—2002
6	螺母M12	2	Q235A	GB/T 6170—2015
5	顶尖	1	45	
4	销6 m6X10	1	45	GB/T 119.1—2000
3	中心块	1	Q235A	
2	螺钉	1	Q235A	
1	架座	1	HT100	

铣 床 尾 架	比 例	1:2
	第 张	共 张
制 图		
审 核		

1. 读懂“隔膜阀”装配图，了解各视图的表达重点。
2. 拆画序号 7（阀体）的零件图，包括视图、尺寸、技术要求和标题栏。

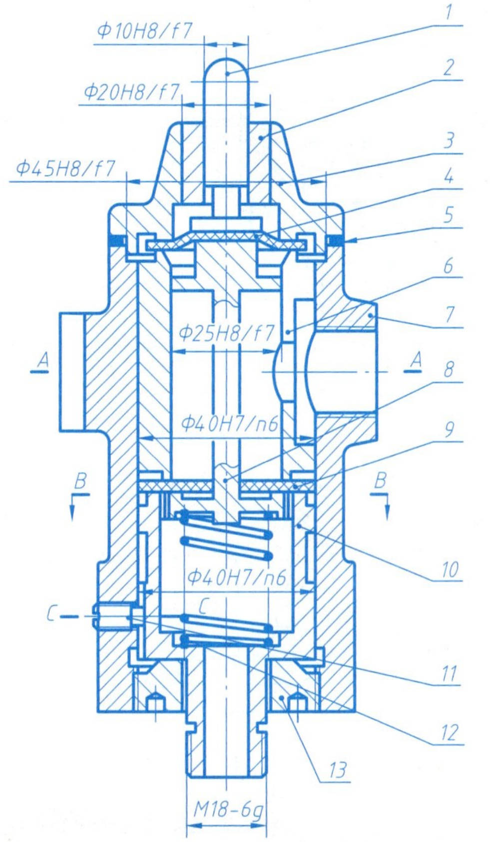

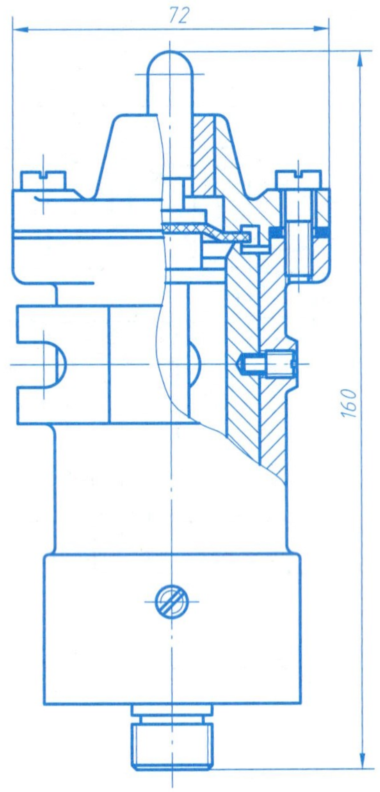

工作原理

隔膜阀是一种节制气流的阀门。当阀帽1受外力作用向下时，固定在阀杆8上的隔膜4因弹性作用下压阀杆，这样与阀杆连接的弹簧被压缩使阀杆与胶垫9间产生空隙，从而阀门底部进入的气体就均匀地流入阀体内，由阀门右面的出气口（G1/2）流出。当阀帽的外力消除后，弹簧12的弹力，使阀杆压紧胶垫，于是阻止气流通过。

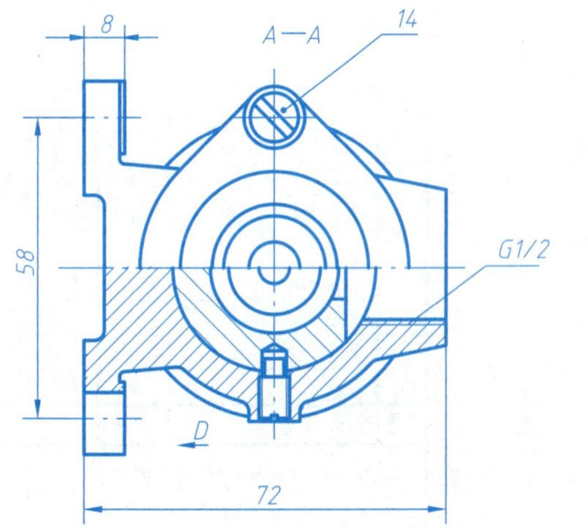

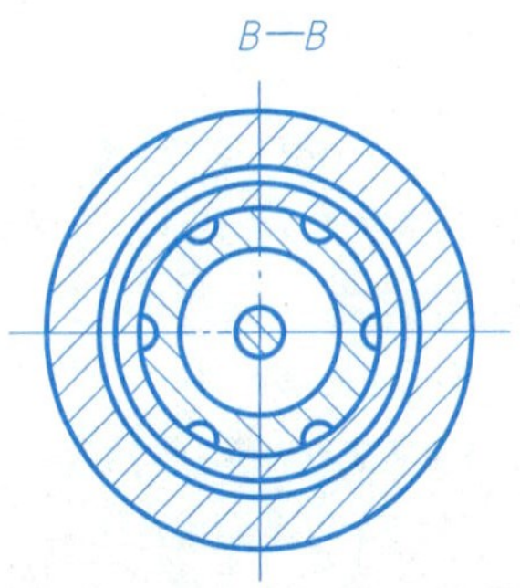

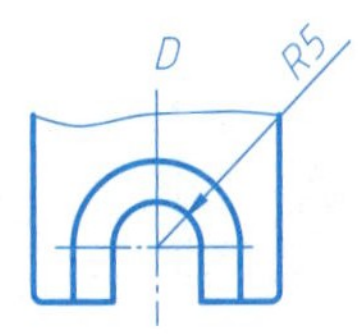

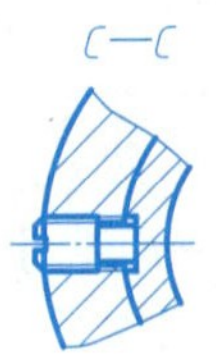

序号	名称	数量	材料	备注
14	螺钉M6x20	2		GB/T 65-2016
13	塞子	1	Q235A	GMF-12
12	弹簧	1	Q235A	GMF-11
11	螺钉M6x12	2		GB/T 75-2018
10	阀套	1	50CrVA	GMF-10
9	胶垫	1	橡胶	GMF-09
8	阀杆	1	45	GMF-08
7	阀体	1	HT150	GMF-07
6	套筒	1	Q235A	GMF-06
5	衬垫	1	橡胶	GMF-05
4	隔膜	1	橡胶	GMF-04
3	盖子	1	HT150	GMF-03
2	衬套	1	Q235A	GMF-02
1	阀帽	1	45	GMF-01

隔膜阀		比例	1:1
		第 张	共 张
制图		GMF-00	
审核			

班级		姓名		日期	

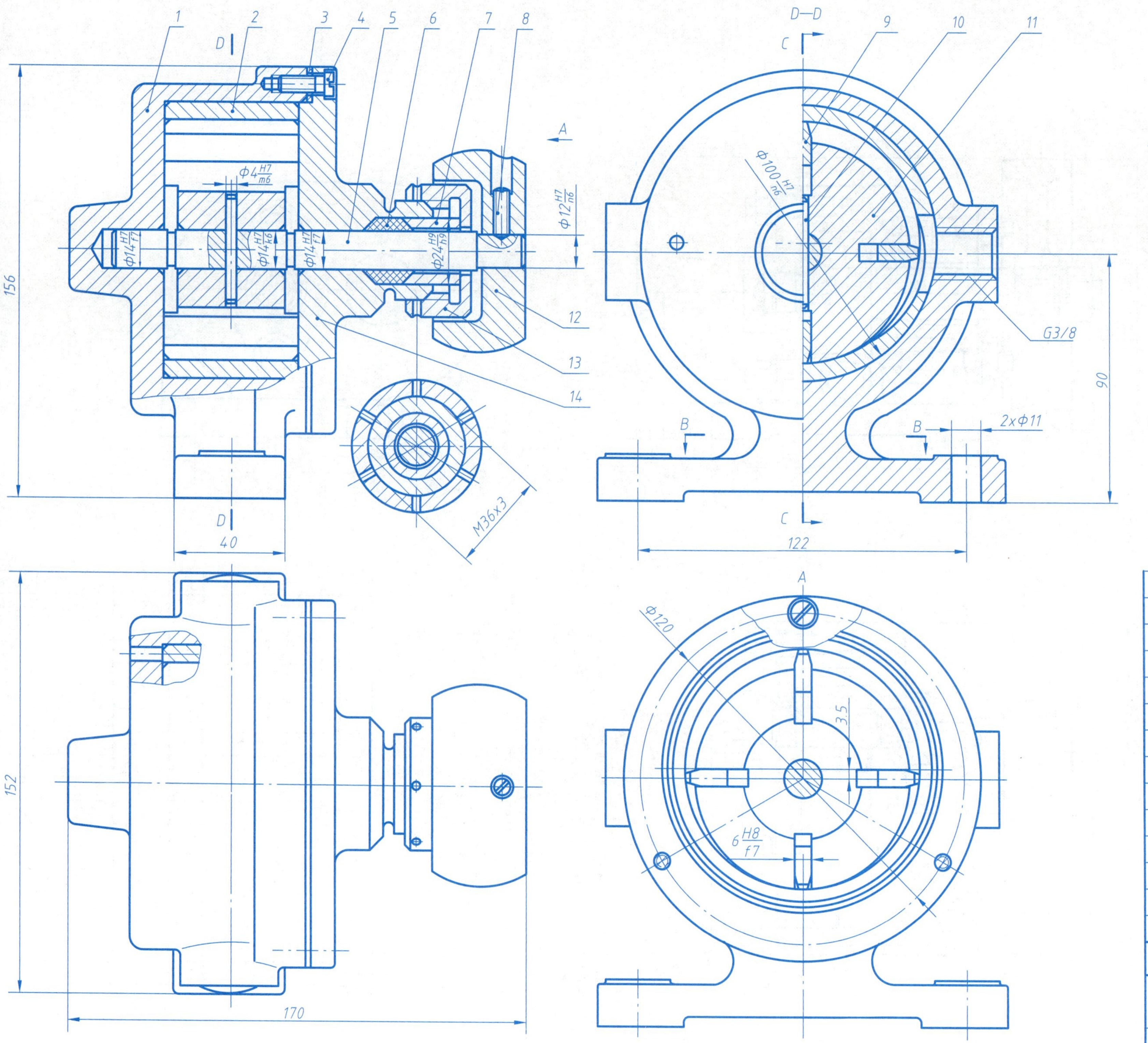

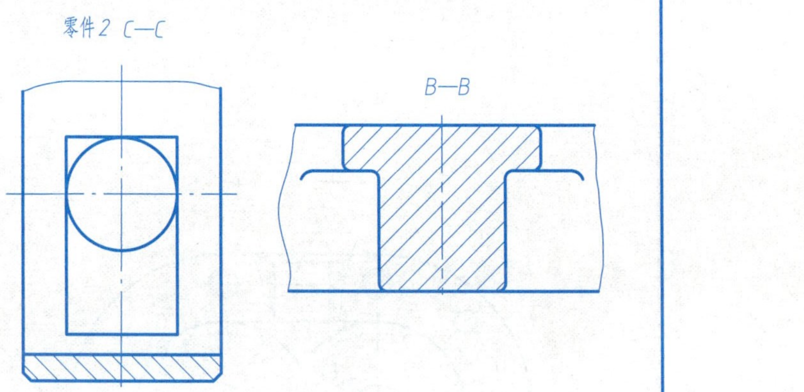

读“转子泵”装配图思考题

1. 有哪些零件装在转子11上？它们是如何和转子连接的？各起什么作用？
2. 如何防止件5的伸出端漏油？件5上为什么有两个退刀槽？
3. 分析泵体1的形状，尺寸14和100是同心的吗？它左端面上的小孔起什么作用？有几个？
4. 件2起什么作用？它是怎样固定在件1上的？它内表面上的弧形槽起什么作用？ZCuZn38是什么材料？
5. 件13是什么形式的螺母？它上面的六个小孔起什么作用？为什么不用六角螺母？
6. 试述“转子泵”的装拆顺序。
7. 拆画序号1（泵体）和序号11（转子）的零件图。

工作原理

当转子11旋转时，转子与叶板9和衬套2之间的封闭容积一侧由小变大，一侧由大变小，从而完成吸油和压油。

序号	名称	数量	材料	备注
14	泵盖	1	HT150	ZZB-11
13	压盖螺母	1	Q275	ZZB-10
12	带轮	1	HT150	ZZB-09
11	转子	1	Q235A	ZZB-08
10	销6x40	1	Q235A	GB/T119.1—2000
9	叶板	4	Q275	ZZB-07
8	螺钉M6x18	1	Q235A	GB/T72—1988
7	压盖	1	Q235A	ZZB-06
6	填料	1	石棉绳	ZZB-05
5	轴	1	Q235A	ZZB-04
4	螺钉M6x16	3	Q235A	GB/T65-2016
3	垫片	1	纸板	ZZB-03
2	衬套	1	ZCuZn38	ZZB-02
1	泵体	1	HT150	ZZB-01

转子泵		比例	
		第 张	共 张
制图			ZZB-00
审核			

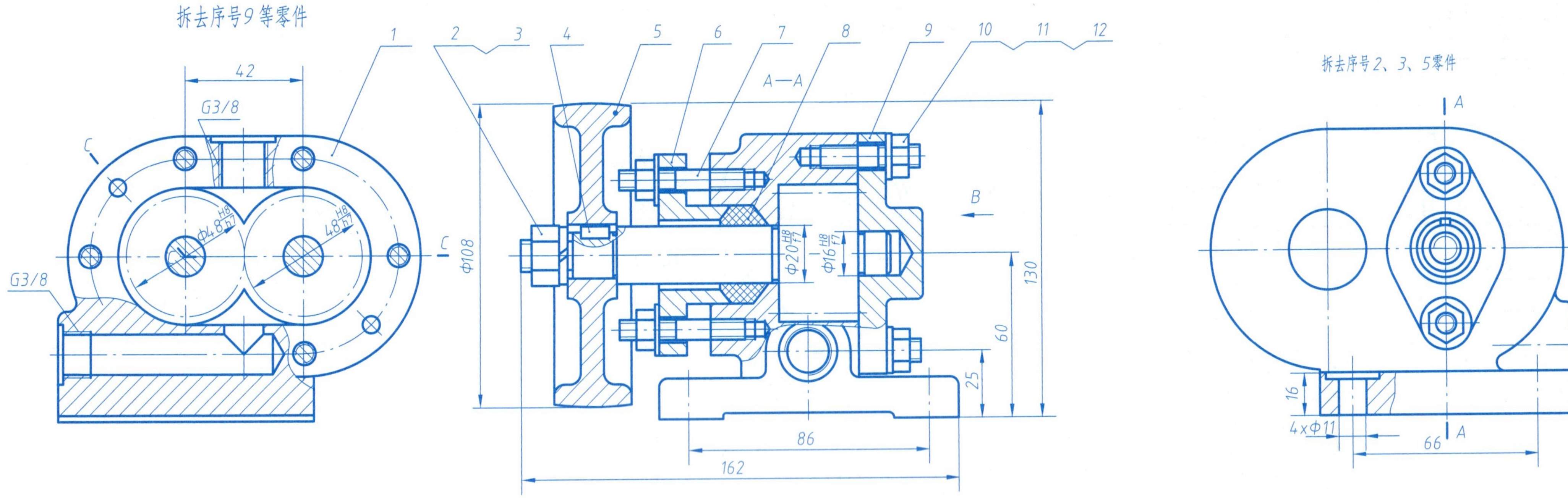

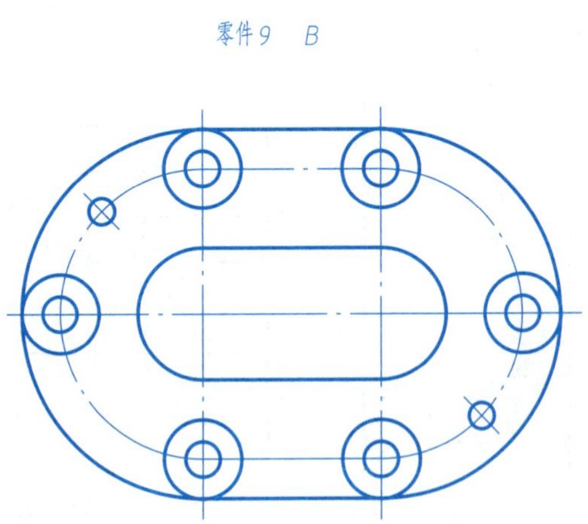

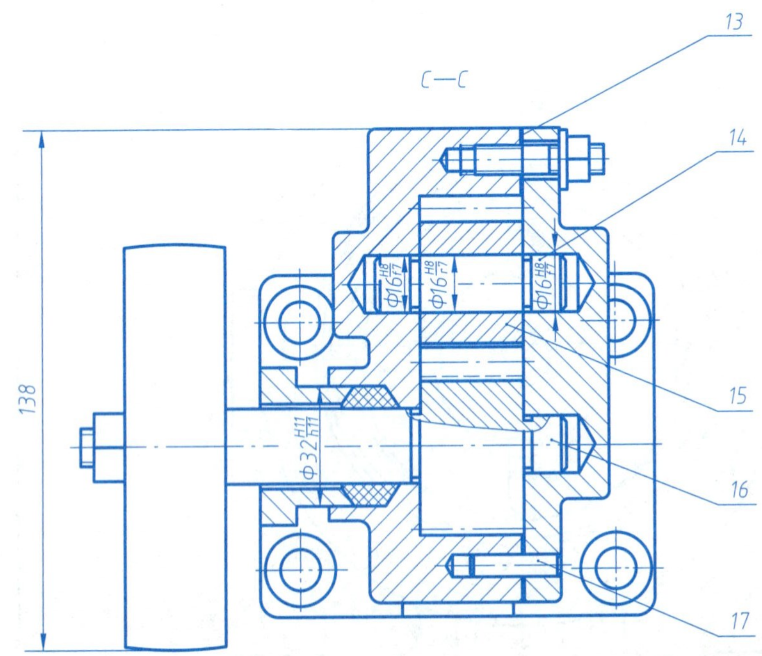

技术要求

1. 齿轮装配后齿面接触斑点跑合后沿齿宽方向应达到90%,沿齿高方向应达到55%;
2. 各密封处不得泄漏,工作压力不小于30 MPa。

工作原理:

齿轮泵是液压系统或润滑系统中流体加压的部件。从右视图中可见,当齿轮轴16作逆时针方向转动时,齿轮15作顺时针方向转动,在泵体1上方进油处产生局部真空而使压力降低,油被吸入,并随齿轮的齿隙被带到下方出油处。当齿轮连续转动时就产生了齿轮泵的加压作用。

读图要求:

1. 读懂齿轮泵装配图;
2. 拆画零件9泵盖;
3. 拆画零件1泵体。

序号	名 称	数量	材 料	备 注
17	销 6x20	2		GB/T 119.1—2000
16	齿轮轴	1	45	m=3, z=14
15	齿轮	1	45	m=3, z=14
14	轴	1	45	
13	垫片	1	纸	
12	螺柱 M8X20	6		GB/T 897—1988
11	垫圈	8		GB/T 97.1—2002
10	螺母 M12	8		GB/T 6170—2015
9	泵盖	1	HT150	
8	填料	1	麻	
7	螺柱 M8X35	2		GB/T 898—1988
6	压盖	1	HT150	
5	带轮	1	HT150	
4	键 5x5x10	1	45	GB/T 1096—2003
3	垫圈 12	1	65Mn	GB/T 93—1987
2	螺母 M12	1		GB/T 6170—2015
1	泵体	1	HT150	

齿 轮 泵		比 例	1:2
		第 张	共 张
制图			
审核			

班级		姓名		日期	

9-10 齿轮油泵测绘

要求：

（1）了解齿轮油泵的工作原理、结构特点及主要装配连接关系。

（2）按照齿轮油泵的装配示意图。装拆零件并对零件进行分类、编号后记录在表中。

（3）画出泵体、泵盖和泵座的零件草图，并测量、标注尺寸。其他零件可参考后面给出的零件图。（如果没有该类型的齿轮油泵，可参考随书教学给出的泵体、泵盖和泵座的三维模型文件，利用相应的三维软件打开，在软件中进行模拟测绘）。

（4）绘制齿轮油泵装配图，绘制主要零件（泵体、泵座和泵盖）的零件图。

（5）利用计算机辅助绘图软件（AutoCAD、Inventor）绘制零件图、创建三维零件模型和齿轮油泵装配模型。

齿轮油泵的工作原理：

油泵是将油箱内润滑油吸入，经加压输往需要润滑部位的部件，使用时，动力由带轮（件12）传入，再通过键（件13）传给主动齿轮轴，由主动齿轮轴（件7）带动从动齿轮（件2）转动。齿轮在运转过程中使右边空间成为低压区，而左边成为高压区（如下页原理图1），润滑油便由进油口吸入，经出油口流向需要润滑的部位。为防止漏油，在泵盖（件1）与泵体（件6）之间加有垫片（件5），可以借其调节齿轮端面与泵体、泵盖间的间隙，在主动齿轮轴右端加有填料（件18）及填料压盖（件11），防止沿轴向漏油。在工作过程中，当出油口的压力超过正常压力时，高压油会将钢球（件22）顶开（如下页原理图2），形成高压区与低压区的直接回路，这种卸压装置可防止输油管路及油泵零件因压力过高而受到损坏。

	序号	名称	材料	数量	备注	规格
一般零件	1	泵盖				
常用件						
标准件		螺柱	Q235A		GB/T 898—1988	
		螺母	Q235A		GB/T 6170—2015	
		垫圈	Q235A		GB/T 93—1987	
		键	45		GB/T 1096—2003	
		螺栓	Q235A		GB/T 5781—2016	
		销	35		GB/T 119.1—2000	
		钢球	GCr9		GB/T 308.1—2013	

技术要求

1.旋向　右

2.有效圈数　$n=10$

3.总圈数　$n_1=12.5$

4.最大负荷　$F_i=62.8N$

5.许用极限负载　$F_j=108N$

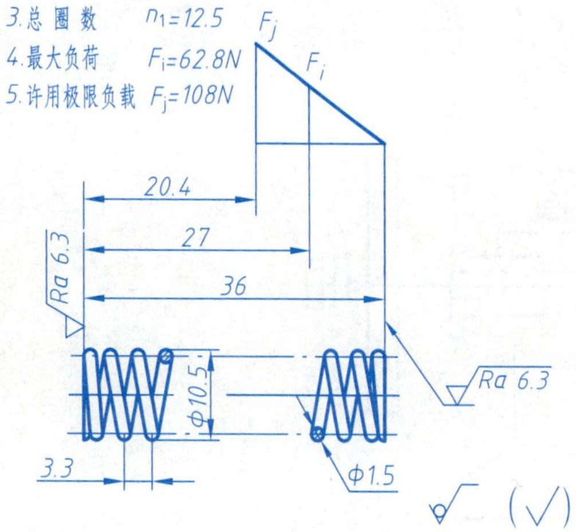

弹簧	件数	1	材料	65Mn

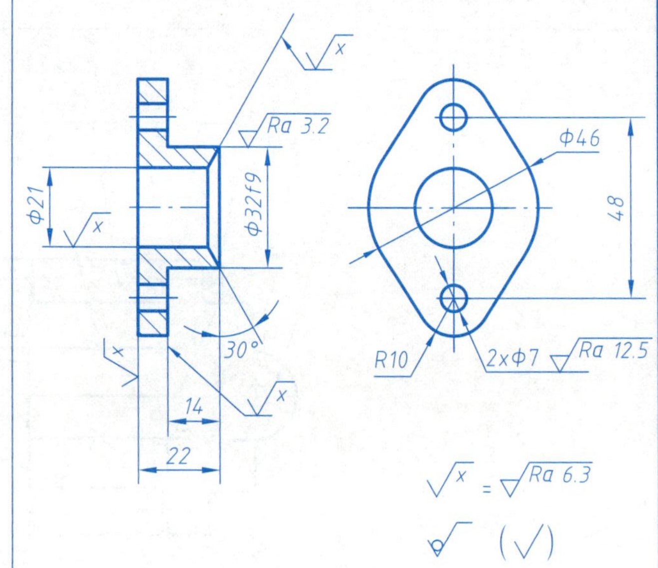

填料压盖	件数	1	材料	HT150

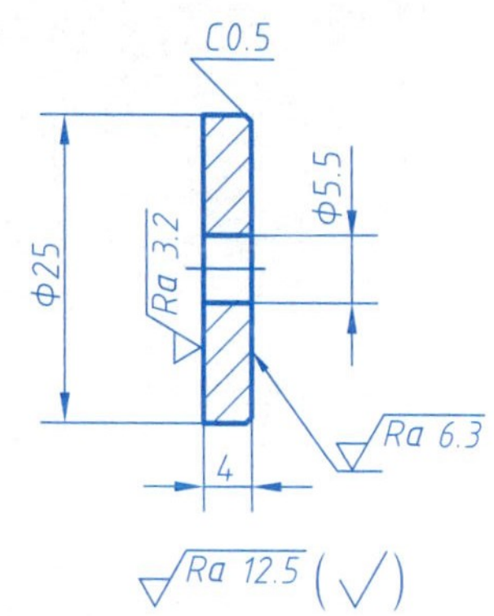

挡圈	件数	1	材料	Q235A

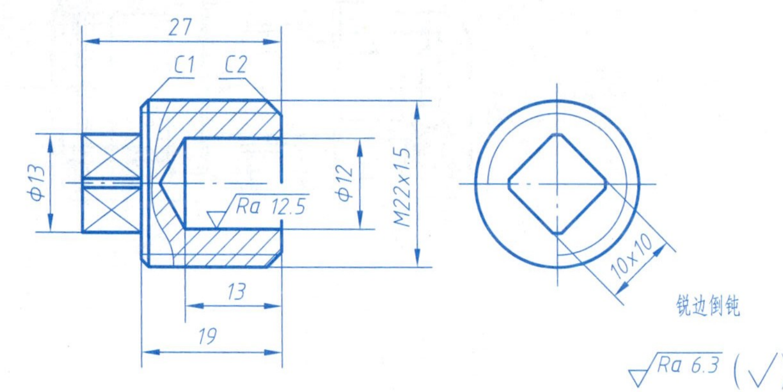

锐边倒钝

压力螺钉	件数	1	材料	Q235A

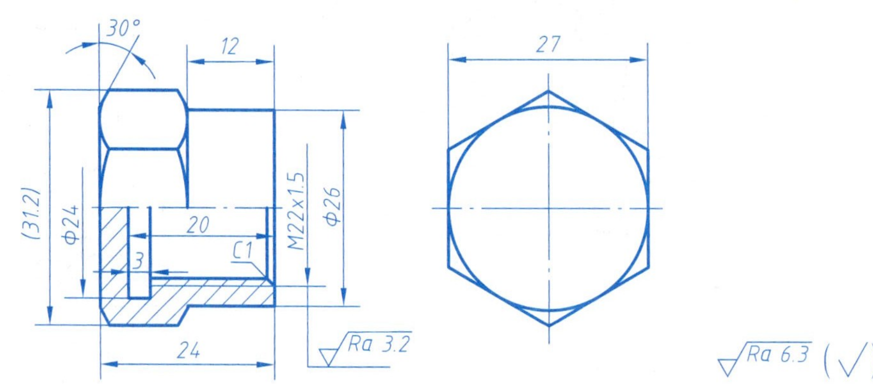

罩子螺母	件数	1	材料	Q235A

齿轮油泵装配示意图

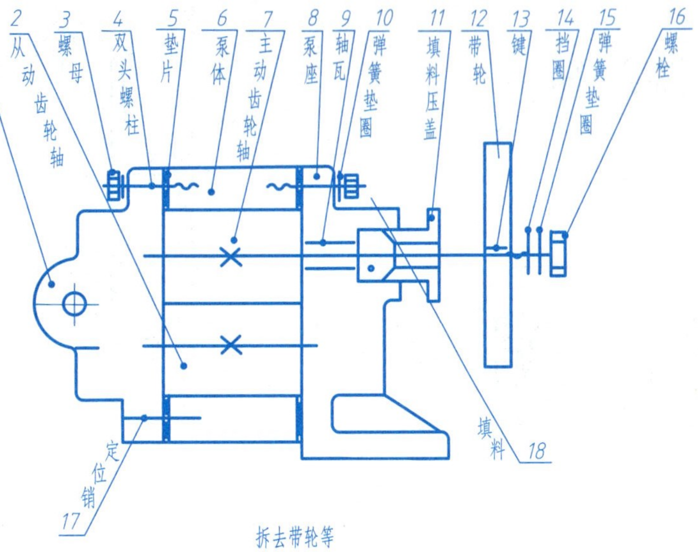

拆去带轮等

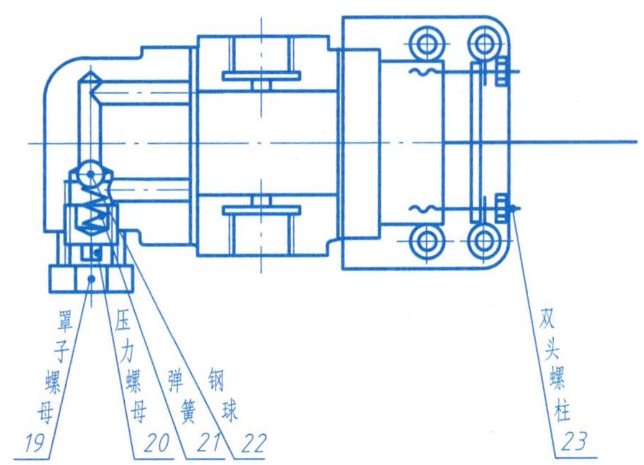

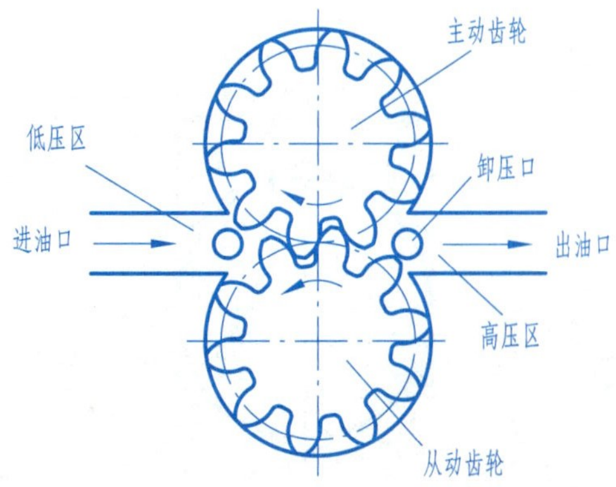

原理图1

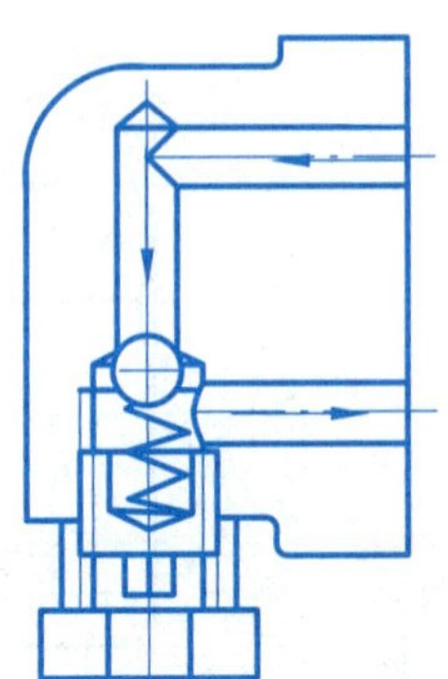

原理图2

压力角	α	20°
齿数	z	14
模数	m	3

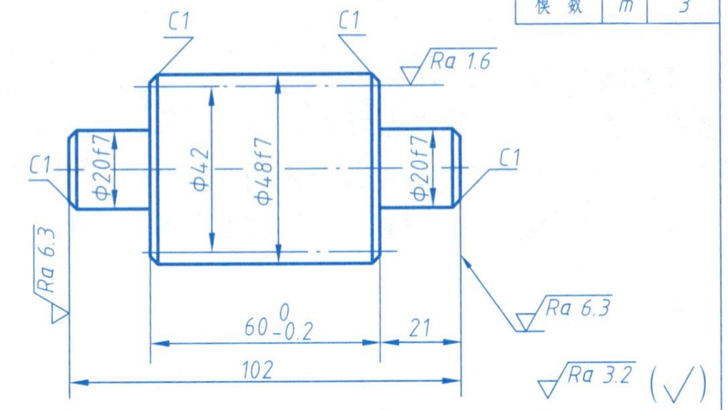

从动齿轮轴	件数	1	材料	45

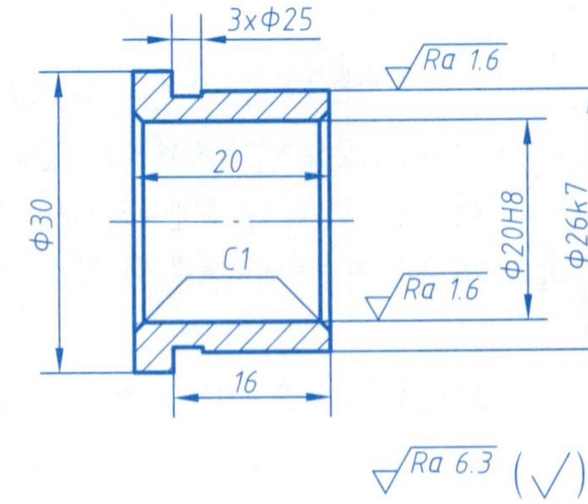

轴瓦	件数	4	材料	ZCuSn10Pb1

压力角	α	20°
齿数	z	14
模数	m	3

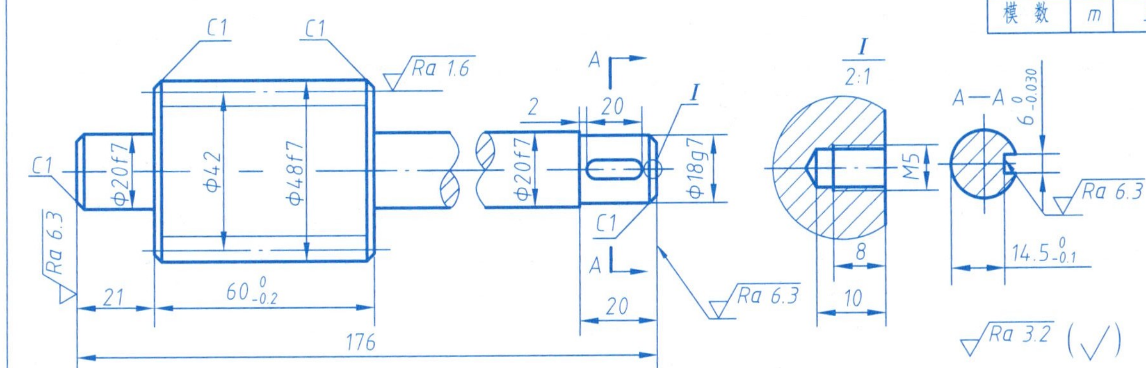

主动齿轮轴	件数	1	材料	45

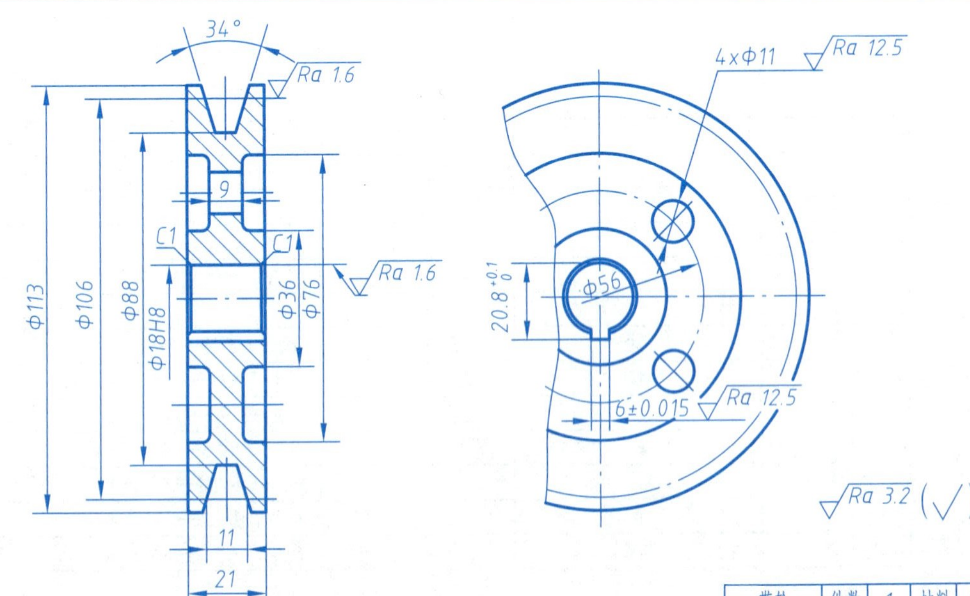

带轮	件数	1	材料	HT150

班级		姓名		日期	

11-1 绘制草图

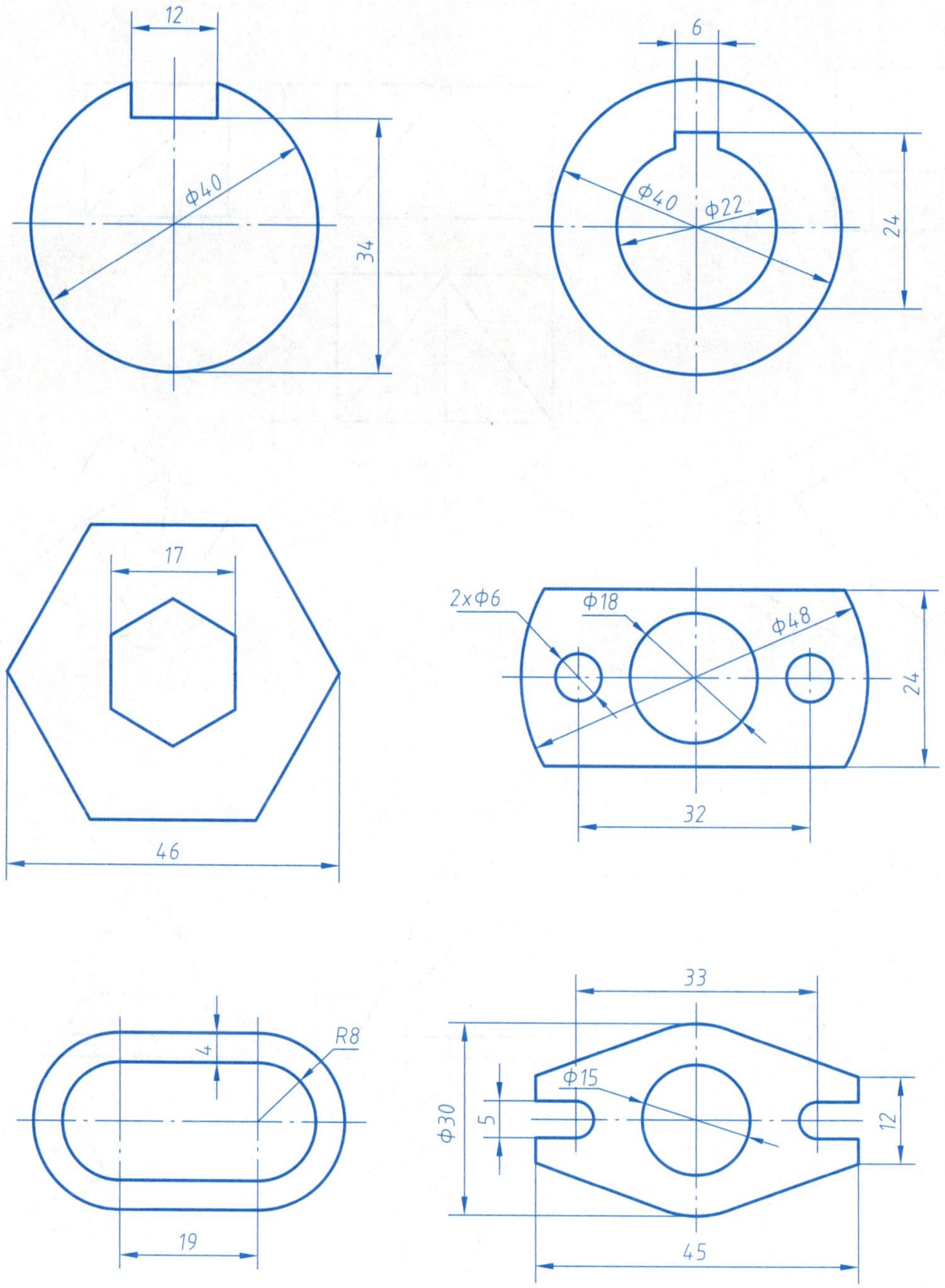

11-2 绘制草图

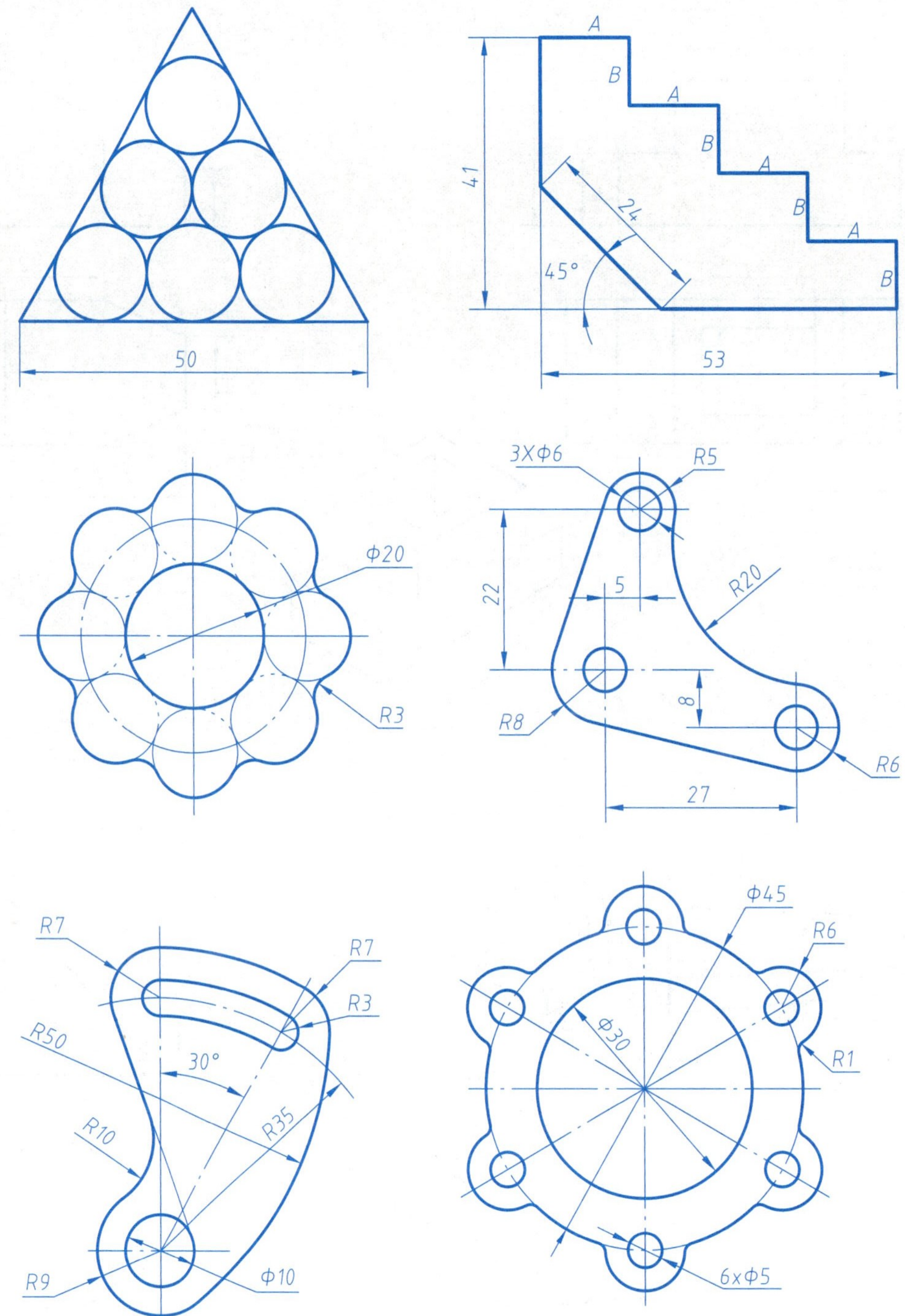

12-1 根据立体的二维视图建立其三维模型

1)

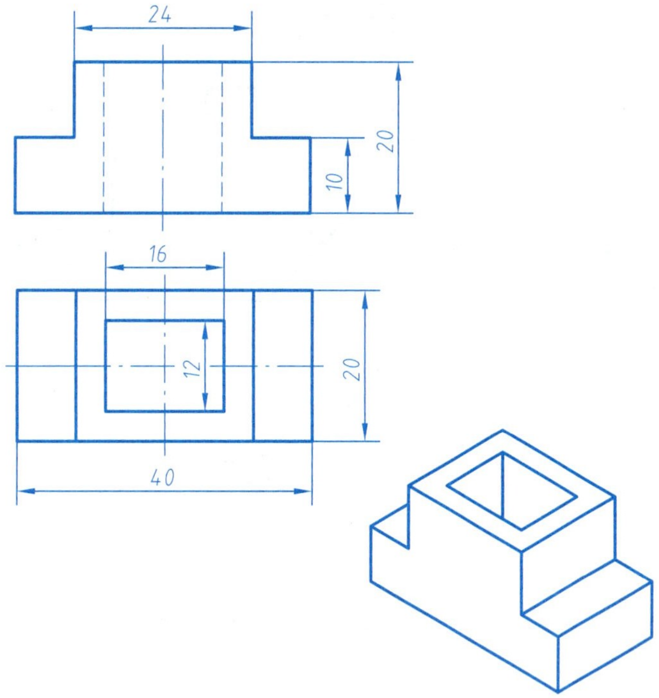

2)

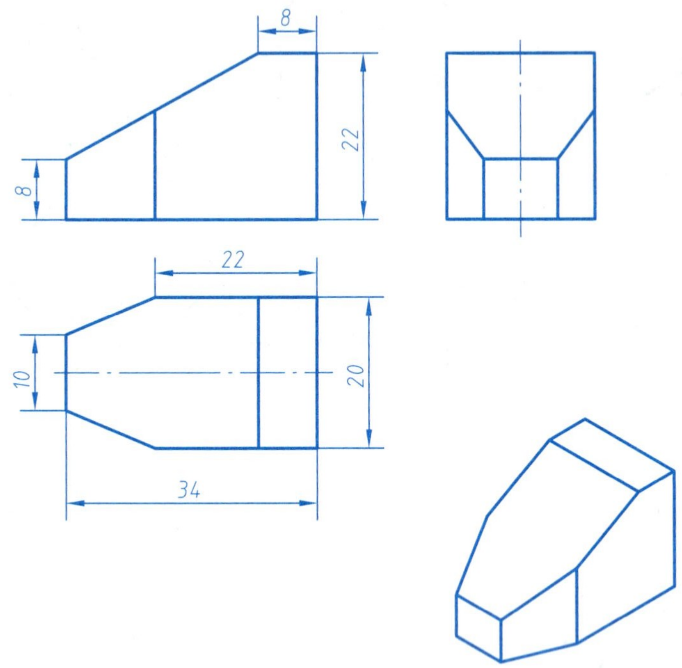

3)

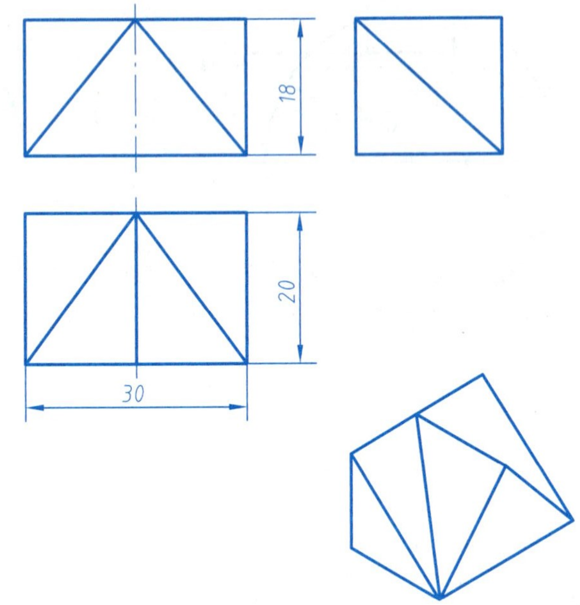

4)

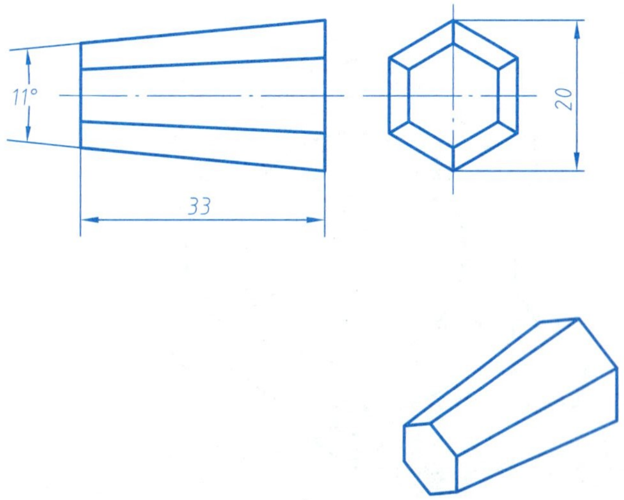

5)

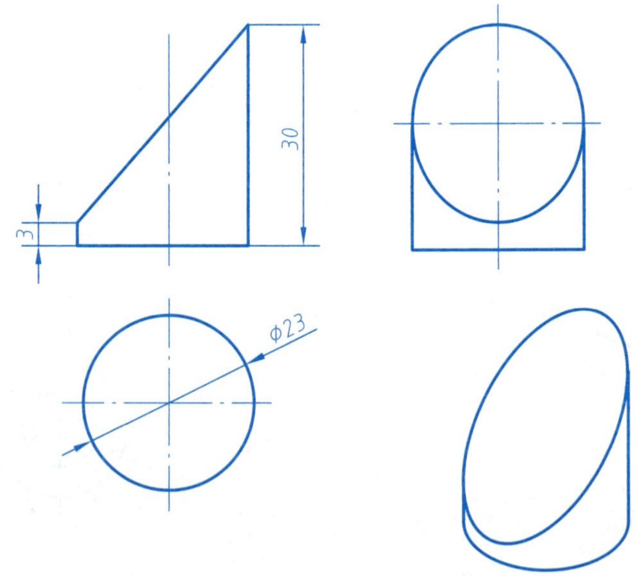

6)

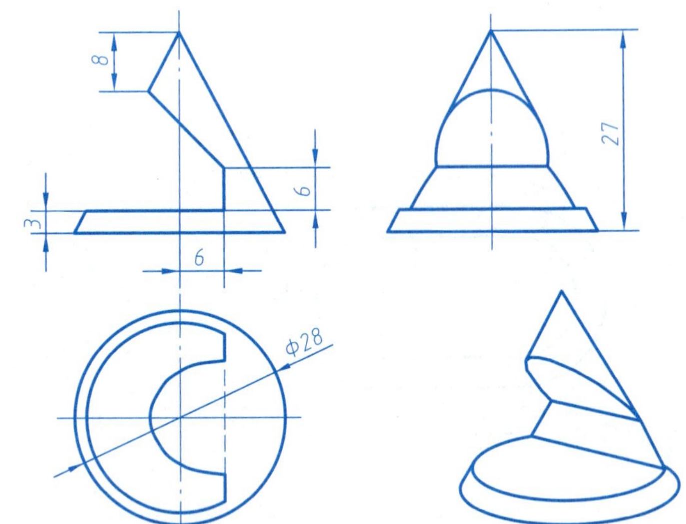

班级 姓名 日期

1)

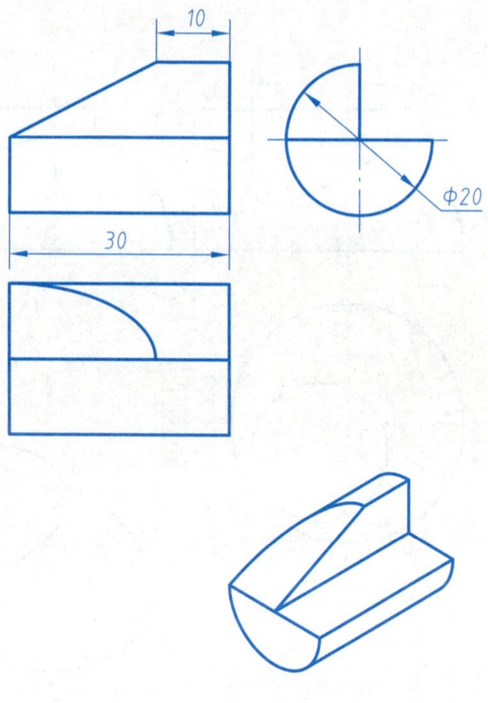
10
Φ20
30

2)

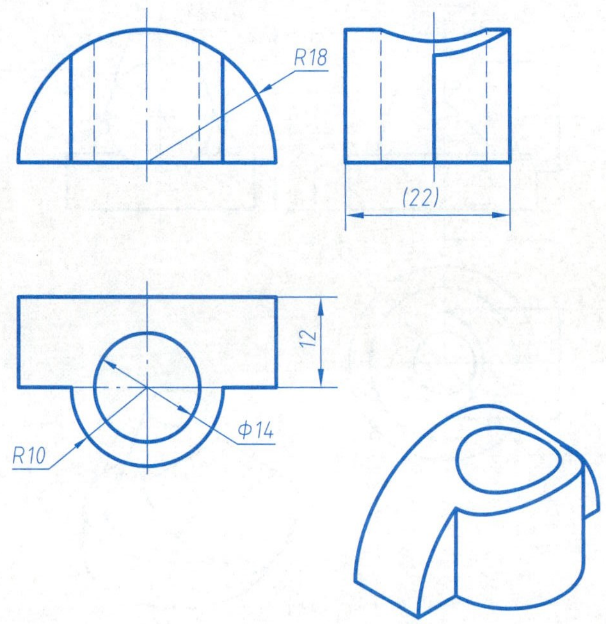
R18
(22)
12
R10
Φ14

3)

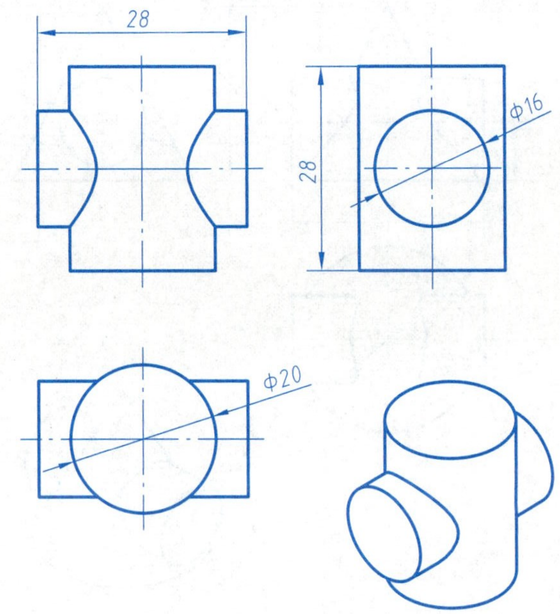
28
Φ16
28
Φ20

4)

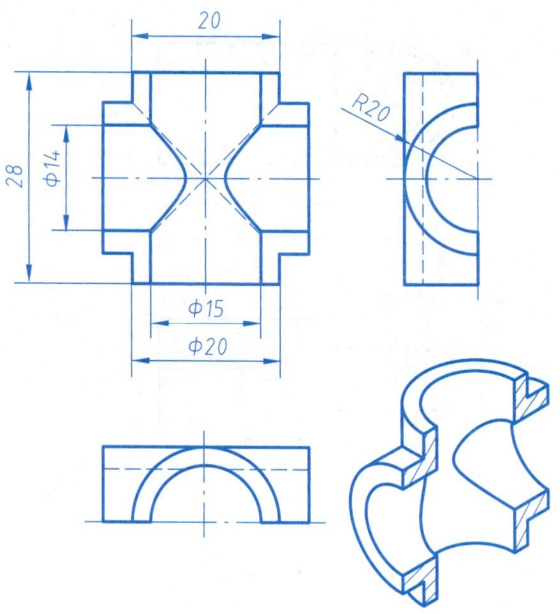
20
R20
28
Φ14
Φ15
Φ20

5)

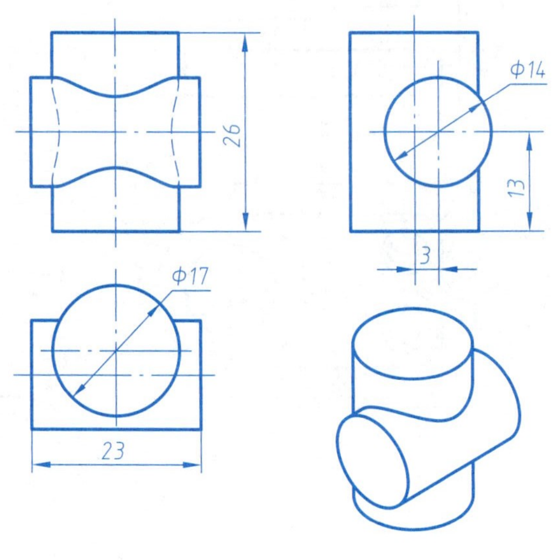
26
Φ14
13
3
Φ17
23

6)

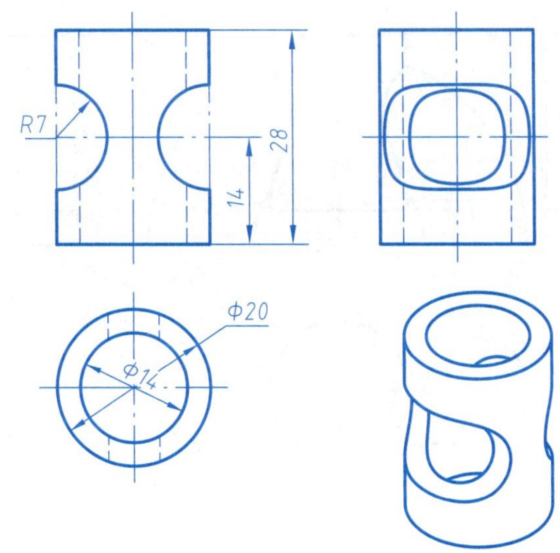
R7
28
14
Φ20
Φ14

1）

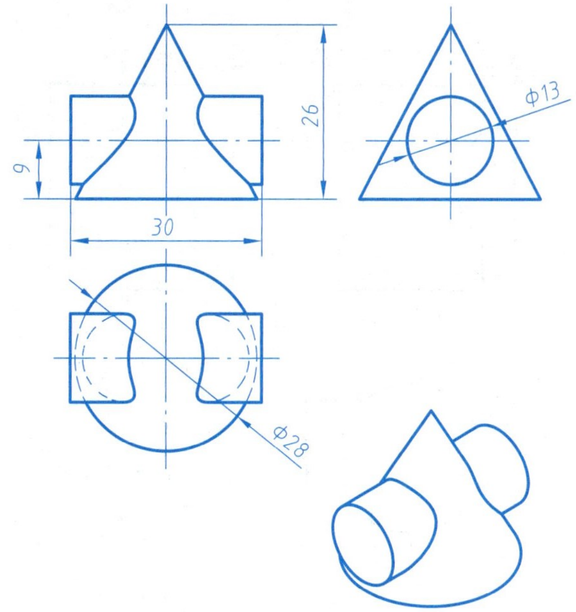
26
Φ13
9
30
Φ28

2）

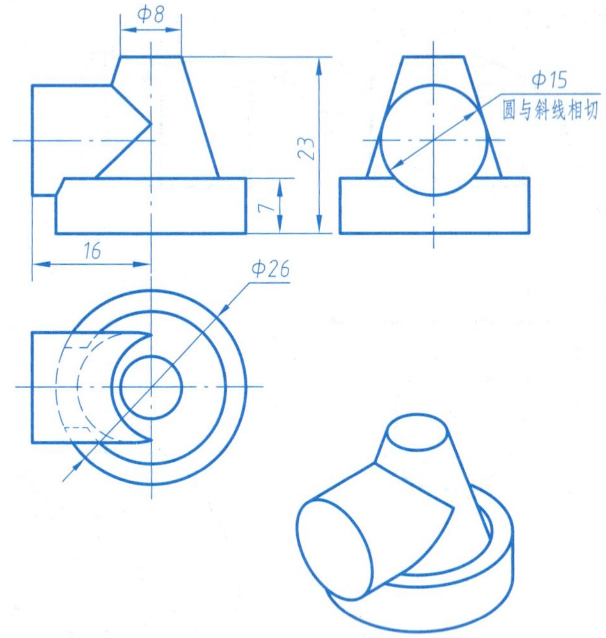
Φ8
Φ15
圆与斜线相切
23
7
16
Φ26

3）

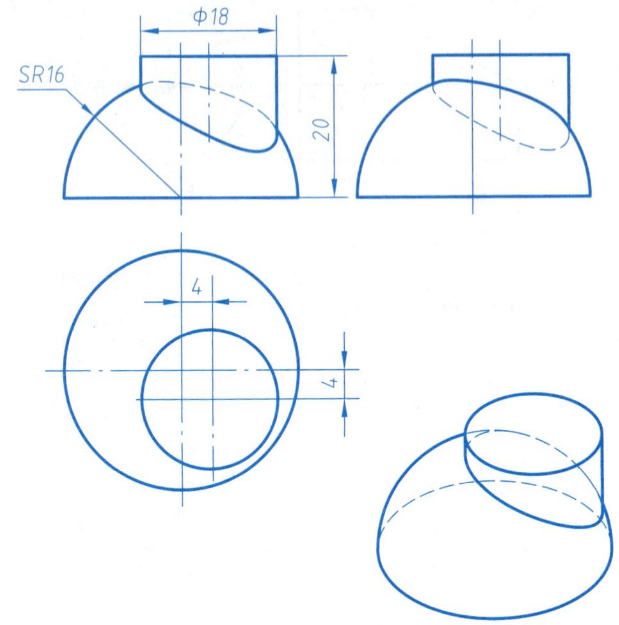
Φ18
SR16
20
4
4

4）

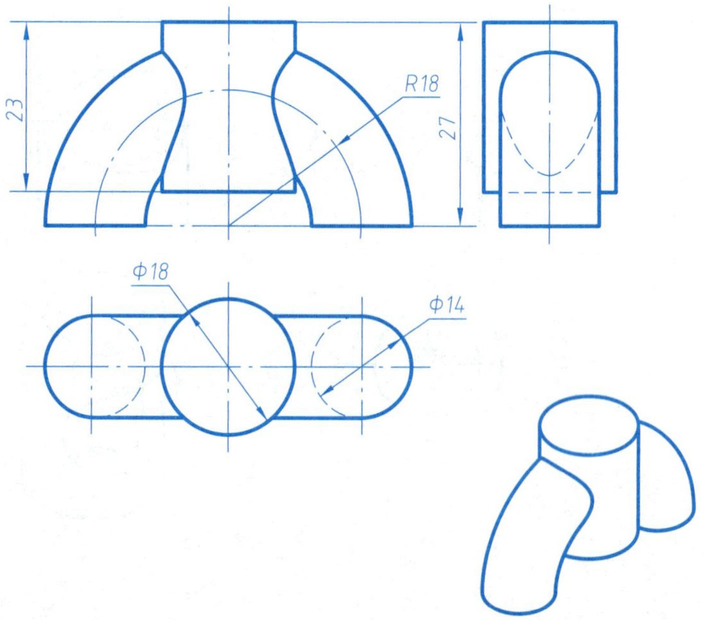
23
R18
27
Φ18
Φ14

5）

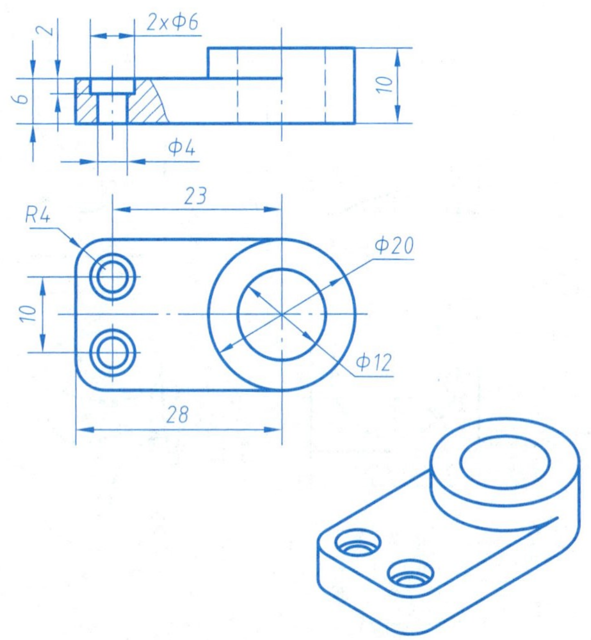
2
2×Φ6
6
10
Φ4
23
R4
Φ20
10
Φ12
28

6）

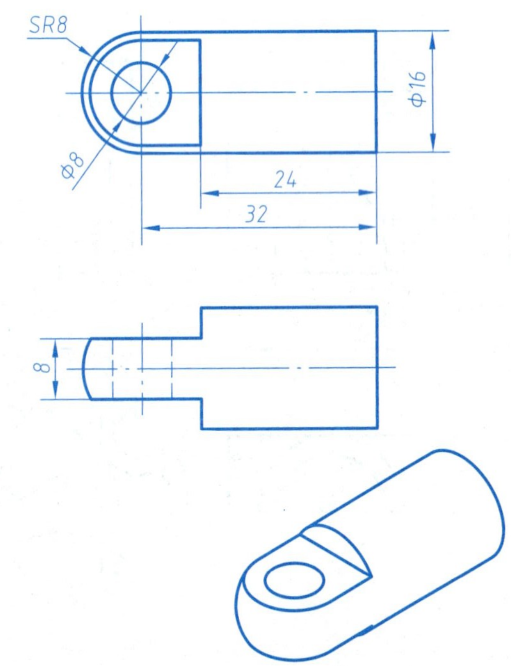
SR8
Φ16
Φ8
24
32
8

12-4 根据立体的二维视图建立其三维模型

1）

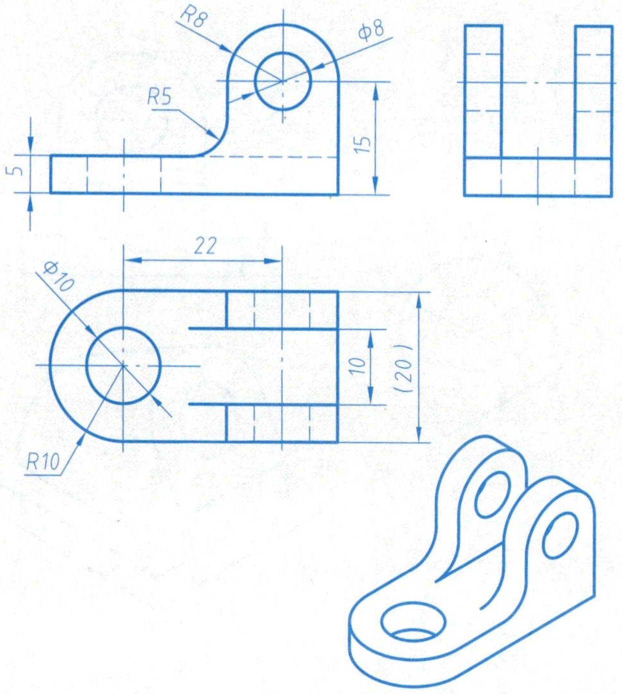

2）

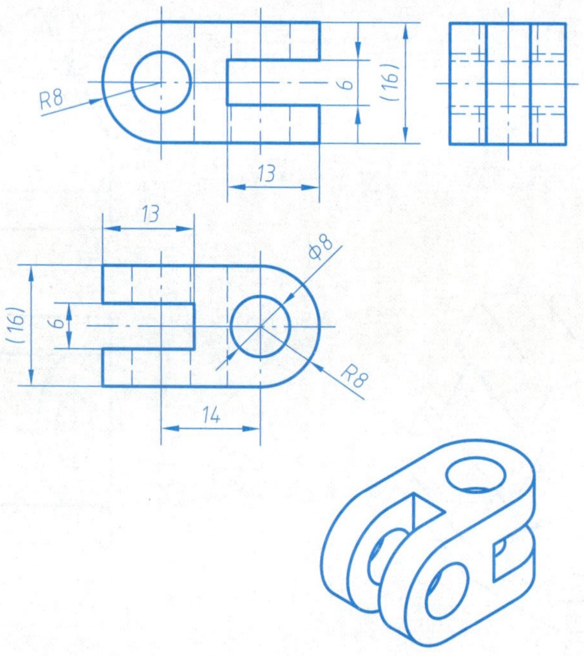

3）

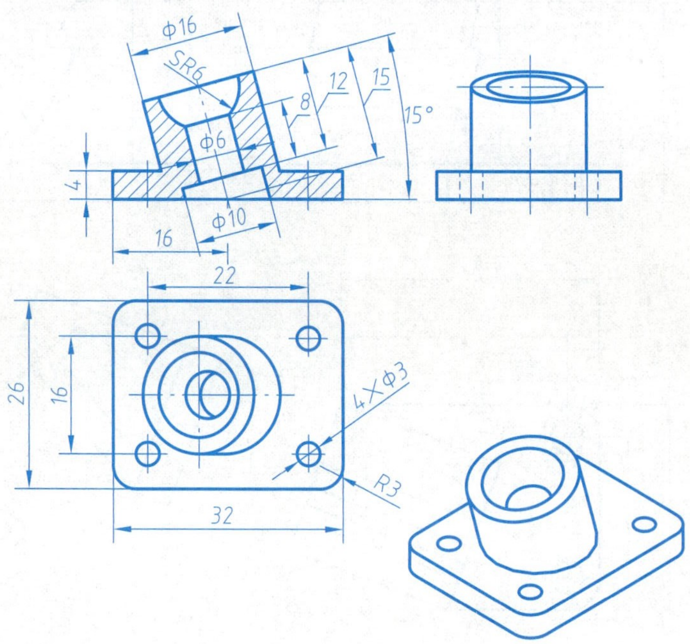

4）

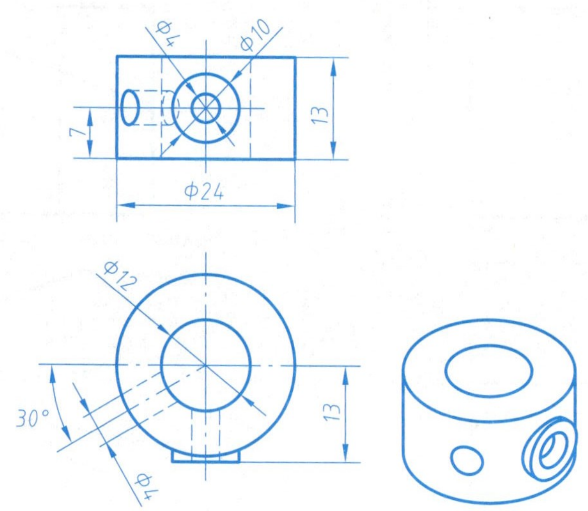

5）

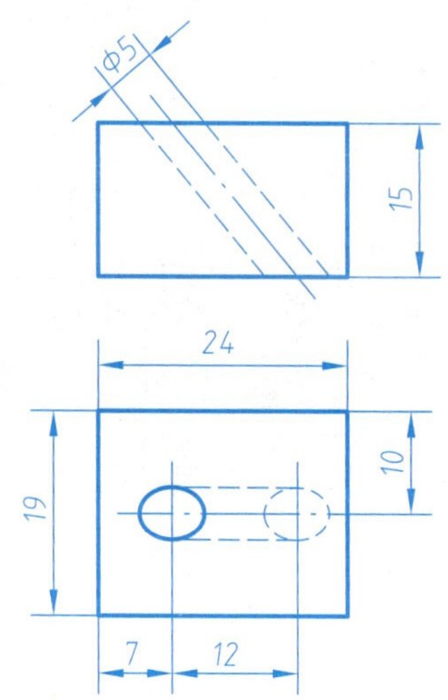

6）

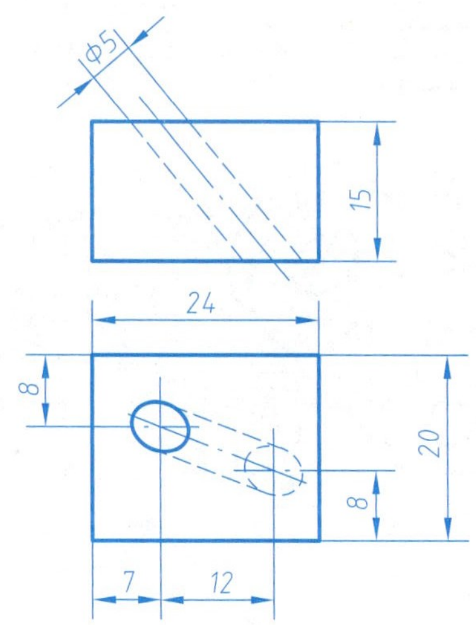

1）

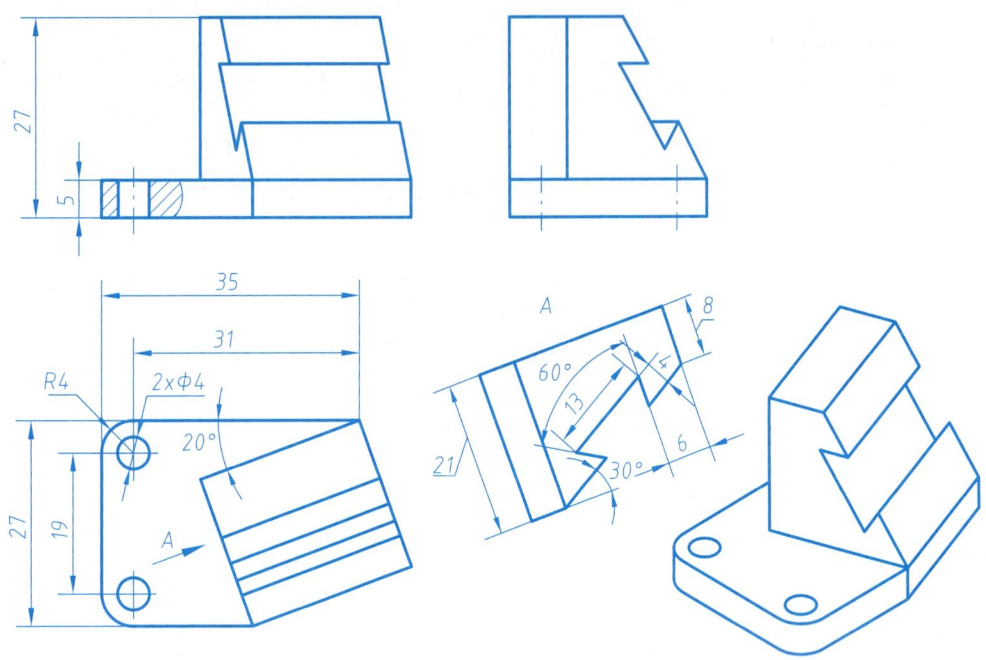
27
5
35
31
R4
2×Φ4
20°
27
19
A
A
60°
8
4
13
6
21
30°

3）

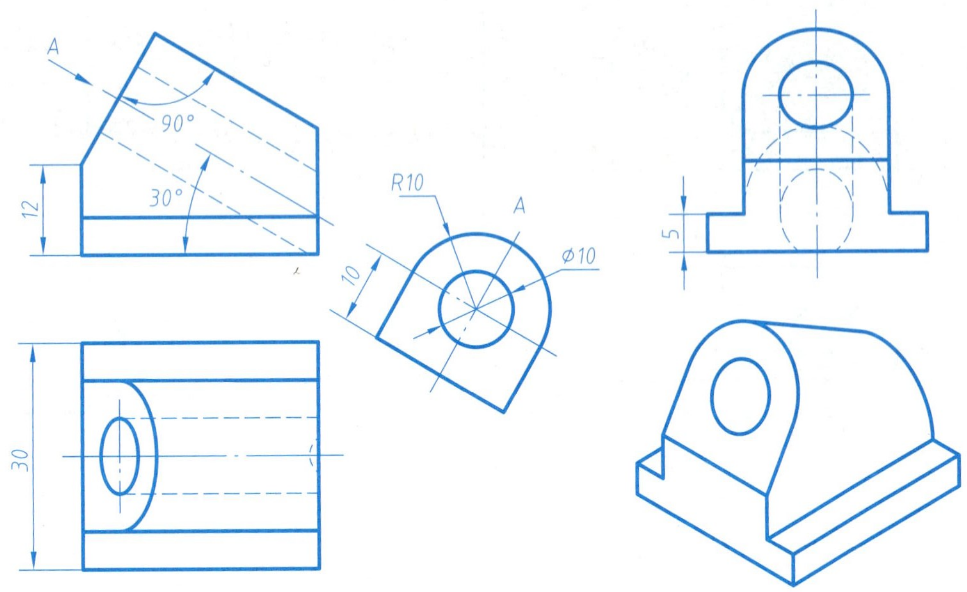
A
90°
12
30°
R10
A
10
Φ10
5
30

2）

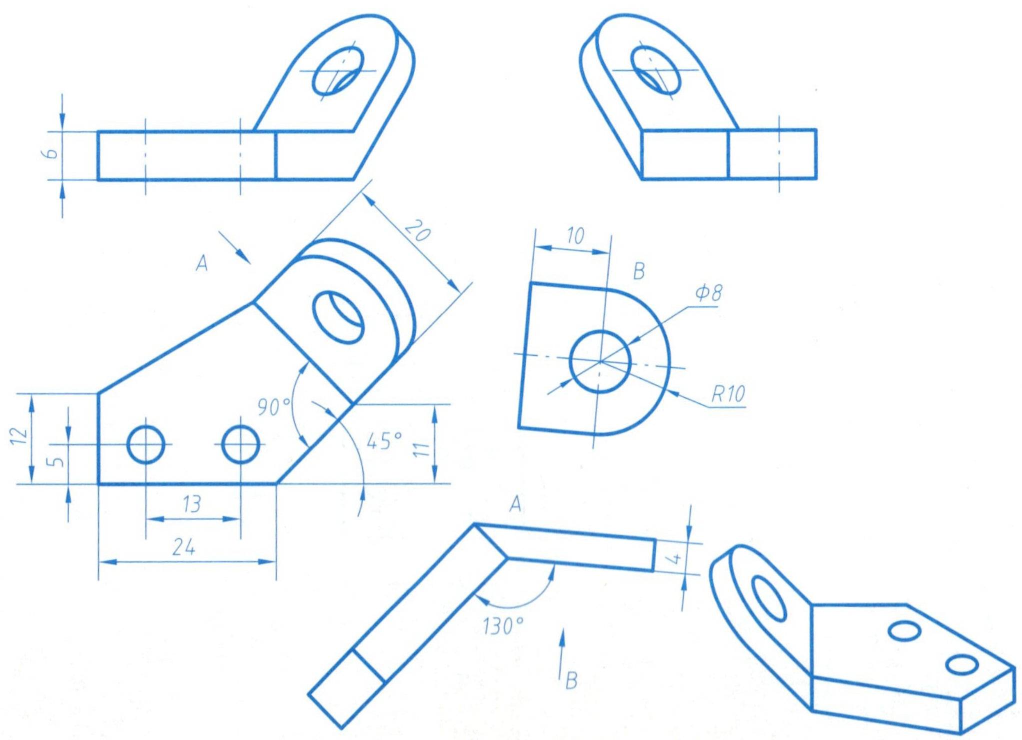
6
A
20
10
B
Φ8
R10
90°
12
5
45°
11
13
24
A
4
130°
B

4）

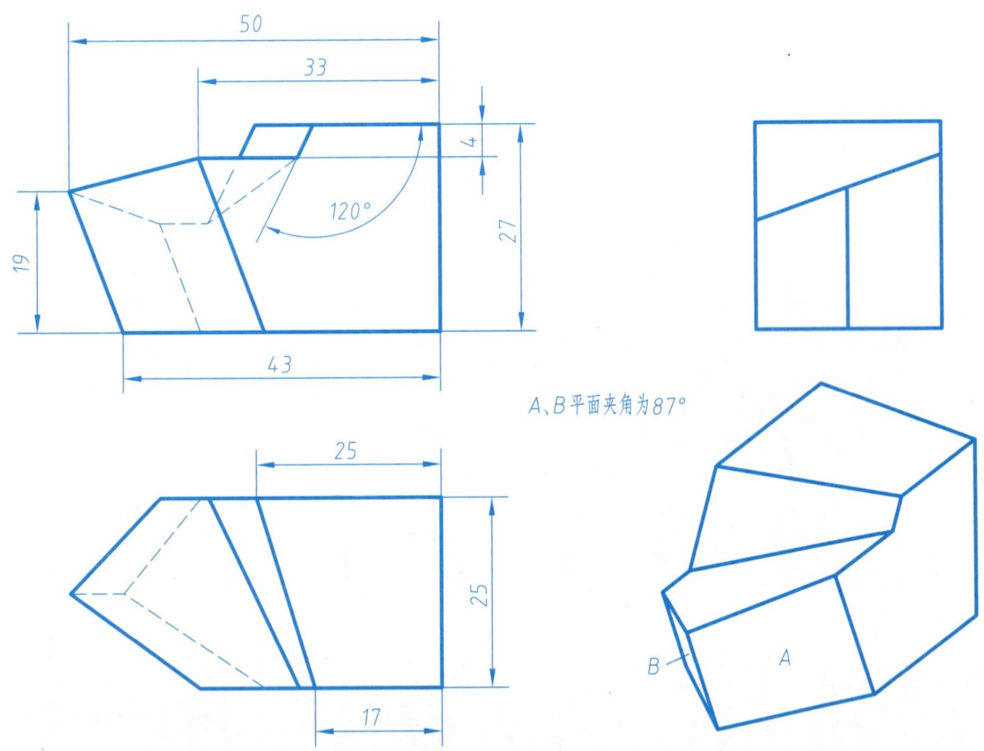
50
33
4
120°
19
27
43
A、B平面夹角为87°
25
25
17
B
A

班级 姓名 日期

12-6 根据立体的二维视图建立其三维模型

1）

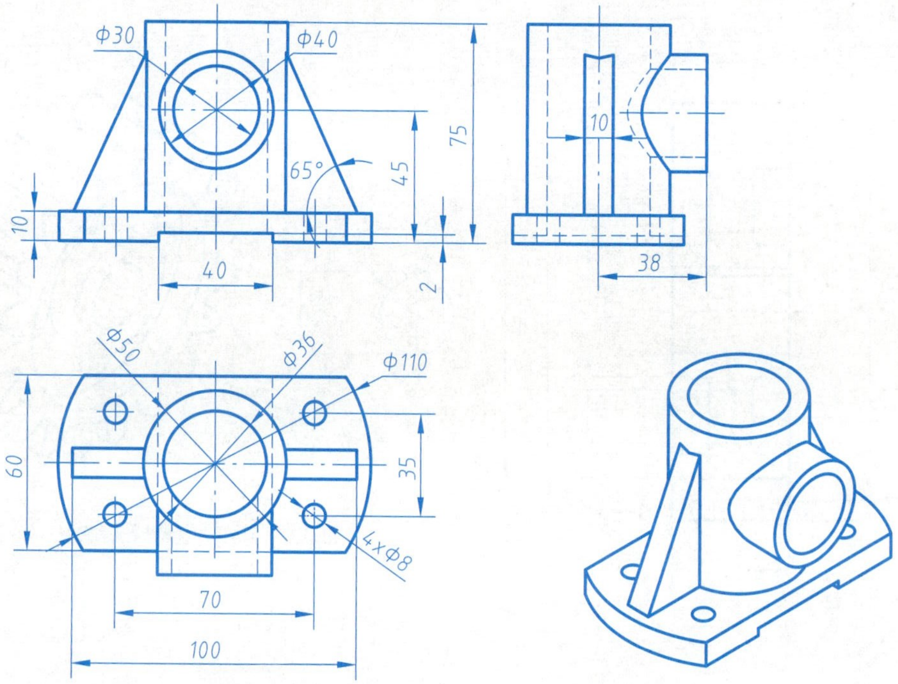

2）

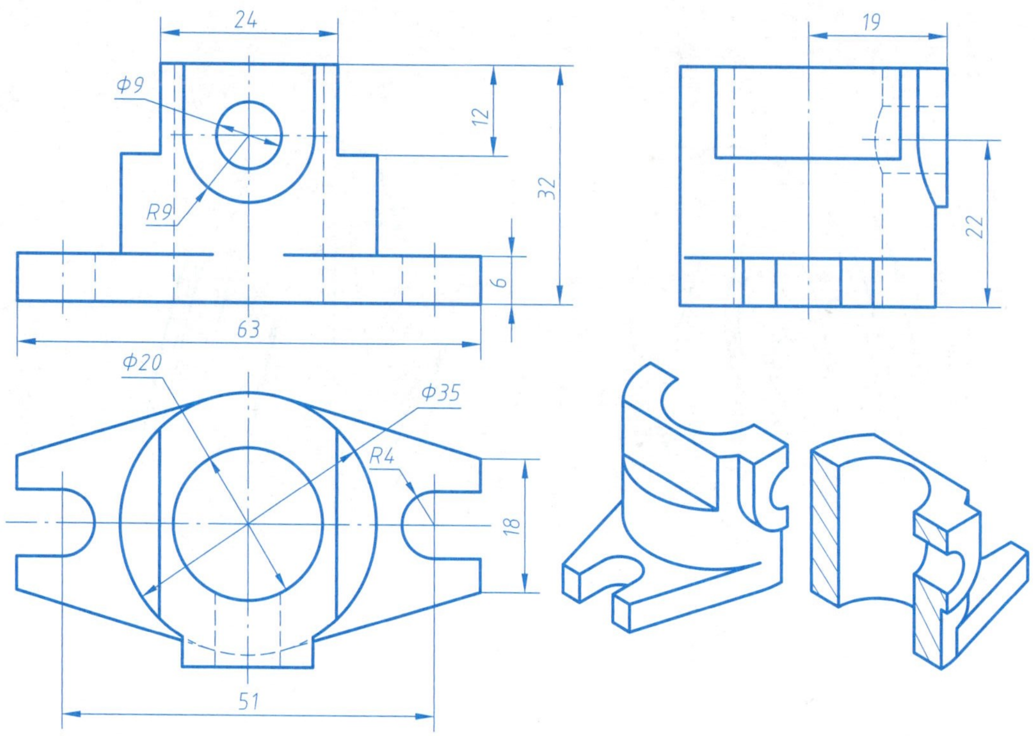

12-7 根据立体的轴测图建立其三维模型

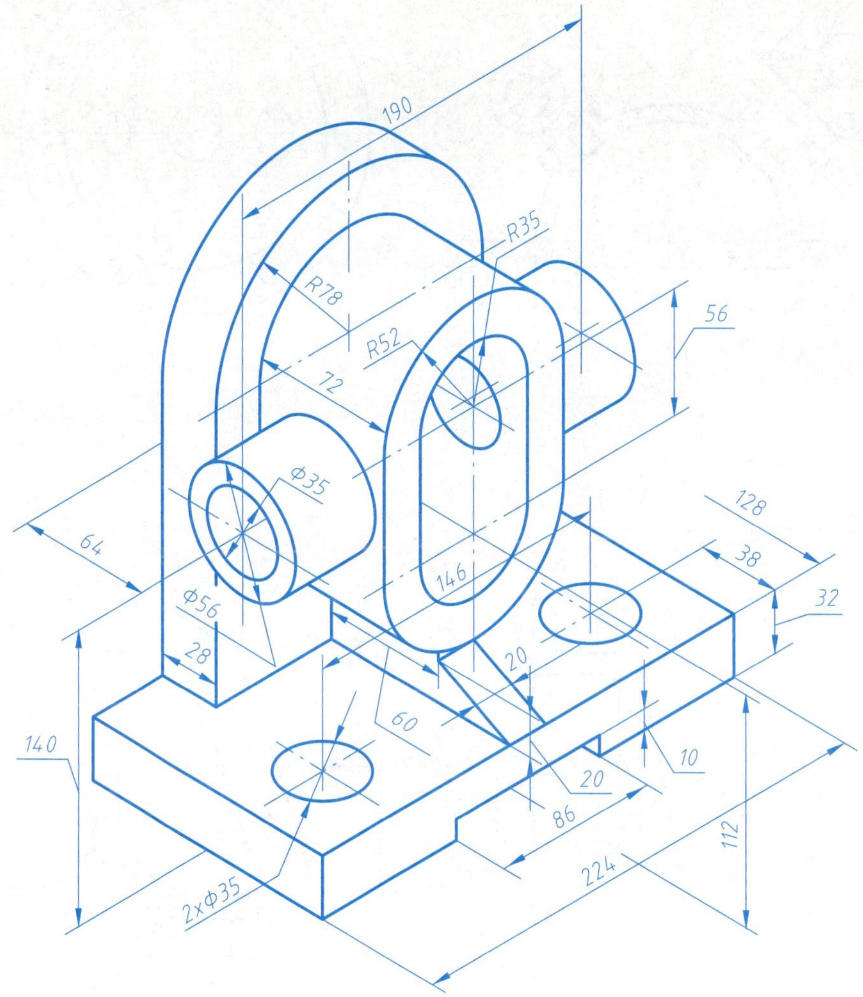

12-8 根据零件的二维视图以及参数建立其三维模型

1)

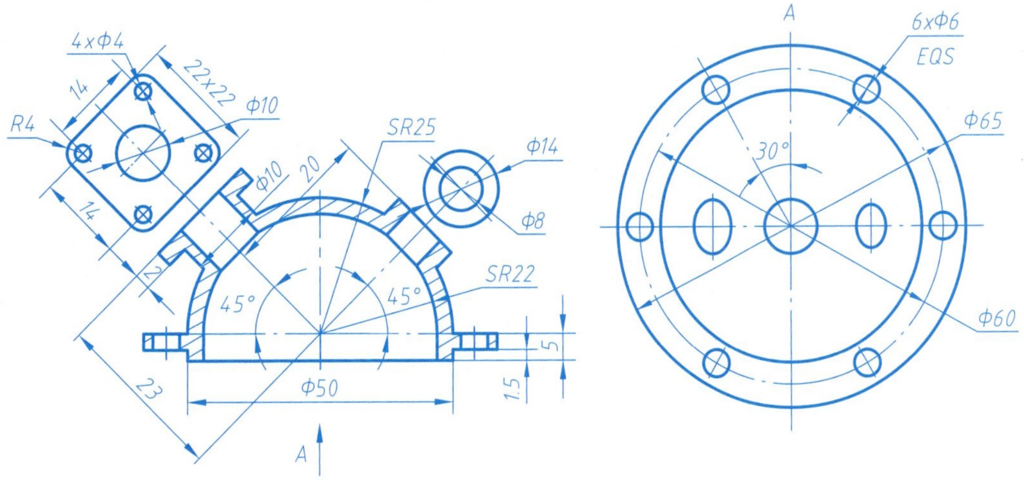

2)

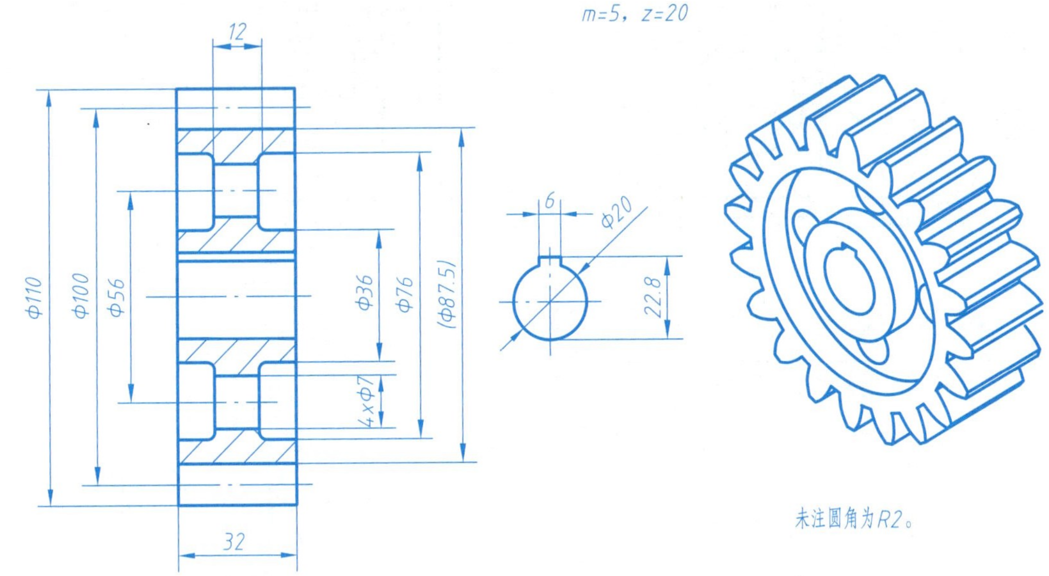

3)

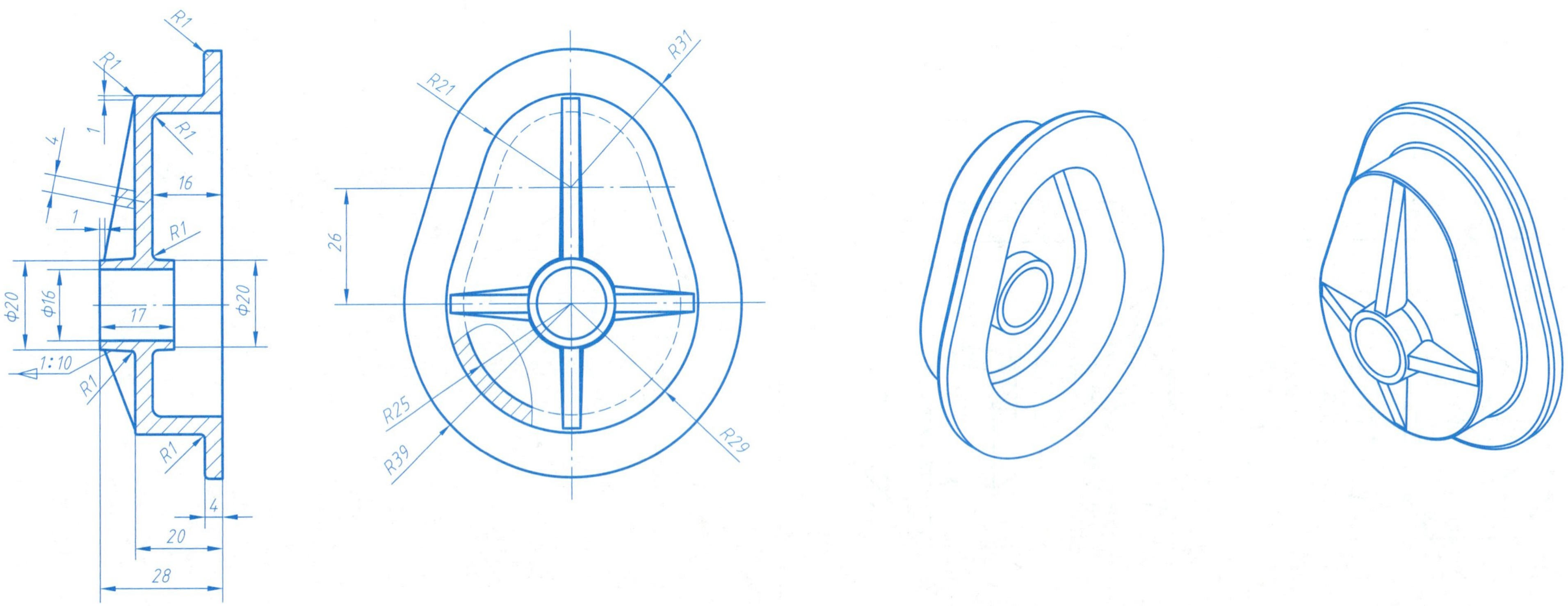

12-9 根据零件的二维视图建立其三维模型

1）

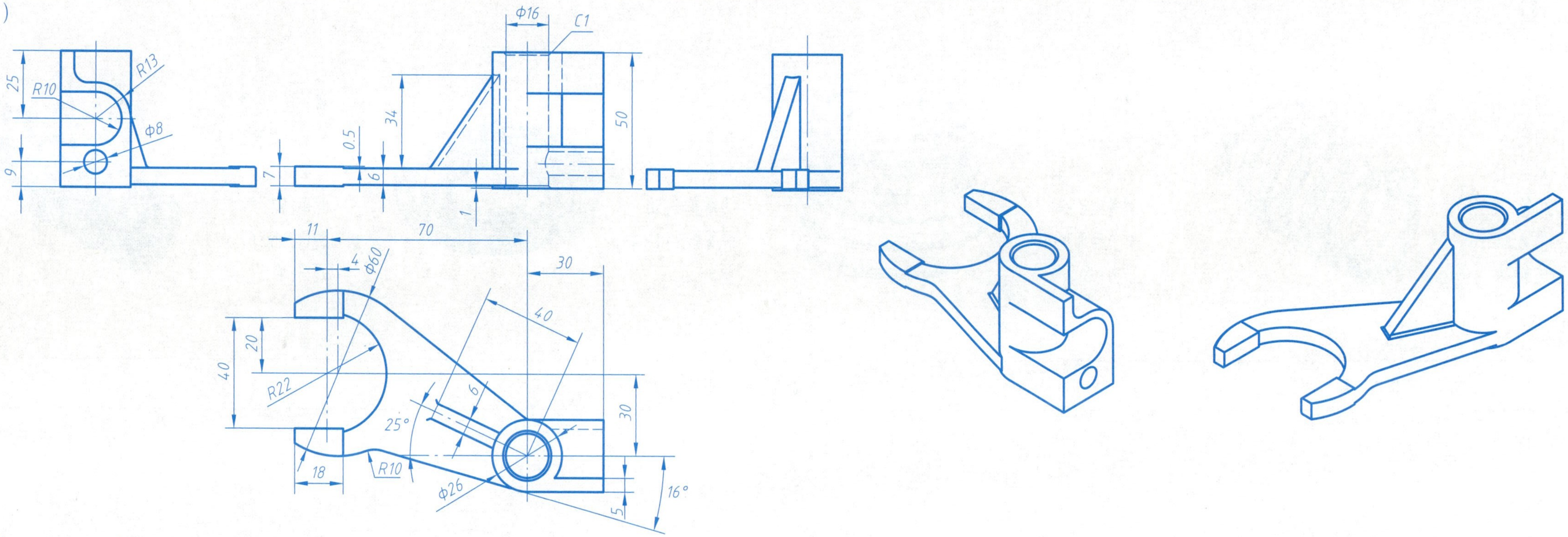

2）

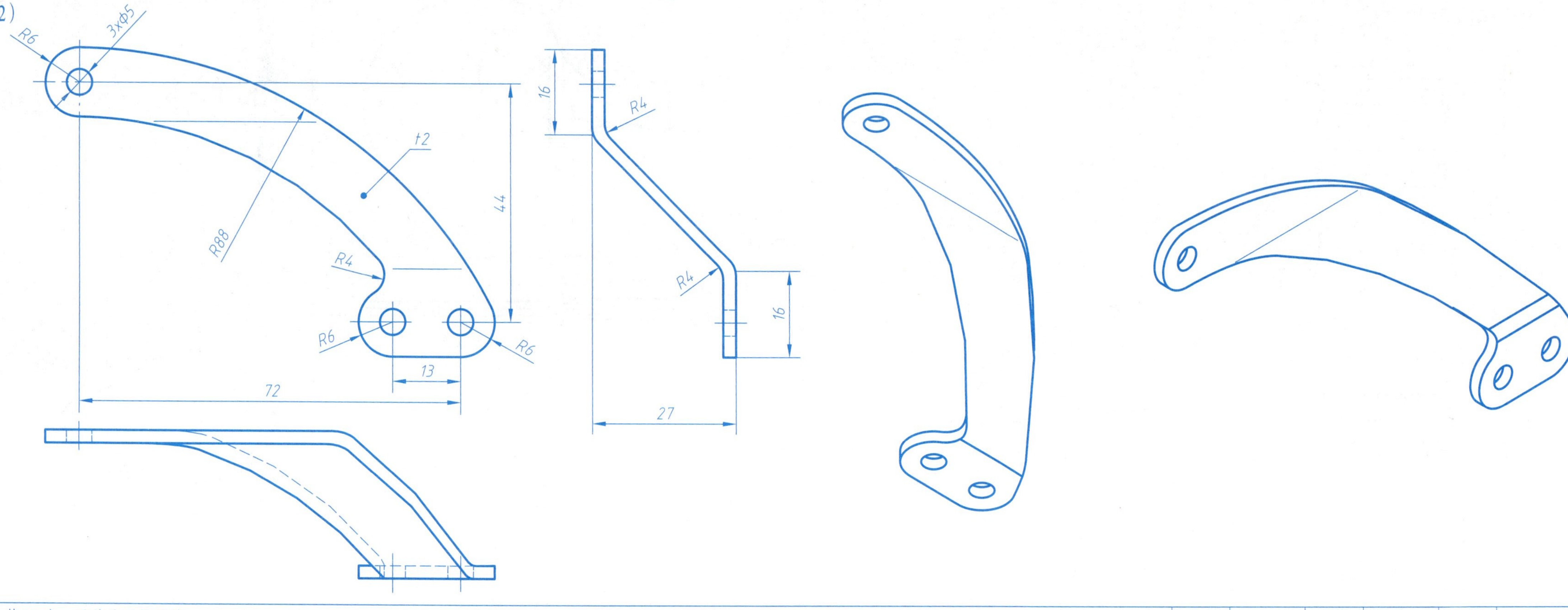

12-10 根据立体的几何参数建立其三维模型

1）

弹簧参数
圈数:6
螺距:12
中径:44
弹簧线径:6
旋向:右

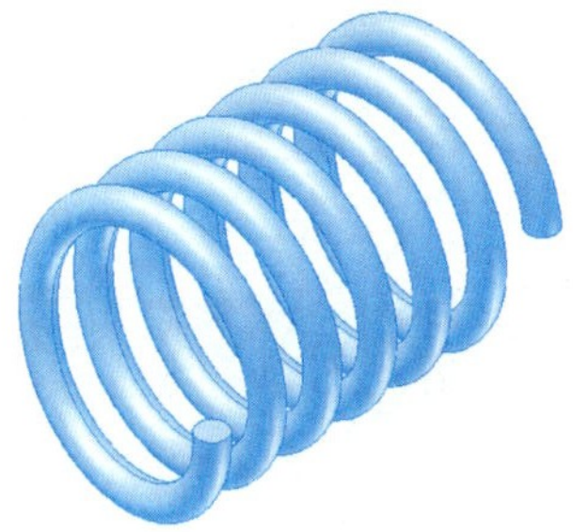

2）

弹簧参数
圈数:6
螺距:6
大端中径:44
弹簧线径:4
弹簧锥角度:10°
旋向:右

3）

弹簧参数
圈数:5
螺距:3
内圈直径:20
弹簧截面:1×4
旋向:右

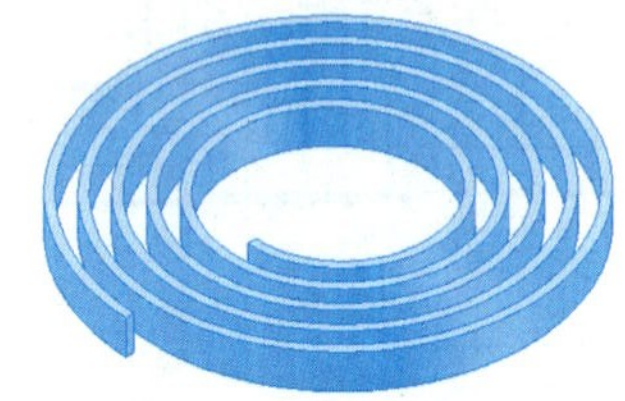

4）

螺旋丝杠参数
螺旋丝杠直径:44
圈数:6
螺距:12
沟槽直径:6
旋向:右

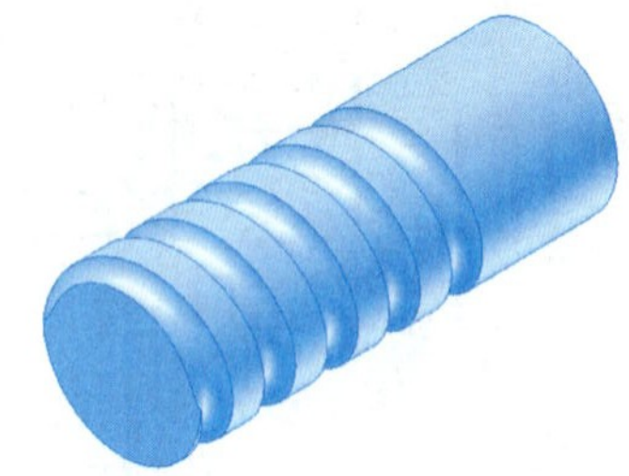

12-11 根据立体的二维视图建立其三维模型

1）

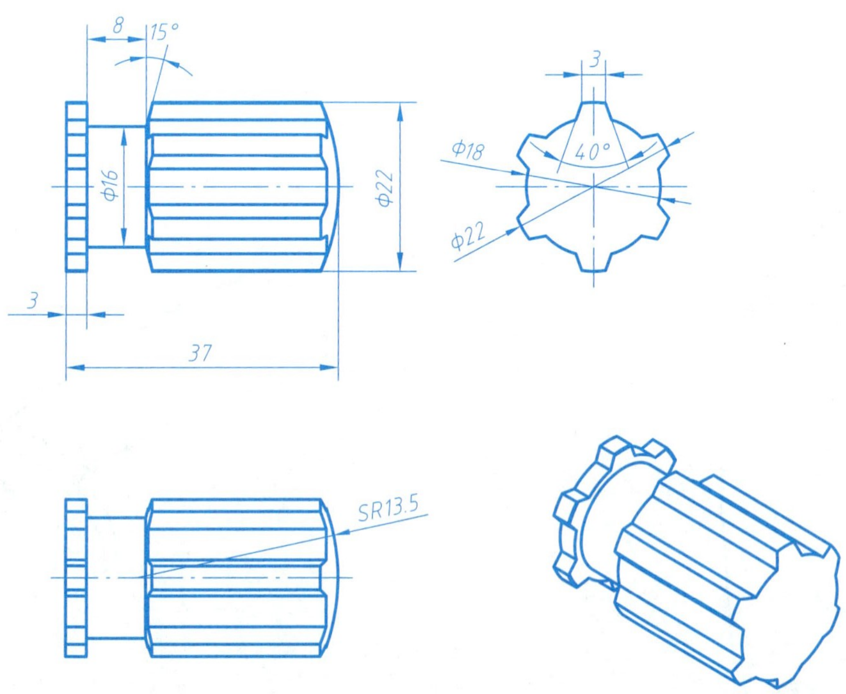

2）

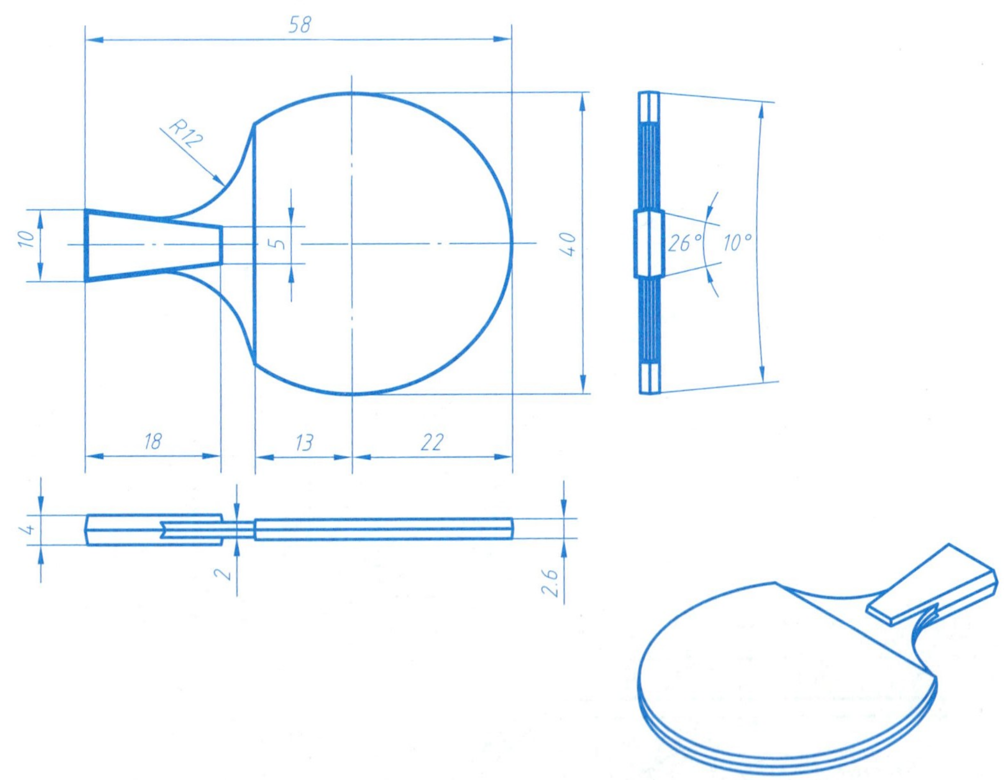

12-12 根据立体的二维视图用“放样”方法建立其三维模型,放样参数自定。

1)

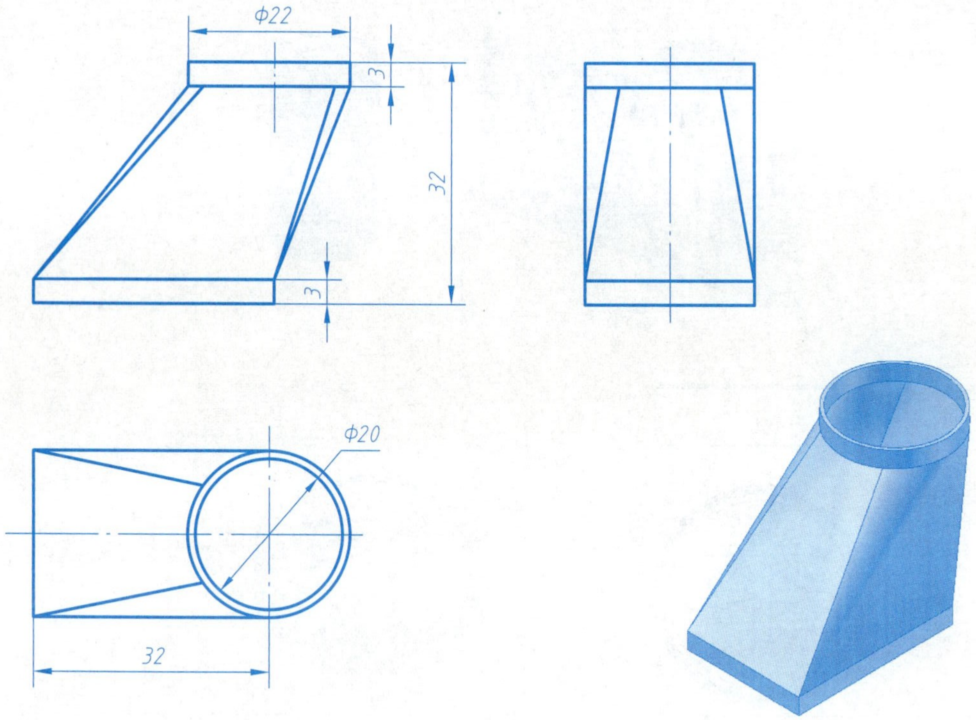

3)

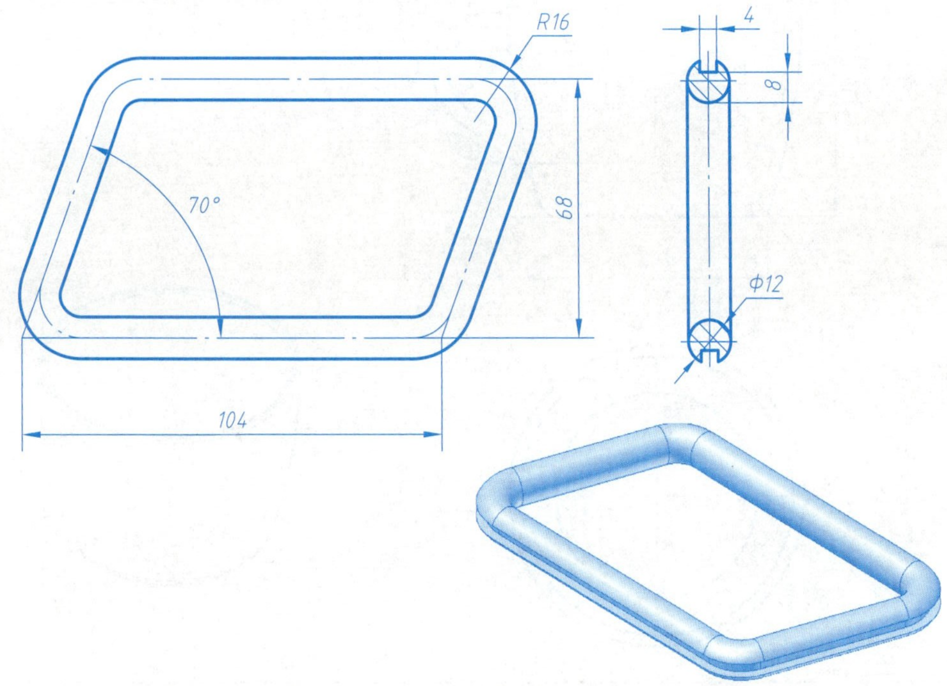

2)

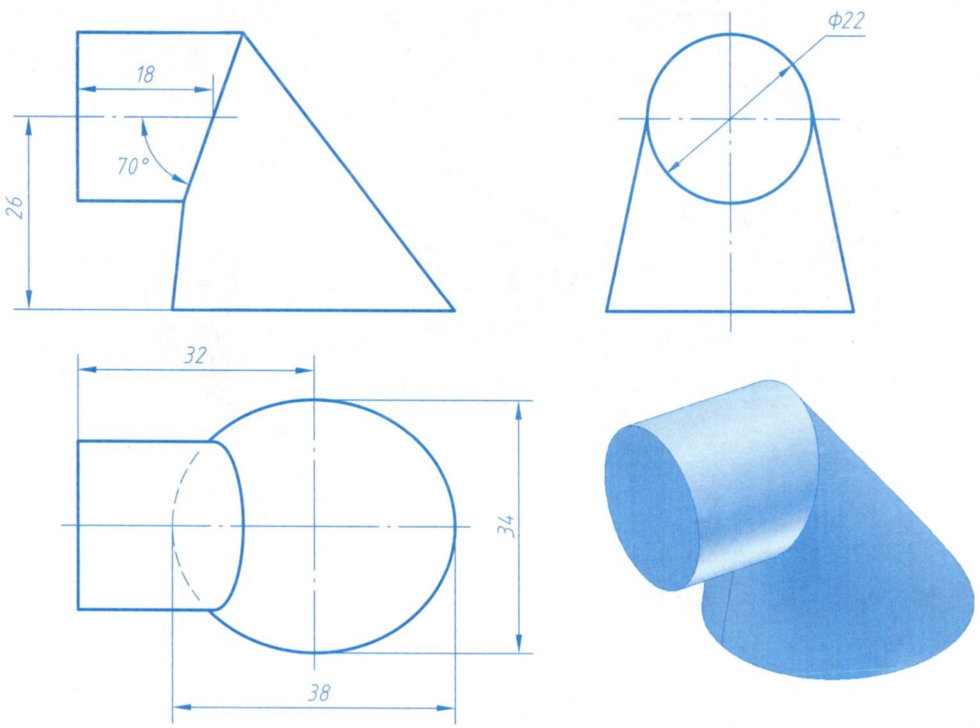

4)

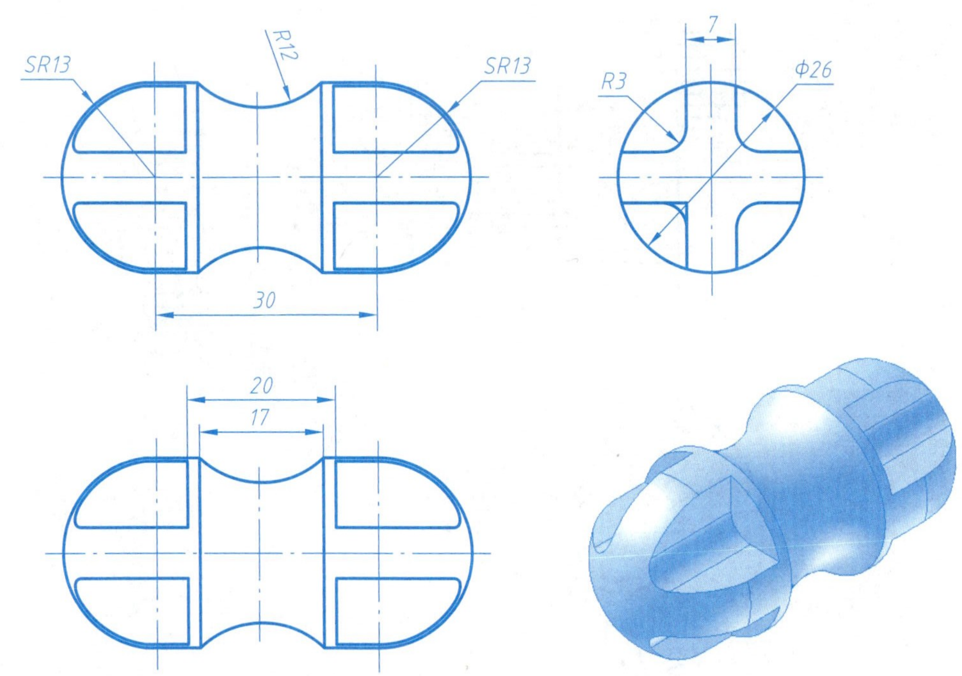

12-13 根据立体的二维视图建立其三维模型

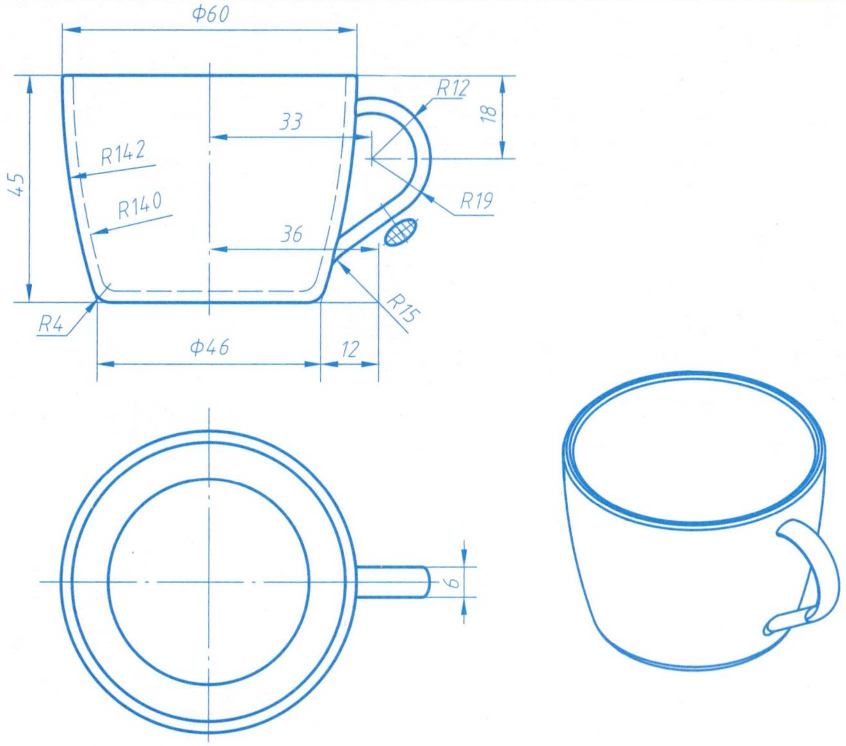

12-14 根据立体图建立三维模型(尺寸自定)

1)

2)

12-15 根据立体的二维视图建立其三维模型

1)

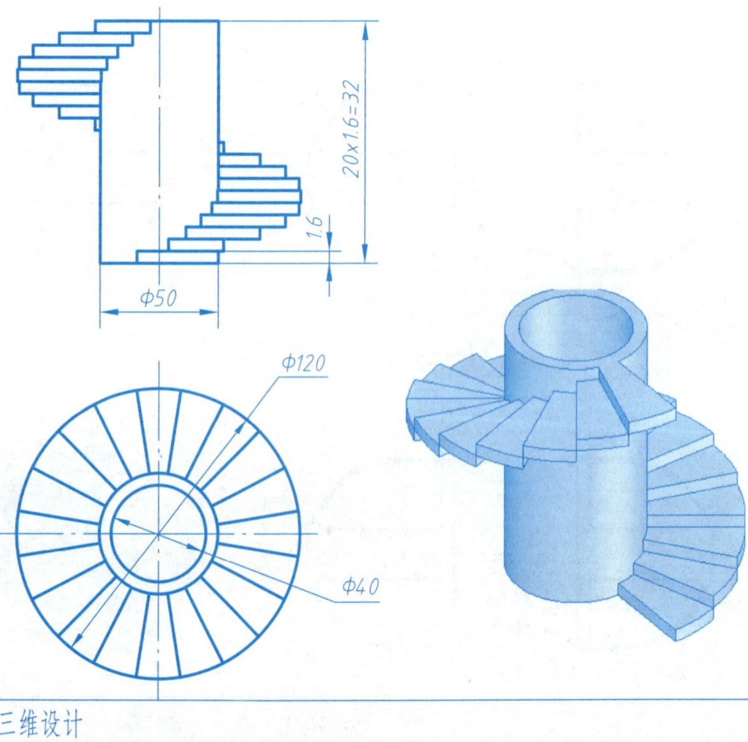

2)

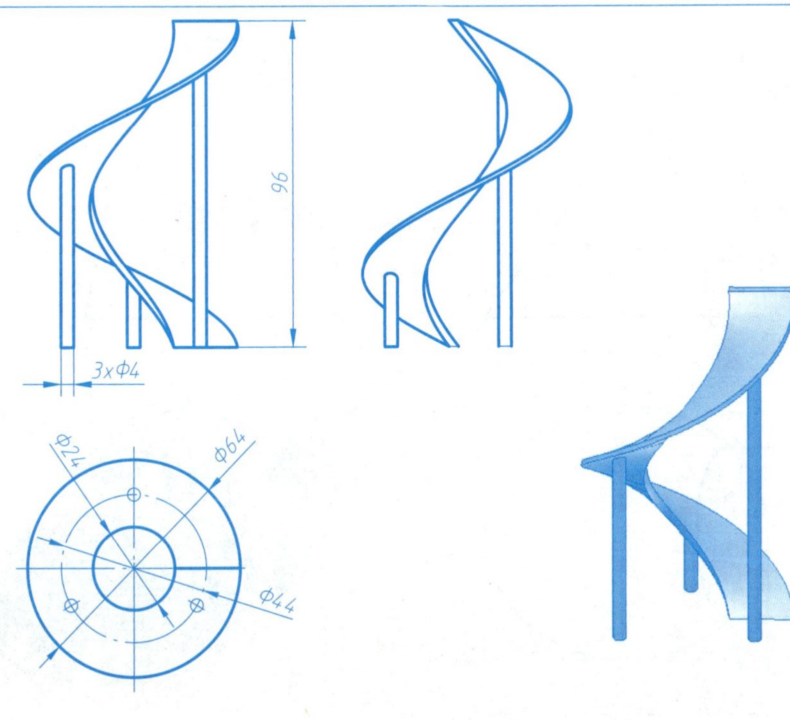

班级 姓名 日期

12-16 根据立体的二维视图建立其三维模型（未给出的尺寸可自定）

1）

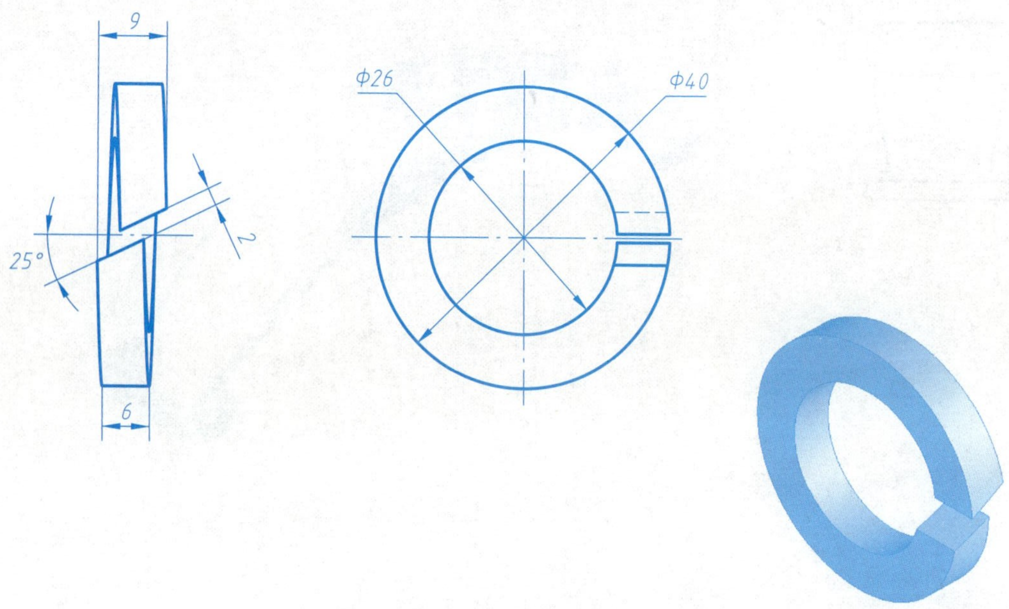

3）

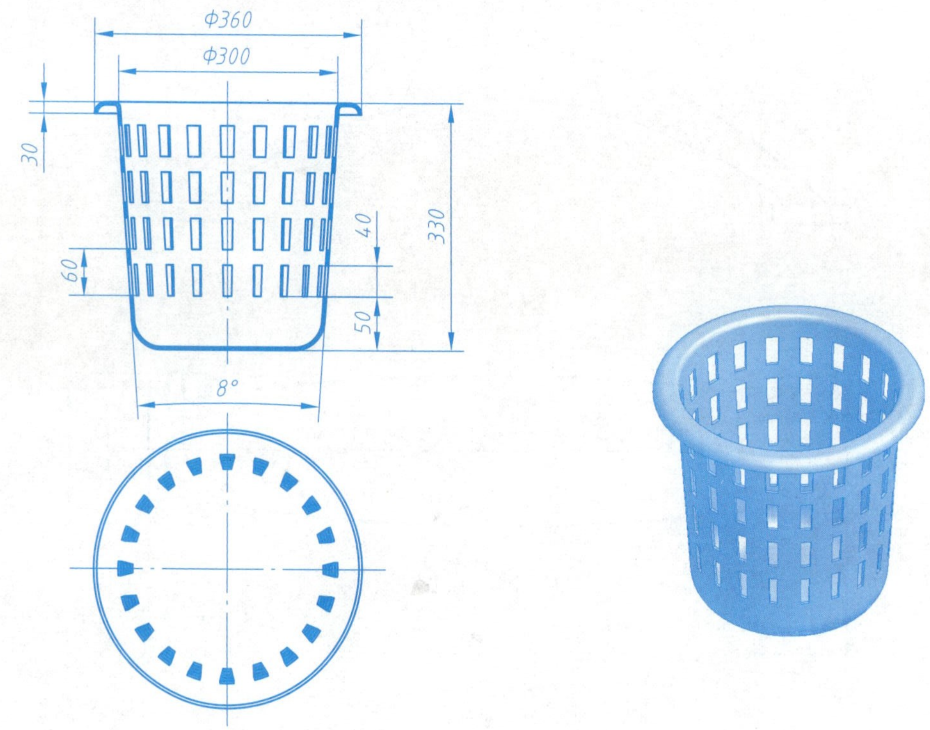

2）

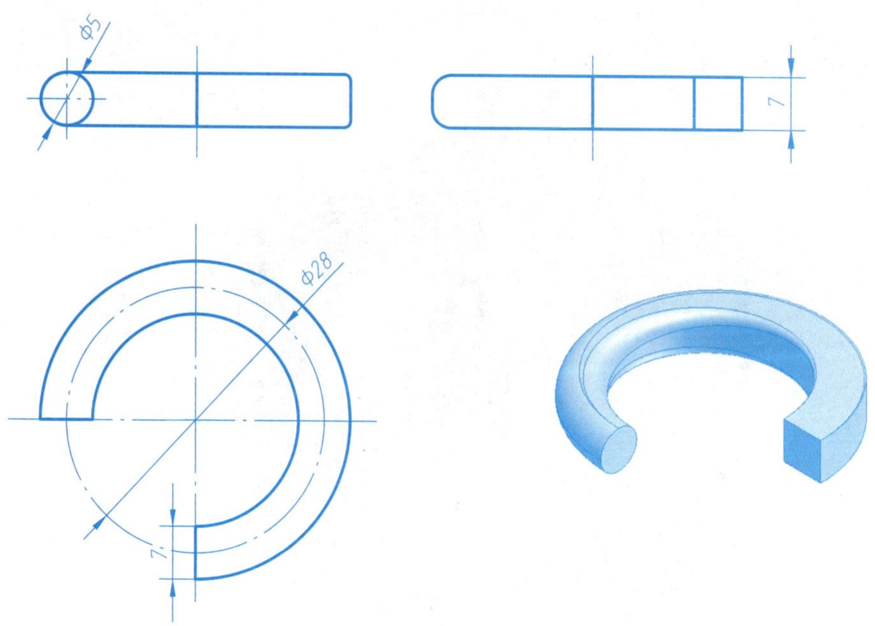

4）

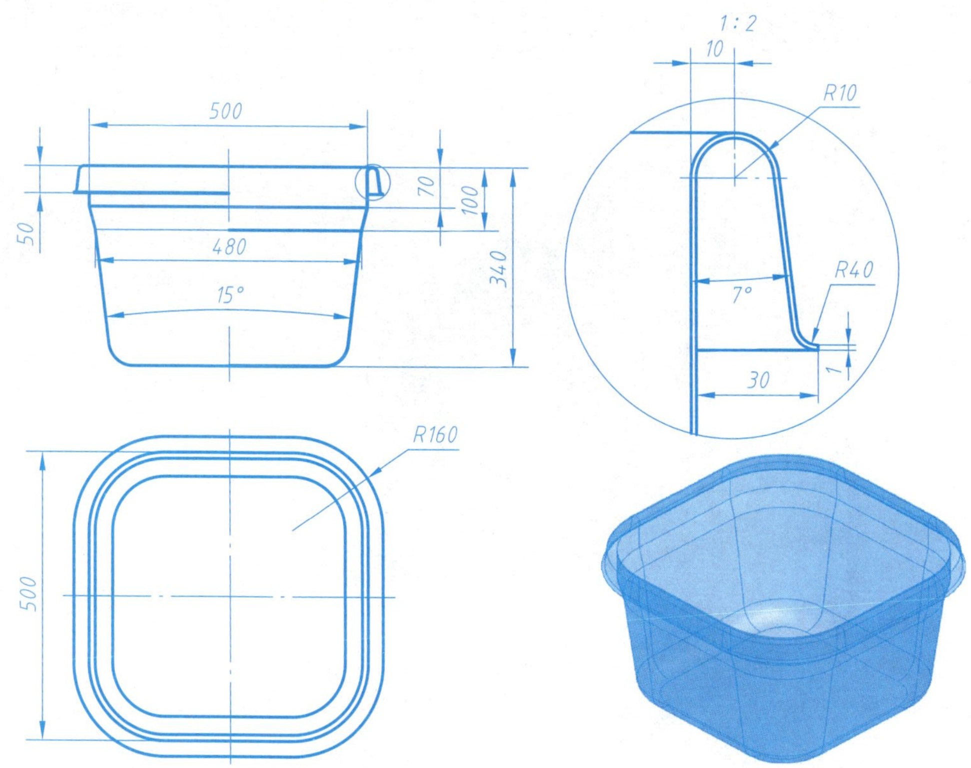

12-17 根据立体的二维视图建立其三维模型

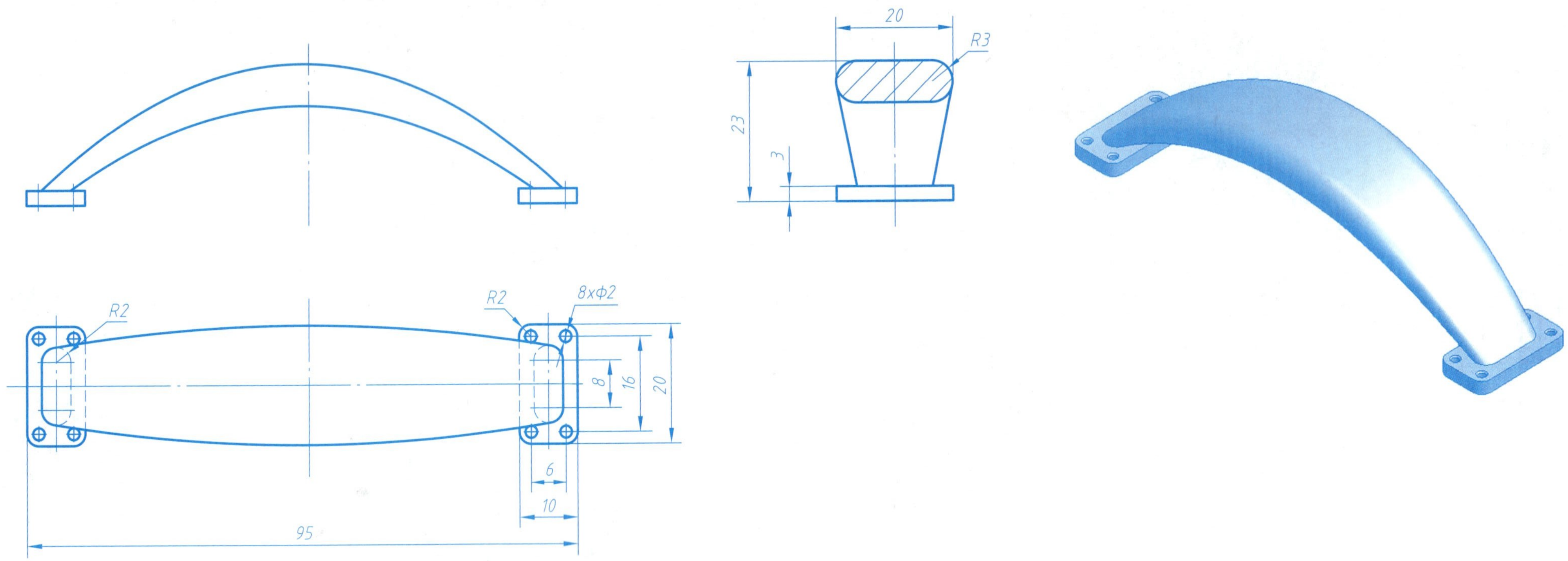

12-18 设计一个实物的三维模型,使得其三个方向的外形轮廓能刚好分别通过坐标面板上的三个孔洞

1)

2)

班级		姓名		日期	

1）试用三种方法（拉伸、扫掠和三维草图）建立三维正四面体三维模型。

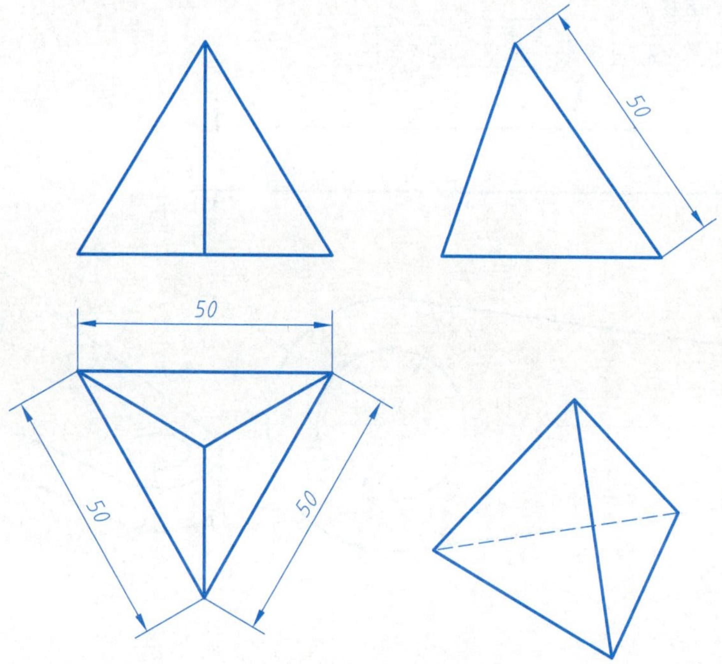

2）建立盒体的三维模型

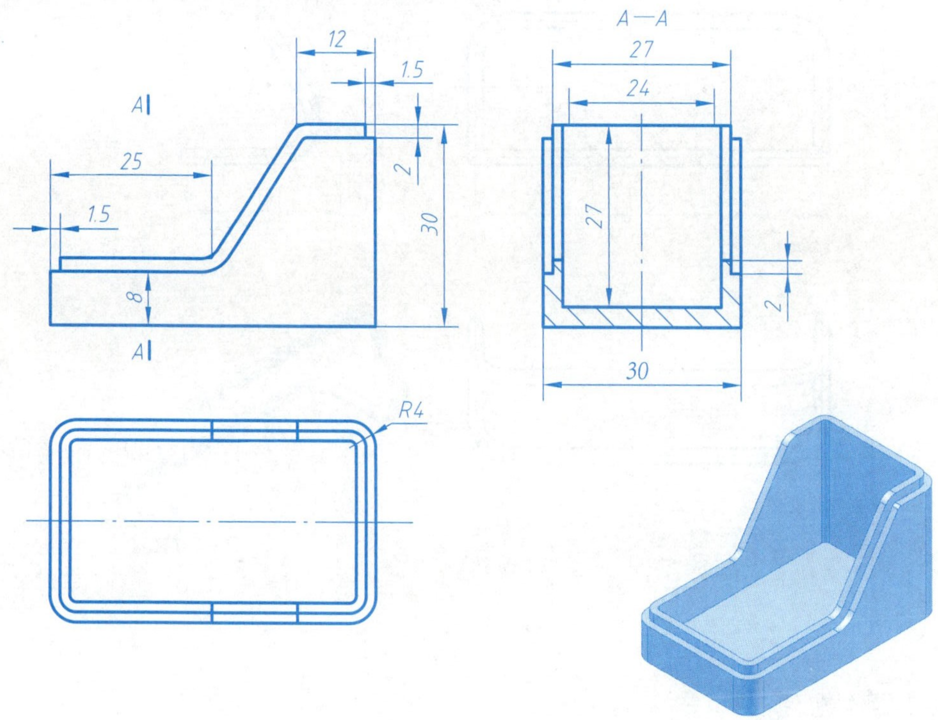

3）建立圆柱端面凸轮三维模型

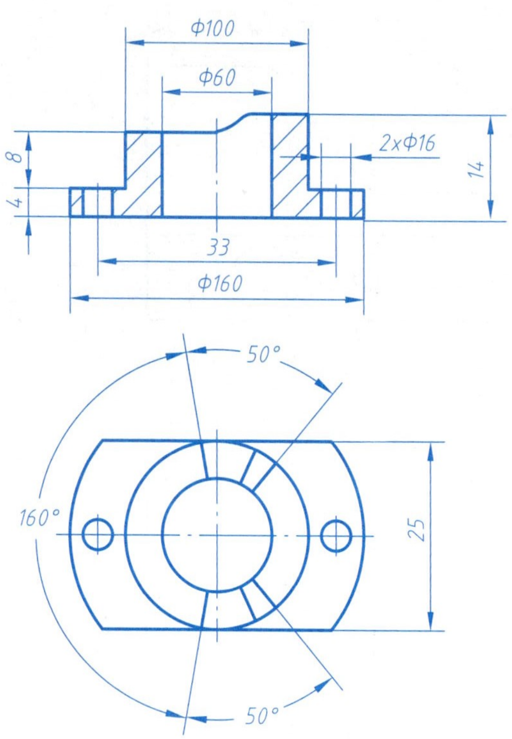

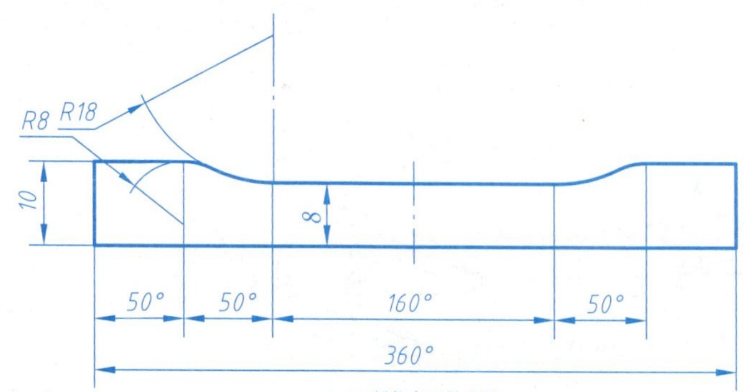

Φ100圆柱表面展开图

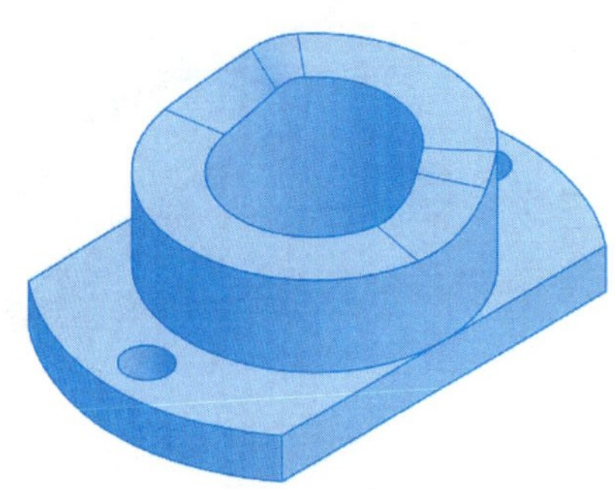

12-19 利用三维草图建立三维模型(续)

4）建立框架的三维模型

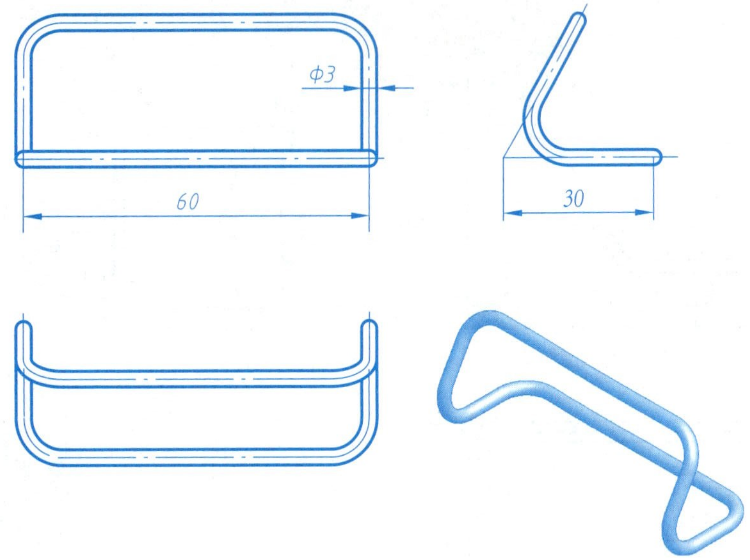

5）建立回形针的三维模型

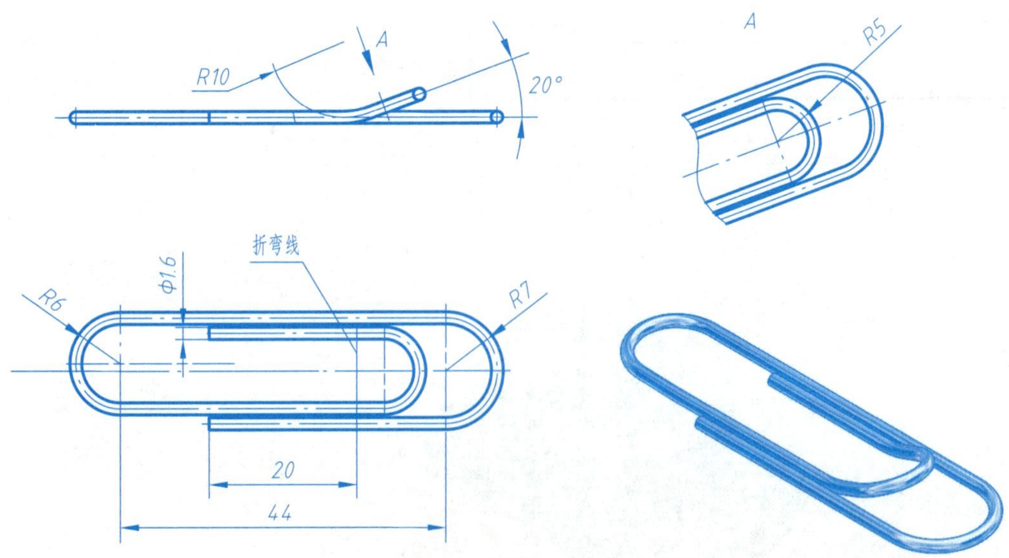

12-20 根据立体的二维视图建立其三维模型,测量和查询有关数据

1）平面 *A*（去掉两个孔）的面积：________

平面 *A* 外轮廓 *B* 的周长：________

假定该立体材料是钢，其质量：________，其体积：________

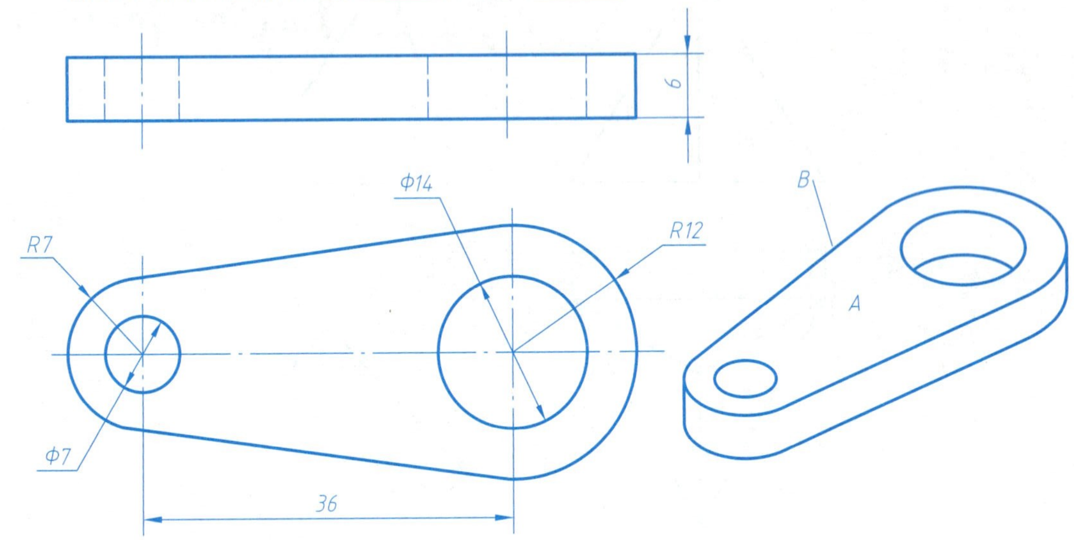

2）平面 *A* 的面积：________

平面 *A* 和 *B* 的夹角：________

线段 *C* 的长度：________

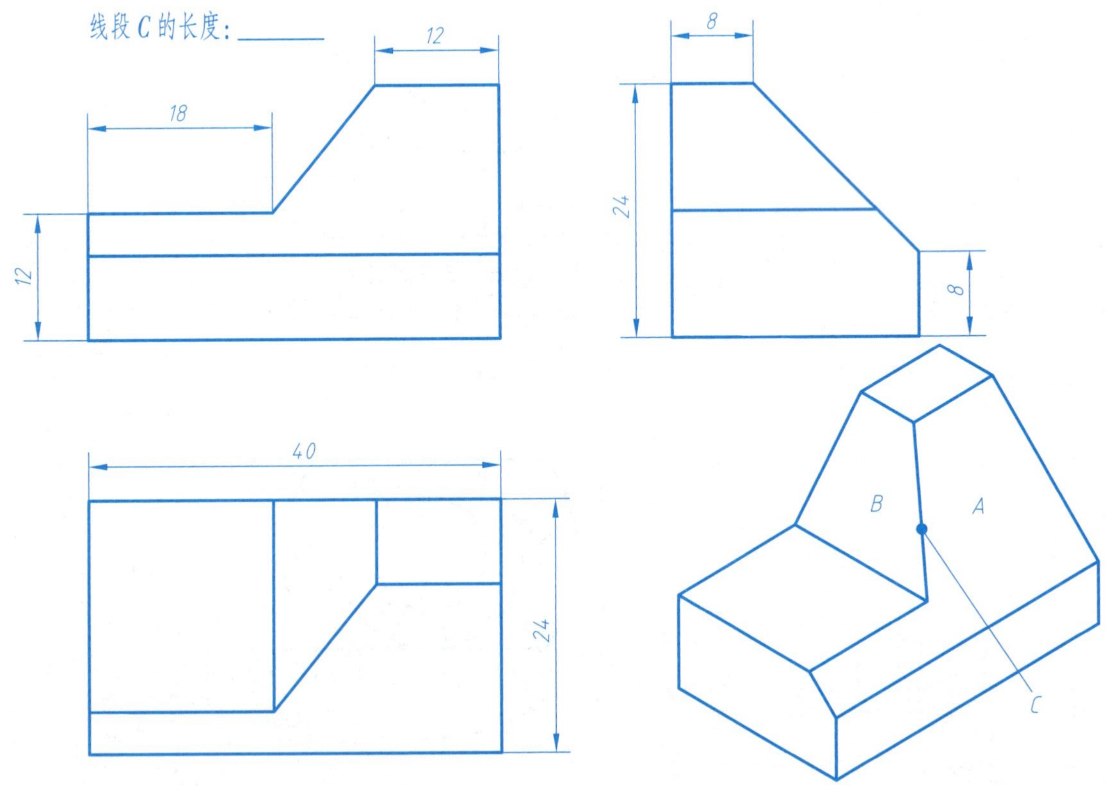

12-21 根据“回转架”的零件图建立其三维模型

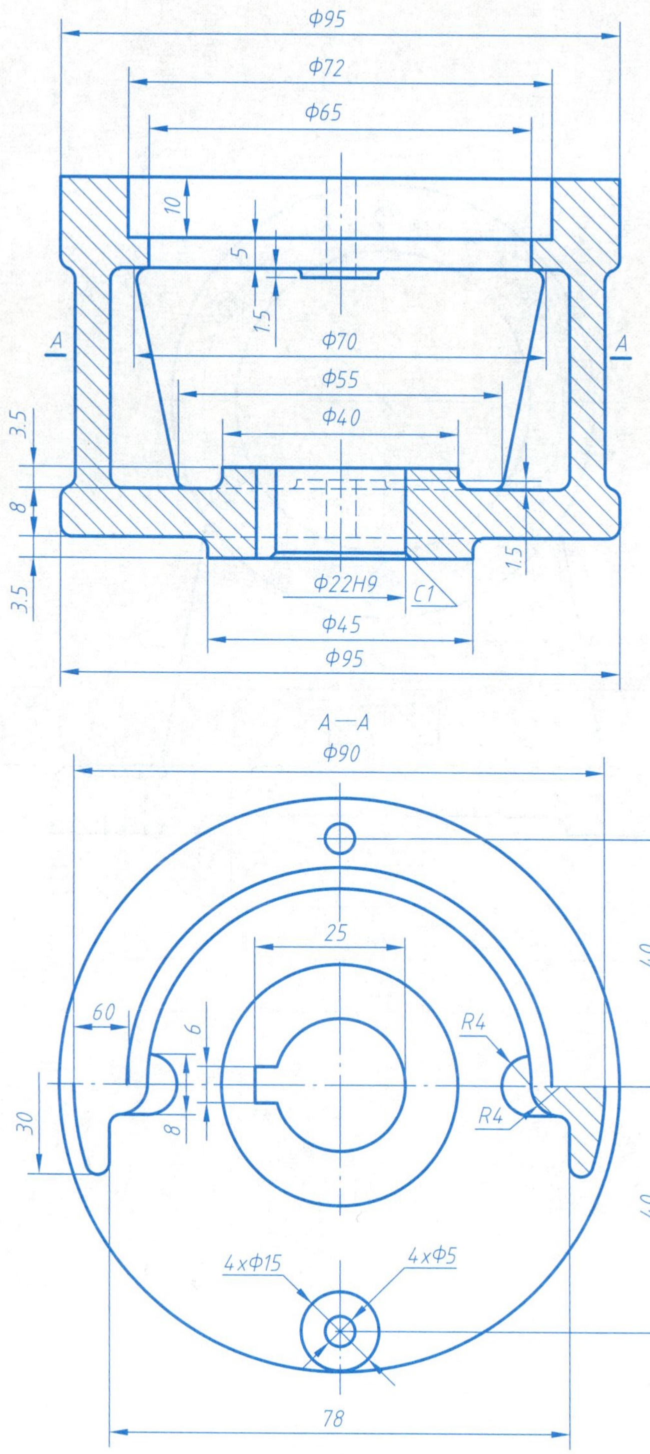

技术要求

未注圆角R2。

12-22 根据“顶尖体”的零件图建立其三维模型

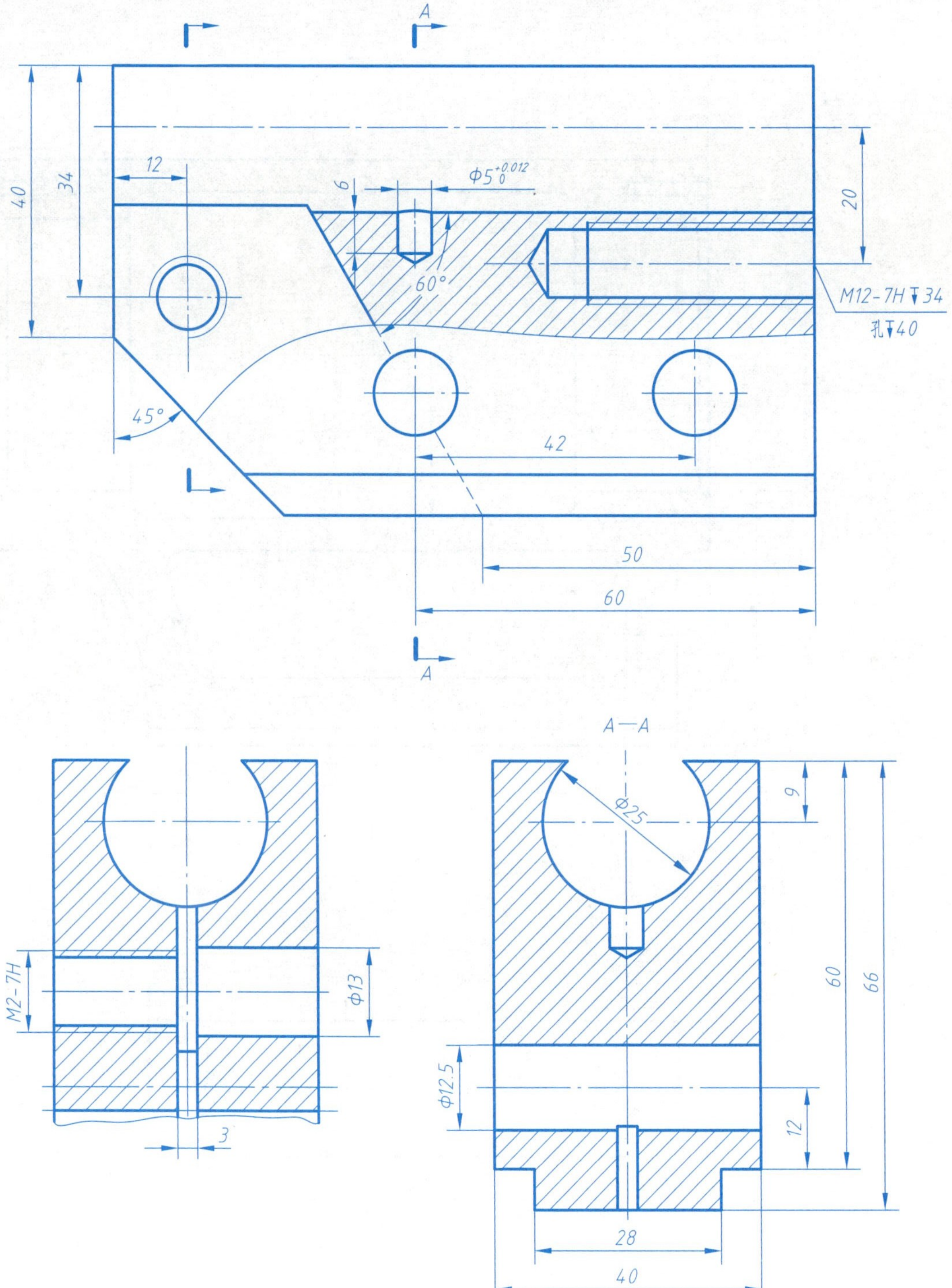

12-23 根据“铣刀头座体”的零件图建立其三维模型

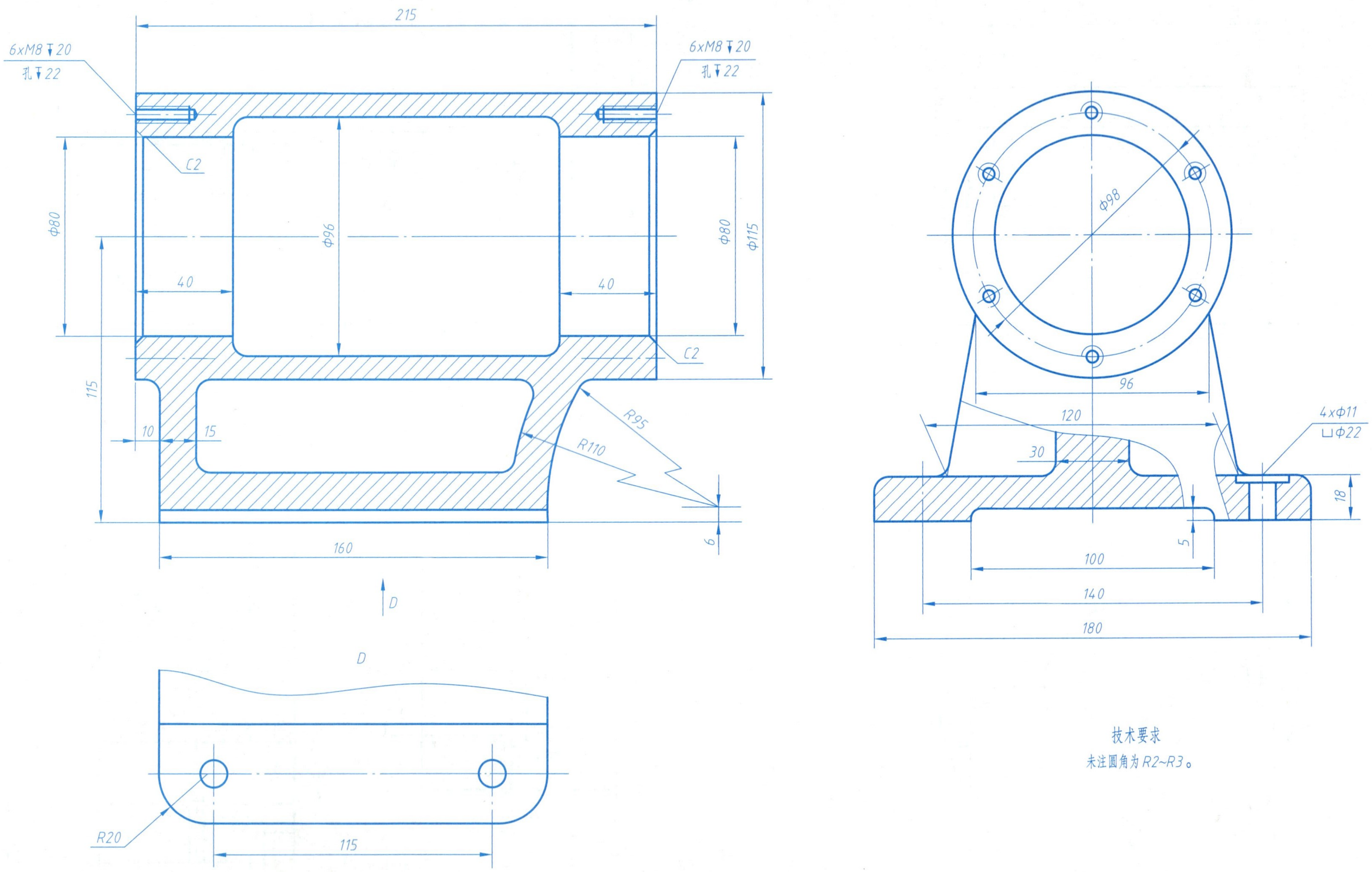

技术要求

未注圆角为R2~R3。

班级 姓名 日期

13-1　由给定的零件模型，创建低速滑轮装置的三维装配模型

低速滑轮装置主要由轴、滑轮、铜套、支架、垫圈和螺母组成，如下图所示。

设计要求：

（1）利用习题集前言指定的习题文件“第13章\练习题\低速滑轮装置”目录下的6个零件，装配成右下图所示的装配模型；

（2）生成装配分解图。

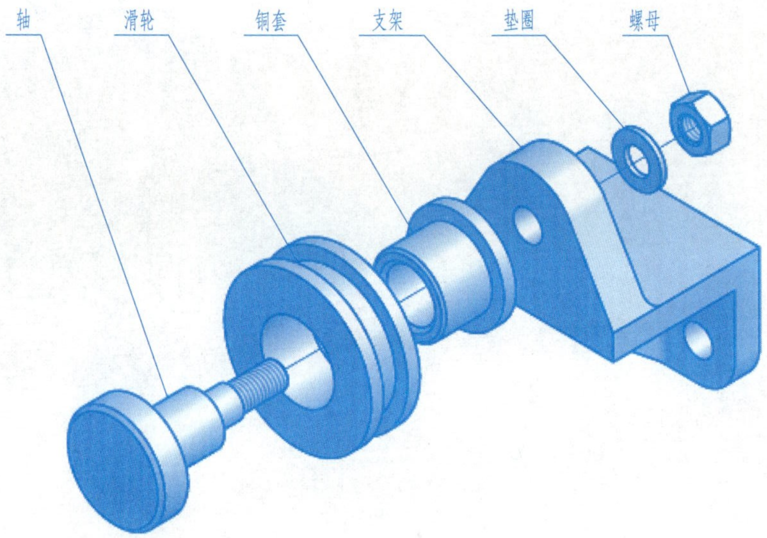

13-2　由给定的零件模型，创建齿轮泵的三维装配模型

齿轮泵装置主要由压盖螺母、压盖、泵体、从动轴、主动轴、圆柱销（2个）、齿轮（2个）、垫片、泵盖和螺栓（6个）等组成，如下图所示。

设计要求：

（1）利用习题集前言指定的习题文件“第13章\练习题\齿轮泵装置”目录下的零件，装配成下图所示的装配体模型；

（2）利用泵体端面轮廓，自行设计垫片零件模型；

（3）生成装配分解图。

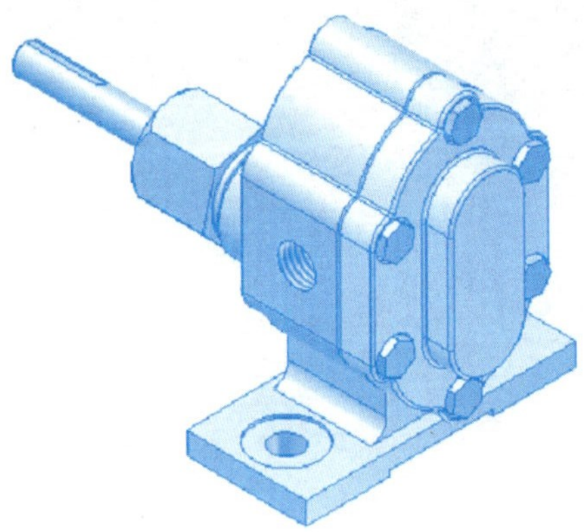

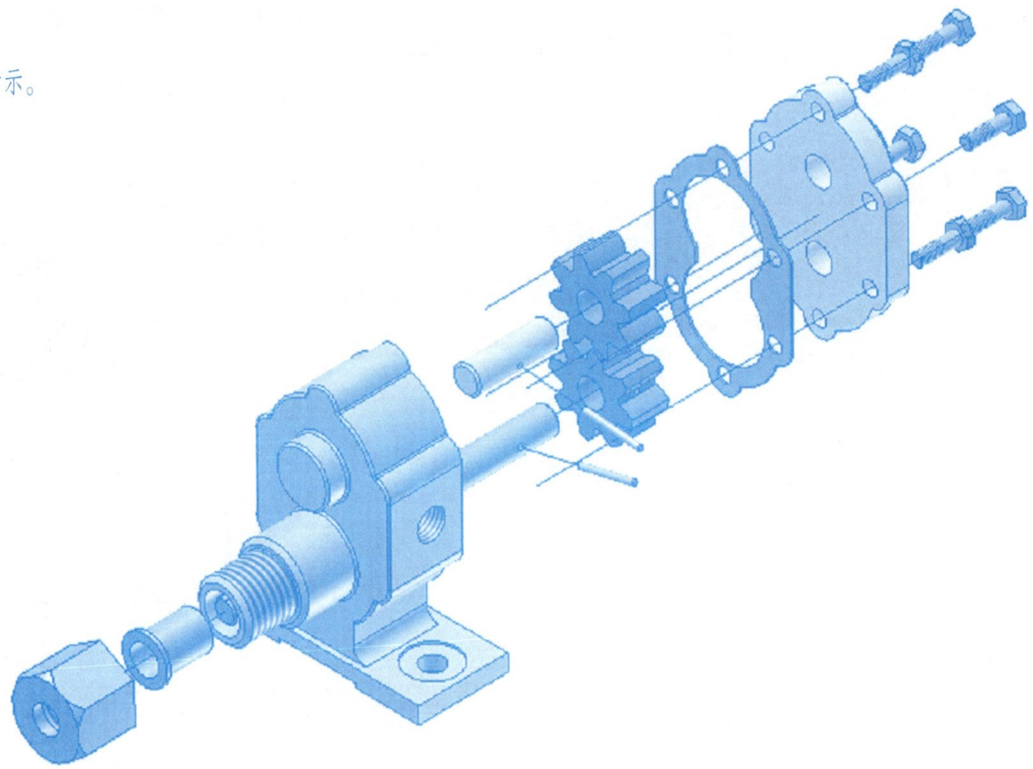

13-3 根据弯板连接部件的零件图和标准件，建立弯板零件的三维模型，并做三维装配。螺栓的长度根据设计需要自定

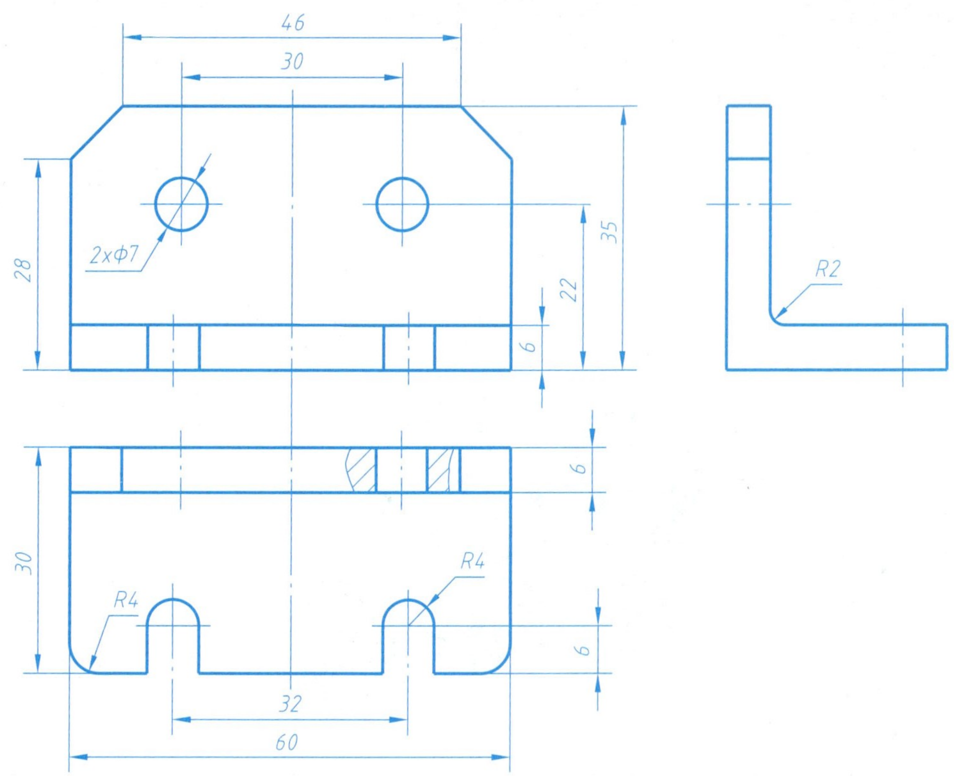

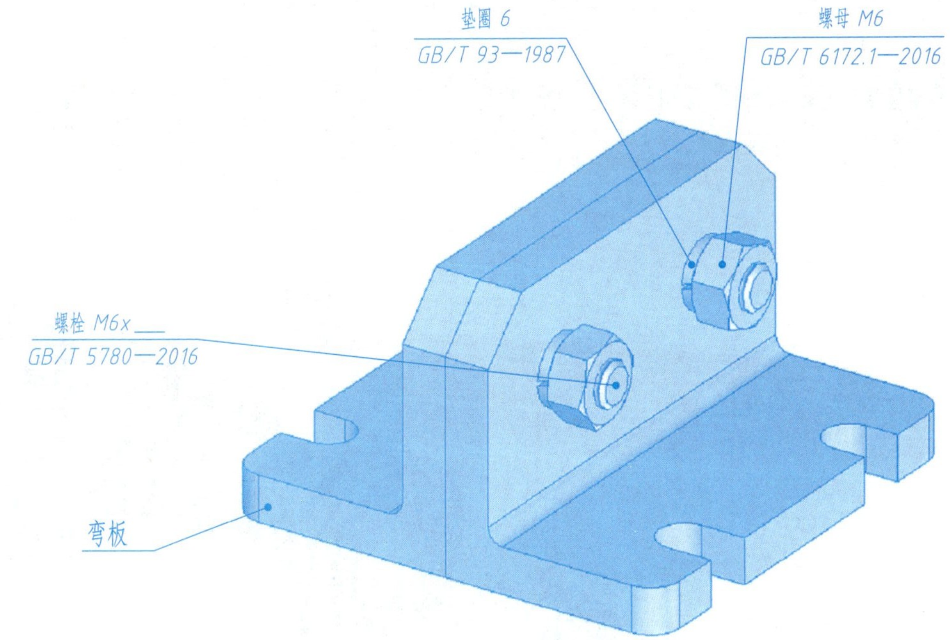

13-4 根据虎钳部件各零件图，建立各零件的三维模型，并做三维装配。虎钳部件的各零件图见后面 2 页，各标准件见下图

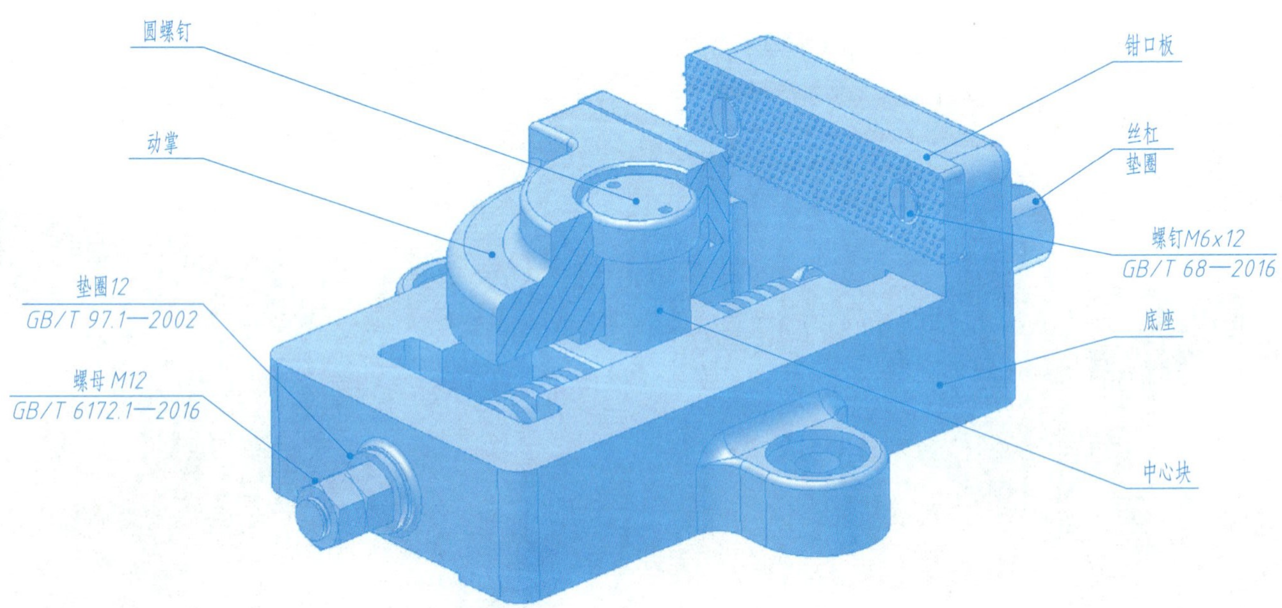

班级		姓名		日期	

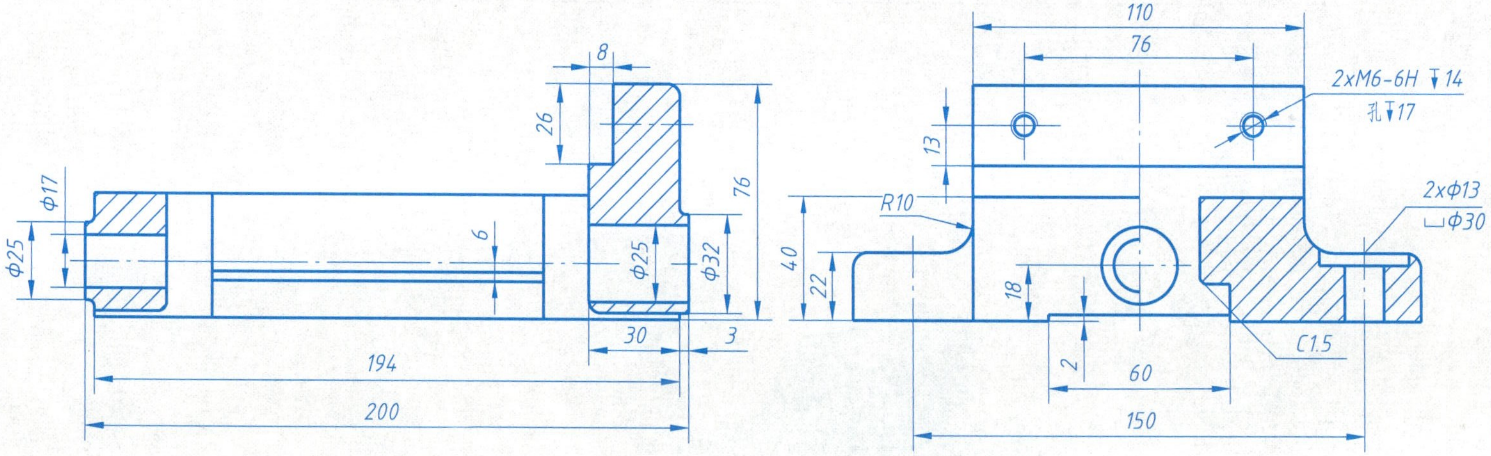

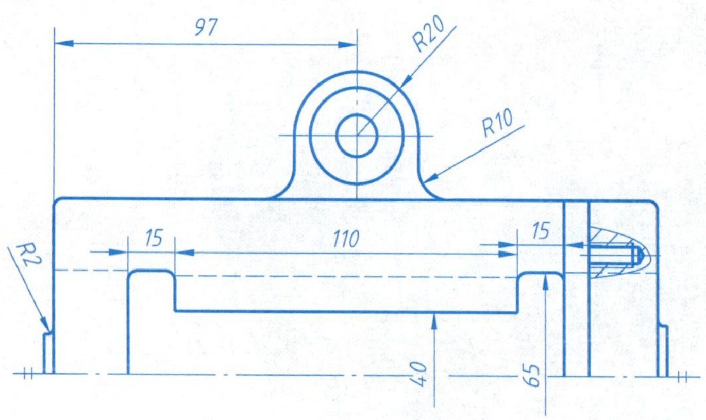

技术要求
未注圆角R3~R5。

底座

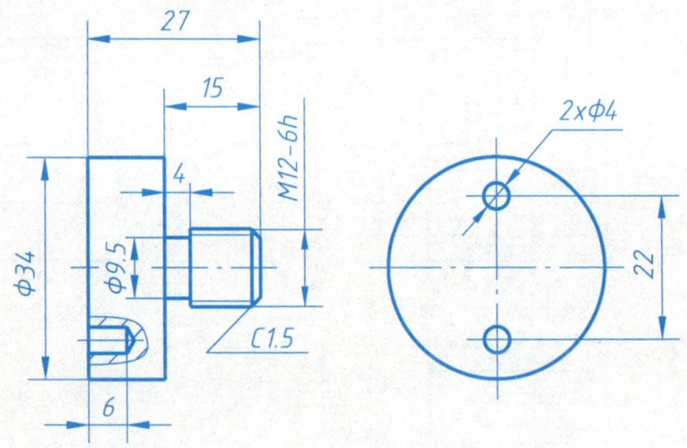

圆螺钉

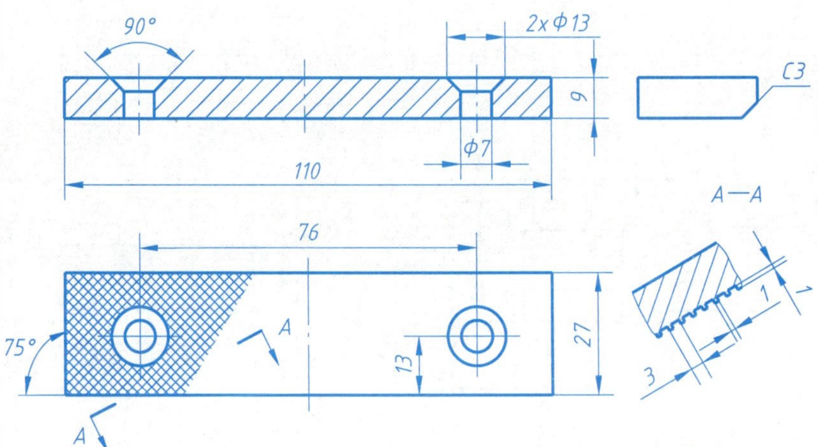

钳口板

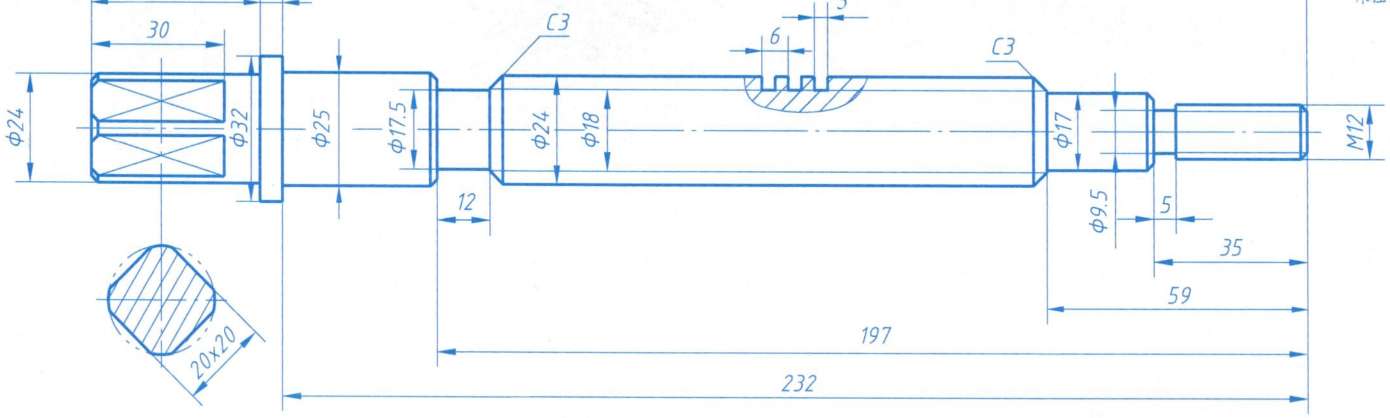

技术要求
未注倒角C1.5。

丝杠

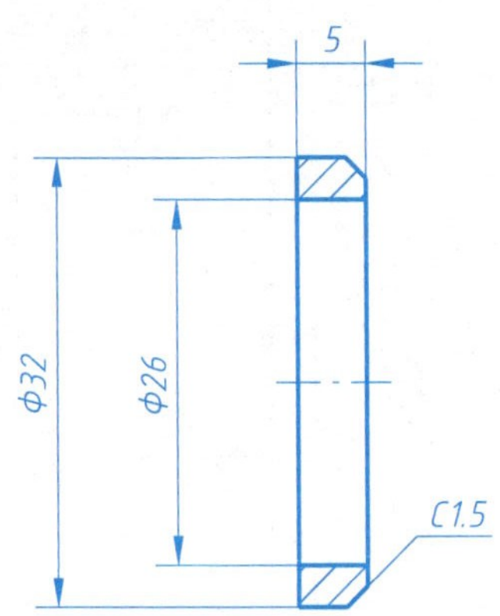

垫圈

13-4（续）虎钳部件的零件图

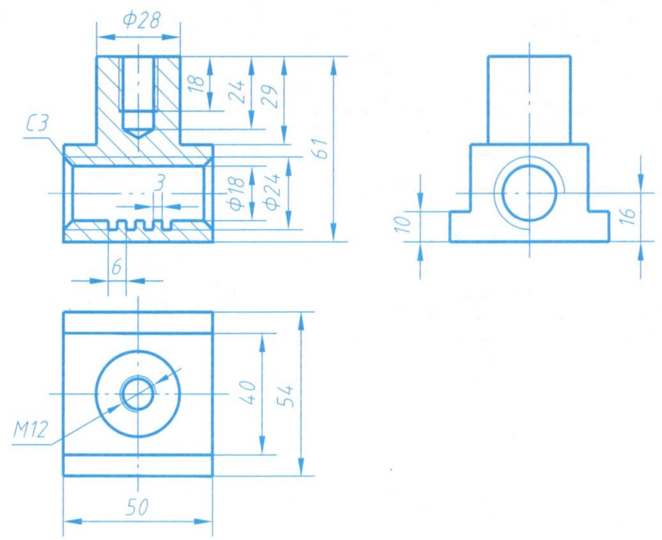

中心块

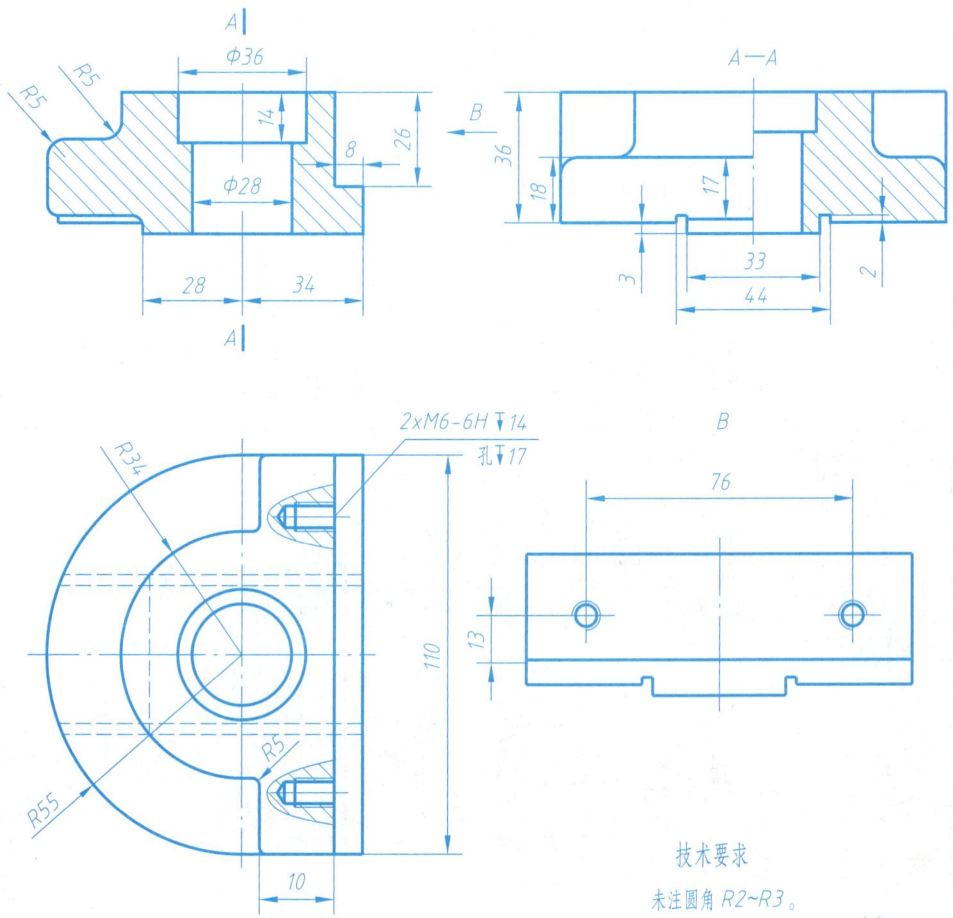

技术要求

未注圆角 R2~R3。

动掌

13-5 根据轴系部件各零件图，建立各零件的三维模型，并做三维装配。采用“自上向下”的设计方法设计大、小端盖。

轴系部件各零件图见后面两页，各标准件见下图

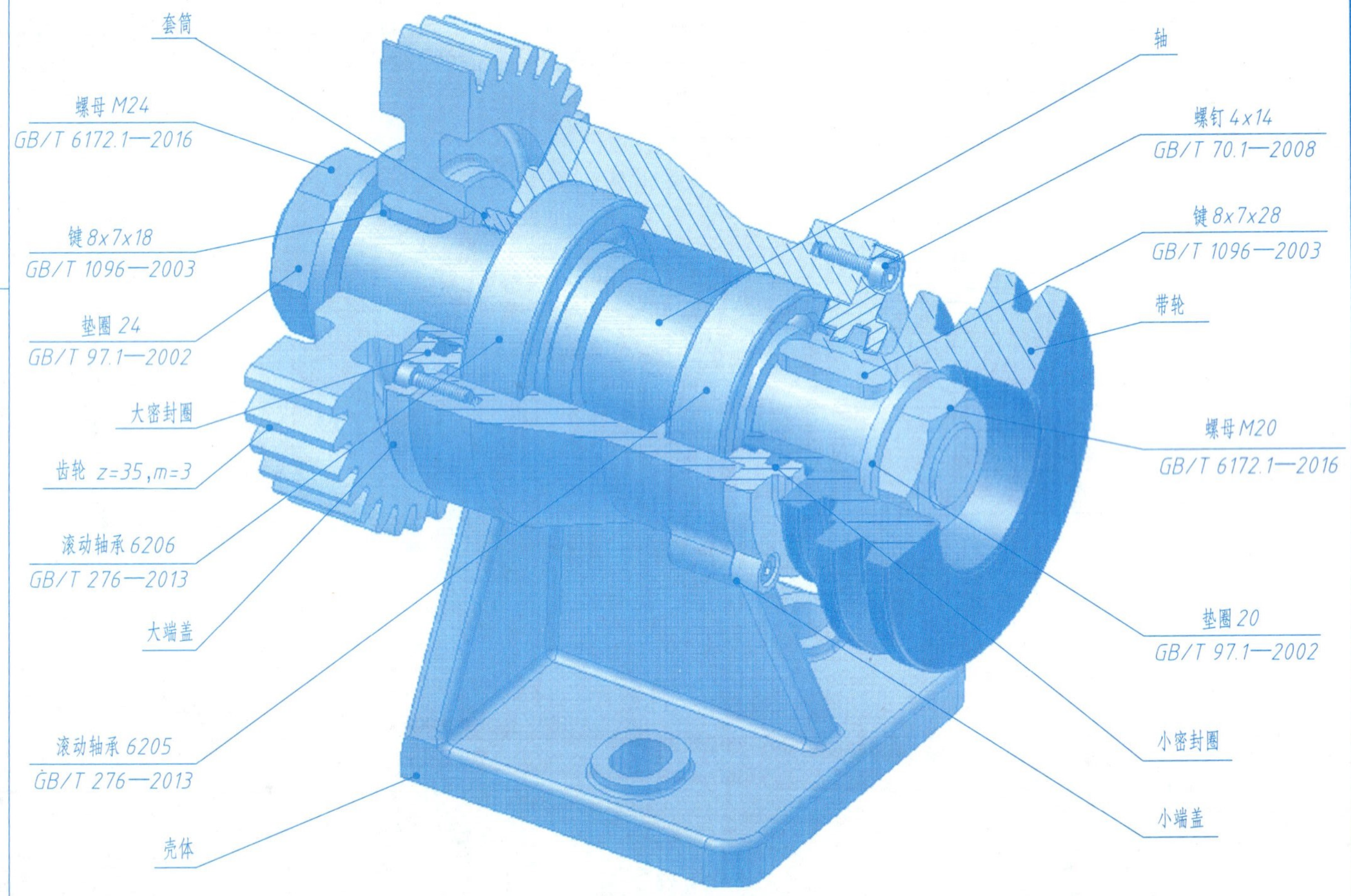

班级		姓名		日期	

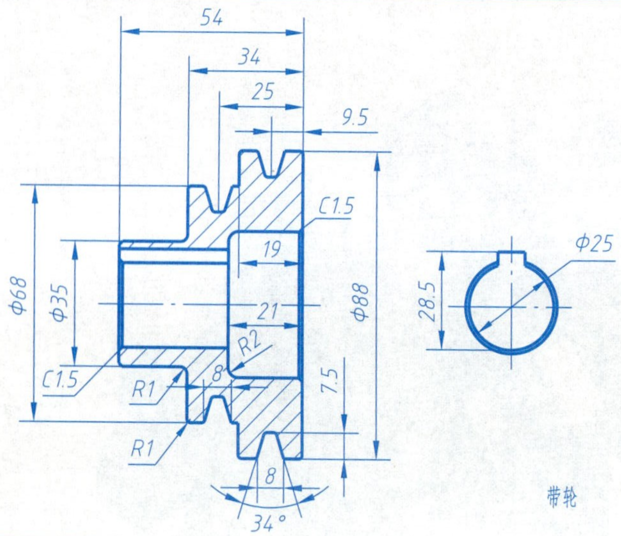

带轮

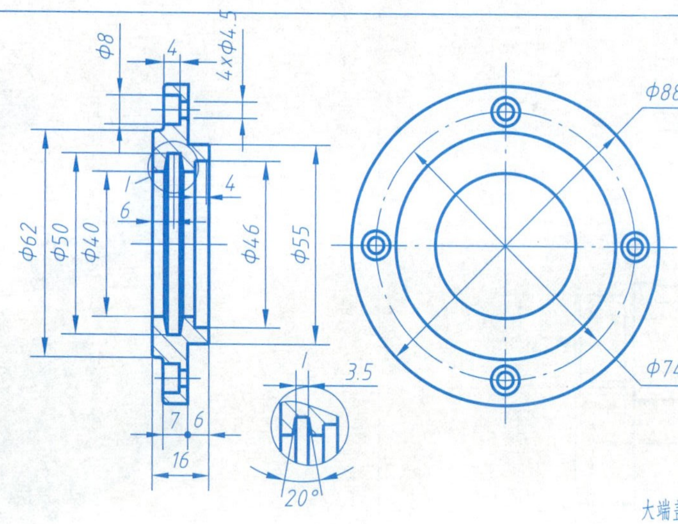

大端盖

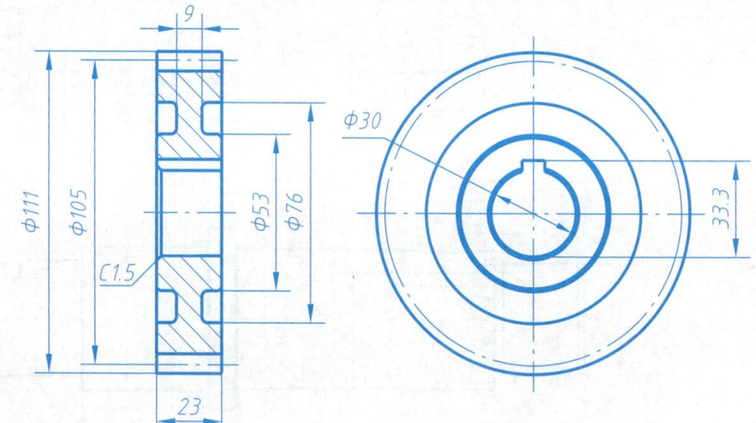

齿轮 z=35,m=3

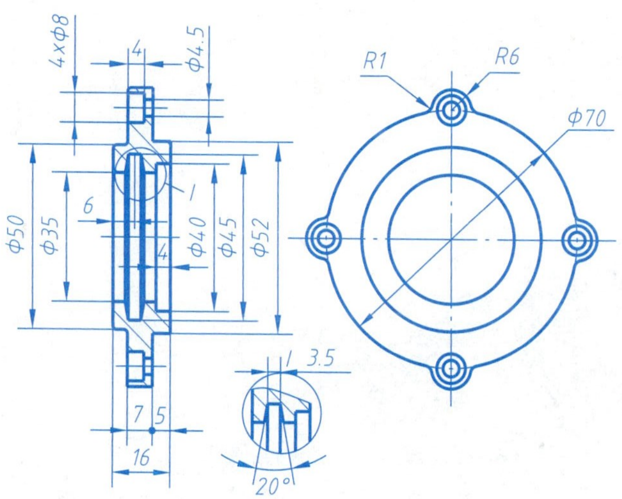

小端盖

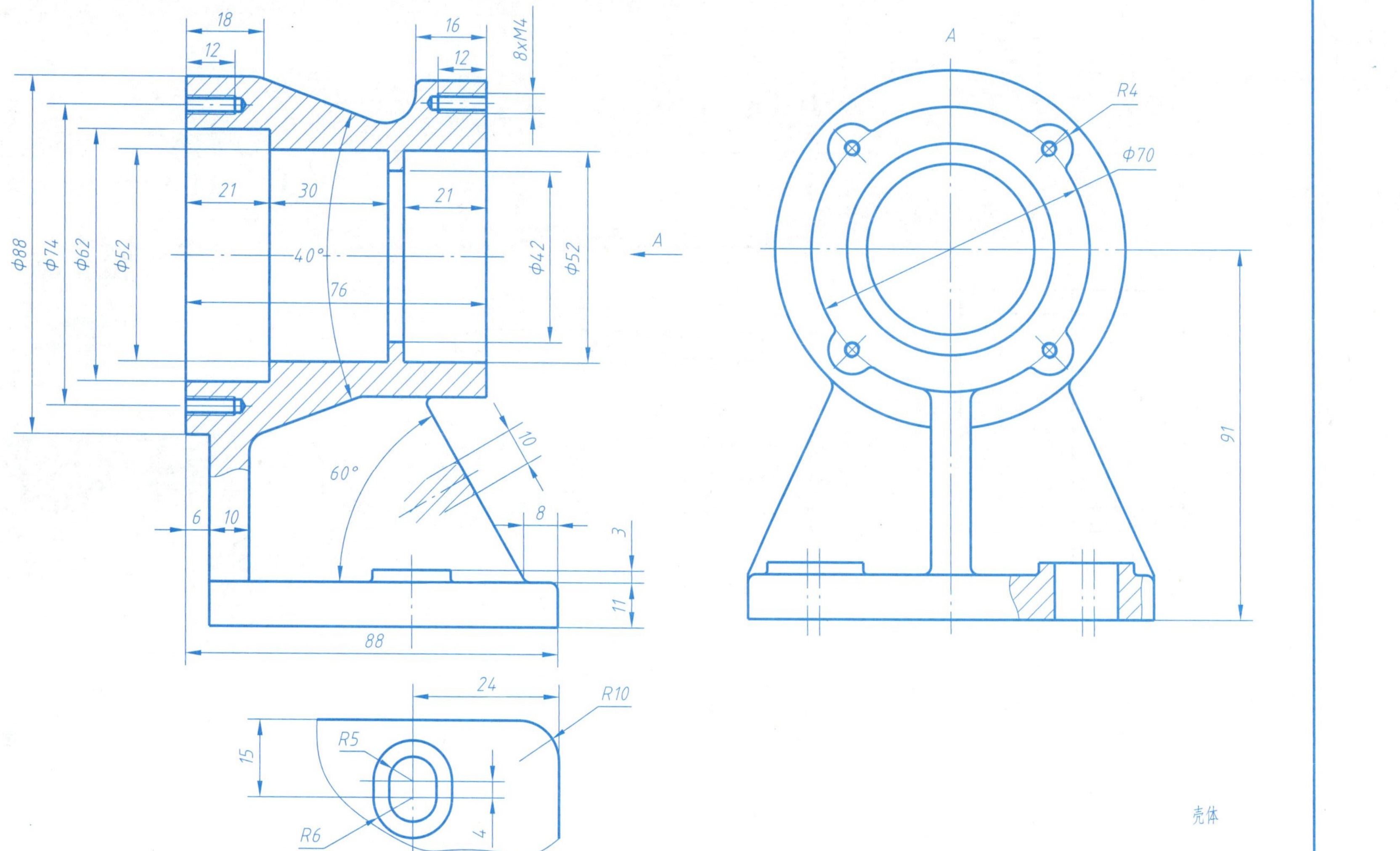

壳体

班级		姓名		日期		123

13-5(续) 轴系部件零件图

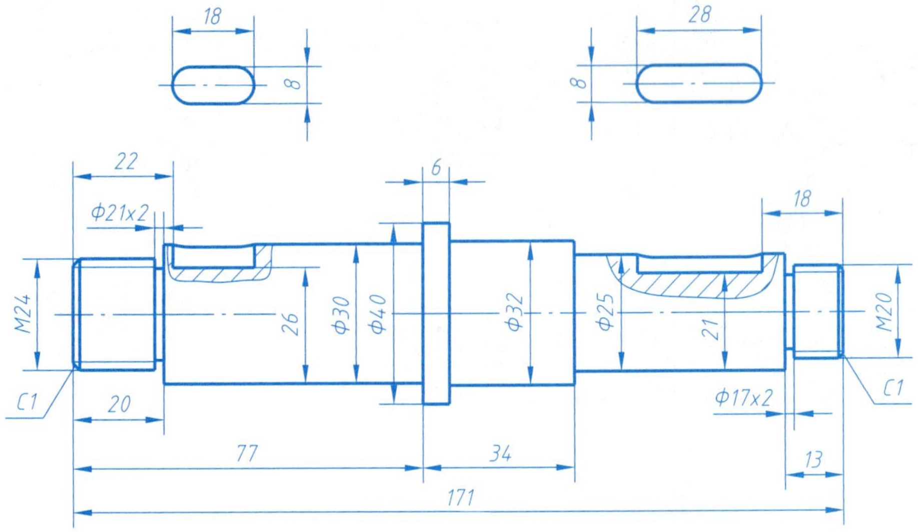

轴

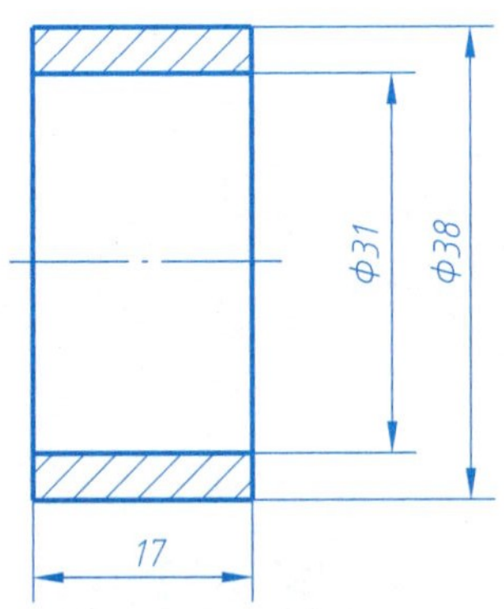

套筒

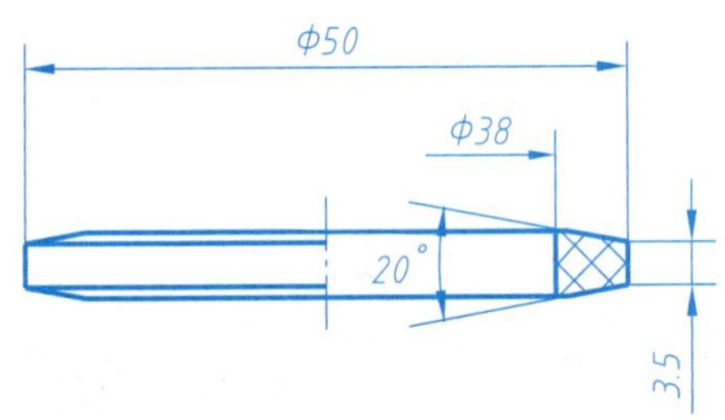

大密封圈

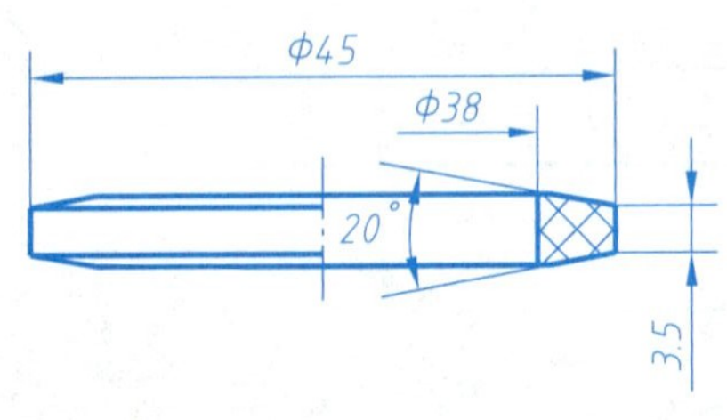

小密封圈

14-1 完成13-3题的装配模型后,设计该部件的分解表达视图,并生成分解和装配的动画

14-2 完成13-5题的装配模型后,设计该部件的分解表达视图(不要求剖开表达),并生成分解和装配的动画

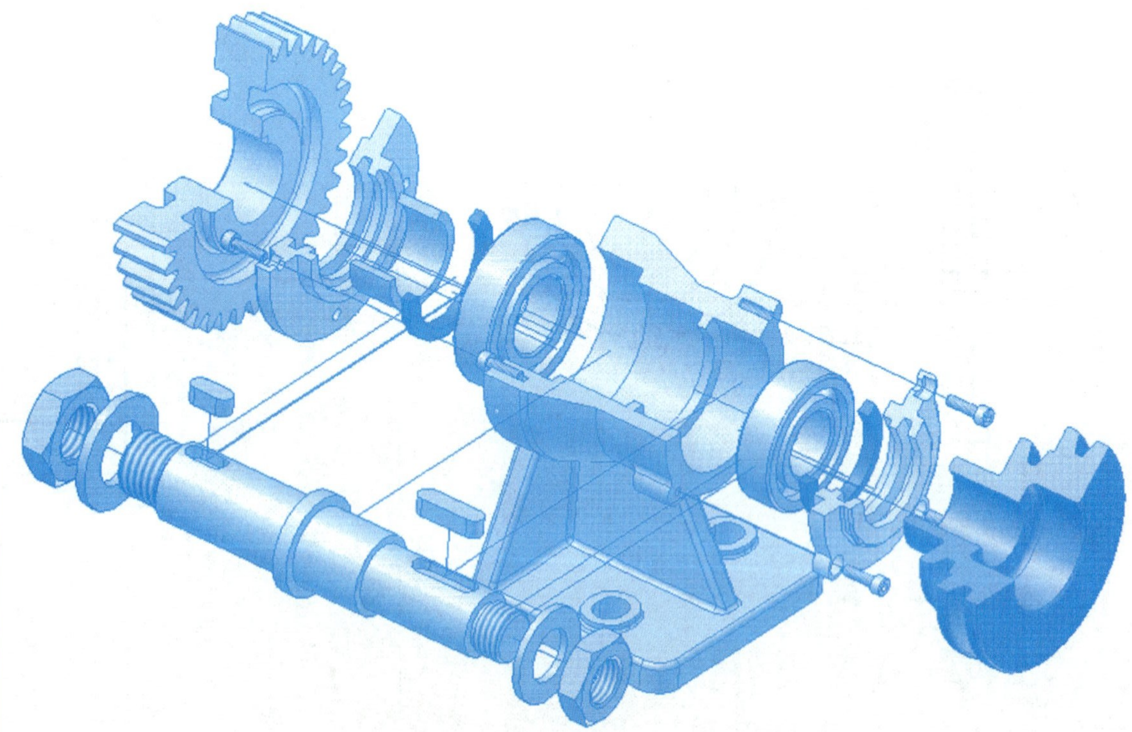

班级		姓名		日期	

15-1 建立零件的三维模型并转换为工程图。工程图应能表达斜面三角形的实际形状以方便标注圆孔的直径尺寸

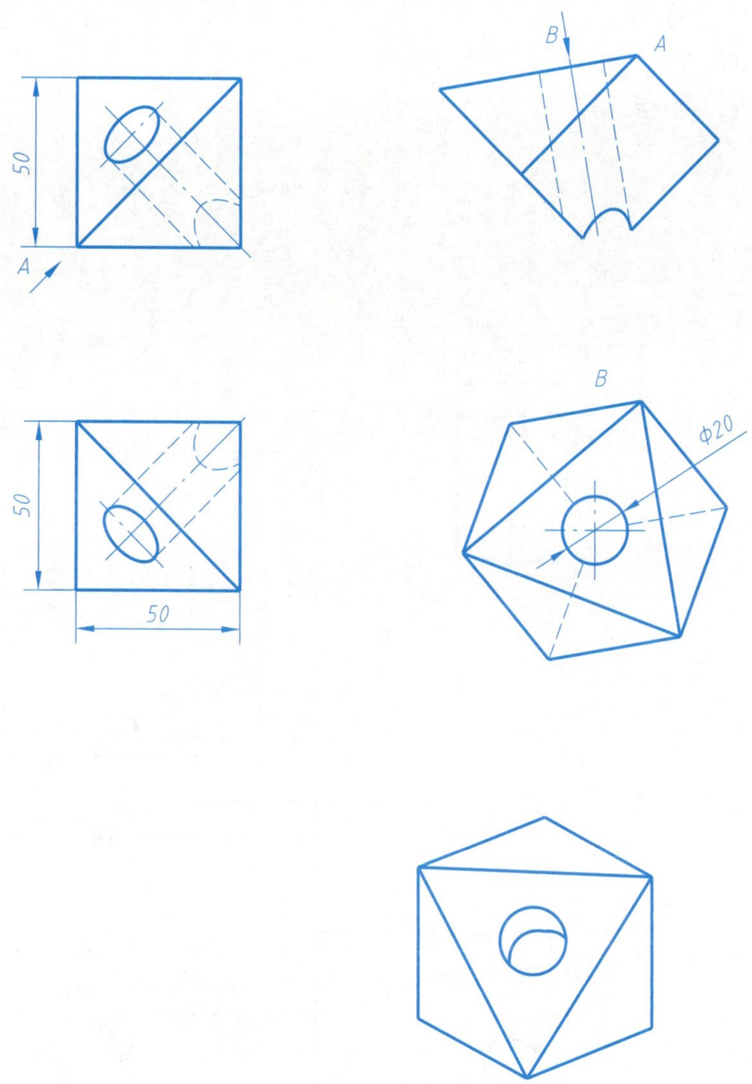

15-2 建立“轴架”的三维模型，并转换为工程图

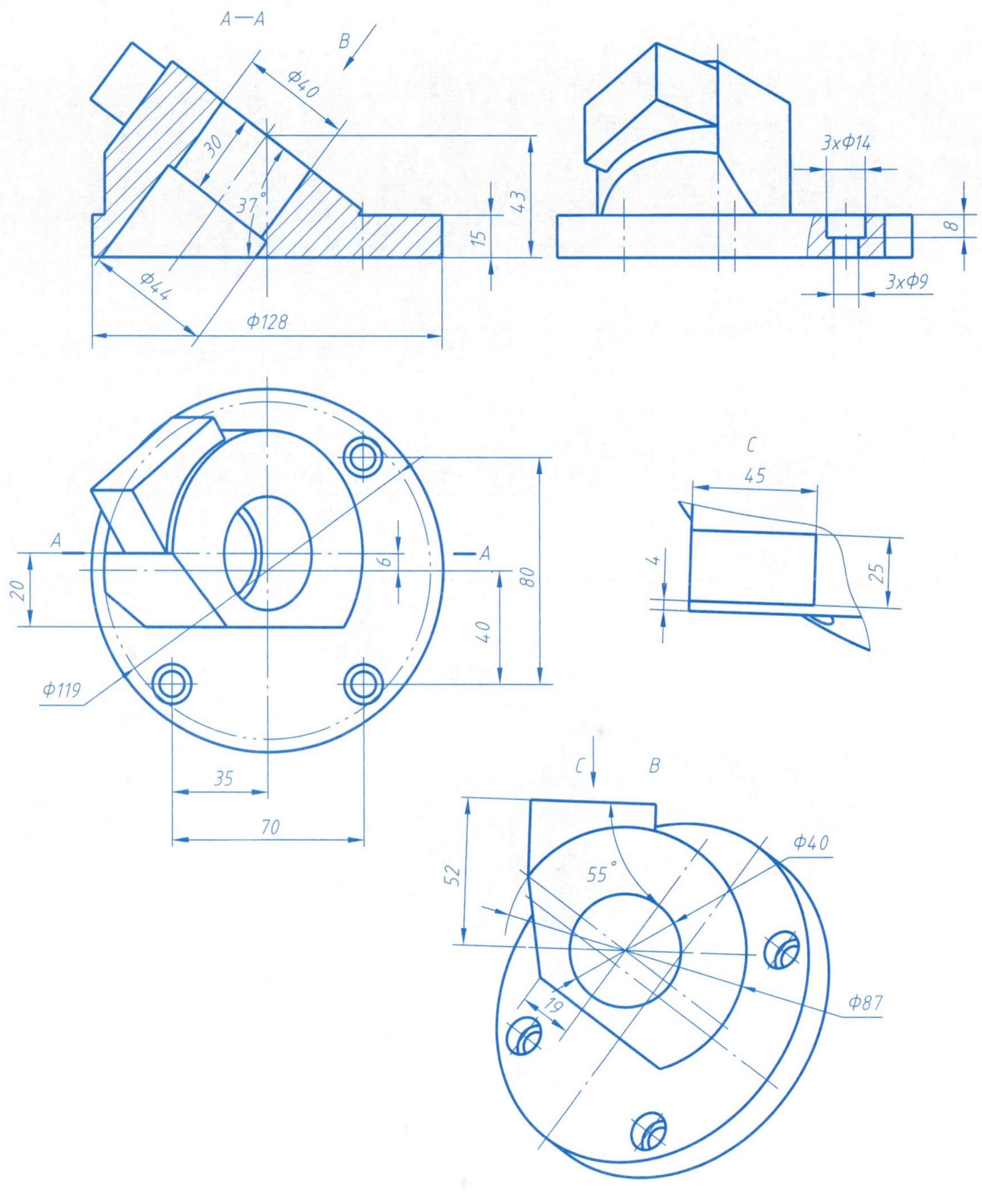

17-1 设计螺旋千斤顶

1. 已知条件

最大起重量 F_Q、最大起升高度 L、螺杆大径 d、螺母高度 H、手柄直径 d_1 和长度 L_1 见下表。千斤顶的机构简图参见配套教材第 17 章课程设计示例 1。

2. 设计任务

（1）确定结构设计方案以及各零件尺寸；

（2）创建三维装配模型和装配分解图（如有条件可制作成装配动画）；

（3）绘制千斤顶二维装配图；

（4）绘制底座零件图；

（5）编写设计说明书。

题号 / 参数	1	2	3	4
F_Q/kN	12	15	18	20
L/mm	200	220	250	280
d/mm	24	26	28	30
$d_1 \times L_1$/(mm×mm)	17×500	18×500	19×500	20×500
H/mm	30	35	40	45

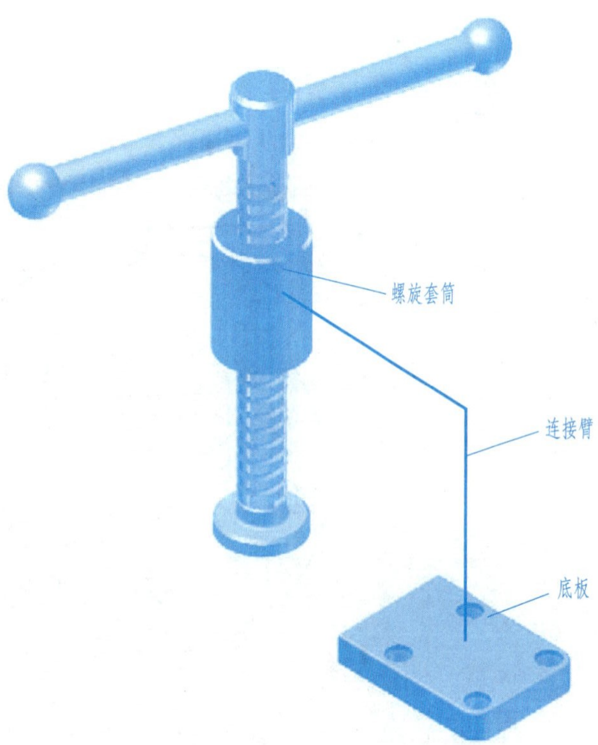

17-2 设计支架

1. 已知条件

螺旋压紧机构由底板、螺旋套筒和连接臂三部分构成，底板和螺旋套筒的结构和尺寸已经给定，添加连接臂，完成该支架设计。支架的材料为铸铁。

2. 设计任务

（1）创建支架零件的三维模型，未给出的尺寸可自行确定；

（2）绘制支架零件图。

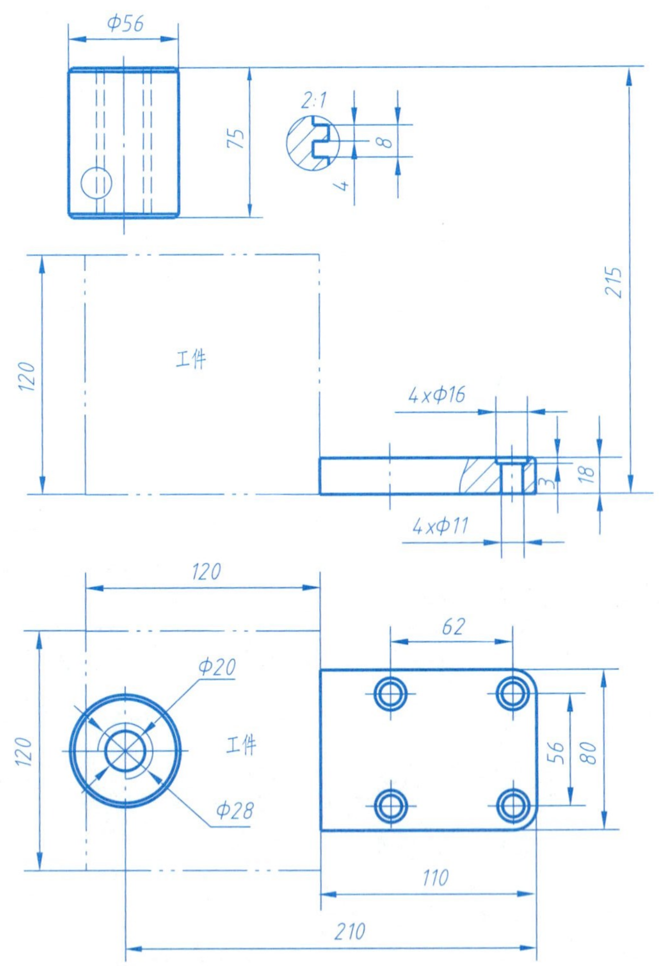

班级 姓名 日期

17-3 设计支架

1. 已知条件

支架用来支承带连接板的管道部件，支架底板和被支承件连接板尺寸见下图。

2. 设计任务

(1) 根据给定的尺寸条件，设计支架的结构，徒手绘制支架的设计草图；

(2) 确定支架各部分尺寸；

(3) 创建支架的三维模型；

(4) 绘制支架零件图。

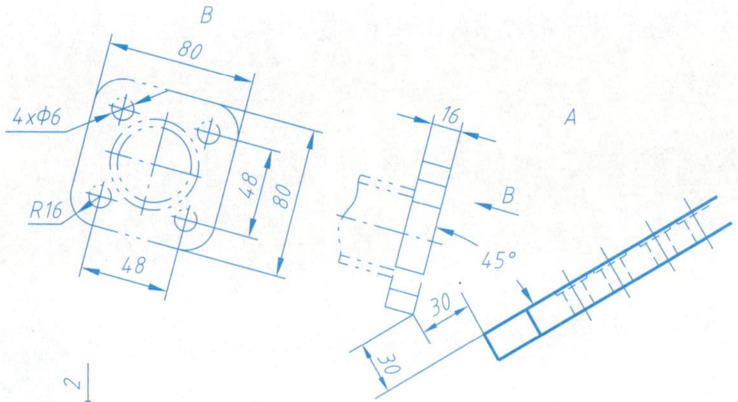

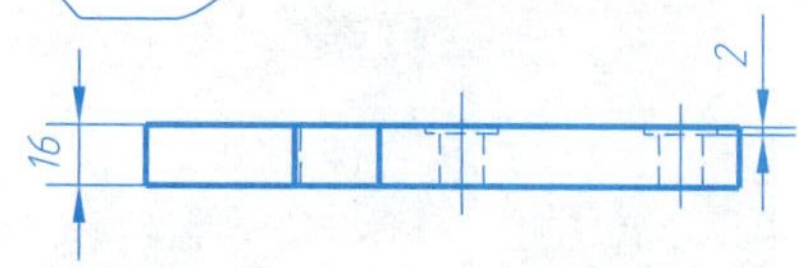

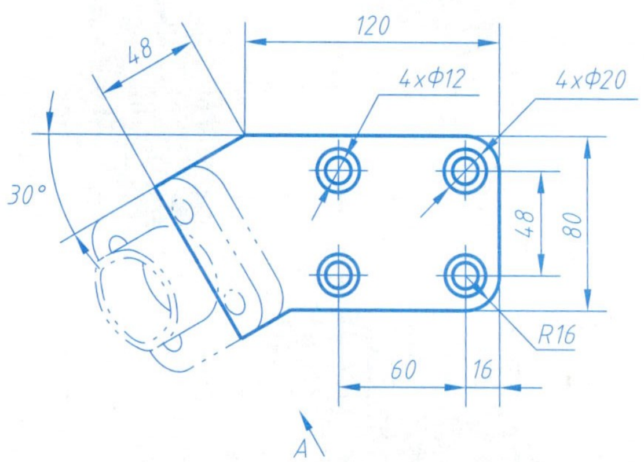

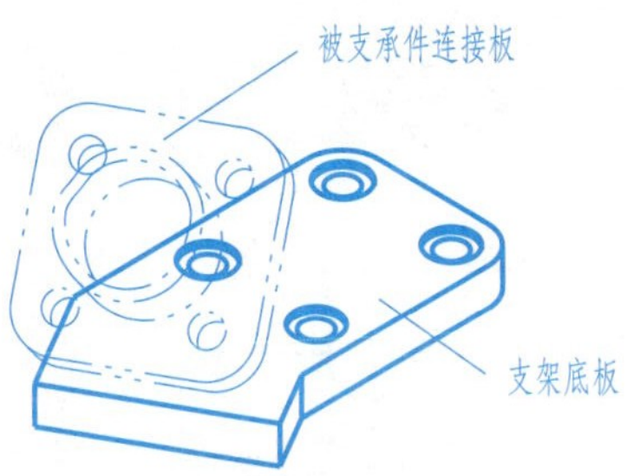

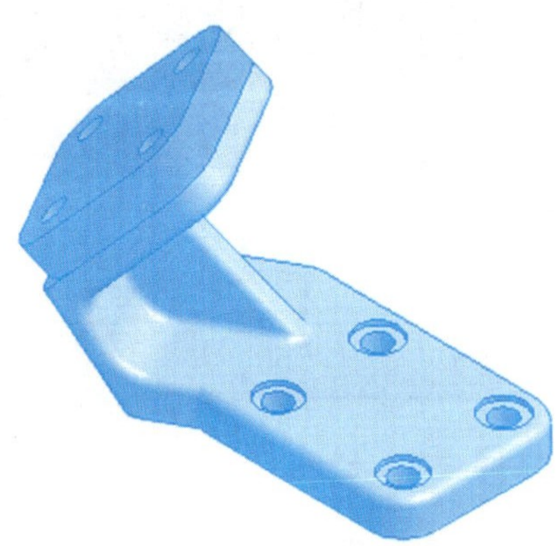

17-4 设计展览场馆中的展台支架

1. 已知条件　支架钢管内径 30 mm，外径 34 mm。管接头壁厚 3 mm。

2. 设计要求

要求展台支架可以插拔安装、安装后应可靠安全。为支架设计 3 种管接头（三通、四通、五通），设计支架与地面的连接板。

3. 设计任务

(1) 创建展台支架的三维装配模型；

(2) 创建 3 种管接头和连接板的三维模型；

(3) 绘制三通管接头的零件图。

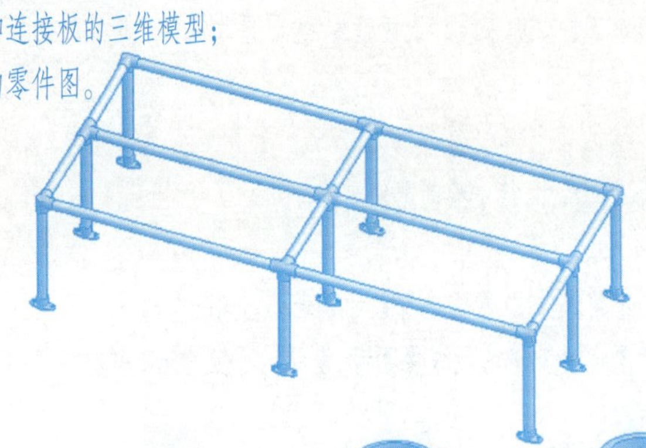

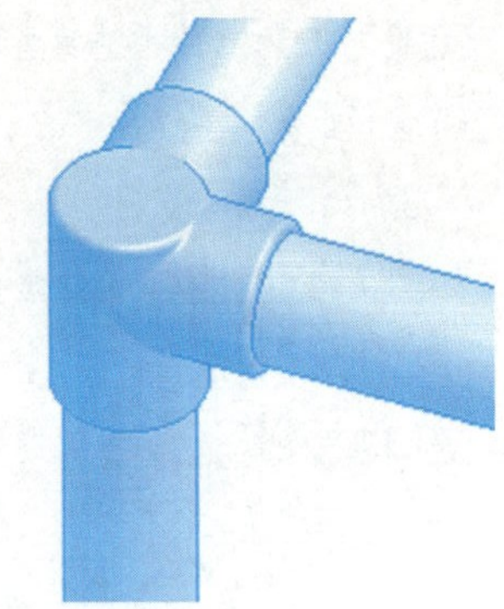

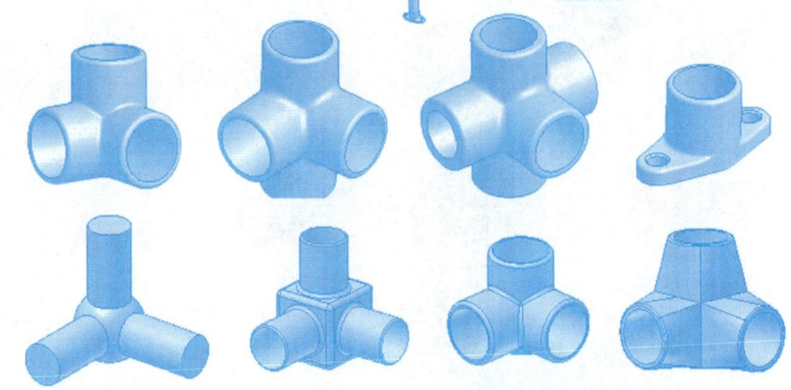

17-5 设计垃圾箱

1. 设计要求

选定一种公共场所（公园、校园、商场等）使用的垃圾箱，分析其结构特点，提出设计构思。

垃圾箱由底座、两个箱体、箱盖和一些连接零件等装配而成。箱体上部的箱盖要方便开启，在箱体底部还要有回收垃圾的出口或小门。可以在两个箱体上标记出“可回收物”和“不可回收物”的字样。下图为垃圾箱的参考图。

2. 设计任务

(1) 创建三维装配模型和装配分解图；

(2) 绘制二维装配图一张；

(3) 绘制箱体零件图一张。

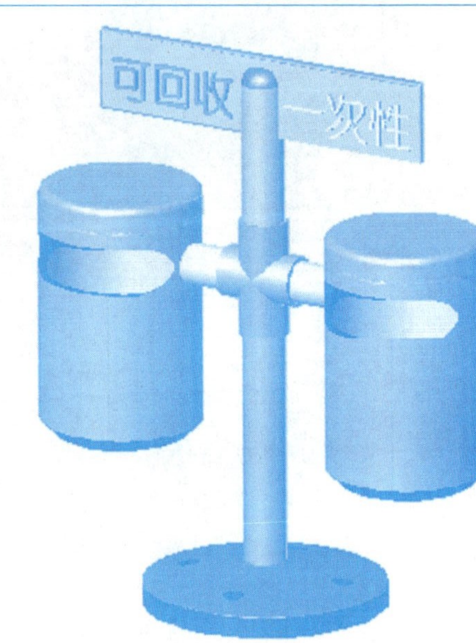

17-6　设计夹钳架

1. 工作原理

管用夹钳的参考图见图1。管用夹钳是一种钳工用来固定被加工管件的螺旋传动装置，由螺杆、手柄、夹钳架、动掌和底座等零件组成。夹钳架和底座用三个螺栓连接在一起，当转动手柄时，由螺杆带动的动掌沿着夹钳架轴向移动，用V字形的动掌和底座来夹紧管件。

2. 已知条件和设计要求

图2给出夹钳架的部分尺寸和螺栓孔定位尺寸，构思夹钳架的形状和大小时，应该满足这些尺寸要求，并使其具有尽可能简单的几何形状，其余的尺寸自行设计，注意结构尺寸应该圆整为整数。夹钳架可以设计成铸造件或者机加工件。如果设计成铸造件，为了便于做出铸造件的砂型，铸造件两表面相交处应有铸造圆角。还需注意，铸造件经过机械加工的表面的转角处就不再是圆角，而成为尖角或加工成倒角，这一点在设计的三维模型中应该正确反映。

3. 设计任务

（1）确定夹钳架的结构形状以及尺寸，徒手绘制零件草图；

（2）创建夹钳架三维模型；

（3）绘制符合生产要求的夹钳架零件图，标注全部尺寸和表面结构代号；

夹钳架三维模型的参考图见图3，参考图仅供参考，设计时不应受此限制。

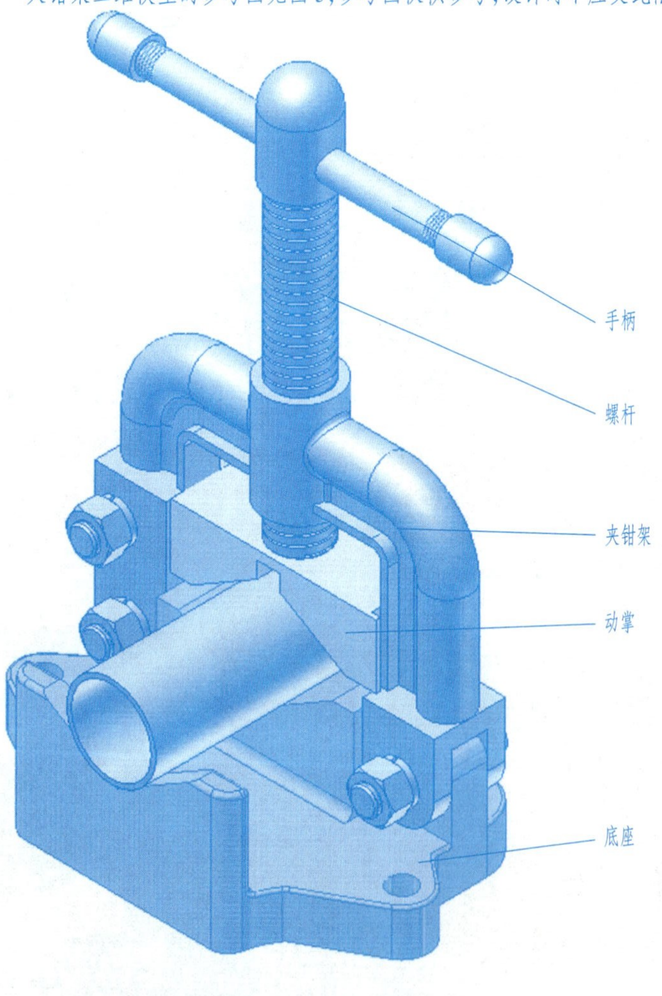

图1　管用夹钳参考图

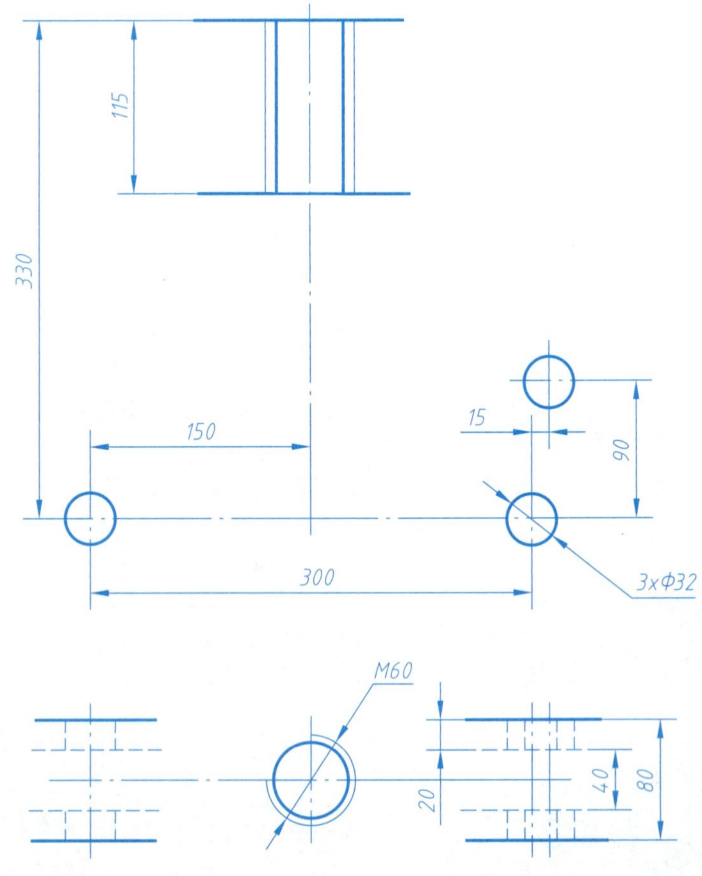

图2　夹钳架的尺寸

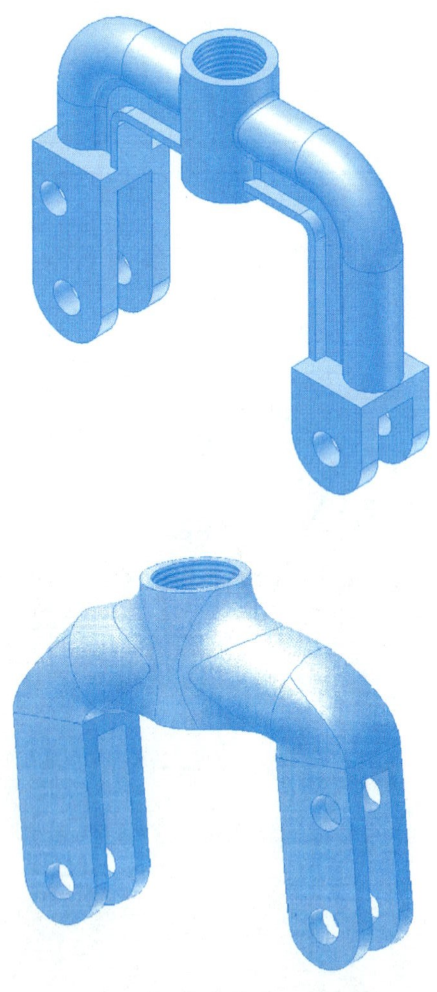
图3　夹钳架参考图

班级		姓名		日期	

17-7 设计管用夹钳，创建装配模型、装配图和分解图

1. 工作原理

管用夹钳的参考图见图1。管用夹钳是用来固定被加工管件的螺旋传动装置，由底座1、夹钳架2、螺杆3和手柄4组成。当转动手柄时，螺杆沿着夹钳架轴向移动，螺杆与V字形的底座一起夹紧管件。

2. 设计任务

（1）确定夹钳4个零件的结构形状以及尺寸；图2给出夹钳的部分尺寸，其余尺寸自定。

（2）创建夹钳4个零件的三维模型。

（3）按照装配关系，施加相应的装配约束，拼装夹钳的装配模型。

（4）创建夹钳的装配图，装配图参考图见图2。

（5）创建夹钳的分解图，分解图参考图见图3。

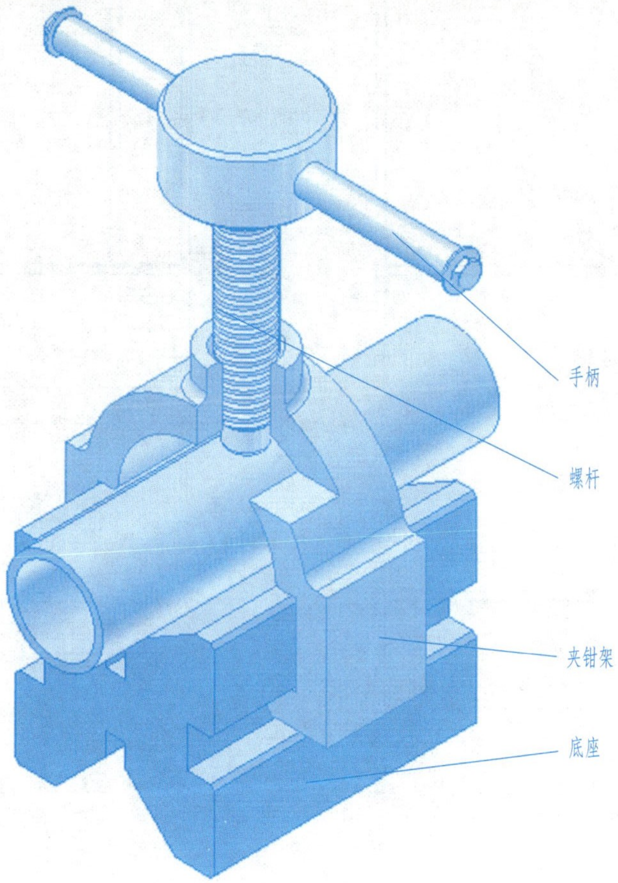

图1　管用夹钳参考图

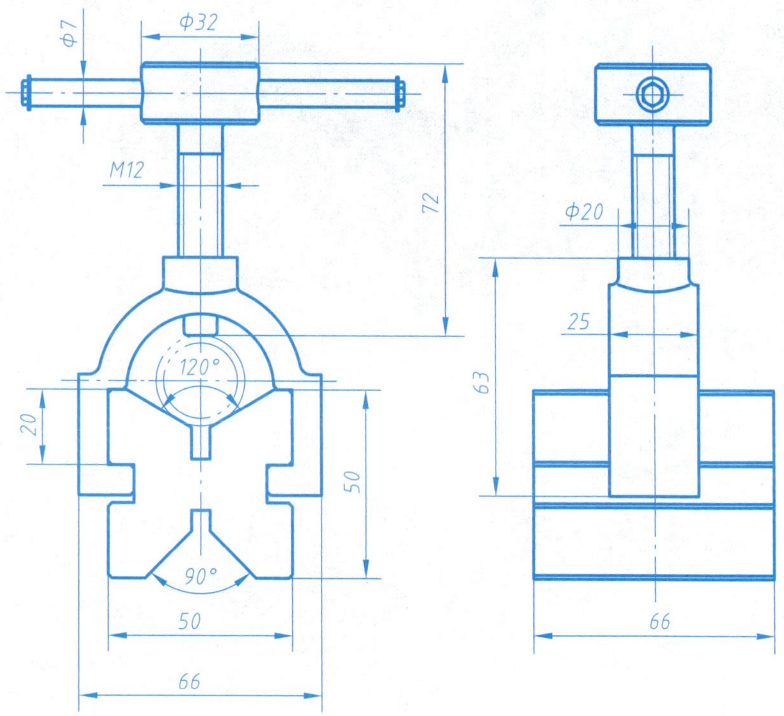

图2　管用夹钳装配图

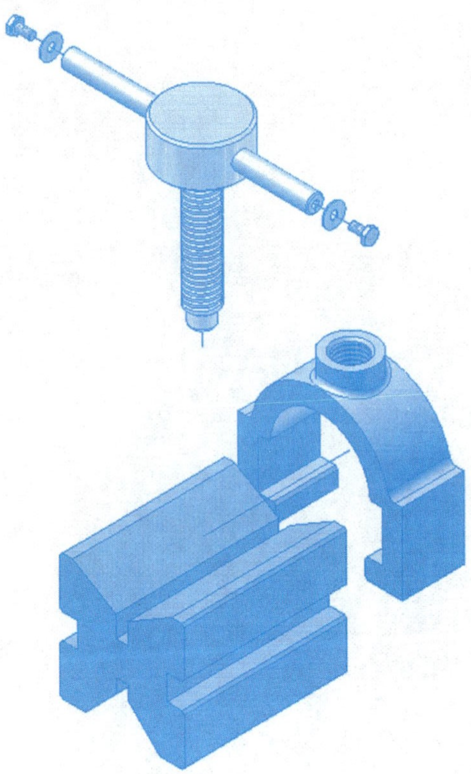

图3　管用夹钳分解图

为便于空易拉罐回收，应将其压扁，下图展示的是一台安装在墙面上的空铝罐压缩机构。

1. 已知条件

参照给定的压缩机构图样，重新设计一台压缩机构，不考虑其力学性能。

易拉罐外形尺寸：高 123 mm；外直径 66 mm。

2. 设计任务

（1）改进设计或者重新设计，也可以考虑设计放在地面上的脚踏实式压缩机构；

（2）创建其三维装配模型和工程图。

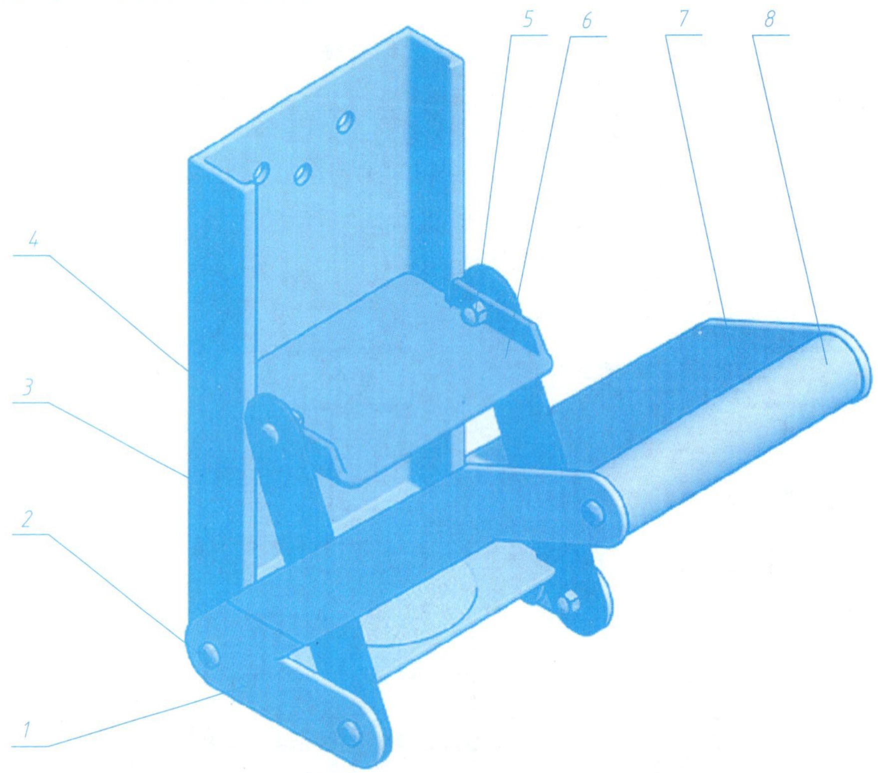

序号	名　称	数量	材　料	备　注
8	手　柄	1	Q235A	
7	右压杆	1	Q235A	
6	压　板	1	Q235A	
5	螺母M16	6	45	GB/T 802.1—2008
4	连　杆	1	Q235A	
3	基　座	1	Q235A	
2	螺钉 M4x10	8	45	GB/T 818—2016
1	左压杆	1	Q235A	

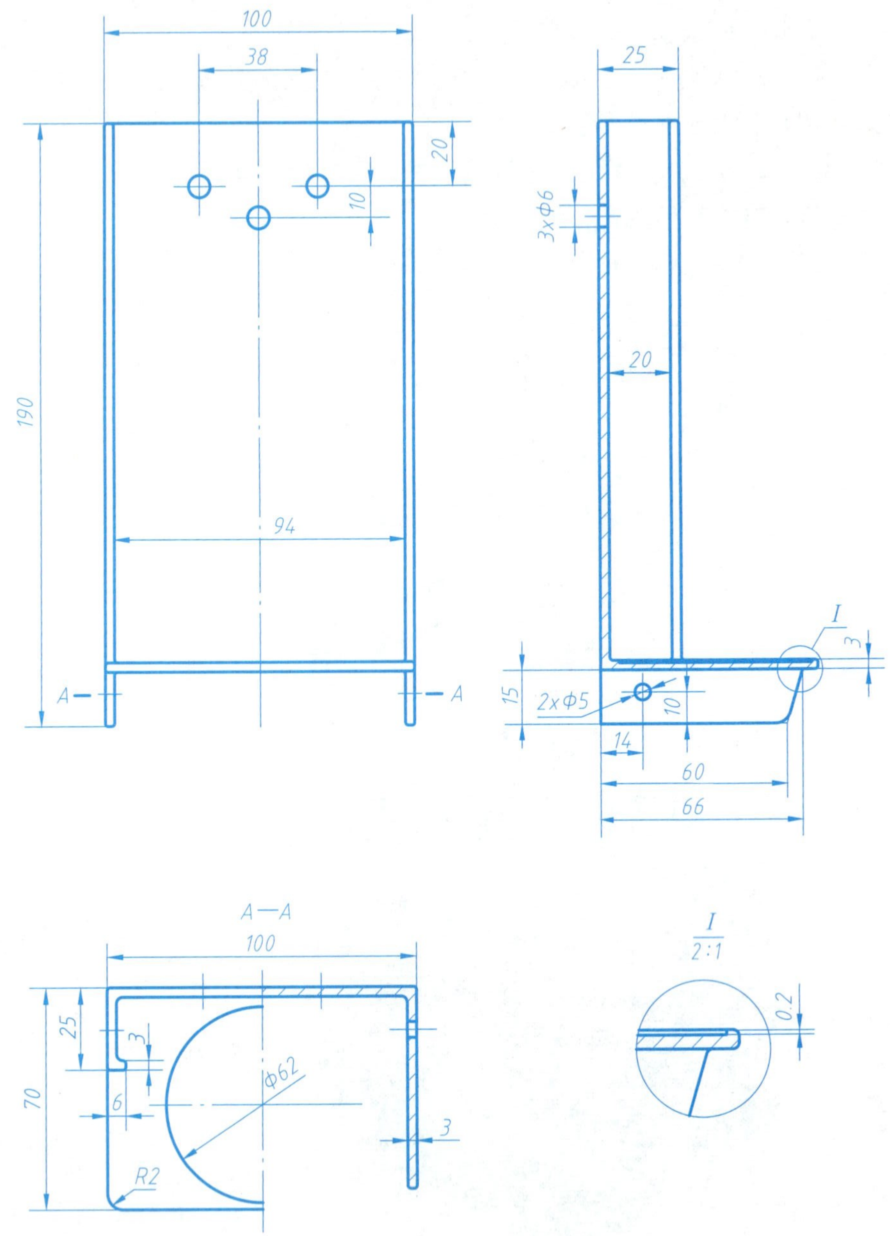

未注圆角R1

序号	3	名称	基座

班级		姓名		日期	

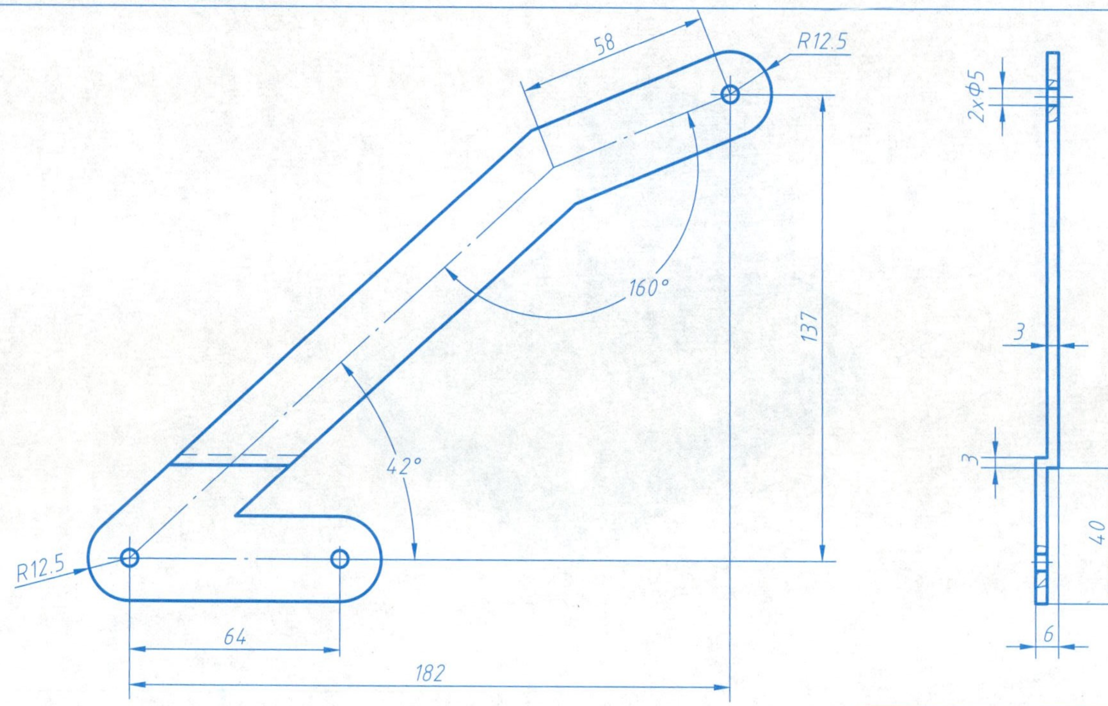

外轮廓边倒圆角R1

序号	7	名称	右压杆

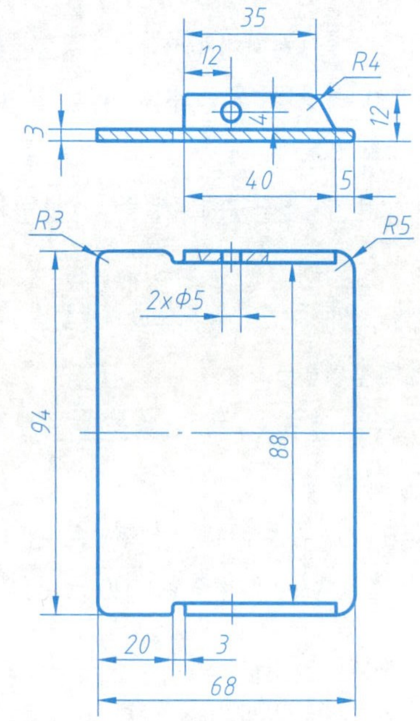

未注圆角R1

序号	6	名称	压板

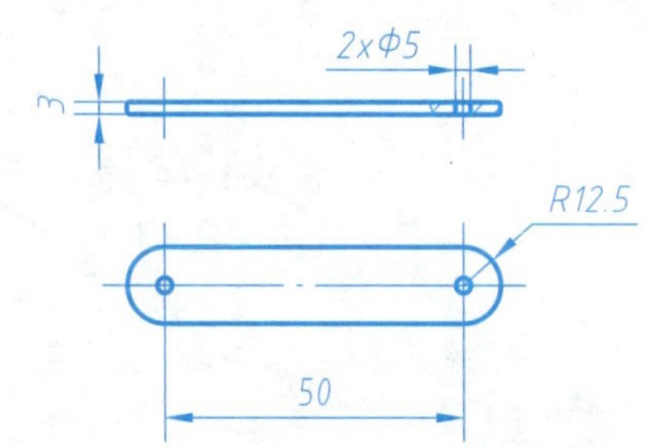

未注圆角R1

序号	4	名称	连杆

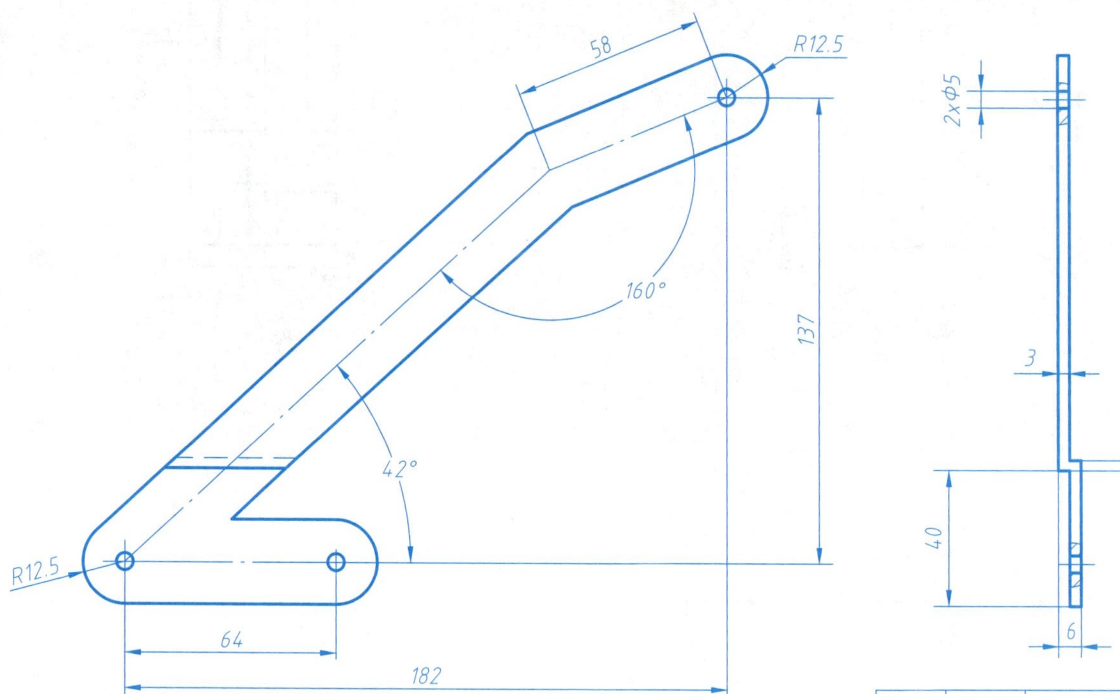

外轮廓边倒圆角R1

序号	1	名称	左压杆

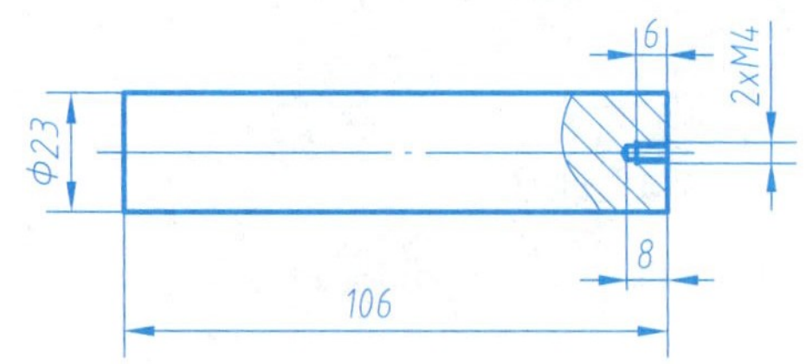

序号	8	名称	手柄

班级		姓名		日期	

本科组三维竞赛试卷(机械类)

竞赛时间:180分钟 试卷总分数:150分

在计算机的"桌面"上建立"3D-考号"文件夹,全部文件以所使用软件的默认格式存入该文件夹下,各存盘文件名与相应的零件和装配体的汉字名称相同。

工程图*的图幅、比例及字体按国家标准选定;标题栏应填写参赛选手考号,不能填写选手学校名称和选手姓名。

第一题:建立管夹器各零件的三维模型、三维装配模型和装配图。(70分)

1. 建立管夹器各零件的三维模型(20分)

根据管夹器的零件图或立体图,建立各零件的三维模型(可使用软件标准件库);

2. 建立管夹器的三维装配模型(30分)

参照管夹器的装配体立体图,由零件模型组装成三维装配模型;

3. 生成管夹器的装配图,装配图包括视图和标题栏。(20分)

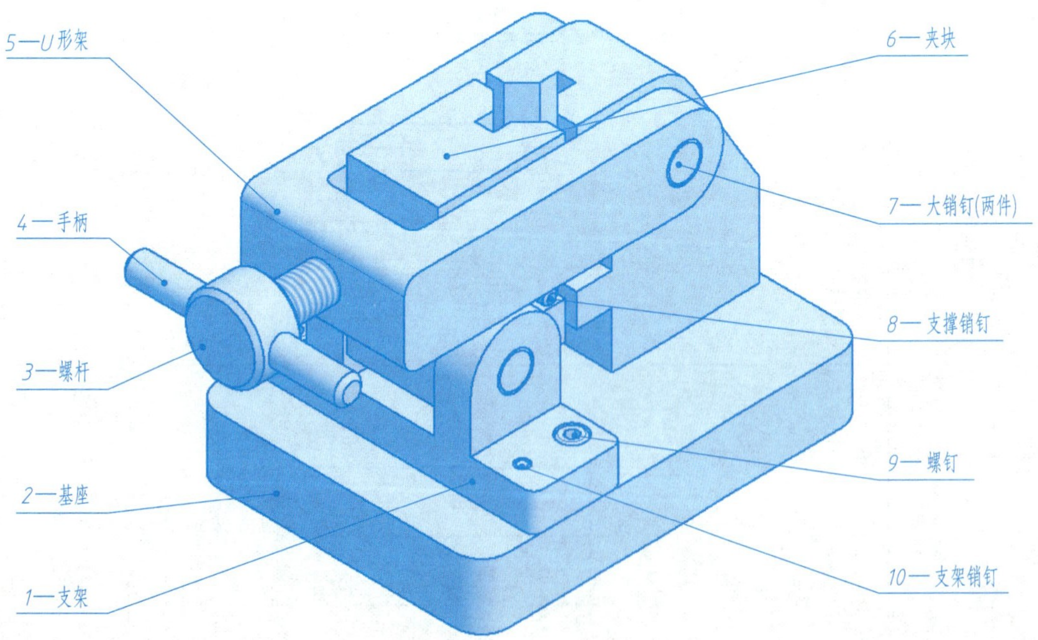

管夹器装配体

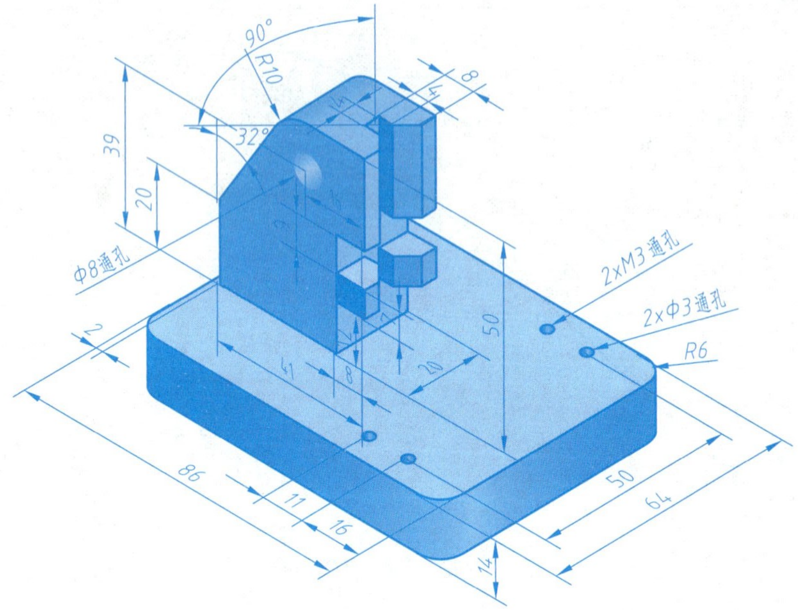

序号	2	名称	基座

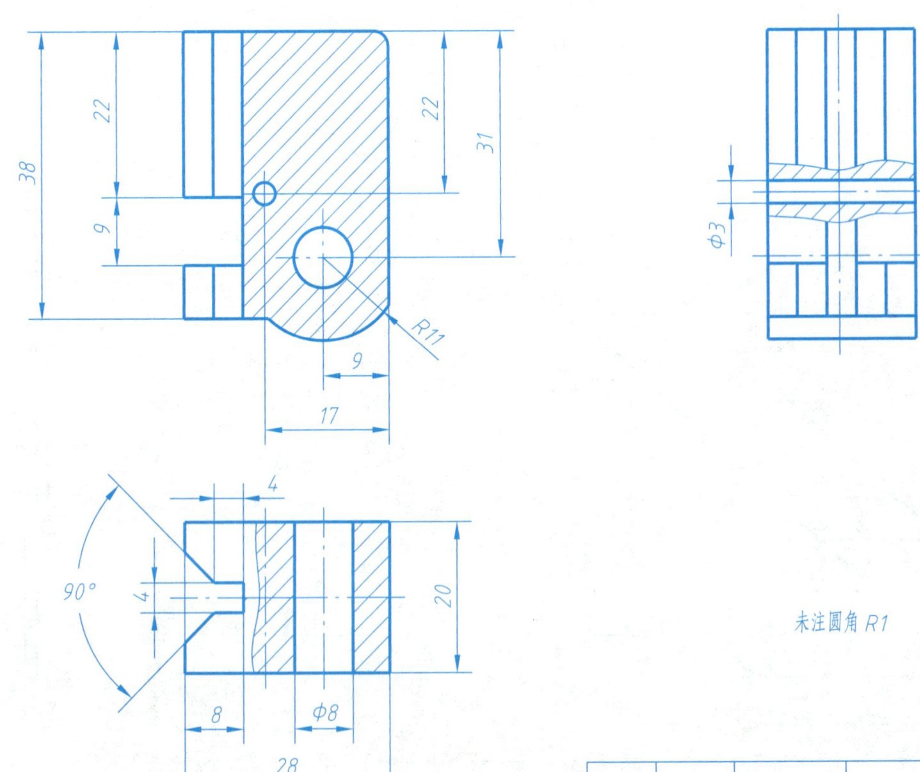

序号	6	名称	夹块

班级		姓名		日期	

* 工程图是指零件图和装配图。

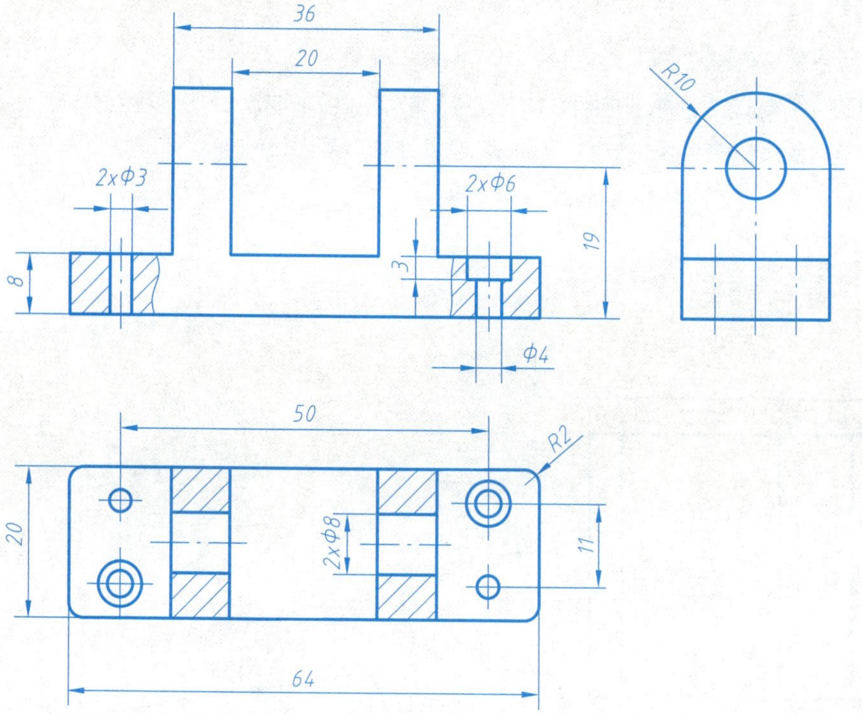

序号	1	名称	支架

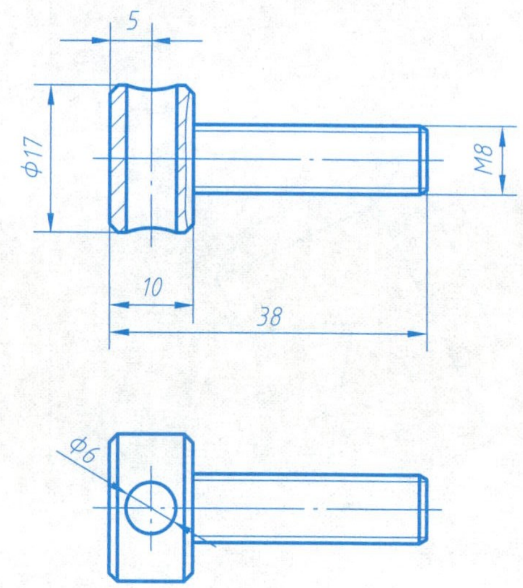

未注倒角 C0.5

序号	3	名称	螺杆

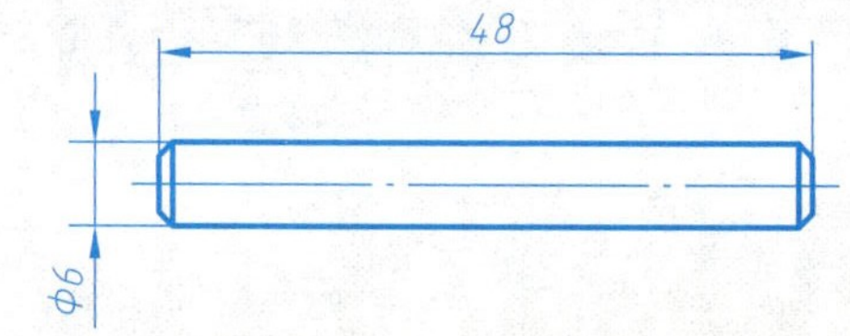

未注倒角 C0.5

序号	4	名称	手柄

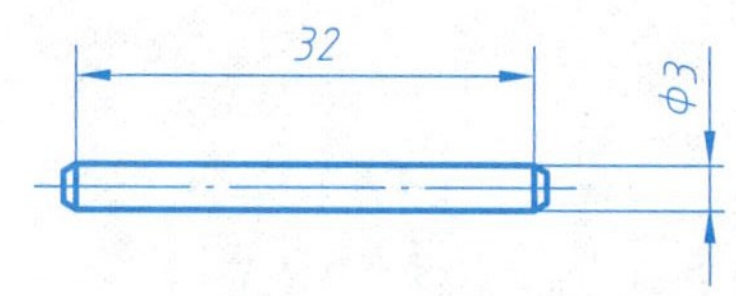

GB/T 119.1—2000　未注倒角 C0.2

序号	8	名称	支撑销钉

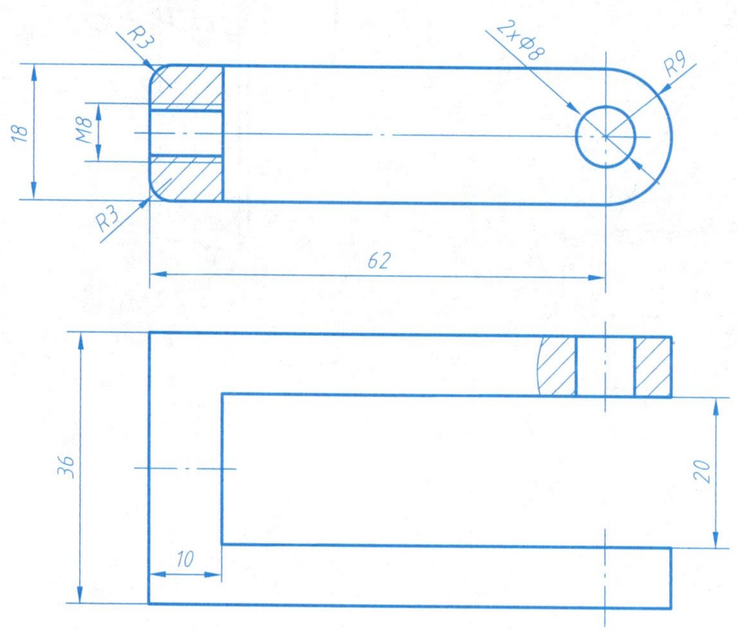

序号	5	名称	U形架

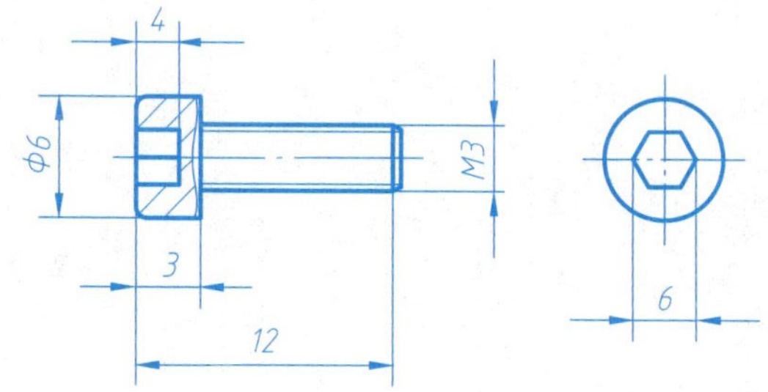

GB/T 70.1—2008　未注倒角 C0.5

序号	9	名称	螺钉

GB/T 119.1—2000　未注倒角 C0.5

序号	7	名称	大销钉

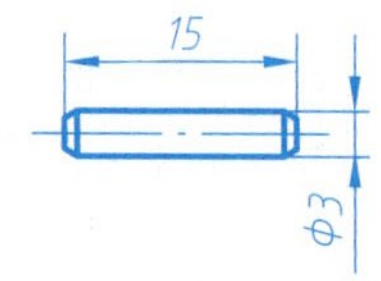

GB/T 119.1—2000　未注倒角 C0.2

序号	10	名称	支架销钉

班级		姓名		日期	

第二题：根据给定的V形块视图，建立其三维模型和零件图。（20分）

零件图包括视图、尺寸和标题栏。

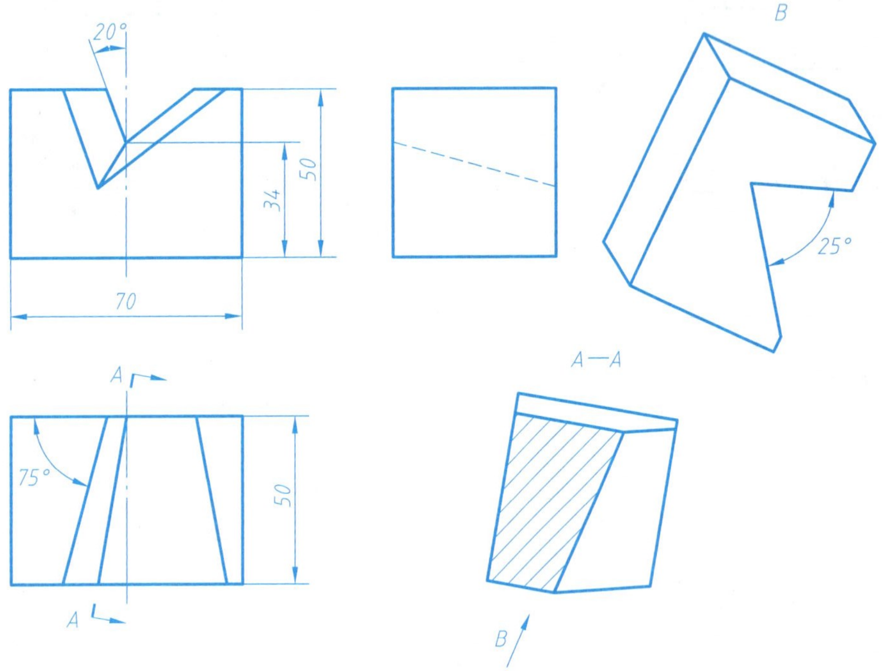

V形块零件图

第三题：根据给定的两个组合体的视图，分别建立其三维模型和二维工程图。（20分）

二维工程图包括视图、尺寸和标题栏。

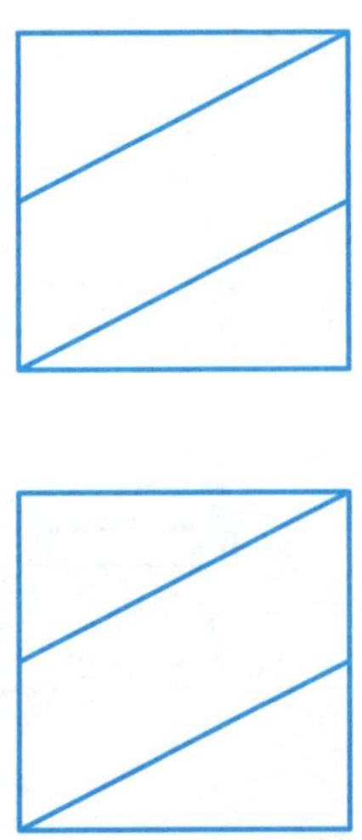

组合体1（尺寸自定）

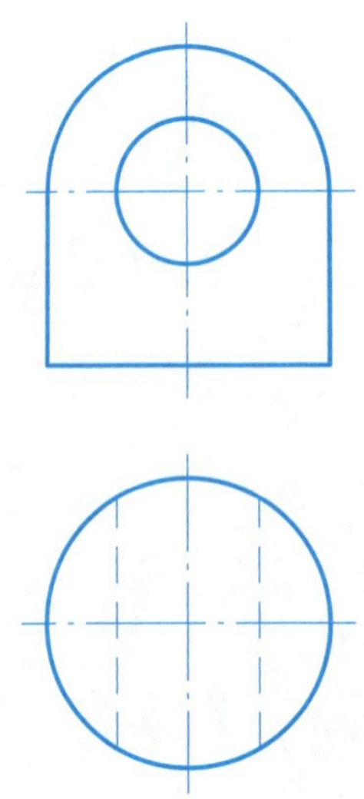

组合体2（尺寸自定）

第四题：参照给定的图样，设计一个公园用休闲板凳。（40分）

（1）下面图样给出了板凳的主要尺寸，其他尺寸自定。

（2）板凳各板之间的连接采用榫卯结构，图中给出的榫卯结构仅供参考，具体结构形式和尺寸可自行确定。

（3）建立板凳的三维模型和二维工程图。二维工程图的内容包括视图、主要尺寸和标题栏。

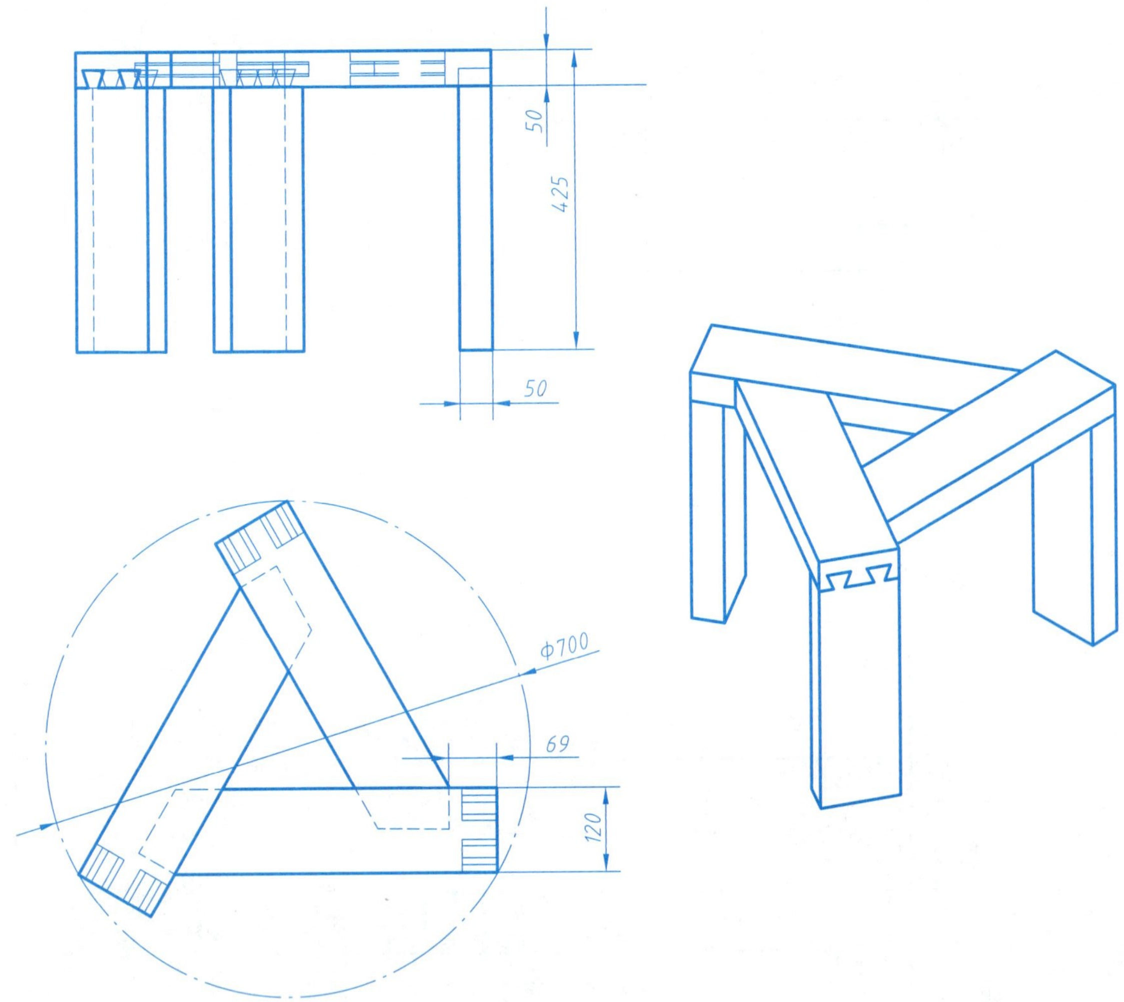

公园用休闲板凳

班级　　姓名　　日期

本科组三维竞赛试卷（机械类）

竞赛时间：180 分钟 试卷总分数：150 分

在计算机的“桌面”上建立“3D- 考号”文件夹，全部文件以所使用软件的默认格式存入该文件夹下，各存盘文件名与相应零件和装配体的汉字名称相同。

工程图的图幅、比例及字体按国家标准选定；标题栏应填写参赛选手考号，不能填写选手学校名称和选手姓名。

第一题：建立零件和装配体的三维模型和二维工程图 （70 分）

凸轮机构的工作原理示意图（下图）和零件图（见后两页）。

1. 建立凸轮机构全部 12 个零件的三维模型；（30 分）
2. 建立凸轮机构的三维装配模型；（20 分）
3. 建立凸轮机构的装配图，装配图包括视图和标题栏，不标注序号，不生成明细栏。（20 分）

凸轮机构工作原理：

当带轮（3 号）转动时，凸轮轴（10 号）上的凸轮使得顶杆（8 号）作上下往复直线移动。

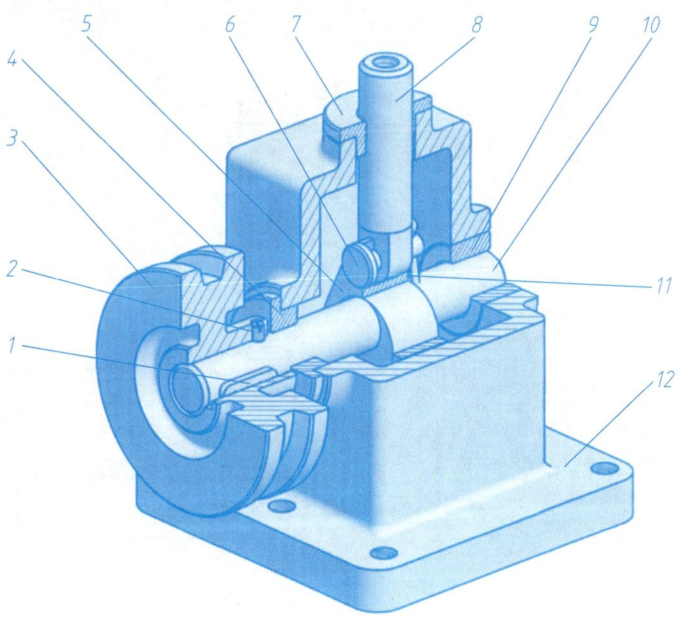

1—键；2—螺钉；3—带轮；4—左套筒；5—连杆；6—小轴；7—上套筒；8—顶杆；9—右套筒；10—凸轮轴；11—开口销；12—箱体

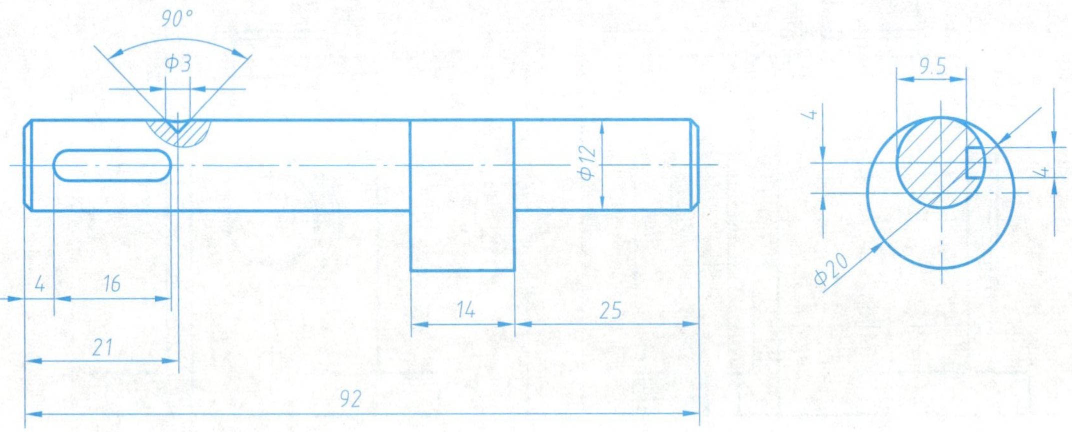

未注倒角 C0.5

序号	10	名称	凸轮轴

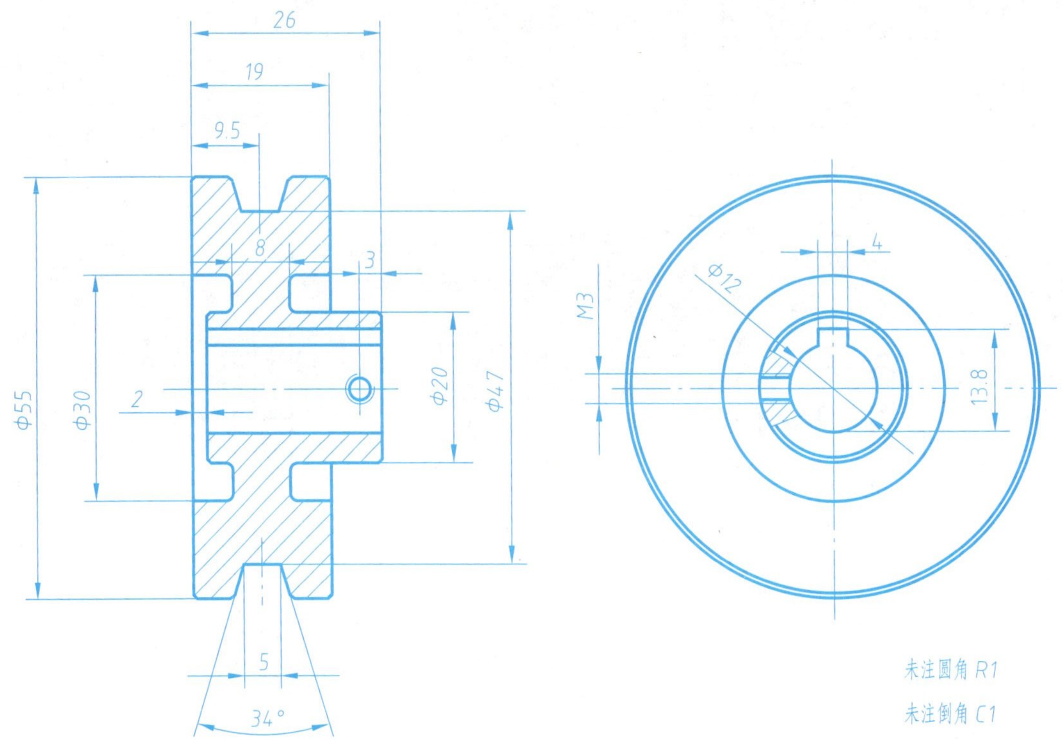

未注圆角 R1

未注倒角 C1

序号	3	名称	带轮

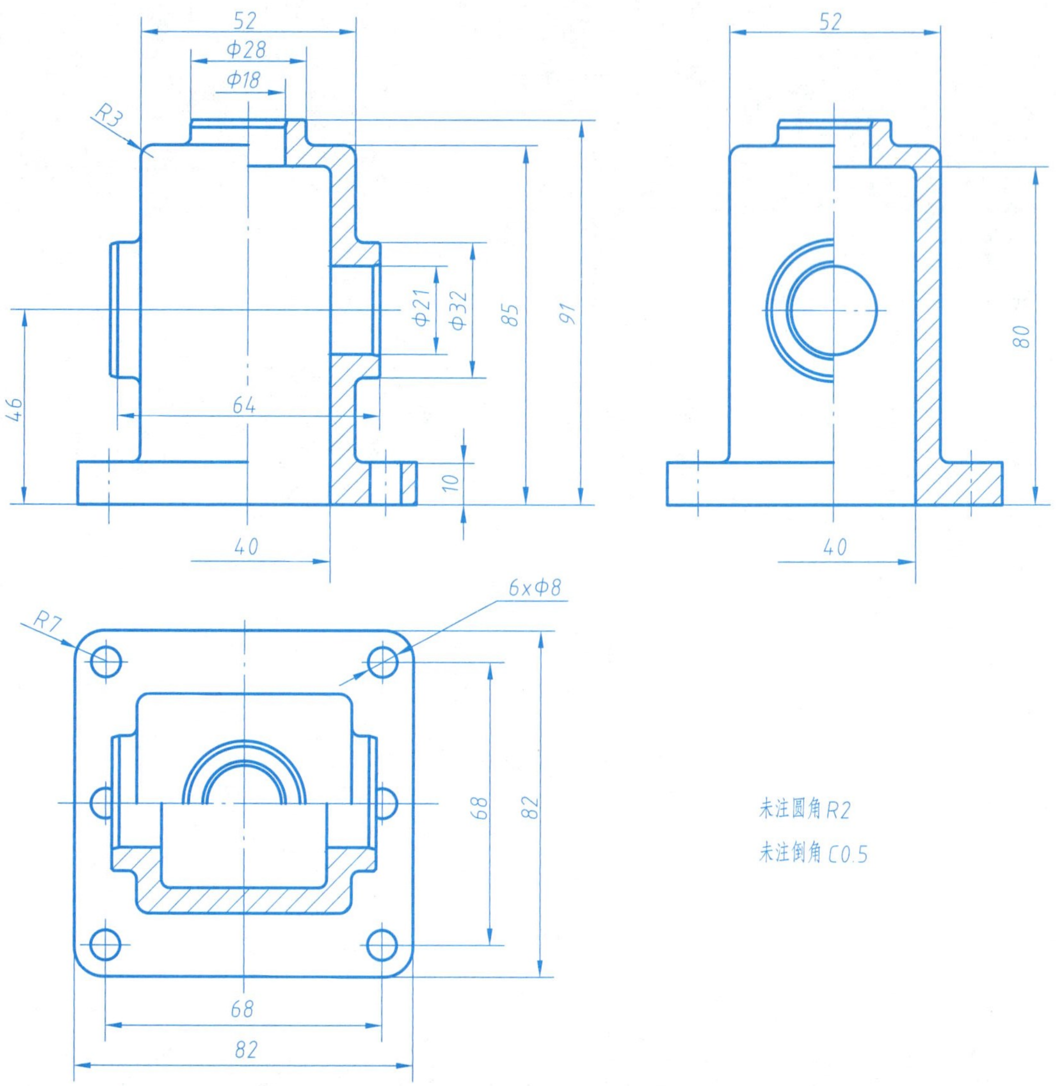

未注圆角 R2

未注倒角 C0.5

序号	12	名称	箱体

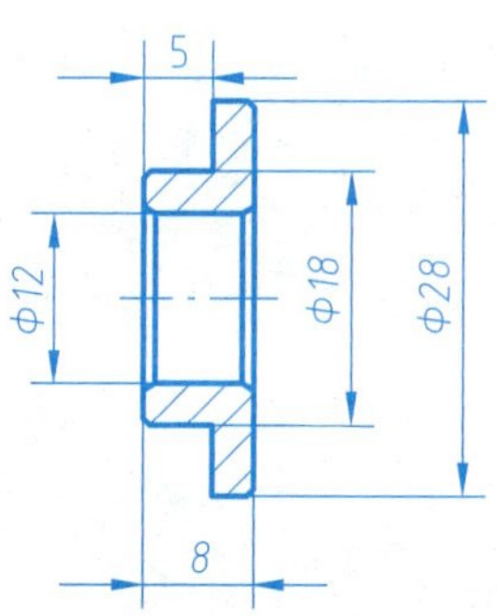

未注倒角 C0.2

序号	7	名称	上套筒

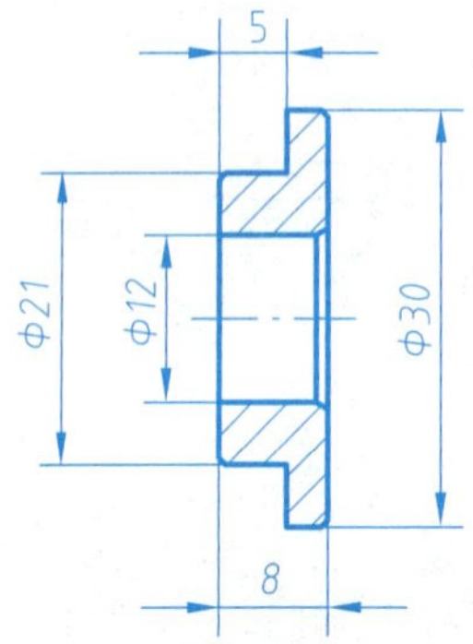

未注倒角 C0.2

序号	4	名称	左套筒

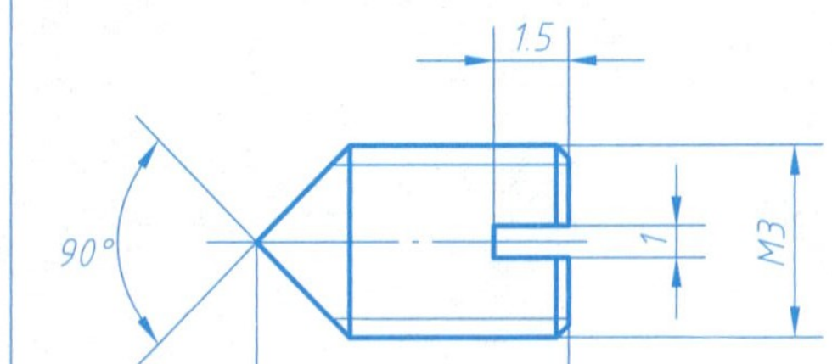

未注倒角 C0.2

序号	2	名称	螺钉

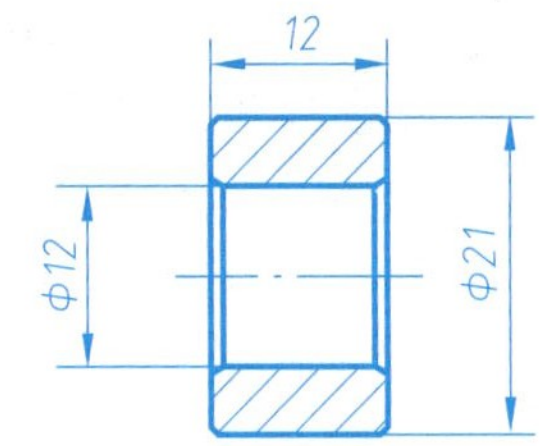

未注倒角 C0.2

序号	9	名称	右套筒

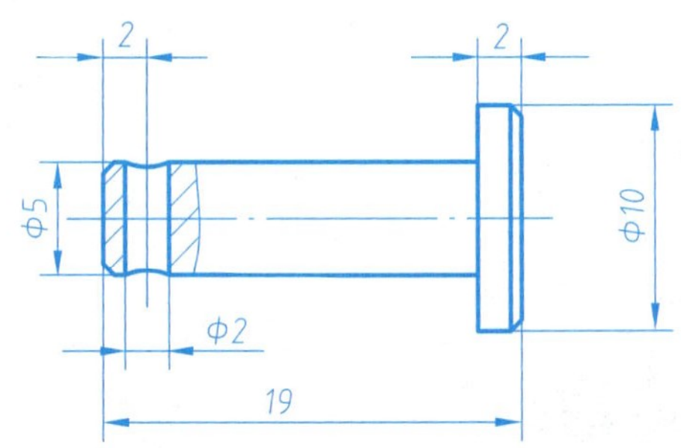

未注倒角 C0.2

序号	6	名称	小轴

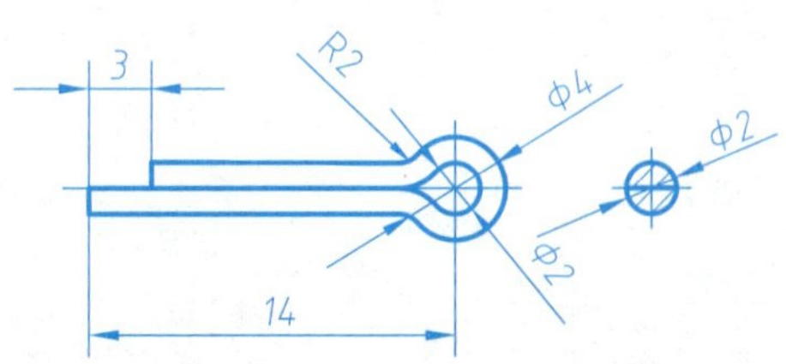

序号	11	名称	开口销

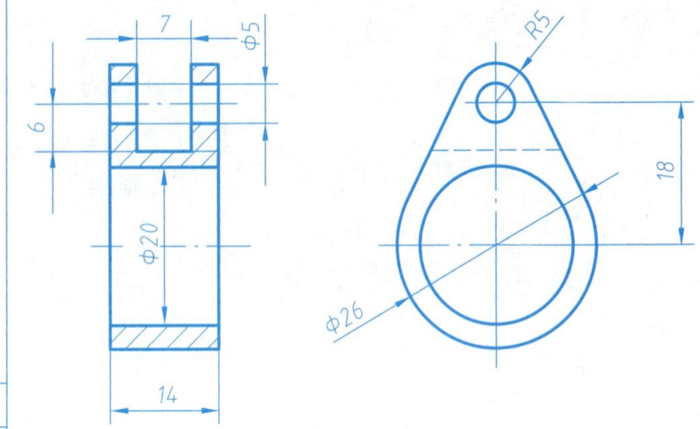

序号	5	名称	连杆

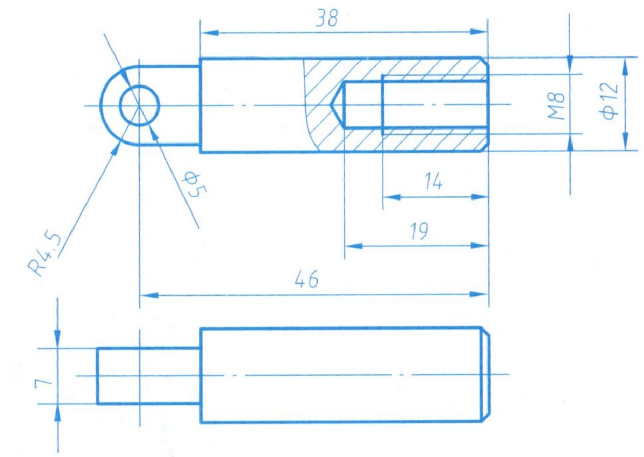

未注倒角 C0.5

序号	8	名称	顶杆

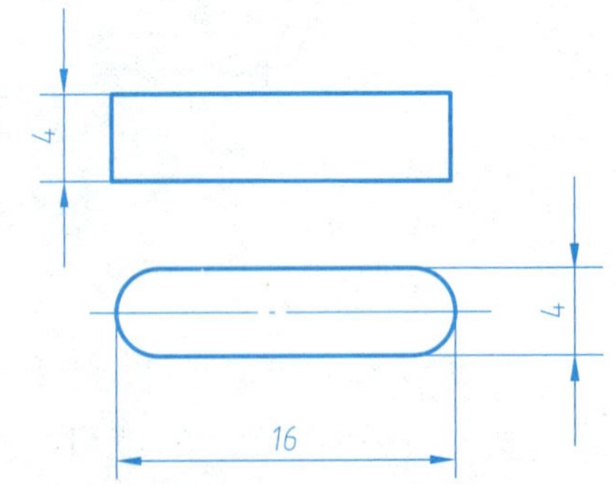

序号	1	名称	键

班级		姓名		日期	

第二题:建立刨刀刀体零件的三维模型和零件图(40分)

已知刀体视图及尺寸(下图)。

1. 建立刀体的三维模型;(25分)

2. 生成刀体的零件图(不含刀体的立体图);(15分)

零件图包括视图、尺寸和标题栏,视图上应标注出A、B两平面的夹角、C平面上两斜线的夹角,以及刀尖在走刀方向上的夹角。

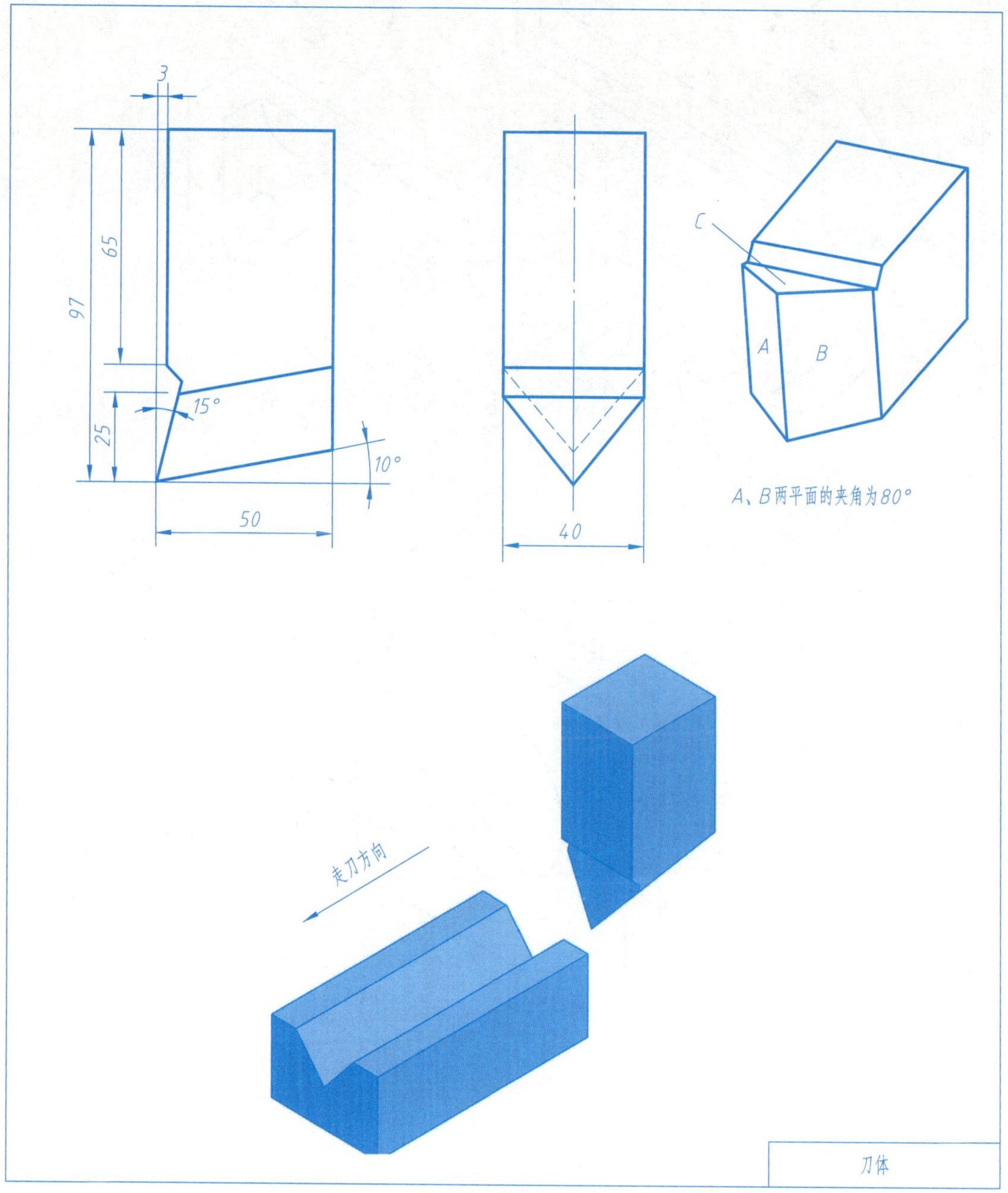

第三题:这是一套儿童玩具,要求把一个正四面体放进"笼子"里,也能取出来(40分)

已知笼子和正四面体的形状和大小(见下图)。

1. 建立笼子的三维模型;(10分)

2. 建立一个正四面体的三维模型;(15分)

3. 建立把正四面体装进笼子,也能从中取出的装配模型,两形体不应出现干涉;(10分)

4. 建立正四面体的零件图,标注尺寸和标题栏。(5分)

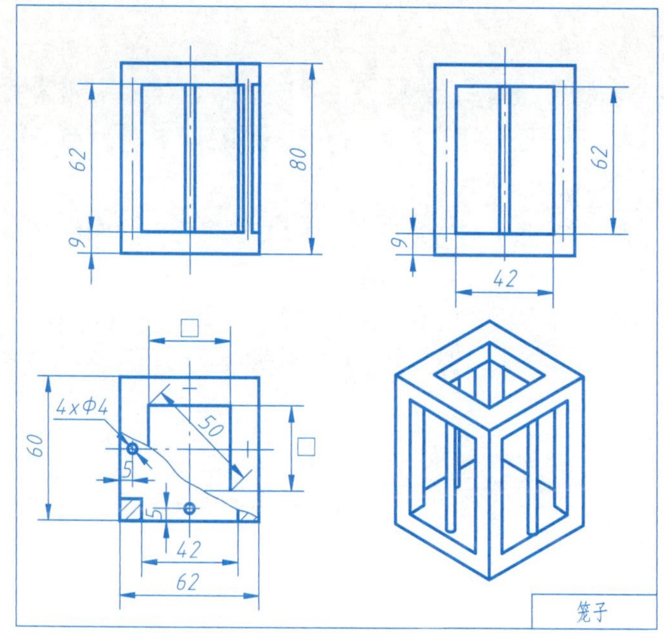

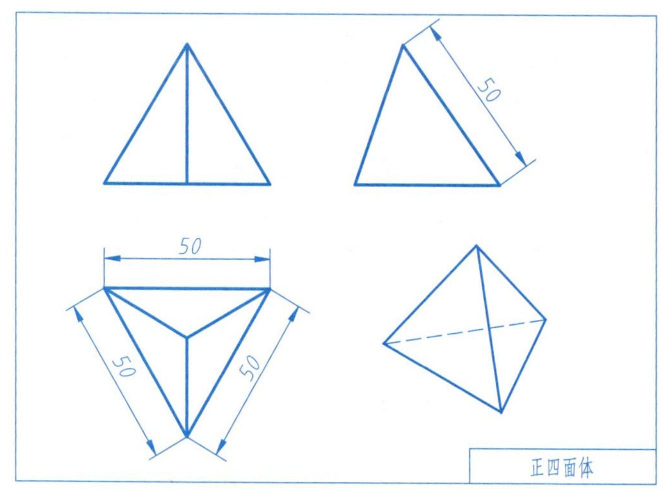

本科组二维竞赛试卷(机械类)

竞赛时间:150 分钟,试卷总分数:150 分

计算机绘图试题(时间 50 分钟),手工绘图试题(时间 100 分钟)。

在指定的驱动器上建立以考号命名的文件夹,在该文件夹内命名文件名

绘图结果内不允许出现和考生姓名和单位有关的信息。

除第一题外,第二、三、四题均可徒手或借助绘图工具完成。

第一题:根据给定的壳体轴测图,使用二维绘图软件,按指定视图表达方案绘制壳体零件图的全部内容(视图、尺寸、技术要求以及标题栏等内容,铸造圆角要画出)。用 A3 图纸绘制,比例为 1 : 1。(45 分)

视图表达:主视图取全剖视,俯视图取局部剖视,画 A 向和 B 向局部视图表示端部结构。

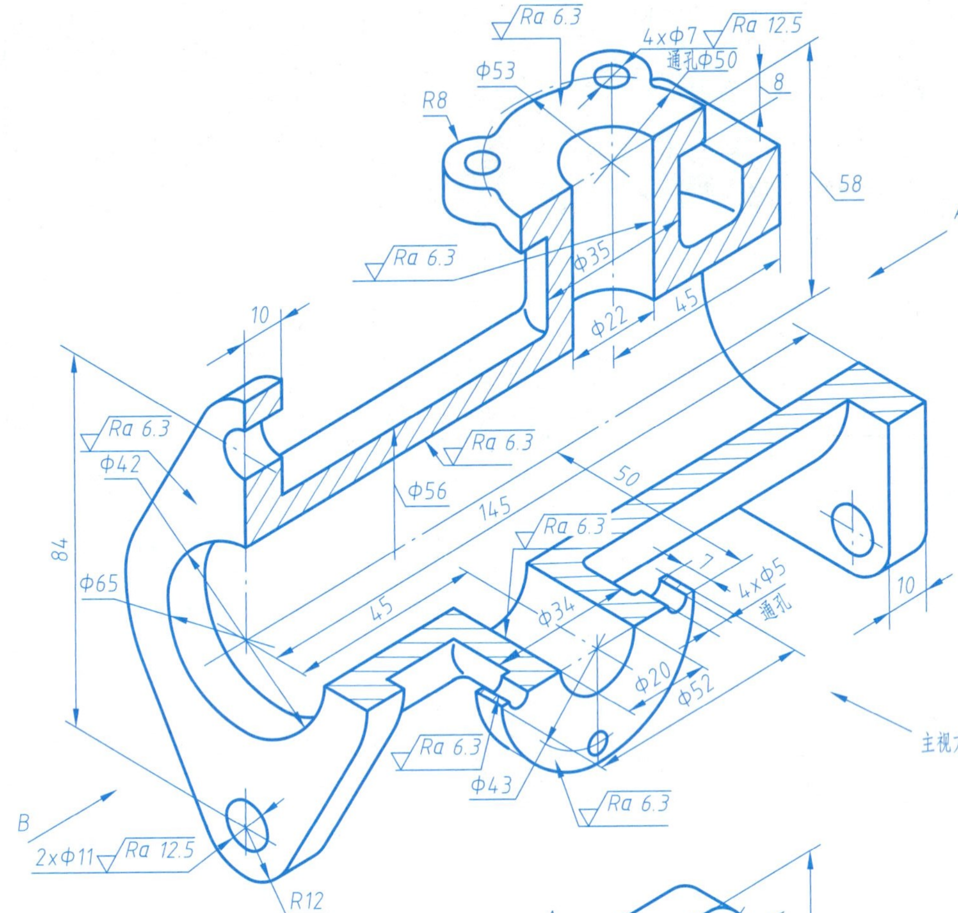

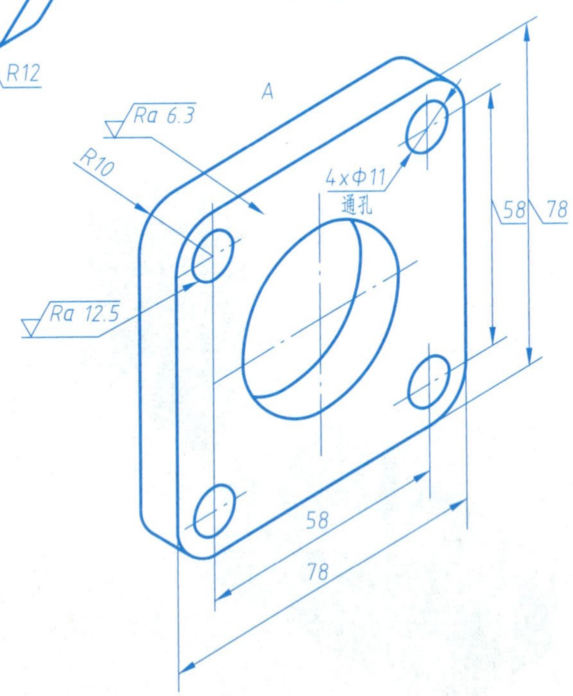

材料HT150

铸造圆角R2

$\sqrt{Ra\ 25}$ ($\sqrt{}$)

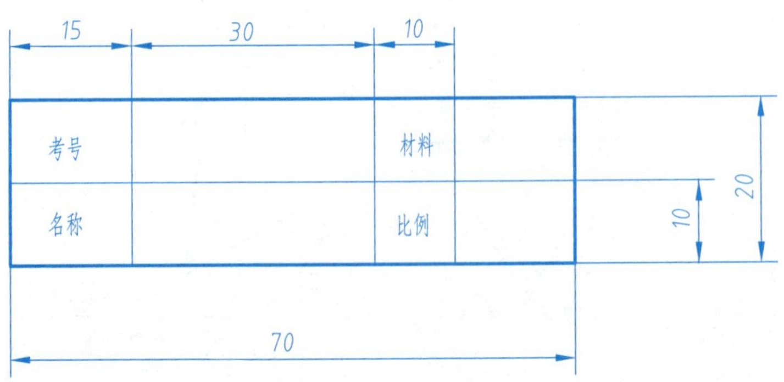

标题栏格式及尺寸

班级		姓名		日期	

第二题：徒手补画组合体的主视图（画成半剖视）。（25 分）

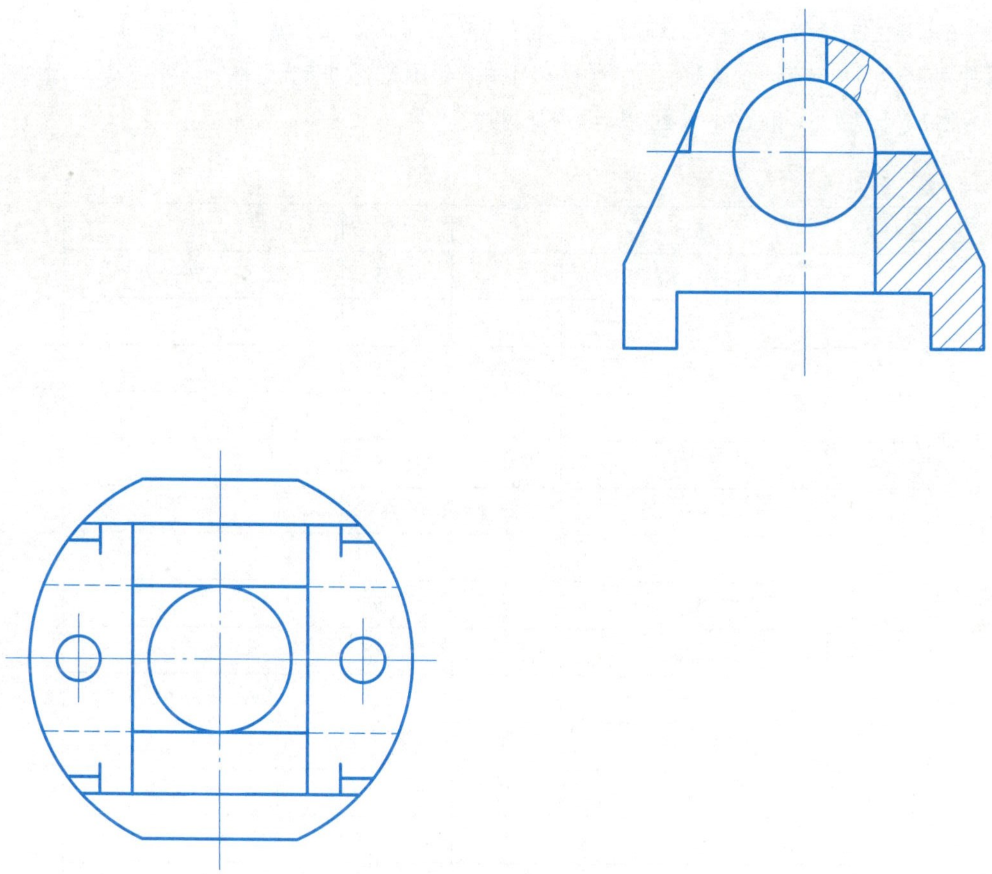

第三题（35 分）：1. 求正垂面 *P* 的实形；（8 分）

2. 求一般位置面 △ *ABC* 的实形；（7 分）

3. 在下页徒手绘制立体的正等轴测图（尺寸大小直接从三视图中量取）（不作剖视）。（20 分）

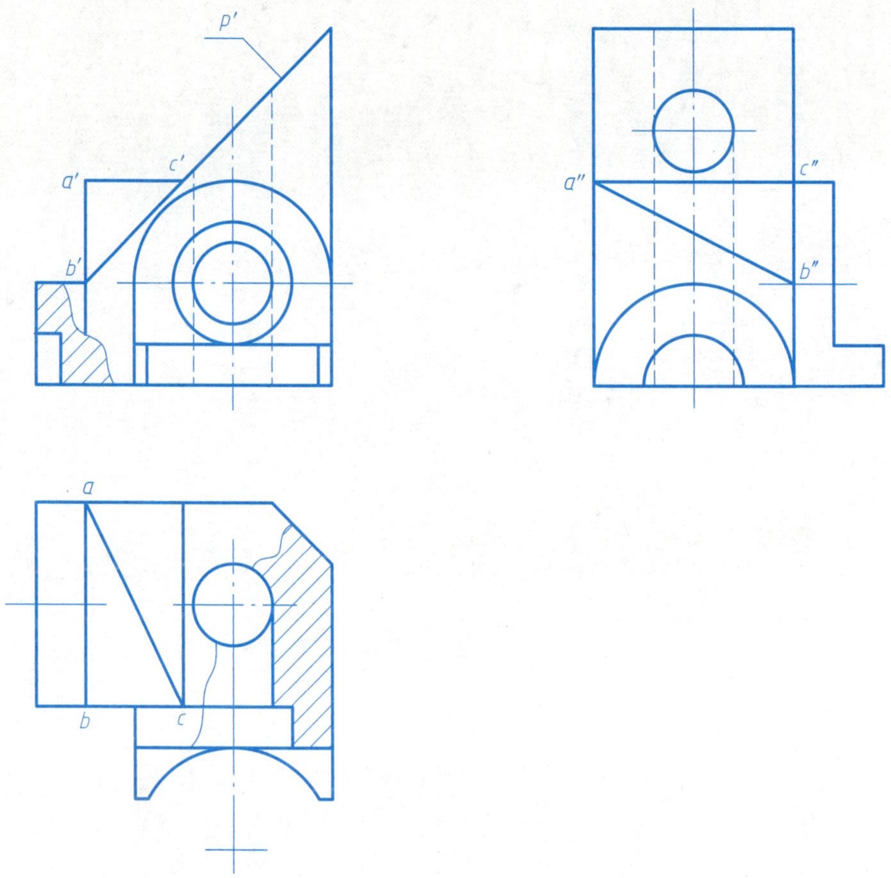

根据第三题所示立体的三视图，绘制其正等轴测图。

考号

第四题：读“三等分钻模”装配图拆画零件图（共45分）。

1. 在后面空白页面上，徒手按原图大小（尺寸从装配图上量取），按装配图中钻模体7的视图方案画该零件的主视图和俯视图；

2. 在所画图上标出装配图中已标出的属于该零件的尺寸（含偏差代号）。

三等分钻模工作原理

三等分钻模是为在被加工零件（图中的双点画线轮廓所示）上钻三个等分布置的小孔用的专用模具。加工时，被加工零件装在心轴3的ϕ30h6的轴颈上。钻头自钻套11的ϕ4.1H11的孔中导入钻孔。

钻模体7是此模具的主体零件。其余各零件起分度、定位等作用。

序号	名称	数量	材料	备注
24	螺母	1	45	
23	双头螺柱M5x35	1	Q235	GB/T 898—1988
22	模板	1	45	
21	支撑钉	2	45	
20	销A6x35	1	45	GB/T 119.1—2000
19	丝堵	1	Q235	
18	弹簧	1	60	
17	定位销	1	15	
16	螺钉	1	Q235	
15	支座	1	45	
14	螺钉M6x12	2	Q235	GB/T 65—2016
13	螺钉	1	45	
12	销A6x20	2	35	GB/T 119.1—2000
11	钻套	1	T10A	
10	衬套	1	45	
9	圆螺母M27x1.5	2	Q235	GB/T 812—1988
8	垫圈	1	45	
7	钻模体	1	HT200	
6	轴套	1	15	
5	键8x7x16	1	45	GB/T 1096—2003
4	分度盘	1	15	
3	心轴	1	15	
2	开口垫	1	Q235	
1	螺母M16	1	Q235	GB/T 41—2016

班级		姓名		日期	

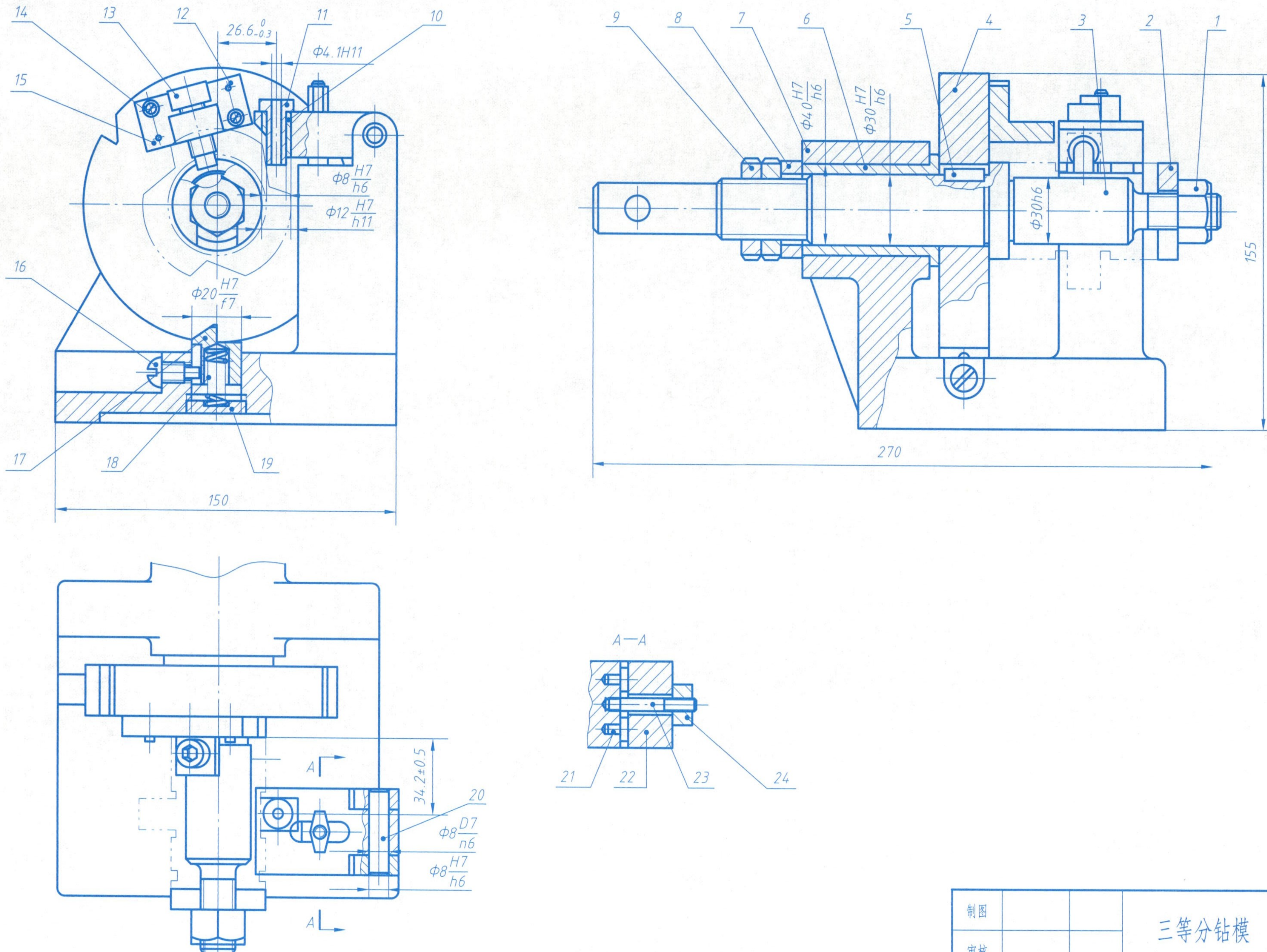

制图			三等分钻模	比例	1:2
审核					
			装配图		

读“三等分钻模”装配图

徒手按原图大小(尺寸从装配图上量取),画7号件钻模体的零件图。

在所画图上标注装配图中已标注的属于该零件的尺寸(含偏差代号)。

班级		姓名		日期	

本科组二维竞赛试卷（机械类）

竞赛时间：150分钟，试卷总分数：150分

计算机绘图试题（时间50分钟），手工绘图试题（时间100分钟）。

在指定的驱动器上建立以考号命名的文件夹，在该文件夹内命名文件。

绘图结果内不允许出现和考生姓名和单位有关的信息。

除第一题外，第二、三、四题均可徒手或借助绘图工具完成。

第一题：根据给定的壳体轴测图，使用二维绘图软件，按指定视图方案绘制壳体零件图的全部内容（视图、尺寸、技术要求以及标题栏等内容，铸造圆角要画出）。采用A3图纸，比例为1：1。（40分钟，40分）

视图表达：

按照指定方向绘制全剖视的主视图和半剖视的俯视图（剖切位置须通过左、右两个ϕ20的孔）；标注全部尺寸，并填写标题栏。

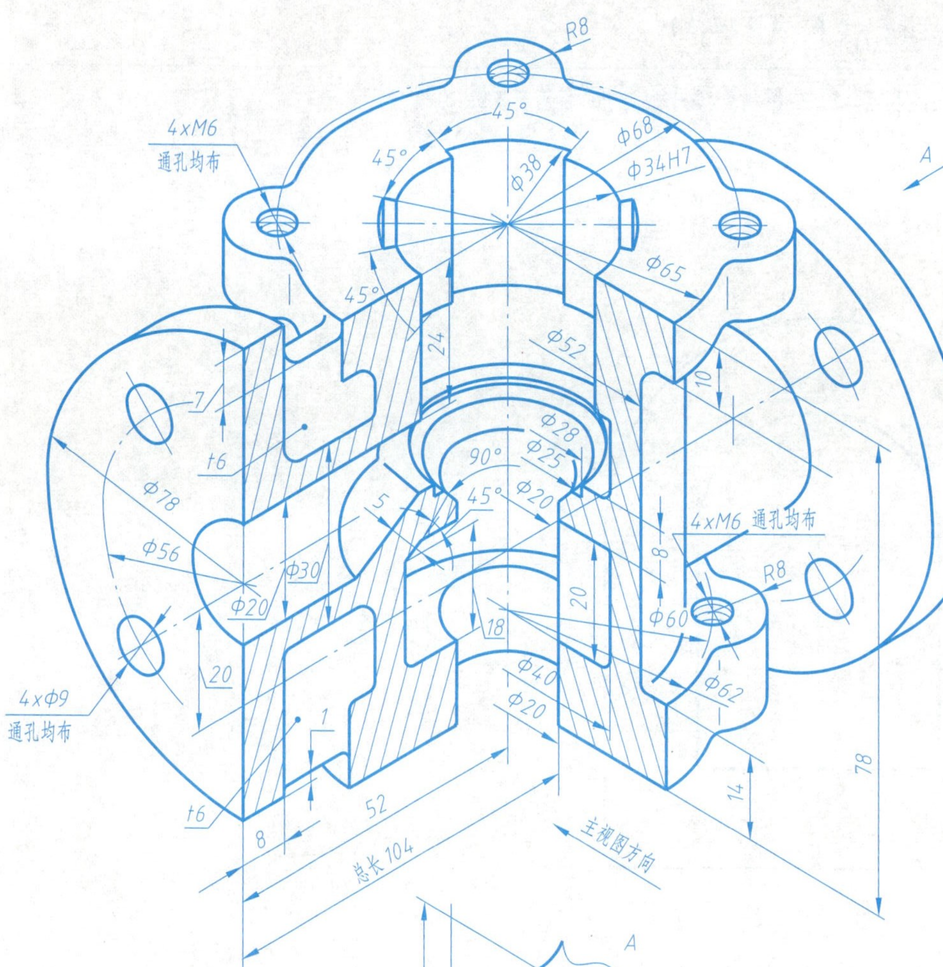

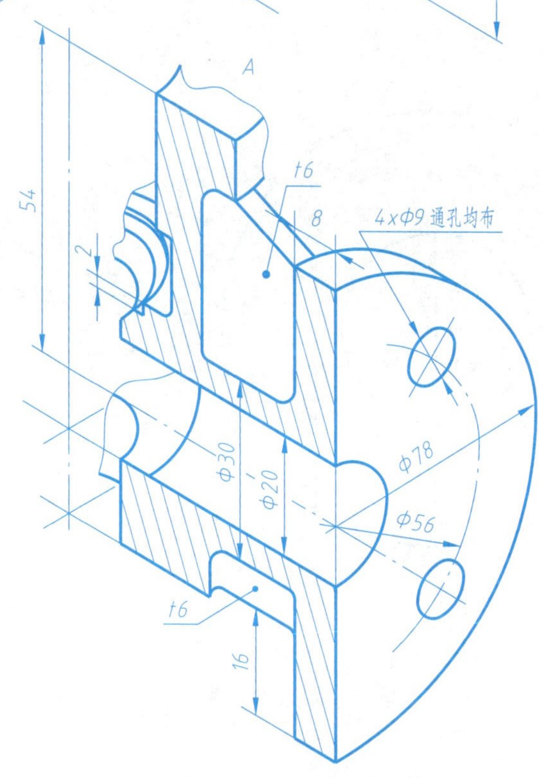

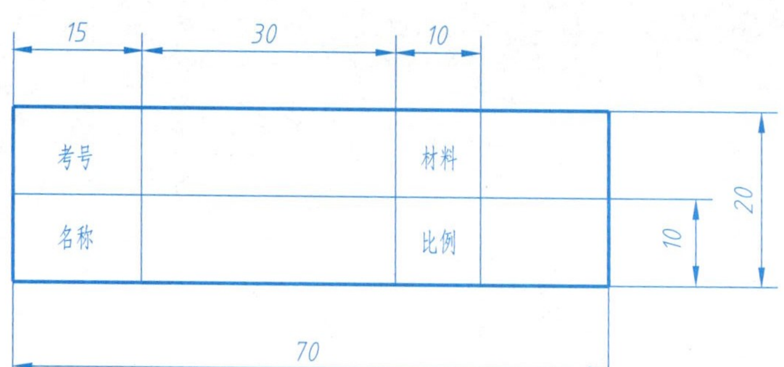

标题栏格式及尺寸

未注圆角 R1～R3

四个端面粗糙度为 $\sqrt{Ra\ 1.6}$

Φ34H7孔粗糙度为 $\sqrt{Ra\ 0.8}$

其余加工面粗糙度为 $\sqrt{Ra\ 3.2}$ ～ $\sqrt{Ra\ 6.3}$

未加工表面粗糙度为 $\sqrt{Ra\ 12.5}$

材料：ZL101

第二题：根据立体的主、俯视图，徒手绘制半剖视的左视图。（25分）

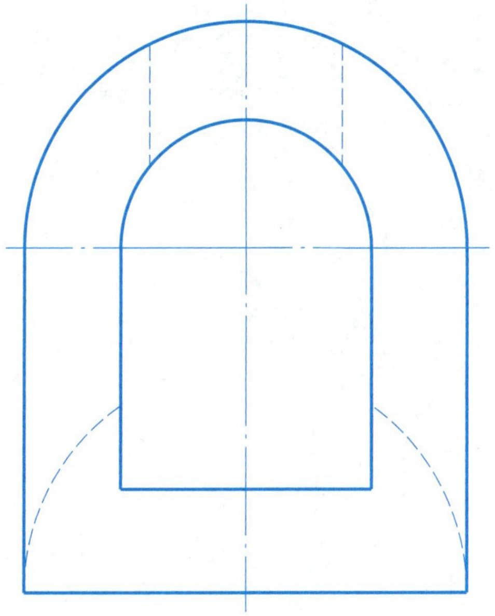

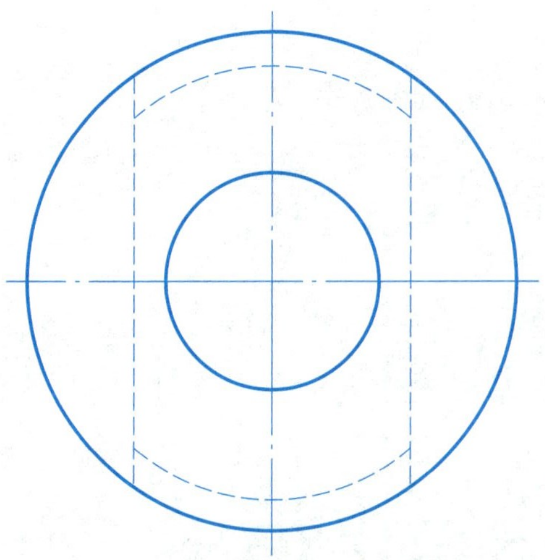

第三题（35分）：根据给定的立体两视图，完成下列要求：

（1）在本页空白处，徒手绘制 P 面和 N 面的实形。（10分）

（2）在下一页徒手绘制该立体的正等轴测图。（25分）

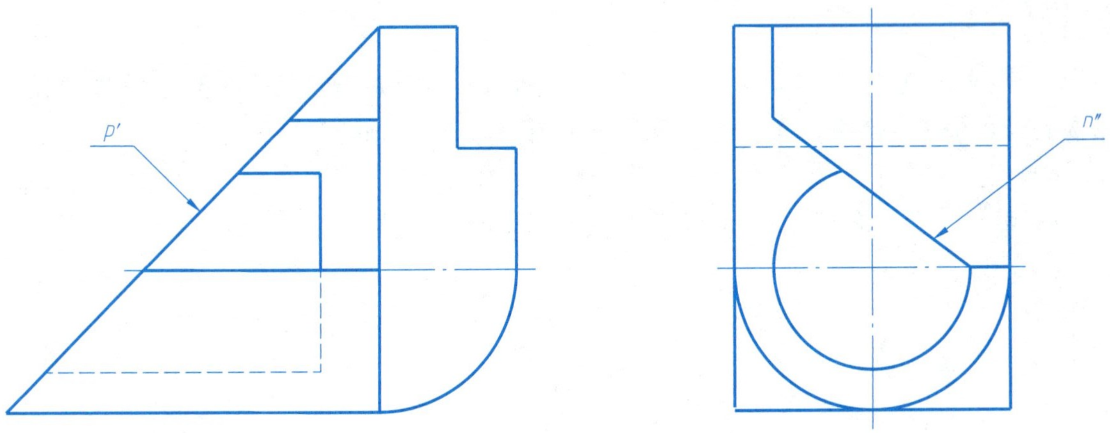

班级　　姓名　　日期

第四题:读"分度头顶尖架"装配图,徒手拆画指定零件的视图,不标注尺寸。(共50分)

1. 在空白页上,按图示方向和原图大小,拆画1号件底座的主视图(全剖视)和俯视图(20分);
2. 在空白页上,按图示方向和原图大小,拆画3号件滑座的主视图(全剖视)和该零件的D向视图(30分);

分度头顶尖架工作原理

此分度头顶尖架与160型立、卧式等分度头配套使用,可在铣床、磨床上用以支承较长零件进行等分的一种辅助装置。其主要零件为底座1、滑座3、丝杠5、螺母6、滑块4及顶尖2等。丝杠5由于自身台阶及轴承盖8限制了其轴向移动,故旋转手柄11迫使螺母6沿轴向移动,从而带动滑块4及顶尖2随之移动,以便将工件顶紧或松开。

滑块4上有开槽,顺时针拧动螺母M16便压紧开槽,使之夹紧顶尖,反时针拧动螺母,由于弹性作用,开槽回位,以便顶尖调位。

分度头顶尖架明细栏

序号	名称	数量	材料	备注
22	销轴	2	20	
21	定位键	2	45	
20	螺钉M6x16	2		GB/T 65—2016
19	螺栓M16x65	2		GB/T 37—1988
18	垫圈16	2		GB/T 97.1—2002
17	螺母M16	2		GB/T 6170—2015
16	油杯6	1		JB/T 7940.4—1995
15	螺钉M4x10	3		GB/T 65—2016
14	螺母M16	1		GB/T 923—2009
13	垫圈	1	20	
12	螺栓M16x70	1		GB/T 898—1988
11	手柄	1	Q235A	
10	手轮	1	Q235A	
9	销4x25	1		GB/T 117—2000
8	轴承盖	1	45	
7	螺钉M6x40	1		GB/T 86—2018
6	螺母	1	ZCuSn10Zn2	
5	丝杠	1	45	
4	滑块	1	HT200	
3	滑座	1	HT200	
2	顶尖	1	T8	
1	底座	1	HT200	

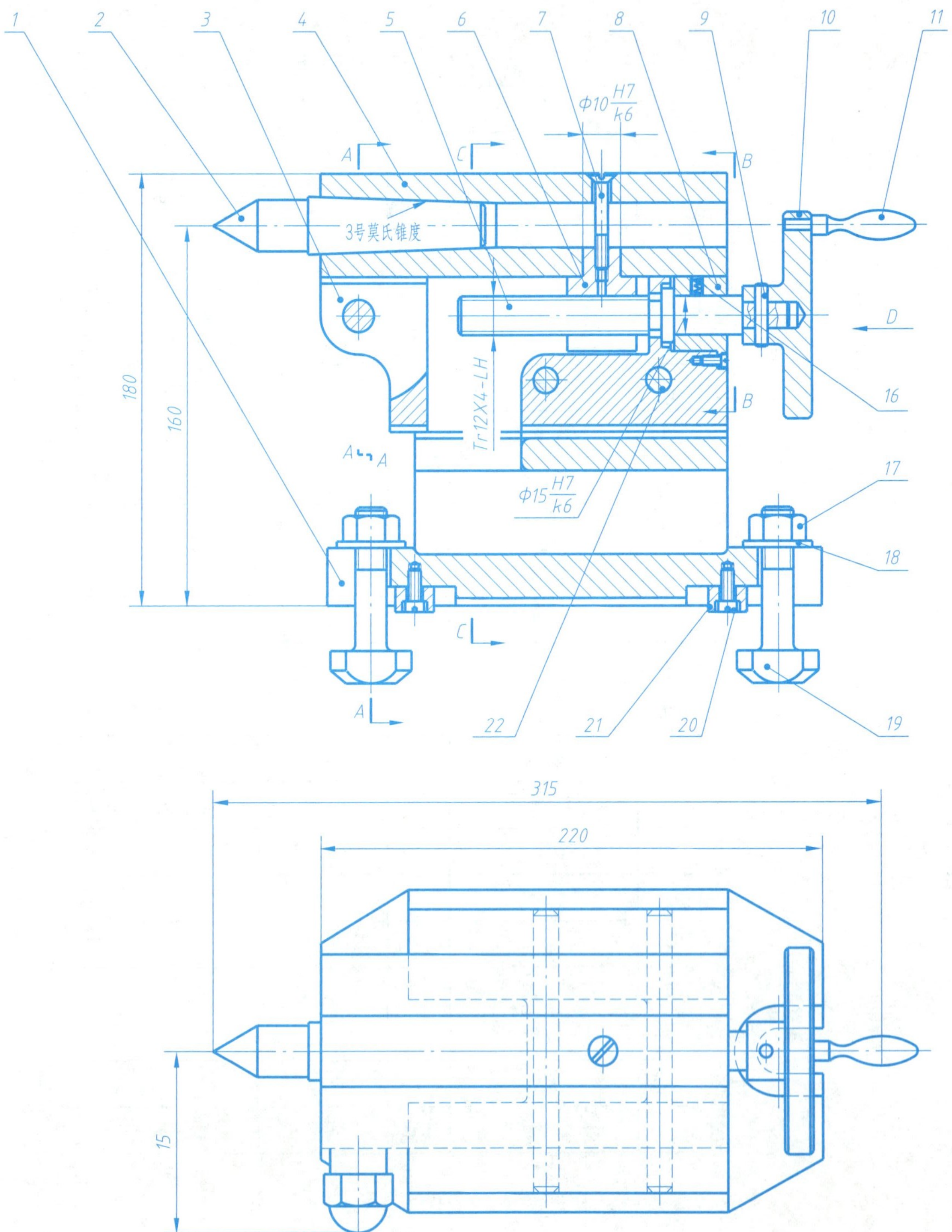

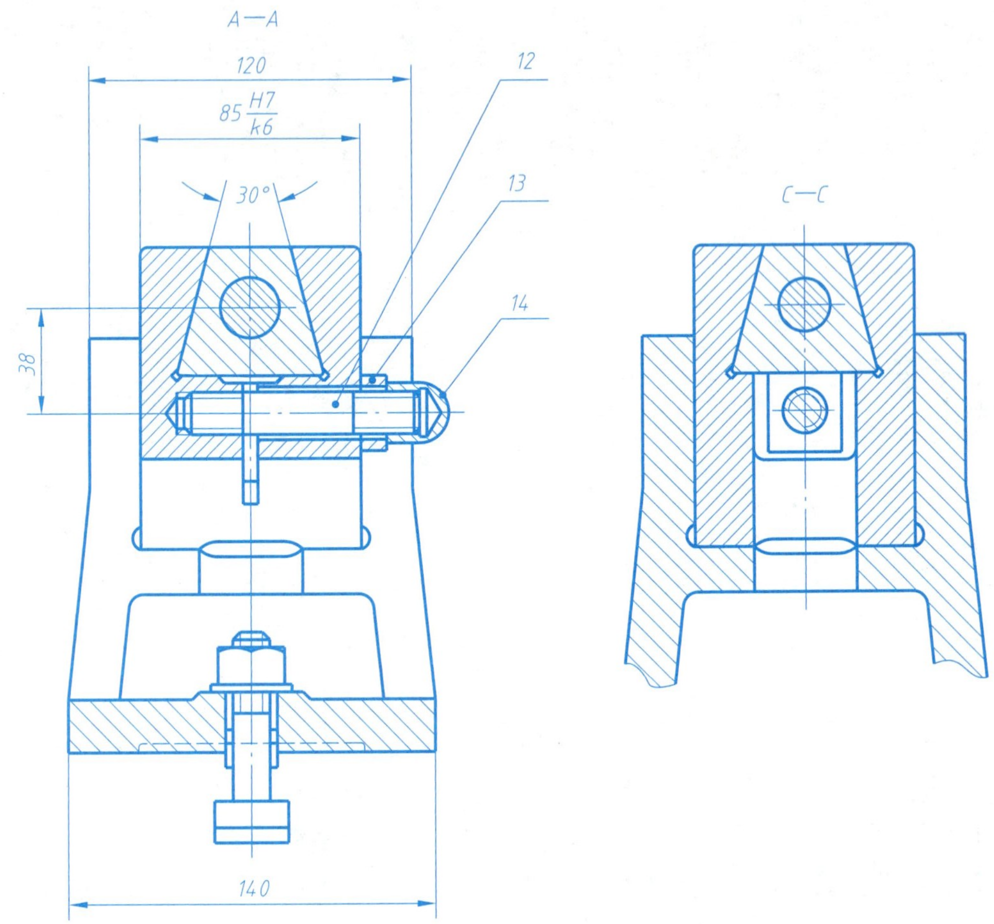

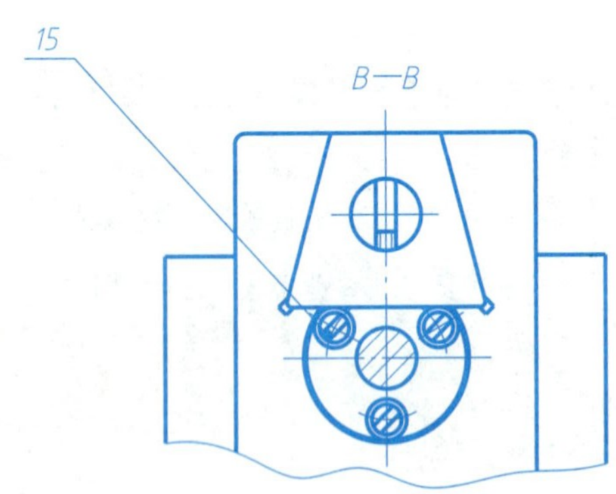

技术要求

装配后顶尖中心高160 mm，允差0.02 mm。

分度头顶尖架				
制图			比例	1:2.5
校核				
班级		姓名		日期

第四题第1小题：读"分度头顶尖架"装配图，按图示方向和原图大小，拆画1号件底座的主视图（全剖视）和俯视图。

考号

第四题第2小题：读"分度头顶尖架"装配图，按图示方向和原图大小，拆画3号件滑座的主视图（全剖视）和该零件的 *D* 向视图。

考号

读者意见反馈

为收集对教材的意见建议，进一步完善教材编写并做好服务工作，读者可将对本教材的意见建议通过如下渠道反馈至我社。

咨询电话 400-810-0598

反馈邮箱 zz_dzyj@pub.hep.cn

通信地址 北京市朝阳区惠新东街4号富盛大厦1座

高等教育出版社总编辑办公室

邮政编码 100029